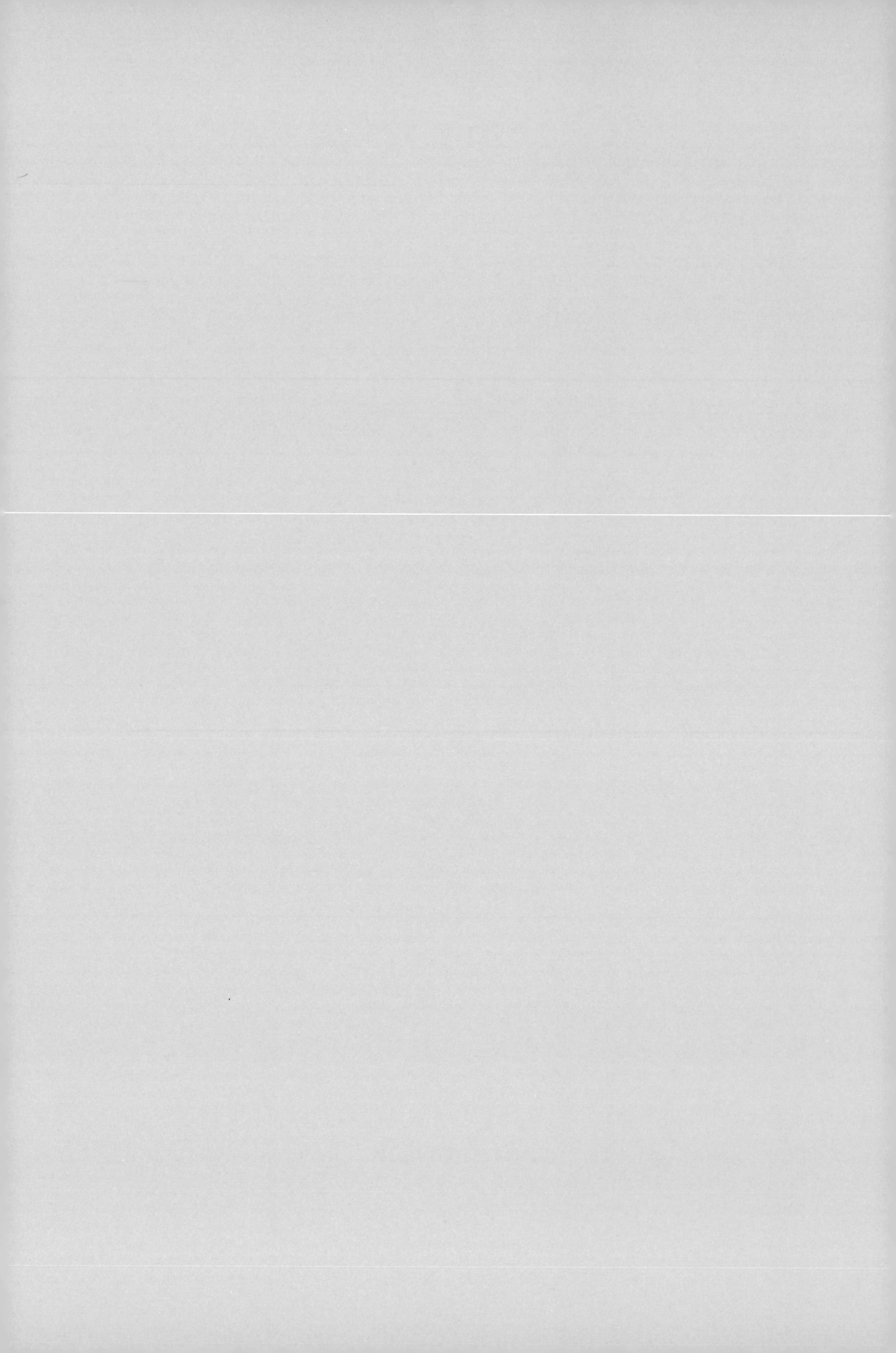

차트의해석

일러두기

- 이 책은 한글 맞춤법 통일안에 따라 편집했습니다. 의미 전달을 위해 허용 범위 내에서 표현한 것도 있습니다.
- 최근 바뀐 외래어 표기법에 따라 정리했으나, 몇몇 이름과 용어는 사회에서 더 많이 통용되는 것으로 정리했습니다.
- 이미 국내에 출간된 도서는 책 제목을 적었고, 출간되지 않은 도서는 번역문 뒤에 원문을 같이 표기했습니다.

차트의 해석

《차트의 기술》 김정환 저자의

기술적 분석 심화 편

김정환 지음

이레미디어

들어가는 글

《차트의 기술》이 발간된 후 16년의 세월이 흘렀다. 긴 시간 동안 그저 절판되지 않고 아직도 서점의 한편에서 독자들과 만날 수 있다는 사실이 큰 보람이며, 무한한 감사를 느낀다. 이 책을 다시 들 때마다 여러 가지로 부족함을 절감한다. 하여 보완해야겠다고 항상 마음속으로 다짐했었다. 하지만 현실적으로 그 수고로운 시간을 내기가 쉽지 않았다. 단호한 결심과 상당한 인내가 필요했다.

평소 기술적 분석에 대해 가지고 있던 몇 가지 근본적인 질문과 그에 대한 해답을 찾아가는 과정이 새로운 책의 주축이 되었다. 근본적인 질문 몇 가지를 소개하면 다음과 같다.

- 오늘의 기술적 분석은 어디로 가고 있는가?
- 기술적 분석의 역사적 흐름은 어떻게 되는가?
- 계량적 분석은 기술적 분석에 어떻게 적용되는가?
- 일반적으로 자주 볼 수 있는 지표는 아니지만, 증권사 HTS시스템에 나오는 기술적 지표에 대한 상세한 설명은 없는가?
- 동양에서 시작된 차트는 무엇인가?
- 기술적 분석에 가장 중요한 개념은 무엇인가?

마지막 질문에 대한 해답을 개인적으로는 이동평균선과 거래량이라고 생각했고 이에 대한 자세한 투자 전략을 담았다. 원고를 마치고 책 제목을 《차트의 해석》으로 지었지만, 전체적인 전개나 흐름으로 판단할 때 독자에 따라서는 《차트의 기술 2》로 느낄 수 있을 것이다. 그것도 집필 의도로 판단하면 틀린 말을 아니다. '해석解釋'은 일반적으로 여러 가지 현상이나 그 언어에 의한 표현이 지니는 의미를 명확히 함을 말한다. 이 책을 통해 기술적 분석에 관한 여러 가지 지표나 매매 전략의 의미를 명확히 설명하려고 했다.

한편으로 《차트의 기술》에서 이미 언급했던 내용과 중복되지 않도록 신경을 썼다. 무엇보다 기존에 소개된 기술적 분석 관련 서적에서 접하지 못했던 새로운 내용을 소개하고자 했다. 《차트의 기술》에서 이미 소개된 내용을 전체 구성 및 내용의 전개상 부득이하게 다시 언급할 경우에는 새로운 접근법으로 설명하고자 했다.

계량적 분석을 이용하여 설명한 기술적 분석 관련 내용이 여러 가지 수식으로 인해 난해하게 생각되는 독자들도 있을 것이다. 의미를 도출하기 위한 과정이 다소 장황하고 어렵게 느껴진다면 그다음 내용으로 넘어가도 전체를 이해하는 데 문제가 되지 않을 것이다. 독자들은 목차에 따라 순서대로 이 책을 보기보다는 흥미로운 부분부터 읽어도 그 내용을 이해하는 데 어려움이 없을 것이라고 본다.

이 책을 보면 기술적 분석이 단순히 자를 대고 선을 긋는 수준의 분석이 아니라는 것을 확실히 인식하게 될 것이다. 이 책을 관통하는 생각을 한마디로 요약하면 그것은 바로 '우리는 모두 기술적 분석가[We are all technicains]'라는 것이다.

사실 이 말은 필자의 말이 아니라 투자 전략가이자 미국 증시 장기 낙관론자인 에드워드 야데니[Ed Yardeni]의 말이다. 야데니리서치의 대표인 야데니는 월스트리트에서 지금도 활발하게 활동하고 있다. 기술적 분석가가 아닌 밸류에이션 모델을 좋아하는 학구파 주식 전략가인 그가 왜 이런 말을 했을까? 무엇보다도 순간순간 변화하는 주가의 흐름을 기본적 분석 모델로 설명할 수 없었기 때문일 것이다.

기술적 분석에는 여러 가지 분석 방법이 있고 이 책에서도 다양한 분석 방법이 소개되고 있다. 하나의 분석 방법과 매매 전략을 이해하는 것도 중요하지만 결국 이러한 분석 방법을 어떻게 조화시켜 시장과 종목의 움직임에 적용할 것인가의 문제로 귀결된다. 이에 대해서는 다음의 몇 가지 측면에서 생각해볼 필요가 있다.

첫째, 접근 방법이 중요하다. 다양한 기술적 분석 방법을 조화시키기 위해서는 위에서 아래로 보는[Top-down] 접근 방법과 아래에서 위로 보는[Bottom-up] 방법으로 나누어 생각할 수 있다.

위에서 아래로 보는 방법은 장기 투자를 목적으로 하는 분석에 적합한 방법으로 범위가 넓은 것에서부터 시작해 차츰 범위를 좁혀가면서 분석하는 방법을 말한다. 즉 시간적인 측면에서는 장기 추세나 사이클이 어떻게 형성되어 있는지를 먼저 알고 나서 중기, 단기의 추세를 분석해나가는 것을 말한다. 분석 대상의 측면에서는 시장 전체에서부터 업종, 종목의 움직임 등으로 범위를 좁혀가면서 매매 시기와 종목을 결정하는 것을 말한다. 장기적으로 길게는 20년 정도에 이르는 주가의 흐름에서부터 시작해서 다우 이론에서 말하는 주추세, 중간추세, 소추세를 파악한다면 현재 시장이 갖는 위치를 알 수 있게 된다.

이에 반해 아래에서 위로 보는 방법은 단기 투자를 목적으로 하는 분석에 더 적합한 방법이다. 이것은 범위가 좁은 것에서부터 시작해서 차츰 범위를 넓혀가는 것을 말한다. 즉 단기 종목 분석에서부터 시작해서 중·장기 업종, 시장 분석에까지 이르는 것이다.

크게 대조되는 위의 두 가지 접근 방법 중에서 정답이 무엇인지 알 수는 없다. 다만 분석가의 필요에 따라서 어느 하나가 선택되더라도 분석 기간과 범위에 있어서 이 같은 계층 구조가 있다는 것은 알고 있어야 한다.

둘째, 점검 사항을 적용하는 방법이다. 기술적 분석을 복잡하게 한다고 해서 반드시 좋은 결과가 나오는 것은 아니다. 오히려 분석 방법이 간단할수록 좋은 결과를 얻는 경우가 많다.

셋째, 분석 결과에 대한 해석 방법이다. 여러 가지 분석 방법 중에서 한 가지 방법이라도 확실하게 해석할 줄 알아야 한다. 깊이 없이 여러 가지를 아는 것보다는 한 가지를 깊게 아는 것이 필요하다. 과거의 분석 사례를 많이 아는 것은 지표의 성격을 확실하게 이해하고 해석하는 데 도움이 될 수 있다. 나아가 어떤 한 가지 분석 방법에 깊은 지식을 얻은 후에는 각 지표들을 꿰뚫어서 연결할 수 있는 기술이 필요할 것이다. 기술적 분석의 여러 가지 방법은 전체를 구성하는 요소 중 하나라는 사실을 이해할 때 진정한 기술적 분석가가 될 수 있다.

한편으로 각종 분석 방법은 서로 보완적으로 작용하기도 하지만 분석의 결과가 서로 다르게 나오기도 한다. 또한 기술적 분석의 각 방법은 상황에 따라서 현실을 잘 분석하기도 하지만 어떤 경우에는 그렇지 못할 때도 있다. 어떤 지표의 분석이 잘 들어맞지 않을 때는 포기하고 다른 지표를 찾아야 한다. 상황에 따라서 어떤 분석 방법이 더 잘 맞는지를 알기 위해서는 지식과 오랜 경험 그리고 끊임없는 노력이 무엇보다 필요할 것이다.

아울러 기본적 분석과 기술적 분석이 상호 보완적이라는 사실을 이해해야 한다. 가끔 기술적 분석가들과 기본적 분석가들의 의견이 충돌하는 경우가 있다. 그러나 기술적 분석과 기본적 분석이 항상 어긋나는 것만은 아니다. 오히려 두 방법은 서로를 위하여 이용될 수 있다. 가령 기술적 분석가가 펀더멘털한 변화가 있는지도 알고 있다면 패턴과 추세의 성공과 실패 확률을 나름대로 가늠할 수 있을 것이다.

우리는 이상적인 것들은 무언가 완전하고 복잡한 것이라고 생각하기 쉽다. 하지만 아무리 위대한 건축물도 주춧돌 하나에서 시작되며, 아무리 정교한 첨단기계도 처음에는 단순한 원리를 응용하는 데서 시작되는 법이다. 기술적 분석도 마찬가지다. 중요한 것은 시작되는 순간 그것이 곧 하나의 방법이 된다는 것, 때문에 내가 시작하면 언제나 내가 척도가 된다는 것, 새로운 규칙은 언제나 나로부터 만들어진다는 사실이다.

모든 것이 너무 넘쳐 문제가 되는 세상이다. 다양한 기술적 분석 도구의 선택에 있어서도 예외는 아니다. 일찍이 니체는 이렇게 말했다. "선택하는 일, 그것은 창조이니라." 기술적 분석의 도구 적용에 있어서는 다양한 경험을 통한 감별력이 중요해 보인다.

이 책이 나오기까지 많은 도움을 주신 이레미디어 이형도 대표님과 이레미디어 직원 여러분께 감사드린다. 원고 쓰는 동안 격려를 보내준 가족들과 GB투자자문 동료들에게도 고마운 마음을 전한다.

길었던 겨울이 지나가고 있다. 바야흐로 봄볕이 들기 시작했다. 헌폭[獻曝]이라는 말이 있다. 햇볕의 따스함을 바친다는 말이다. 이후의 주식 농사에서 모두 풍년이 되길 기원하며, 독자 여러분께 햇볕의 따사로움을 바친다.

여의도 GB투자자문 사무실에서

김정환

차례

제4장

비추세 국면(박스권)에서의 매매 81

제5장

주식 가격과 가격대 분석 95

제6장

캔들 차트로 본 추세 전환 신호 107

제7장 추세 지속을 알려주는 캔들 차트 135

제8장 혼마 무네히사의 '사께다 5법' 149

제9장 시장의 폭을 나타내는 등락주선(ADL)과 등락비율(ADR) 165

제 13 장 거래량 지표인 역시계곡선과 이큐볼륨 차트에 대하여 239

제 14 장 사이클 분석이란 무엇인가 253

제 15 장 추세지표와 모멘텀 271

제 1 장

기술적 분석에 대한 새로운 접근 방법

단기적으로는 수요와 공급에 의해서
시장 가격이 결정된다. 하지만 시간의 지평이
길어질수록 수요와 공급에 영향을 주는
근본적 요소가 시장 가격을 지배한다.

세스 클라만 Seth Andrew Klarman

초등학교 시절 미술시간에 종종 현실에는 존재하지 않는 상상화를 그렸었다. 바닷속 탐험이나 우주여행이 단골 소재였던 것으로 기억된다. "다섯 살 때부터 우주여행을 꿈꿨다. 가장 위대한 도전을 가장 친한 친구와 함께." 아마존 창업주이자 최고경영자CEO인 제프 베조스Jeff Bezos가 자신의 인스타그램에 남동생 마크 베조스와 우주여행을 갈 것이라며 밝힌 내용이다.

〈뉴욕타임스〉에 따르면 베조스는 자신이 2000년 설립한 우주탐사기업 '블루오리진'의 첫 우주관광 로켓 '뉴셰퍼드'를 타고 우주여행에 나설 것이라고 한다. 베조스는 지구 표면에서 약 100km 떨어진 카르만 라인Kármán line까지 올라가 수 분 동안 무중력을 체험하면서 우주에서 지구를 내려다보게 된다고 한다. 카르만 라인은 국제협약에 의해 지정된 지구와 우주의 경계선이다. CNN은 이번에 발표한 계획이 실행되면 베조스는 우주를 다녀온 최초의 백만장자로 기록될 것이라고 전했다.

테슬라 창업주 겸 CEO인 일론 머스크Elon Musk는 화성에 인간이 살 수 있는 도시를 건설하는 꿈을 이루기 위해 2002년 '스페이스X'를 설립했다. 머스크는 2024년 첫 유인 화성 탐사선을 발사해 2050년까지 화성에 수만 명이 살 수 있는 공간을 만들겠다는 목표를 갖고 있다. 스페이스X는 2024년에 인류를 달에 보내는 미 우주항공국NASA, 나사의 '아르테미스 프로젝트'에서 민간 달 착륙선 사업자로 선정됐다.

미국에 베조스와 머스크가 있다면 영국엔 리처드 브랜슨Richard Branson 버진그룹 회장이 있다. 그는 2004년 우주여행 사업을 위해 '버진갤럭틱'을 설립했다. BBC에 따르면 버진갤럭틱은 유인 우주선의 우주 궤도 비행에 성공했다. 우주산업은 2040년 약 1,000조 원 시장으로 성장할 것으로 전망되는 유망 산업이다. 미국 투자은행 모건스탠리는 우주산업 시장 규모가 2017년 3,240억 달러에서 2040년 1조 1,000억 달러로 성장할 것으로 전망했다.

세계 최고 부자들의 우주개발 경쟁을 보면서 누가 승자가 될지도 궁금하지만 이보다는 일반인들이 우주여행을 갈 수 있는 날이 언제가 될지 더 궁금하다. 경쟁을 통해 기술이 발전하면 보다 많은 사람을 한꺼번에 우주로 보낼 수 있게 되고, 가격도 떨어질 것이다. 실제로 재사용 로켓을 사용할 수 있는 기술이 개발되면서 위성 발사 비용이 크게 줄었다. 베조스는 "지구를 우주에서 보는 일은 당신을 변화시킨다. 그것은 이 행성, 그리고 인류와 당신과의 관계를 바꾼다"라고 말한다. 어린 시절의 상상력이 현실이 되어 백만장자가 아니어도 우주여행을 즐길 수 있는 그날이 올 수 있을까.

기술적 분석Technical analysis이란 '과거의 주가와 거래량 및 이들로부터 도출된 지표들을 차트를 통하여 분석함으로써 미래의 시장 변동Market actions을 예측해내는 기법'이라고 정의된다. 여기서 시장 변동이란 예측하려는 대상인 가격과 거래량의 변동을 의미하며, 지표들이란 가격과 거래량을 기초 자료로 사용하여 각종 통계적 처리를 통해 가공한 2차 자료(예를 들면 투자심리선, 오실레이터 등)를 의미한다. 이번 장에서는 지금 다시 기술적 분석이 필요한 이유와 기술적 분석의 새로운 접근이 어떤 식으로 이루어지고 있는지에 대하여 알아보기로 한다.

01 | 왜 지금 다시 기술적 분석이 필요한가

첨단 AI와 빅데이터가 지배하는 현실을 반영해볼 때 투자에 있어 기술적 분석은 꼭 필요한 것일까? 금융시장이 발전을 거듭하고 있는 가운데 국내외의 주식, 금리, 외환, 상품 등의 현물시장Spot market과 여기서 파생된 선물 및 옵션 등 파생상품시장Derivative market, 그리고 최근에 투자자들의 관심을 끌고 있는 비트코인 등 가상화폐시장 등에 대한 투자 패턴에서 일대 변혁이 일어나고 있다.

그 원인으로는 컴퓨터 기능의 급성장과 인터넷 속도 향상 및 이용자 증가로 전 세계적으로 사이버 트레이딩Cyber trading이 급격히 증가했고, 다양한 분석 도구와 기법이 개발되었기 때문이다. 즉 개인용 컴퓨터를 이용하여 정보를 빠르게 수집 및 가공할 수 있으며, 인터넷을 통해서 전 세계 시장을 동시에 파악할 수 있게 되어 수익률 극대화를 위한 노력이 활발히 연구되고 있으며, 어떠한 방법이 가장 효율적인지 투자자들에게 가장 큰 관심사로 부각되고 있다.

일반적으로 주식과 증권시장을 분석하는 데 있어서 크게 두 가지로 나눈다. 첫 번째는 기본적 분석Fundamental analysis이고, 두 번째는 기술적 분석이다. 기본적 분석은 주식의 내재적 가치를 분석하여 미래의 주가를 예측하는 방법이다. 특정 상품의 현재 시장 가격Market price은 과거 가격을 반영하고 있으며 미래의 가격도 예측이 가능하게 해준다. 기술적 분석은 특정 상품의 과거 데이터(가격, 거래량, 순환주기 등)를 이용하여 현재의 가격 수준과 미래의 가격 변화를 예측하는 방법이다.

예를 들어 어떤 개인이 특정한 외환시장에 투자하기 위해서는 투자 대상이 되는 국가의 국제수지, 물가, 금리, 경기 등을 분석해서 투자 의사결정을 하는 행위를 기본적 분석이라고 할 수 있다. 그리고 특정한 외환시장의 과거 가격 동향을 통해서 투자 의사결정을 할 경우에는 기술적 분석이라고 할 수 있다.

두 가지 방법이 모두 완벽하게 미래 가격을 예측하지 못하며 상호 보완적인 관계로 해석된다. 그러나 기술적 분석 방법은 다음과 같은 이유 때문에 좀 더 신축적인 측면이 강하다고 할 수 있다. 먼저 기술적 분석은 특정 상품에 대한 과거 데이터만 있으면 접근이 가능하므로 다양한 시장에 대한 접근이 용이하며, 기분적 분석과 같이 복잡하고 전문적인 지식을 필요로 하지 않아 활용하기 쉽다.

또한 특정 상품의 중·장기 추세뿐만 아니라 단기 추세 파악도 용이하므로 기본적 분석으로 접근할 수 없는 시장 진입(Entry) 시점 및 퇴출(Exit) 시점을 파악할 수 있다. 특히 전 세계적으로 급증하고 있는 일일매매(Day trading)에서는 없어서는 안 되는 분석 방법이다. 아울러 내재가치가 존재하지 않아 기본적 분석으로 수행할 수 없는 파생상품시장(특히 선물시장)이나 가상화폐시장 등에서 미래 가격을 예측하기 위해서는 기술적 분석이 필수 불가결한 요소로 사용된다.

앞에서 설명한 바와 같이 기술적 분석은 사용의 편리성 및 시장 접근 용이성 등으로 널리 사용되고 있고, 지금도 새로운 기술적 분석 방법이 나날이 개발되고 있다.

02 | 기술적 분석의 최근 흐름

기술적 분석의 흐름

기술적 분석 방법은 초기에는 차트 분석이 주를 이루었다. 차트 분석은 추세 분석과 패턴 분석으로 크게 나눌 수 있다. 추세 분석은 지금까지도 기술적 분석의 바이블로 사용되고 있는데, 다우 이론의 창시자인 찰스 다우Charles Dow에 의해 도입된 것으로 지지Support와 저항Resistance, 추세선Ttrend line 분석을 그 주된 개념으로 하고 있다.

한편 패턴 분석은 에드워드Edward와 메기Magee가 사례 분석을 통해 주가가 변화하기 이전에 나타나는 전형적인 주가 움직임의 모습을 정례화함으로써

그림 1-1 기술적 분석은 초기에는 차트 분석이 주를 이뤘다

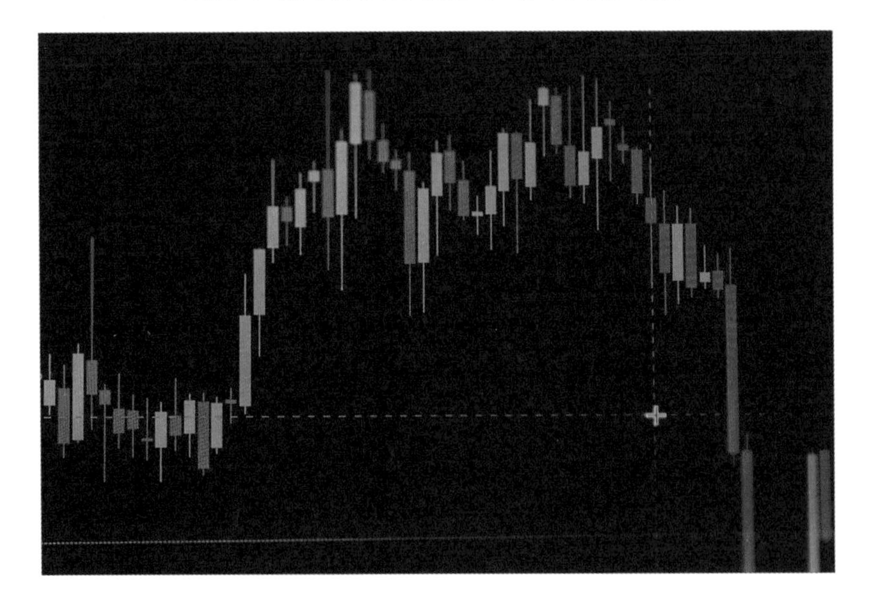

도입된 것이다. 우리에게 익숙한 것으로 삼각형Triangle, 깃발형Frag, 헤드앤드숄더형Head & Shoulder, 2중바닥Double bottom 등과 같은 패턴이 있다.

그러나 이와 같은 전통적 기술적 분석은 목측目測, Visual observation에 의한 분석이 주가 되기 때문에 분석가의 주관에 따라 자의적으로 해석될 여지가 많아 동일한 차트에 대한 해석이 분석가에 따라 달라질 수 있다는 단점이 있다. 예를 들면 A종목의 주가 하락에 대해 분석가 A는 '지지선이 돌파되었기 때문에 추세가 전환되었다'고 해석하는데 반해, 분석가 B는 '지지선이 붕괴되지 않았으며 상승 추세는 계속되고 있다'라고 상반된 해석을 할 수 있다는 것이다.

또한 전통적으로 기술적 분석에서는 분석가가 직접 차트를 작성하고 분석하기 때문에 분석 가능한 종목의 수가 제한적일 수밖에 없다. 즉 인간의 수작업으로는 인적·시간적인 제한으로 인해 분석 가능한 종목수가 제한된다. 뿐만 아니라 시장 상황을 시의적절하게 반영하기란 거의 불가능하다는 점이다.

물론 손으로 직접 차트를 작성함으로써 가격에 대한 직감력을 높일 수 있다. 몇몇 종목에 대한 그래프는 매일 그릴 수 있고, 그 차트에 어느 수준에서 매수하고 어느 수준에서 매도할 것인지를 표시해둘 수 있다. 그러나 시장에서 거래되는 모든 종목을 손으로 그려서 추적하기란 불가능하며 매일 변화하고 있는 시장에서 단지 몇 종목만 추적한다면 수익을 얻을 수 있는 기회는 그만큼 줄어들게 될 것이다.

이와 같은 단점을 보완하기 위해 등장한 기술적 분석의 새로운 접근이 바로 컴퓨터와 통계 및 수치 해석적 방법을 사용해서 계산하고 분석하는 접근법이다. 특히 계산 과정이 복잡한 이동평균, 오실레이터 등과 같은 기술적 지표의 분석에 많이 활용되고 있다. 이러한 기술적 지표는 초기의 기술적 분석이 목측에 의한 차트 분석이 주를 이룬 것에 반해, 기술적 분석에 계량적인 분석 기법을 접목하여 수치화하였기 때문에 분석가에 따라 그 내용이 달리 해석될 가능성이 적다. 또 컴퓨터를 이용하여 많은 종목을 동시에 즉시 분석할 수 있다는 장점이 있다.

물론 기술적 분석이 계량화되어 간다고 할지라도 막연한 환상을 갖고 무차별적으로 기술적 분석을 시장에 적용하는 것은 타당하지 못하다. 이는 곧 기술적 분석의 시발점으로 어느 정도 증시에서 매매 경험이 있으며, 금융시장과 분석 기법을 이해하는 분석가의 능력이 선행될 때에만 올바른 분석 결과가 나올 수 있음을 의미한다.

기술적 분석과 컴퓨터

성공적인 투자자가 되기 위해서는 다른 경쟁자보다 시장을 보다 잘 이해해야만 한다. 컴퓨터를 이용하면 보다 철저히 시장을 분석할 수 있다. 시장에서 경쟁관계에 있는 수많은 투자자가 이미 컴퓨터를 이용하여 증권시장을 분석하고 있다.

▪ 자동차와 도보

컴퓨터를 이용하지 않고 매매를 행하는 투자자는 마치 자전거를 타고 여행하는 것과 같다. 자전거를 타다 보면 그의 다리는 날로 튼튼해지고, 보다 많은 풍경을 구경할 수는 있다. 하지만 진행 속도는 느리기만 할 것이다. 빨리 처리해야 할 문제를 가지고 출장을 갈 경우에는 자동차가 반드시 필요하다. 컴퓨터는 투자자들이 보다 깊이 있게 시장을 분석할 수 있게 하고, 또 그들로 하여금 일상적인 일에서 벗어나 자유롭게 사고할 수 있도록 한다. 주식 매매는 정보의 싸움인데 컴퓨터는 보다 많은 정보를 신속하게 처리할 수 있게 해준다.

컴퓨터를 이용한 수치화된 기술적 분석 기법은 전통적인 차트 분석보다 객관성이 높다고 할 수 있다. 예를 들어 헤드앤드숄더형Head and shoulder pattern의 출현 여부에 대해서는 각각의 분석가마다 의견을 달리할 수 있으나, 지표Indicator의 방향에 대해서는 논란의 여지가 있을 수 없다. 즉 지표가 상승을 나타내면 그것은 명백한 상승이고, 하락을 나타내면 그것은 명백한 하락이지 그 이외의 것일 수 없는 것이다. 컴퓨터화된 분석 기법으로 변경하는 것은 마치 주판에서 계산기로 옮겨가는 것과 같다. 계산기의 키를 누르는 방법을 배울 때까지는 오히려 느릴지 모르지만, 결국에는 속도와 정확성을 높이게 되어 가치 있는 일이 될 것이다.

▪ 기술적 분석 프로그램의 유형

기술적 분석을 위한 대부분의 프로그램은 연장상자Toolbox, 블랙박스Black box, 회색상자Gray box 중 하나에 속하게 된다. 연장상자는 경험이 풍부하고 뛰어난 분석력을 갖춘 투자자에게 적합한 것이고, 블랙박스는 산타클로스의 존재를 믿는 자를 위한 것이다. 그리고 회색상사는 그 중간을 위한 것이다.

연장상자Tool box : 기술적 분석을 위한 연장상자는 말 그대로 시장 데이터를 처리할 수 있는 도구를 제공하는 것이다. 유용한 연장상자는 이동평균, 추세대, MACD, MACD-히스토그램Histogram, 스토캐스틱Stochastic, 상대강도지수RSI 등과 같이 인지도가 높은 지표들을 포함하고 있다. 뿐만 아니라 간단한 조작을 통해 모든 지표를 적절하게 조정할 수 있게 되어 있다. 뛰어난 연장 상자 프로그램은 분석가가 개인의 지표를 시스템에 포함할 수도 있게 하고, 두 개의 시장을 분석하여 스프레드를 분석할 수 있게 하고, 매매 시스템의 확률도 테스트할 수 있게 한다.

블랙박스Black box : 블랙박스는 매수/매도 종목과 매수/매도 시점은 나타내 주지만, 왜 그렇게 해야 되는지에 대해서는 언급하지 않는다. 블랙박스에 데이터를 넣으면 내부적으로 자동 처리되어 어떻게 해야 되는지에 대한 결과만을 보여주는 것이다. 대부분 블랙박스는 항상 과거의 인상적이었던 투

그림 1-2 기술적 분석은 결국 '어떻게 사고, 파느냐'의 문제로 귀결된다

자 성과를 내보이지만, 사실 시장은 지속적으로 변화하기 때문에 시간이 경과함에 따라 부적합한 것이 되고 만다.

매매와 같은 인간의 복잡한 행위를 자동화한다는 것은 거의 불가능하기 때문에 블랙박스는 실패할 수밖에 없고, 이러한 것으로 돈을 버는 자는 오로지 그것을 판매하는 자뿐이다. "기계는 인간을 도울 수는 있지만 결코 인간을 대신할 수는 없다"는 말을 기억할 필요가 있다.

회색상자Gray box : 회색상자도 블랙박스와 마찬가지로 프로그램 개발자의 수식에 의존하여 매매 신호를 알려준다. 하지만 블랙박스와는 달리 프로그램에 사용된 일반식을 알려주고, 또 사용자가 어느 정도는 지표를 조절할 수 있도록 한다. 연장상자에 가까운 회색상자일수록 더 뛰어난 프로그램이라고 할 수 있다. 잘 알려진 회색상자는 MESAMaximun Entrophy Spectrum Analisys 같은 프로그램을 포함하고 있는데, 그것은 시장의 사이클을 분석하는 데 있어 가장 뛰어난 프로그램으로 알려져 있다.

03 기술적 지표의 분류와 검증

기술적 지표의 분류와 주요 특징

▪ 기술적 지표의 분류

기술적 지표는 추세를 파악하거나 그 전환점을 찾는 데 도움을 준다. 그리고 지표는 매수자와 매도자 사이에 존재하는 힘의 균형을 보다 깊이 있게 분석 가능하게 한다. 그리고 지표는 차트의 패턴 분석보다도 더 객관적이라고 할 수 있다.

기술적 분석에서 어려운 점은 시장의 상황에 따라 각 분석 지표들 간에 서로 상이하거나 부적절한 분석 결과를 나타낸다는 점이다. 즉 어떤 지표는 상승 혹은 하락의 추세가 뚜렷한 시장에서 적절한 분석 결과를 보여주는 데 반해, 또 다른 지표는 횡보 장세에서 보다 적절한 신호를 제공한다. 다시 말해 어떤 지표는 추세 파악을 잘하는 데 반해, 또 다른 지표는 전환점을 잘 포착한다는 것이다.

초보자들은 대부분 시장에 가장 적합한 하나의 지표를 찾아내려고 하거나, 여러 가지 지표를 함께 분석하여 각각의 평균값을 얻고자 한다. 반면에 분석력을 갖춘 전문 투자자는 각각의 시장 조건에 가장 적합한 지표가 어떤 것인가를 찾고자 한다. 어떠한 지표를 사용하기에 앞서 그 지표의 계산 방법과 활용 방법을 명확하게 이해하고 있어야만 그 지표가 주는 신호에 대해 확신을 가질 수 있다.

전문가들은 지표를 추세지표Trend-following indicator, 오실레이터Oscillator, 기타 지표Miscellaneous indicator의 세 가지 유형으로 나눈다. 추세지표는 추세를 나타내는 지표이기 때문에 시장이 움직일 때에는 가장 적합한 지표가 되지만, 횡보 장세에서는 적절한 신호를 나타내지 못한다. 오실레이터는 횡보 장세에서의 전환점Turning point을 포착하는 데는 적합하지만 추세가 시작된 이후에는 너무 때 이르고 위험한 신호를 제공한다. 기타 시장지표는 대중의 심리를 특히 잘 관찰할 수 있도록 한다. 성공적인 매매를 위해서는 서로 다른 그룹으로부터 여러 지표를 합성하여 마이너스적인 요인은 상쇄하고, 서로 모순되지 않는 플러스적인 요인은 살리도록 해야 한다.

추세지표 : 여기에는 시계열 모형에 의한 추세 및 사이클, 이동평균 등이 있다. 추세지표는 동행 또는 후행지표로서 가격 추세가 역전된 후에 전환된다.

오실레이터 : 여기에는 이동평균 디퍼런스[Moving average difference], 모멘텀[Momentum], 상대강도지수[RSI], 스토캐스틱, MACD, DMI 등이 있다. 오실레이터는 선행 또는 동행지표로서 일반적으로 가격보다 먼저 전환된다.

기타 지표 : 여기에는 시장지표로서 NH-NL[New High-New Low Index], TRIN[traders' index] 등이 있으며, 이들은 강세 혹은 약세시장의 강도를 파악하는 데 유용한 선행 혹은 동행지표이다. 또한 최근의 새로운 기술적 지표로 엘더레이[Elder-Ray], 강도지수[Force Index] 등이 있다.

■ 기술적 지표의 주요 특징

어떠한 기법도 마찬가지겠지만 기술적 분석에 있어서도 모든 시장 환경에 적용할 수 있는 만능적인 분석 기법은 존재하지 않는다. 결국 투자의 성공 여부는 얼마나 시장 상황에 타당한 기술적 분석 기법을 선택하는지에 달려 있는데, 이는 결국 시장의 대세를 파악하는 투자자의 능력과 맞물린다. 예를 들어 시장이 보합세에 있는데 추세 순응적인 분석 기법을 이용한다면 그 결과는 너무나 분명한 것이다. 따라서 성공적인 투자를 위해서는 기술적 분석 기법의 특성과 시장 상황에 대한 기초적 이해가 필수적이다.

표 1-1 기술적 분석 지표의 특징

구분	특성	추세 상황			추세 전환 국면			
		보합	상승 추세	하락 추세	보합→하락	보합→상승	상승→보합	하락→보합
• 이동평균선	추세 순응적	×	○	○	◎	◎	◎	◎
• 이동평균 Dif.	추세 순응적	×	△	△	◎	◎	◎	◎
• 모멘텀	과매도·과매수	◎	○	○	△	△	△	△
• RSI	과매도·과매수	◎	○	○	△	△	△	△
• 스토캐스틱	복합형	○	○	○	○	○	○	○
• MACD	복합형	○	○	○	○	○	○	○
• DMI	복합형	○	○	○	○	○	○	○
• 직선 추세 분석	추세 순응적	×	○	○	×	×	×	×
• 곡선 추세 분석	추세 순응적	×	○	○	◎	◎	◎	◎
• 사이클 분석	시간 분석	×	×	×	◎	◎	◎	◎
• 엘리어트 파동	시간 분석	×	○	○	○	○	○	○

◎ 아주 적절함 ○ 부분적으로 적절함 △ 적절치 못함 × 아주 부적절함

〈표 1-1〉은 시장 상황에 따른 기술적 분석 지표의 특성을 요약하고 있다.

기술적 지표의 검증

증권 분석가들이 사용하고 있는 수많은 기술적 지표는 각각의 지표에 적용해야 할 기간 선택이 그 지표의 정확도를 높이는 관건이 될 수밖에 없다. 바로 이러한 최적 기간의 선택은 매매 타이밍 모델Timing model에 의해 최적화될 수 있다. 비록 좋은 컴퓨터, 소프트웨어 그리고 데이터를 가지고 있다고 할지라도 투자 타이밍 모델을 개발하기 위해서는 과정이 복잡하고 많은 시

간이 소요된다.

이것은 매우 힘든 과정이지만 효과적인 시장 전략을 수립하는 데 있어서 그 필요성은 증대되고 있다. 만약 과거의 데이터를 사용하여 검증한 결과, 일관된 수익을 제공하는 것으로 증명된 이러한 모델은 검증되지 않은 주먹구구식 의사결정 과정을 이용하는 것보다는 실질적으로 더 좋은 결과가 있을 것으로 기대할 수 있다.

최적화라는 것은 장기간의 데이터를 사용하여 가장 높고 지속적으로 수익을 가져다주는 지표의 파라미터Parameter를 체계적으로 찾는 것이다. 이러한 최적화 노력에 대해서는 논쟁의 여지가 있다. 지지론자들은 최적화는 충분히 노력할 가치가 있다고 주장하고 있는 반면, 반대론자들은 장래의 시장 움직임과 가격 패턴이 과거에도 일치하지 않는다고 주장한다.

기술적 지표를 검증하는 올바른 방법은 검증 데이터에 대해 전혀 모르는 상태에서 기계적인 시뮬레이션 혹은 사전적으로 상호검증을 해보는 것이다. 데이비드 애런슨David R. Aronson은 최적화된 규칙을 과거의 데이터를 이용해 정확히 정의한 다음, 이전의 최적화 단계에서 포함되지 않은 보다 최근의 데이터를 사용하여 검증되어야 한다고 했다.

이러한 방법을 통해 과거의 최적화된 규칙을 앞으로의 기간에 어떻게 적용할 것인가에 대한 실제적인 방법을 습득할 수 있다. 이러한 검증 과정은 기술적 분석에서도 정밀한 과학적인 방법을 요구한다. 만약 최적화 방법을 그 이후의 기간에 적용했을 때 지속적으로 좋은 결과를 얻었다면, 지금은 더 확신을 가지고 그것을 사용할 수 있을 것이다. 설사 그 검증 노력이 실패했다고 할지라도 실패한 매매 접근법에 대한 좀 더 실제적인 통찰력을 얻는 것으로 보상받을 수 있다.

결론적으로 최적화된 의사결정 규칙은 앞으로 실제 기간의 시뮬레이션에 적용되었을 때 상당히 가치 있는 결과를 가져옴을 보여주고 있다. 물론 미래를 예측하는 데 있어 가장 수긍이 가고 이성적이며 일반적인 접근법은 항상 과거의 데이터에 대한 주의 깊은 연구를 포함한다. 하지만 미래는 항상 과거와는 다소간의 차이가 있기 때문에 미래의 결과가 과거의 최적화된 실적과 똑같을 것이라고 기대하는 것은 현명하지 못하다. 그럼에도 불구하고 최적화 검증은 효과적인 의사결정 규칙과 실제적인 투자 전략을 선택하기 위한 합리적인 접근이라고 믿고 있다.

04 | 우리나라에서의 기술적 분석에 대한 오해와 현실

국내 주식시장에서 기술적 분석에 대한 오해

우리나라에서 기술적 분석은 기본적 분석에 비해 그 중요성이 현저히 떨어지고, 주식시장에서 오랜 기간 투자한 사람이라면 누구나 기본적으로 기술적 분석을 할 수 있다고 생각한다. 이것이 바로 기술적 분석에 대한 오해의 시작이다. 큰 범위에서 몇 가지 오해를 지적하고자 한다.

첫째, 과거로부터 사용되어온 헤드앤드숄더형 같은 주가 패턴을 분석하는 방법이 기술적 분석의 전부라는 오해가 널리 퍼져 있다. 시장에서 가격은 반드시 과거의 모형이나 패턴대로 움직이지는 않는다. 그럼에도 불구하고 과거 수십 년간 우리나라에서 일본식 패턴 분석 혹은 모형 분석에 익숙해진 탓에 갖게 된 편견이다.

둘째, 기술적 분석이 단기적인 매매 시점(타이밍)만을 찾는 것으로 치부되어왔다. 하지만 기술적 분석의 묘미는 중·장기 추세Trend를 설명할 수 있고, 기본적 분석에서 설명하려는 목표가격과 순환주기를 측정하기 위한 좋은 보조 수단이 된다.

셋째, 기술적 분석은 과거 지향적이기 때문에 기본적 분석에 비해 미래 예측 기법이 훨씬 떨어진다는 편견이다. 물론 접근 방법에 따라 예측력이 떨어질 수도 있지만 배타적인 개념보다 상호 보완적인 접근 방법으로 활용하는 것이 좋다.

국내 금융시장에서 기술적 분석의 현실

미국, 영국 등 선진국 시장에서는 기본적 분석과 기술적 분석의 중요도가 거의 대등하게 평가받고 있다. 또한 다양한 시스템(트레이딩 시스템, 프로그램 매매 등)이 개발되고 있으며, 시장 진입이나 퇴출을 위한 의사결정에 중요한 기법으로 활용되고 있다. 기술적 분석의 영역 또한 상당히 넓어지고 있다. 예를 들면 천체 주기론Astro cycles, 카오스 이론Chaos theory, 퍼지 이론Fuzzy theory, 신경회로망Neural networks 등 다양한 이론들이 새롭게 적용되고 있다.

그렇다면 우리나라의 현실은 어떠한가. 우리는 세계 경제와 증시의 동조화 현상으로 인해 미국 주가 동향, 일본 엔화 및 환율 동향, 미국 금리 인상·인하 여부 등이 한국 증권시장에 직접적인 영향을 주는 것을 경험하고 있다. 대내적으로는 주가지수선물, 옵션 이외에 최근 금리선물 및 금선물, 달러선물, 원유선물, 가상화폐 등 거래되는 투자 대상 상품의 종류가 다양화되었다.

더욱이 인터넷을 통해서 실시간으로 데이터를 확인하면서 투자하는 사이버 트레이딩도 활발해지면서 투자 대상은 더욱더 넓어지고 있다. 동조화 현상 및 투자 대상의 다양화가 급격히 진행되고 있는 등 기관투자자나 개인투자자는 적절한 투자 대상 찾기 및 진입 시점 결정 등 의사결정을 하기가 점점 더 힘들어지고 있다.

따라서 대상 상품의 개별적 특성을 잘 파악하지 못하고 있더라도 투자 전략을 수립할 수 있게 해주는 기술적 분석의 유용성이 점점 더 높아지고 있으며, 기술적 분석 활용의 필요성이 증가하고 있는 것이 현실이다. 결론적으로 시간이 지나면서 기술적 분석은 무시할 수 없는 투자의 나침판으로서의 역할을 톡톡히 하고 있는 것이다.

제 2 장

군중 현상과 가격 변동 구조

심각한 공포의 영향 아래에 있는 개인이나 군중은 인도적으로 행동하거나 건전하게 생각하리라고는 믿을 수 없다. 공포를 극복하는 것이 지혜의 시작이다.

버트런드 러셀

경제사를 이야기할 때 빠지지 않고 등장하는 것이 버블의 역사이다. 실제로 생생하게 경험했던 것은 1990년대 후반의 이른바 IT 버블이었다. 이때의 후유증은 만만치 않아서, 지금도 주위에는 20년 전 '닷컴 버블'을 떠올리는 사람들이 많다. 1990년대 후반부터 인터넷 열풍에 올라탄 기업들이 우후죽순 증시에 이름을 올리며 블랙홀처럼 자금을 빨아들였다. 회사 이름에 '닷컴dot-com' 정도는 붙어야 돈이 되던 시대였다. 하지만 이 'IT 버블'은 2000년을 기점으로 붕괴했다. 2000년 3월 10일 5,048.62로 고점을 찍은 나스닥은 2002년 10월 9일 1,114.11까지 80% 가까이 추락했다.

1990년대 말 IT 버블 당시엔 기대를 모으고 나스닥에 상장했다가 순이익 한번 못 내고 파산한 기업이 적지 않았다. 2021년 IT 기업들의 주가가 급등하면서 '제2의 IT 버블이다'라는 지적이 나오고 있다. 증시 거품을 가늠하는 대표적 지표가 주가수익비율PER(주가를 주당순이익으로 나눈 것)이다. 이 수치가 높을수록 실제 가치보다 고평가된 것이다. 현재 S&P500지수의 평균 PER은 27배이다. 이와 비교하면 아마존의 PER이 120배 수준이고 애플과 MS, 구글, 페이스북(현 메타) 모두 30배가 넘는다. 테슬라는 무려 1,100배에 달한다.

과거 어느 때보다 전체 증시에서 IT 기업이 차지하는 비율이 높다는 점도 IT 거품 우려를 키운다. S&P500지수에서 IT 업종의 비율은 39%로 'IT 버블' 직전인 1999년 말(37%)보다 이미 높아져 있다. 실버라이트 자산운용사 마이클 캐니벳 회장은 "이런 특정 업종에의 집중 현상은 버블 붕괴의 전조이다"라고 말한다. 시중에 풀린 돈이 늘고, 개인투자자 유입이 급격히 늘어났다는 점도 20년 전과 비슷하다.

미국의 한 애널리스트는 "1990년대 후반 온라인 주식 거래 도입으로 소액 투자자 활동이 활발해졌었는데, 최근엔 '로빈후드(미국 무료 주식 거래 플랫폼)'가 증시를 달구고 있다"라고 말했다. '로빈후드' 사용자는 코로나19 팬데믹 전후 300만 명이 늘어 현재 1,300만 명에 이른다. 한국의 '동학 개미'처럼 미국에선 '로빈후드 투자자'란 말이 유행이다. 다른 애널리스트는 "주식시장에서 자신만 소외될지 모른다는 이른바 'FOMO Fear Of Missing Out(포모, 기회를 놓칠지 모른다는 공포) 증후군'도 거품을 부추기고 있다"고 말한다. 달도 차면 기운다. 모든 일에는 항상 전조 현상이 나타나기 마련이란 것을 기억할 필요가 있다.

기술적 분석을 이용하여 적절한 의사결정을 내리는 데 가장 큰 제약이 되는 것이 바로 '의심 Doubt'이다. 중요한 매매 신호는 필연적으로 대부분의 투자자가 생각하는 것과는 다르게 나타나므로, 투자자들은 매매 신호를 무시하고 싶은 강한 압력을 받게 된다. 따라서 투자에 임할 때 가장 먼저 고려할 일은 그러한 군중 현상에 민감하게 반응하지 않도록 노력하는 것이다.

군중 현상에 휩쓸리지 않고 독자적인 판단을 하는 능력은 기술적 분석을 통하여 얻어질 수 있다. 이는 기술적 분석의 존재 이유가 바로 대다수 사람의 행동에 주의를 기울이고, 적절한 시기에 대다수의 시장참여자와 반대 포지션을 취하는 데 있기 때문이다. 물론, 상황에 따라 다양한 분석 방법을 적용하여 의심을 줄이는 것이 필수적이다. 이번 장에서는 군중 현상과 가격 변동 구조에 대하여 알아본다.

01 | 군중의 행동을 이해한다는 것에 대하여

일반적인 경제 원칙에서와 마찬가지로 주가 변동도 주식에 대한 수요 및 공급의 변화를 반영한다. 즉 수요가 공급을 초과하면 가격은 상승하고, 공급이 수요를 초과하는 경우에는 가격이 하락하게 된다. 따라서 주가 변동을 연구하는 기술적 분석 방법은 내용적으로는 시장에서의 주식 수급 변화에 대해 연구하는 것이다. 더 나아가서는 수급의 주체가 되는 다수의 시장참여자, 즉 군중의 행동Crowd behavior을 연구하는 것이다.

시장에는 매수하려는 사람과 매도하려는 사람 그리고 미결정의 참여자 등 세 가지 유형의 집단이 존재한다. 그리고 매수하려는 사람과 매도하려는 사람 사이에는 항상 갈등이 따르기 마련이다. 매수하려는 사람은 가능한 한 적게 지불하려 하고, 매도하려는 사람은 가능한 한 많이 받기를 원한다. 두 집단이 모두 자기 입장만을 고집한다면 거래는 성립되지 않는다. 거래가 성립되지 않고서는 가격이 형성되지 않으며, 단지 매수호가와 매도호가만이 있을 뿐이다. 매도하려는 사람은 가격이 상승할 때까지 기다리든지, 아니면 매도호가를 낮추는 두 가지 대안 중 하나를 선택해야 한다. 매수하려는 사람에게도 가격이 하락할 때까지 기다리든지, 아니면 매수호가를 높이는 두 가지 대안이 주어진다.

거래는 양편의 의견이 합치되어야 성립된다. 열광적인 매수자는 매도자의 의견에 동의하여 매수호가를 높이게 되고, 적극적인 매도자는 매수자의 의견에 동의하여 매도호가를 낮추게 된다. 매수자는 주저하고 있을 동안 다른 거래자가 개입하여 싸게 살 수 있는 기회를 놓쳐버리지 않을까 우려하게 된다. 그리고 매도자는 보다 높은 가격에 매도하려고 기다리는 동안 다른 매도자가 더 낮은 가격으로 매도하여 가격을 낮추지 않을까 걱정하게 된다. 이런 과정을 통하여 매도자와 매수자의 마음이 합치되어야 거래가 성립되는 것이다.

매수자는 가격이 상승할 것이라는 기대감으로 매수하고, 매도자는 가격의 하락을 우려하여 매도한다. 미결정의 참여자들도 가격이 변함에 따라 혹은 시간이 경과함에 따라 매수자나 매도자의 위치에 서게 된다. 현재 가격보다 높은 가격에 매수함으로써 가격이 상승하고, 낮은 가격에 매도함으로써 가격은 하락하게 된다. 즉 매수자와 매도자들이 얼마나 열광적인지에 따라 가격은 변동하게 되는 것이다.

이와 같이 가격이란 매 순간, 모든 시장참여자의 가치에 대한 공감대라고 할 수 있다. 즉 가격이란 매수자와 매도자 사이에 이루어진 순간적인 의견의 일치이며, 따라서 심리적인 현상이라고 할 수 있다. 또한 가격은 수많은 거래자에 의하여 형성되는 것이므로 가격과 거래량의 여러 형태는 시장에 있어서 군중심리를 반영한다.

우리가 분석하고 거래를 행하는 시장이란 거대한 군중의 집합체라고 할 수 있다. 주식시장에서의 군중은 다양한 화면을 통하여 같은 시세를 보고, 관련 매체를 통하여 같은 기사를 읽는다. 이러한 점들이 거리상으로는 멀리 떨어져 있음에도 우리를 시장에서 군중의 구성원으로 결속시키는 것이다.

02 | 군중 현상이란 무엇인가

의사결정의 이중 구조

인간은 똑같이 주어진 상황에서도 나름대로의 가치관에 따라 각기 다른 선택을 하기 마련이다. 따라서 한 개인의 독자적인 의사결정에 대해 예측하는 것이 항상 가능한 것은 아니다. 이것은 개인의 행동은 이성적이며, 따라서 예측이 가능하다고 하는 전통적인 관점과는 상당히 차이가 있다. 그러나 개인들이 집단을 이루어서 표출하는 집단적 행동은 주어진 조건에 대해 단순하고 기계적인 반응을 보이는 경우가 많으며, 따라서 예측이 가능하다.

인간은 누구나 독자적 의사결정의 능력을 가지고 있으며, 또한 집단에 소속되려는 성향도 함께 가지고 있다. 이러한 이중적 특성은 상황에 따라 다르게 나타나는데, 어떤 때는 독자적인 판단에 따르다가도 또 어떤 때는 타인들의 행동양식을 따르곤 하는 것이다. 이러한 이중적 특성을 이해하는 것은 주식시장에서 투자자 행동을 분석하는 데 있어 매우 중요하다.

군중심리와 군중 현상

주식시장에서 투자자들은 의사결정을 내리면서 갈등을 경험하곤 한다. 즉 한편으로는 스스로 내린 투자 의사결정에 따라 일련의 행동을 요구하고, 다른 한편에서는 전적으로 반대 방향으로 이끄는 '무리의 본능Herd instinct'이 유혹하는 것이다. 특히 추세가 강하게 형성되어 있는 기간은 투자자들의 의견이 한편으로 치우치는 경향이 강하다. 이때 군중심리에 휩싸이지 않고 독자적인 판단에 따라 대다수 투자자와 반대의 입장에 서는 것은 매우 어려운 일이다. 경험이 많은 전문 투자자조차 때로는 병적인 흥분 상태에 빠져 정상적인 판단을 흐리는 경우가 있다.

이러한 갈등의 원인은 바로 군중심리에 있다. 모든 사람은 한편으로는 독자적인 방식으로 행동할 수 있는 능력을 갖추고 있다. 반면에 다른 한편으로는 군중Crowds에 소속되려는 성향, 즉 통합 성향Integrative tendency을 가지고 있는 것이다. 결국 군중심리는 사람들로 하여금 혼자 있을 때와는 다르게 행동하게 하는 원인이 된다.

군중 현상Phenomenon of crowds을 체계적으로 분석한 최초의 인물은 구스타프 르봉Gustave Le Bon이다. 그의 저서 《군중심리The Crowd》는 1895년에 저술되었음에도 아직까지 사회심리학의 고전으로 유명하다. 그의 논의에 기초한 군중 이론Crowd theory의 핵심 개념은 먼저 군중은 각 개인의 단순한 합이 아니며, 또 각 개인의 행동은 그가 군중의 일원일 때와는 다르게 나타난다는 것이다.

군중의 자기 조직성Self-organization

자기 조직성이란 군중이 스스로 구성원들을 조직할 수 있음을 의미한다. 이러한 자기 조직성은 군중의 신뢰 체계Belief system를 바탕으로 하고 있다. 즉 군중의 구성원들은 동일한 믿음을 받아들이게 되고, 이러한 믿음을 통하여 결속력을 갖게 된다. 왜냐하면 개인들이 비슷한 생각을 가지고 있다는 것은 단결을 의미하기 때문이다. 따라서 '동일한 믿음을 가진 개인들의 자연스러운 결합'이라는 군중에 대한 정의는 곧 군중이 동일한 신뢰 체계를 갖는, 스스로가 조직력을 가진 조직임을 의미한다.

통합 성향(integrative tendency)

인간은 누구나 어느 정도의 통합 성향을 가지고 있다. 즉 인간은 어떤 그룹에 소속되려는 성향이 있으며, 또한 그룹의 다른 구성원들에 의해 수립된 행동 규범Behavioral standards을 따르는 성향이 있는데, 이를 통합 성향이라고 한다. 우리가 무리에 속해 있을 때 심리적 안정감을 얻을 수 있는 것도 바로 이 통합 성향의 영향이라고 할 수 있다.

이러한 통합 성향에 의해 개인의 행동은 혼자일 때와 군중의 일원일 때 크게 다르게 나타난다. 개인이 군중의 일원일 때에는 대다수의 의지, 즉 다른 구성원들에 의해 수립된 행동 규범이 개인의 행동에 영향을 미치게 된다.

03 | 군중행동에 대한 시스템적 접근

군중 현상에서 어떻게 파동Fluctuation이 형성되는지에 대해 이해하는 것은 주식시장을 예측하는 데 있어 매우 중요하다. 주식시장을 예측하는 것은 가격 변동을 예측하는 것이며, 가격 변동은 군중행동의 변화에 의해 설명이 가능하기 때문이다. 동적이며 파동하는 시스템으로서의 군중에 대한 분석은 '시스뎀 이론Systems theory'이라는 유기적 조직에 대한 철학적 접근의 틀 안에서 수행될 수 있다.

모든 유기적 조직체는 계층 구조를 가지는 자생적 시스템으로 생각할 수 있다. 이러한 구조는 불균형에 대해 쉽게 반응하고, 정보와 자원의 교환을 위해 외부환경에 대해 열려 있다. 따라서 동일한 신뢰 체계를 갖는 유기적 조직체인 군중은 하나의 계층을 이루어 외부환경의 불균형에 대해 반응한다. 즉 외부환경의 변화는 군중의 행동에 영향을 미치며, 군중의 행동 또한 외부환경에 영향을 미치는 것이다.

불균형 조건Non-equilibrium conditions

앞에서 간략히 살펴본 바와 같이 군중이 형성되는 데 촉매 역할을 하는 것이 불균형 조건이다. 유기적 조직체인 군중을 포함한 모든 계층은 스스로의 목적을 가지고 변화하며, 이러한 변화는 다시 모든 계층에 영향을 미치므로 전체적인 시스템은 항상 불균형 상태에 있게 된다. 따라서 각 계층은 이러한 불균형 상태를 자신들에게 유리하게 변화시키려는 목적을 갖게 되는 것이다.

군중의 입장에서 보면 이러한 불균형 조건은 긴장과 갈등 혹은 경쟁을 유발하여, 불균형 상태를 군중 구성원들에게 이익이 되도록 바꾸려는 동기를 제공하게 된다. 이때 목적으로 하는 변화는 단순히 외부환경으로부터 추가 자원을 흡입하는 것일 수도 있고, 외부환경 자체를 근본적으로 바꾸는 것일 수도 있다. 군중은 이러한 목적이 달성될 때까지 끊임없이 불균형 상태에 대응한다. 이러한 목적이 달성되면 균형이 이루어지고 군중은 스스로 해산하게 된다.

외부환경으로의 개방

군중이 목적을 달성하기 위해서는 자원과 정보를 교환할 수 있도록 외부환경에 대해 개방적이어야 한다. 자원은 군중 구성원에 의해 지속적으로 사용되어 소진되기 때문에 군중의 목적 달성을 위해서는 가용 자원의 손실을 지속적으로 보충해야 하고, 이것은 새로운 구성원을 끌어들임으로써 가능하다.

또 자원의 교환은 정보의 교류에 의해 보완된다. 주어진 환경을 목적에 알맞도록 변화시키려는 군중의 욕구는 끊임없는 정보의 전달과 분석 과정을 필요로 한다. 군중은 목적의 달성을 위해 어떤 일들을 수행해야 하고, 또한 환경이 어떻게 반응할지에 대해서도 알아야 한다. 이러한 과정은 정보 전달 원리와 구조의 특성에 대한 분석, 그리고 군중과 환경 간의 상호관계에 대한 분석을 통하여 이루어질 수 있다.

정보 전달 원리와 구조

군중의 구성원은 누구나 정보를 획득하고 다른 구성원들에게 이를 전달할 수 있다. 군중은 속성상 정보 전달 또는 전염의 속도가 빠른데, 특히 잘 발달된 현대 통신수단에 의하여 군중이 한 장소에 모이지 않더라도 정보 전달은 매우 신속하게 진행된다.

모든 구성원이 정보를 전달받고 다시 다른 구성원에게 전달할 뿐만 아니라, 정보를 전달하기 전에 정보를 변형시킨다. 즉 정보 전달 과정에서 전달자의 주관이 개입되어 정보 자체의 질과 감정이 모두 변형되는 것이다. 그리고 마침내 군중의 구성원들은 전달되는 정보에 대해 동일한 믿음과 감정을 갖게 된다.

군중이 정보에 대해 이러한 방식으로 처리하고 반응하는 것을 피드백 순

그림 2-1 정보 전달 과정에 따른 군중의 형태

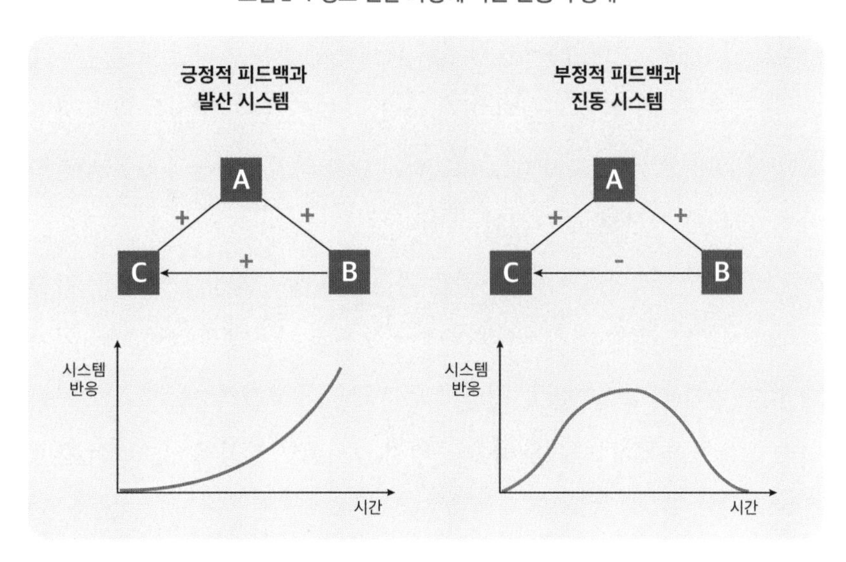

그림 2-2 진동 시스템의 유형

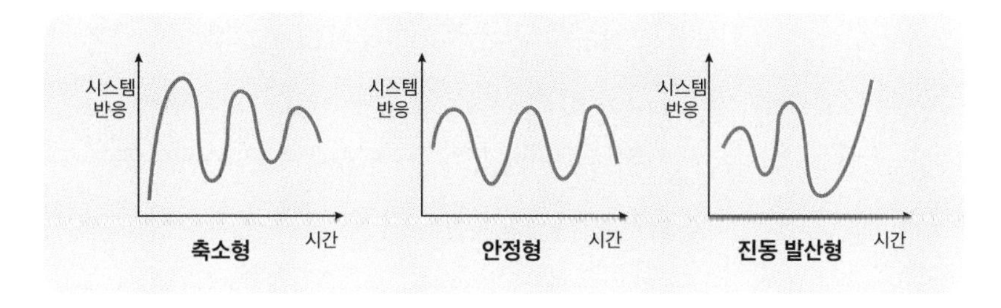

환Feedback loops이란 용어로 표현할 수 있다. 피드백 순환의 과정에서 정보는 변형되는데, 이러한 정보의 변형 과정은 한 국면에서 '습득된 정보(입력)'와 '전달되는 정보(출력)' 사이에 차이가 생긴다는 것을 의미한다. 한 국면에서의 출력은 다음 전달 과정에 있어서는 입력으로 바뀌고, 이러한 과정이 되풀이된다.

여기서 흥미로운 것은 정보는 군중행동을 일정한 방향으로 이끄는 힘을 가지고 있다는 것이다. 앞에서 살펴본 피드백 순환은 이러한 방향성에 따라, 한 국면에서의 전달 과정이 이전 국면에서와 같은 방향성을 갖는 긍정적인 피드백Positive feedback과 반대로 이전의 국면과 역의 방향성을 갖는 부정적인 피드백Negative feedback으로 구분할 수 있다.

〈그림 2-1〉에서와 같이 정보 전달 과정의 형태에 따라 군중은 두 가지 형태의 시스템, 즉 발산 시스템Runaway system과 진동 시스템Oscillating system을 가지게 된다. 발산 시스템은 정보 전달의 모든 국면이 긍정적 피드백으로 구성되며, 진동 시스템은 국면에 따라 긍정적 피드백과 부정적 피드백이 혼재한다.

주식시장에서의 군중은 부정적 피드백에 의해 정보를 전달하고, 따라서 군중의 행동 및 그에 따른 가격 변동은 진동 시스템을 갖는다고 할 수 있다.

부정적 피드백에 의하여 진동이 발생되지만 이러한 진동이 반드시 안정적인 것은 아니다. 진동 시스템의 형태는 축소형Damped과 안정형Stable, 그리고 진동 발산형Unstable 등으로 구분할 수 있다(그림 2-2 참고).

04 군중의 사이클에 대하여

수명주기

모든 군중은 시작과 끝, 즉 수명주기를 가지고 있다. 수명주기는 본질적으로 성장, 성숙, 쇠퇴의 세 가지 국면으로 이루어진다.

성장Growth : 군중은 처음에는 환경 변화에 적절히 반응하는 능력의 결과로 탄생된다. 일단 공통의 가치와 목적을 가지고 탄생하면, 군중은 주위 환경으로부터 새로운 정보를 입력받아 여기에 적절히 반응한다. 특히 군중의 가장 창조적 구성원들 또는 지도자들이 가장 활발하게 반응한다.

성숙Maturity : 성숙 단계에 이르면 군중은 보다 자기중심적이 되어 변화하는 환경에 대한 적응성은 차츰 약해진다. 현재까지의 성취에 만족하고 안락감을 느끼며 소수의 창조성을 억누르려 한다. 결과적으로 내부의 작은 변동은 쉽게 억압된다.

쇠퇴Decline : 이러한 정체성으로 인하여 군중은 더 이상 환경 변화에 적응하지 못하게 된다. 지속적으로 변화하는 외부환경에도 불구하고 군중의 기대가 쉽게 변하지 않음에 따라 현실과의 괴리는 점점 커지게 된다. 따라서 내부 불화와 리더십 약화, 리더십에 대한 저항감 등이 나타나고 쇠퇴가 시작된다. 결국 군중은 변화의 충격을 견디지 못하고 전체적으로 붕괴되는 것이다. 군중의 수명주기는 이로써 완결되고 구성원들은 흩어져 다른 군중의 무리로 이탈한다. 새로운 생성과 소멸이 이어지고, 이러한 과정은 지속적으로 반복된다.

공동 진화Co-evolution

앞에서 살펴본 바와 같이 자연의 동적 시스템은 피드백 순환 과정을 통하여 정보를 처리한다. 생명체의 본질적 특성은 긍정적 피드백 순환을 통하여 지속적인 변동을 생성하는 것이다. 마찬가지로 자기 조직력을 가진 조직체인 군중도 생존을 위해 부정적 피드백 순환을 통하여 환경의 변화에 대처한다. 물론 여기에는 환경 변화를 직접 바로잡거나, 아니면 조직체 스스로가 환경의 변화에 적응하도록 변화하는 두 가지 선택이 있을 수 있다. 어느 대안을 선택하더라도 조직체와 환경 모두 상호 발전을 이루게 된다. 이러한 상호 발전은 생물학적 공동 진화라는 개념을 수반한다.

이것은 모든 계층 구조에 있어서 서로 다른 계층 간에 존재하는 상호 보완 작용에 그대로 적용될 수 있다. 즉 낮은 계층에서의 변화는 보다 높은 계층의 변화 없이는 이루어지지 않으며, 높은 계층에서의 변화 또한 낮은 계층의 변화 없이는 이루어질 수 없는 것이다.

한계 사이클

공동 진화의 개념은 피드백 순환 과정을 통하여 특정 시스템과 상위 시스템 간에 안정적인 변동이 생성된다는 사실에 기초를 두고 있다. 수학자들은 이러한 안정적인 변동을 '한계 사이클Limit cycle'이라고 한다. 여기서 한계라는 말은 시스템이 일정 범위Parameters 안에서 진동하는 것을 나타내며, 사이클은 진동이 출발점과 같은 점으로 지속적으로 복귀함을 뜻한다.

만약 한계 사이클이 안정적이라면 〈그림 2-3〉에서 보듯이 진동은 최초의 넓은 범위로부터 균형 경로Solution path를 향해 나선형으로 움직인다. 반면 사이클이 안정적이지 못하다면 균형 경로로부터 이탈하게 된다.

한계 사이클은 두 특정 변수 간의 관계, 즉 한 변수의 변화에 따른 다른 변수의 변화를 나타낸다. 두 변수는 x, y 두 개의 축으로 나타낼 수 있다. 가

그림 2-3 안정적인 한계 사이클

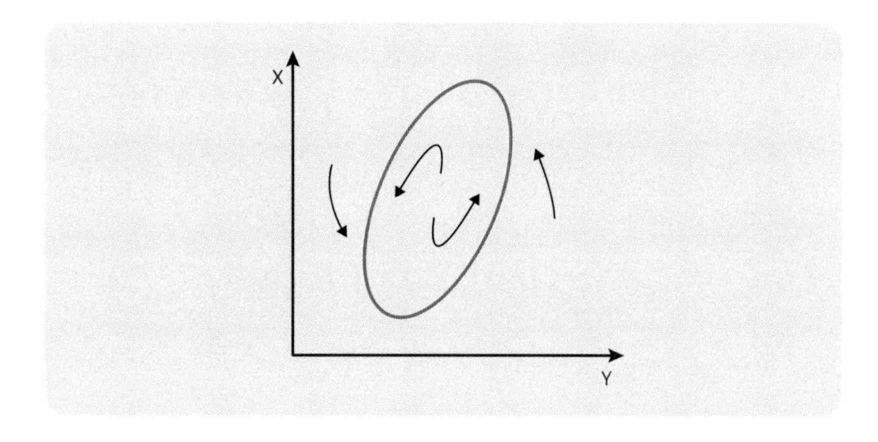

그림 2-4 시간에 따른 한계 사이클

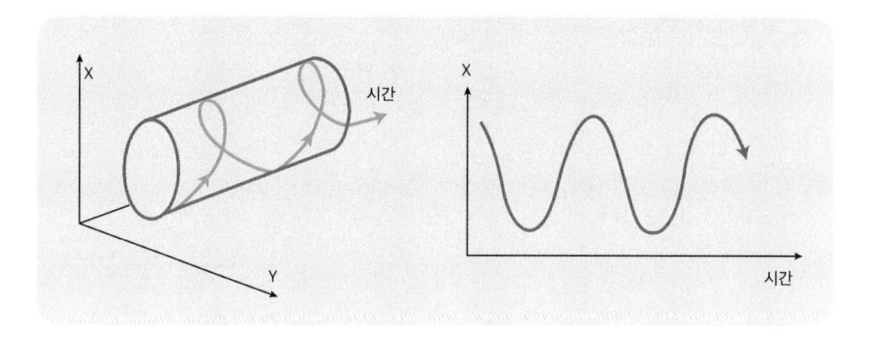

격 변동과 그에 따른 투자자 행동의 변화를 분석할 때는 x축에 가격 변화율을 나타내고, y축에 투자자 행동의 지표를 나타낸다. 〈그림 2-3〉에서 보듯이 한계 사이클은 x, y의 2차 평면에서 타원 형태로 나타난다.

이러한 2차원의 한계 사이클은 〈그림 2-4〉와 같이 시간에 따른 변화를 나타내는 3차원의 한계 사이클로 확장될 수 있는데, 이때 균형 경로는 그림의 원형 기둥을 따라서 움직이게 된다. 또한 3차원의 한계 사이클에서 x, y 중 하나의 변수를 제거하면, 한계 사이클은 나머지 한 변수의 시간에 따른 주기적인 움직임을 나타내게 된다. 즉 가격 변동과 그에 따른 투자자 행동의 변화를 나타내는 한계 사이클에 있어서는 시간에 따른 가격 변화율의 주기적인 움직임 혹은 시간에 따른 투자자 행동의 주기적인 움직임을 나타내게 되는 것이다.

05 | 군중행동과 가격 변동

군중행동의 예측

앞에서 일반적인 군중 현상에 대해 알아보았다. 주식시장에서 투자자의 행동은 본질적으로 군중 현상에 기초하고 있으므로, 군중 현상에 대한 폭넓은 이해는 보다 정확한 예측을 위한 전제조건이 된다고 할 수 있다.

개인의 행동을 예측하는 것은 거의 불가능한 반면, 군중행동은 몇 가지 특정한 경향을 띠고 나타나므로 어느 정도 예측이 가능하다. 이것이 바로 군중 현상의 본질이며, 따라서 주식시장에서의 가격 변동도 군중행동에 대한 예측을 통하여 사전에 파악될 수 있는 것이다.

가격 변동을 예측하는 방법은 크게 나누어 두 가지로 요약될 수 있다. 첫 번째 방법은 주가는 궁극적으로 기본적 가치Fundamental values를 반영한다는 관점에 의한 기본적 분석이다. 이러한 관점에서 주가는 기본적 가치에 대한 실제치와 예측치에 의해 결정되므로, 주가를 예측하는 것은 결국 기본적 가치를 예측하는 것이 된다. 두 번째 방법은 공개되었거나 예측 가능한 기본적 가치에 대한 정보가 이미 대부분 시장에 반영되었다는 생각에 바탕을 둔 기술적 분석이다. 기술적 분석에서는 주가 변동만으로도 기본적 가치에 대한 예측이 가능하고, 따라서 주가를 예측하는 것은 주가 자체의 변동을 관찰함으로써 가능하다고 주장한다.

기본적 분석

기본적 요인Fundamentals에 바탕을 둔 주식시장의 예측은 정치와 사회의 조류를 고려해야 하는 경우도 간혹 있긴 하지만, 본질적으로는 경제 이론과 관련이 깊다. 경제 이론에서는 어떤 자산의 가치는 수요와 공급의 상호작용에 의해 결정된다. 즉 수요가 증가하거나 공급이 감소하면 가격은 상승하고, 수요가 감소하거나 공급이 증가하면 가격은 하락할 것이다. 따라서 기본적 분석가Fundamental analyst의 주요 임무는 주식의 수요·공급에 영향을 미치는 요인들을 분석하는 것이다.

기술적 분석

주식시장을 예측하는 다른 방법은 기술적 분석에 의한 방법이다. 기술적 분석을 이용할 경우 기본적 가치Fundamental values에 대해서는 고려하지 않아도 된다. 그 이유는 기본적 가치에 대한 투자자의 예측이 이미 가격에 반영되었다고 가정하기 때문이다. 즉 주식시장에서는 항상 미래를 예측하려고 하므로 가격의 변화는 기본적 요인의 변화에 앞서 일어난다고 본다. 따라서 가격의 변동을 예측함으로써 그 원인이 되는 기본적 요인의 대략적인 변동 방향을 미루어 짐작하는 역의 방법도 가능하게 된다.

기술적 분석에서는 과거와 현재의 가격 변동만을 분석함으로써 미래의 시장을 예측하는 것이 실제로 가능하다고 주장한다. 다시 말해서 분석에 있어서 외부 요인을 포함할 필요가 전혀 없다는 것이다. 기술적 분석가들은 특정한 가격 패턴이 예측의 측면에서 가치를 가지며, 어느 정도의 가격 변동은 계산이 가능하고, 시장에 따라 작용하는 규칙적인 가격 사이클이 존재한다고 인식해왔다.

최근에는 적용의 간편성과 결과의 유용성으로 인해 기술적 분석의 사용이 투자 의사결정 과정에서 더욱 중요한 위치를 차지하게 되었다. 그러나 중요한 문제점의 하나는 이러한 예측 기법이 실제로 적용될 수 있는 배경에 대해 정확히 이해하고 사용하는 사람이 매우 드물다는 데 있다. 기술적 분석을 적용할 줄 아는 것도 중요하지만 그 배경에 대해 이해함으로써 보다 정확한 시장의 예측이 가능해지는 것이다.

기술적 분석의 이론적 근거

인간은 태어나면서부터 집단으로 행동함으로써 만족을 얻는다. 집단은 하나의 객체로서 행동한다. 따라서 집단은 새로운 정보를 접하게 되었을 때 예측 가능한 반응을 보이게 되는 것이다. 또한 집단은 감정의 순환 사이클을 가지고 있어 성장과 쇠퇴의 한정된 경로를 따르게 된다. 그러나 여타의 다른 군중과는 달리 주식시장에서의 군중행동은 단순한 특정 지표에 의해 영향을 받는다. 이러한 지표는 가격 변동 자체이거나 가격 변동을 다소 변형한 지표 혹은 거래량 등이 될 수 있다.

주식시장에서 가격 변동과 투자자 행동은 안정적인 한계 사이클 내에서 서로 조화를 이루며 변동한다. 즉 가격의 변화가 투자자 행동에 영향을 미치며, 투자자 행동은 다시 가격에 영향을 미치는 것이다. 따라서 가격 변동을 분석하는 기술적 분석은 시장참여자의 군중행동을 분석하는 것이라고 말할 수 있다. 즉 군중행동에 대한 연구는 기술적 분석의 이론적 배경이 되는 것이다.

주식시장에서의 군중

투자자 집단에 있어서의 기본 단위는 개인투자자이다. 투자자란 본질적으로 거래 포지션[Trading position]을 가지고 있는 사람을 말한다. 여기서 거래 포지션은 매수 포지션과 매도 포지션의 두 가지 형태로 나뉜다. 따라서 투자자 유형도 시장 가격의 상승을 기대하여 매수 포지션을 보유하고 있는 매수자와 시장 가격의 하락을 기대하여 매도 포지션을 보유하고 있는 매도자로 나뉜다.

주식시장에서의 군중은 매수자와 매도자들이 무리를 이룬 매수자 집단과 매도자 집단으로 형성되어 있다. 앞에서 살펴보았듯이 군중은 반드시 물리적 집합체일 필요는 없으며, 다만 심리적 현상에 불과하다. 즉 매수자 집단과 매도자 집단의 구성원은 미래의 가격 변동에 대하여 서로 다른 믿음을 가지고 있으며, 각 집단의 구성원들은 동일한 믿음을 가짐으로써 군중을 형성하는 것이다. 그들은 또한 신문, TV, 인터넷 등과 같은 매체를 통하여 직접적으로 혹은 간접적으로 연결되어 있다. 이러한 연결망을 통하여 가격에 영향을 줄 수 있는 정보가 빠르게 퍼져가고 흡수되는 것이다.

가격 변동 원리와 구조

주식시장은 매수자 집단과 매도자 집단, 즉 정반대의 견해를 가진 두 집단이 존재함으로써 갈등 상태에 있다. 모든 사람이 항상 동일한 생각을 가지고 있다면, 즉 갈등의 상태가 존재하지 않는다면 거래가 성립될 수 없으며 가격의 변동도 없을 것이다. 이것은 곧 시장이 존재할 수 없음을 의미한다. 또한 미래의 가격 변동에 대한 견해도 시간이 지남에 따라 변하게 되고, 매수자 집단과 매도자 집단 간 갈등이 어떤 균형점을 찾는 것도 시간이 걸리므로, 가격은 시간이 흐르면서 상승과 하락을 반복하는 것이다.

투자자들이 주식을 매수하거나 매도할 때 감정이 개입된다. 즉 매매 포지션에 투자자의 감정이 위임Commitment되는 것이다. 투자 의사결정은 이성적으로 이루어질 수 있으나, 실제로 포지션을 보유하게 되면 이익을 획득하려는 감정적 욕망에 사로잡히게 된다. 그들은 또한 가격이 유리한 방향으로 움직임에 따라 유쾌한 감정을 갖게 되고, 반대로 가격이 불리한 방향으로 움직임에 따라 우울해지고 낙담하는 등 불쾌한 감정을 갖게 된다.

이런 유쾌하거나 불쾌한 감정은 다른 사람들과 연관될 때 더욱 강화되며, 감정 상태에 따른 투자자 집단의 행동은 다음과 같이 성공적 투자자 집단Successful crowd과 실패한 투자자 집단Unsuccessful crowd의 행동이라는 두 가지 유형으로 나타난다.

성공적 투자자 집단의 구성원들

지금까지의 성공에 도취되어 단기의 이익에 만족하며, 장기적인 관점에 입각한 비판적인 분석의 필요성을 느끼지 못하게 된다. 더 나아가서 성공적 투자자 집단의 구성원들은 패배자 집단이 가진 논리의 약점을 강조하려는 경향이 있다. 이들은 이미 불리한 상황에 처해 있음을 느끼고 있는 패배자 집단을 지속적으로 비판한다.

실패한 투자자 집단의 구성원들

이들은 방어를 위한 단결의 필요성을 느끼게 되며, 나아가서 자신들의 견해가 타당함을 확인하려 하고 성공적 투자자 집단의 궁극적인 실수를 강조하려고 한다. 패배자 집단의 구성원들은 서로를 동정하며 바로 앞의 미래보다는 장기적인 관점을 강조한다.

이상에서 살펴보았듯이 투자 의사결정이 이성적으로 이루어졌다 하더라도, 매매 포지션에 투자자의 감정이 위임됨으로써 실제 거래 행위는 군중심리의 영향으로 비이성적으로 바뀐다. 특히 투자자는 미래의 가격 변동에 대하여 한 집단의 신뢰 체계를 그대로 받아들이고, 같은 집단의 다른 구성원들과 강한 일체감을 갖게 된다. 특정 집단에 대한 이러한 감정 위임 Emotional commitment의 정도는 강세와 약세 사이클의 국면과 기간에 따라서 다르게 나타난다. 가격 추세 각 국면에서의 군중심리에 대해서 자세히 살펴보면 다음과 같다.

새로운 가격 추세의 초기 국면

대다수의 투자자는 기존의 가격 추세에 감정이 위임된 상태로, 기존의 추세는 이미 종결되었지만 아직까지 일반적으로 인식되지 않은 상태이다. 다만 소수의 투자자가 반전 시점이 다가옴을 어렴풋이 느끼고 보유 포트폴리오의 균형을 바꾸기 시작한다. 그러나 이러한 그룹에서조차 미래의 가격 변동에 대한 어느 정도의 불신은 존재한다. 즉 기존 포트폴리오의 변경은 상대적으로 소규모에 그치고, 새로운 추세에 따른 유리한 포지션을 재빨리 청산하는 경향이 나타난다.

따라서 추세가 강세로 전환되는 초기 국면에서는 이전 약세 추세에서의 하락에 대한 두려움이 여전히 지배적이며, 추세가 약세로 전환되는 초기 국면은 이전 강세 추세에서의 흥분이 아직 가라앉지 않은 상태인 것이다. 결국 가격 추세의 초기 국면에서는 그 추세에 있어서 성공적 집단으로의 감정 위임은 상당히 약한 상태에 있게 된다.

새로운 가격 추세의 강화 국면

이어서 가격의 움직임에 따라 감정 위임이 보다 강해지는 국면이 이어진다. 이러한 국면은 투자자 집단의 대다수가 가격 변동이 새로운 추세를 형성했다는 것을 인식하고 여전히 남아 있는 이성적 의혹이 감정적 확신으로 대치된 상태이다. 이에 따라 투자자들은 추세를 쫓아서 새로운 거래 포지션을 설정하게 된다.

가격 추세의 쇠퇴 및 반전

일단 강세 혹은 약세의 추세가 한창 진행 중이라는 인식이 전반적으로 번지면 추세 반전이 이루어질 수 있는 토대가 마련되었다고 할 수 있다. 즉 현 추세는 당분간은 지속하지만, 점점 많은 사람이 추세에 대한 믿음을 강화하여 추세에 따른 투자를 하게 되므로 현 추세를 지속시킬 수 있는 자원 여력이 점차 소진된다. 따라서 추세 반전은 필연적으로 대다수의 투자자가 전혀 예상치 못할 때 발생한다.

이상의 군중심리에 대한 분석을 기초로 판단해볼 때, 성공적 투자를 위한 명백한 원칙은 다른 투자자들이 말하고 행동하는 것을 주의 깊게 관찰한 다음, 대다수 사람의 의견이 일치하고 있을 때 그 반대 방향으로 행동하는 것이다. 이렇게 함으로써 비이성적 군중 현상에 대해 이성적으로 접근할 수 있고, 군중심리의 소용돌이에서 멀리 떨어져 있을 수 있게 된다.

06 | 가격 변동의 영향

가격은 군중행동에 있어서 중요한 역할을 수행한다. 그것은 매수 측이나 매도 측 모두 가격을 자기 쪽으로 유리하게 이끌고자 한다는 점과 가격 변동 자체가 군중의 리더십 기능을 부분적으로 담당한다는 점에서 알 수 있다.

매수 측과 매도 측 두 집단에서 가격을 자기 쪽으로 유리하게 움직일 수 있는 능력은 금융세력에 달려 있다. 결국 두 집단의 갈등은 한 집단이 와해되고 그 세력이 반대 집단으로 이전되어야만 해결된다. 이러한 갈등에서 승리하기 위한 전략은 우선 소속 집단의 결속을 강화하고, 끊임없는 선전을 통하여 상대편을 약화시키는 것이다.

따라서 특정 방향으로 가격이 지속적으로 움직임에 따라, 성공적 집단으로의 통합 성향을 통해 각 구성원의 매매 포지션은 최대한으로 확대된다. 이러한 통합 성향은 각 구성원들이 감정적이고 비이성적으로 행동하는 원인이 된다. 매매 포지션은 성공적 집단의 신뢰 체계가 지속적으로 옳고, 따라서 비판적인 시각은 약해질 것이라는 예상을 기초로 설정된다.

가격이 행동에 미치는 영향

세력이 성공적 집단으로 이동함에 따라 가격은 성공적 집단에 유리하게 변화한다. 이것은 다시 성공적 집단의 논리를 정당화하고 그 집단의 구성원들을 더욱 열광하게 만든다. 동시에 그 세력은 더욱 늘어나게 되고 점점 기반이 넓어진다.

그러는 동안 패배자 집단의 구성원들은 기가 죽어서 성공적 집단으로 투항하게 된다. 시장 가격이 성공적 집단이 의도한 방향으로 움직이는 동안, 패배자 집단의 구성원들은 그들의 논리가 효과적이지 않다는 생각을 갖게 된다. 물론 그 논리가 장기적으로 보았을 때 상당히 타당성이 있을지라도 현재 눈에 보이는 성과를 무시할 수는 없다. 따라서 패배자 집단의 믿음은 잘못된 것으로 치부되며, 더 많은 사람이 성공적 집단으로 이동하게 된다.

이러한 과정에서 가격은 매우 급격히 변화하는데, 이러한 국면은 감정이 지배하는 기간으로 대체로 많은 거래를 수반한다. 그리고 이 국면에서 성공적 집단에 동참한 투자자들은 일종의 전향자들로서 기존의 집단 구성원보다 확신에 차 있는 경향이 있다. 따라서 그들은 자신의 생각을 쉽사리 바꾸려 하지 않고 추세를 원래대로 유지하는 데 필요한 자금을 제공한다.

가격과 행동의 한계 사이클

앞에서 가격 변동이 시장에서의 매수자 집단과 매도자 집단의 갈등에 따른 군중행동에 의해 결정됨을 보았다. 그러나 가격 변동은 군중행동에 대한 수동적 반응만은 아니다. 즉 가격 변동이 다시 군중행동에 영향을 미치는 피드백 효과가 존재하며, 가격과 투자자 행동 간에는 한계 사이클이 존재한다. 군중행동으로 인해 가격 변동은 반대편 집단 구성원들의 감정적 반응을 야기하며, 이로써 최근의 가격 변동이 앞으로도 지속될 것임을 확인한다.

투자자 행동이 가격에 의해 영향을 받는 이유는 특정 방향으로의 가격 변동이 한 집단의 신뢰 체계를 반영하기 때문이다. 바로 전에 발생한 현상이 가까운 미래에도 유지될 것이라고 믿는 것은 자연스러운 일이다. 또한 특정한 시점에서 주가가 상승했다면 그 상승이 앞으로도 이어질 것이라고 믿는 것도 자연스러운 일이다.

07 가격의 반전 과정

가격의 반전에 이르는 세 국면에 대해서 보다 자세히 알아보자. 〈그림 2-5〉는 가격 반전의 세 국면을 가격과 가격의 변화율로 나누어서 살펴본 것이다. 제1국면은 충격의 영향을 나타내며, 제2~3국면은 충격 이후의 변화를 나타낸다. 그림에서 가격 변화율의 방향 전환은 가격의 방향 전환보다 먼저 이루어짐을 알 수 있다. 또한 충격은 가격 변화율의 급격한 변동으로 나타나며, 충격 이후의 가격 변화율은 이전의 변화율에 미치지 못함으로써 가격 또한 이전 고점 혹은 저점에 이르지 못하고 반전되는 것이다.

반전의 제1국면

시장이 전환점에 다다르는 동안 대다수 투자자는 미래의 가격 추세에 대

그림 2-5 가격의 반전 과정

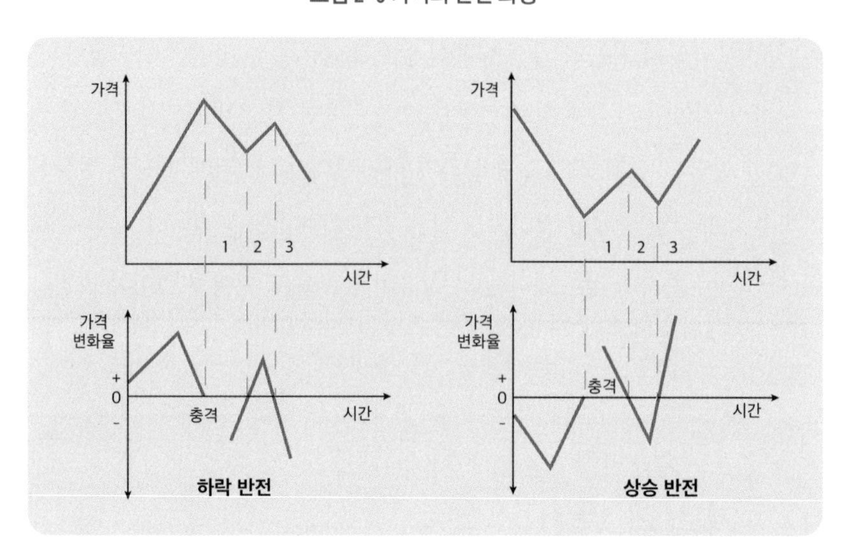

해 거의 일치된 견해를 갖게 되며, 따라서 시장은 과매도 혹은 과매수 상태에 이르게 된다. 그러나 소수의 투자자는 추세 반전의 가능성을 인식하게 되거나, 혹은 적어도 군중의 통합 성향을 유지하는 힘이 약화되고 있음을 감지하게 된다. 따라서 그들은 부분적으로나마 시장에 대해서 중립적인 자세를 취한다. 그러므로 과매수 시장에서는 이익 실현을 위한 매도세력이 나타나게 되고 상승에 제동이 걸리는 것이다.

한편 반대로 과매도 시장에서는 지속적인 하락에 따른 매수세력의 출현으로 추가 하락에 제동이 걸리게 된다. 이러한 가격의 움직임은 기존의 추세가 지속될 것이라고 믿고 있는 대다수의 투자자에게는 충격으로 받아들여질 수밖에 없는 것이다.

〈그림 2-5〉에서 '1'로 표시된 부분이 반전의 제1국면을 나타낸다. 이 국면에서는 충격의 영향으로 가격 변화율이 급격히 변화함에 따라 가격의 반전

이 이루어진다. 이후 급격히 변화한 가격 변화율은 원래의 방향으로 회복되기 시작하여 충격의 영향으로 인한 가격 움직임도 차츰 약화된다.

반전의 제2국면

기존의 가격 추세 혹은 그 추세에서의 성공적 집단의 감정에 대한 재확인 과정이다. 즉 앞에서 살펴본 것과 같이 충격에 의한 가격의 급격한 변화에 따라 가격이 다시 기존의 방향으로 회복되는 과정이다. 그러나 〈그림 2-5〉에서 알 수 있듯이 추세 반전의 제2국면에서는 대체로 이전의 고점 혹은 저점을 돌파하지 못하게 된다. 즉 기존의 가격 추세에 대한 재확인 과정이 실패함으로써 기존 추세가 더 이상 유효하지 않음을 확인하는 과정이다.

반전의 제3국면

환경 변화로 인해 기본적 요인이 새롭게 변화함에 따라 군중의 감정에 있어 실제적 변화가 이루어지는 국면이다. 즉 기존 추세에서의 성공적 투자자 집단의 구성원들이 그들의 생각과 거래 포지션을 변경하기 시작하는 국면인 것이다.

이 국면에서는 가격의 움직임이 펀더멘털(기본적 요인)에 의해 확인됨에 따라 활발한 거래가 이루어지므로, 가격과 거래량에 있어서 급격한 변화가 초래된다. 이로써 시장에서의 추세가 새롭게 형성되고 이 추세는 외부환경과 그에 따른 펀더멘털에 있어서의 다른 변화가 있기 전까지는 지속된다.

08 | 투자자 감정과 가격 변동

앞에서 투자자 감정과 가격 간에 한계 사이클의 관계가 성립함을 알았다. 추세가 한 방향으로 진행하는 동안 투자자 감정의 변화는 가격의 변화를 초래하며, 가격의 변화는 또한 투자자 감정과 행동에 영향을 미친다. 예를 들어 상승 추세가 지속되는 동안, 투자자들은 현재의 추세가 지속될 것이라는 믿음이 점점 강해진다. 그리고 이러한 믿음은 다시 매수 포지션의 확대를 통하여 가격 상승을 불러온다. 그리고 이러한 가격 상승이 다시 투자자들을 열광하게 만드는 것이다.

그러나 전환 시점에 있어서는 다음과 같은 일들이 차례로 발생한다.

첫째, 가격과 투자자 감정 간의 순환Circular 관계가 무너진다. 즉 가격의 변화가 더 이상 투자 포지션의 추가 변화를 가져오지 못하는 국면이 발생하며, 이는 시장이 한 극단으로 치우침을 의미한다. 둘째, 가격이 대다수 투자자의 기대와는 반대 방향으로 움직임에 따라, 투자자들은 심리적인 충격을 받게 된다. 셋째, 가격이 충격 직전의 가격 수준 근처까지 회복되는, 이전 추세에 대한 재확인 과정을 거친다. 이 과정에서 때로는 가격이 실제로 신고가 혹은 신저가를 형성하기도 하고, 때로는 그렇지 않을 수도 있다. 마지막으로 가격이 적절한 반전을 시작하고, 투자자 감정도 함께 반전된다.

이러한 투자자 감정과 가격 변동 간의 관계에 대한 분석이 시사하는 바는 다음과 같다.

- 가격이나 시장이 한 극단으로 치우칠 경우 충격이 발생할 것을 대비해야 한다.

- 기존 추세에 대한 믿음은 충격에 의해 약화되므로 충격 직전의 가격 수준에 대한 재확인 과정은 기존 추세와 반대 방향으로 새로운 매매 포지션을 개설하는 데 이용될 수 있다.

이 두 상황에서 반전이 임박했다는 주된 신호는 투자자 감정과 행동 수준에 있어서의 변화이다. 추세가 한 방향으로 진행되는 동안 대부분의 투자자는 새로운 포지션을 개설하고, 거래 활동을 증가시키고, 가격 추세가 더 강력해지는 것을 기대한다. 그러나 반전이 임박하면 이러한 변화에 이상이 발생한다. 즉 시장이 한 극단으로 치우칠(과매도 혹은 과매수) 경우, 투자자들은 불가피하게 새로운 매매 포지션을 개설할 수 없게 된다. 그리고 충격 이후의 반등 국면에서는 가격이 실제로 신고가 혹은 신저가를 기록할 수 있음에도 불구하고 약화된 투자심리의 영향으로 새로운 매매 포지션을 개설하지 않으려는 경향이 있다.

09 | 군중심리의 움직임을 반영하는 지표

개인은 자유의지를 갖고 있으므로 그 행동을 예측하기 어렵다. 반면 집단의 행동은 더 원초적이므로 예측하기 쉬운 측면이 있다. 시장을 분석한다는 것은 어쩌면 집단행동을 분석한다는 것이다. 집단이 어느 방향으로 뛰어가는지, 또 어느 쪽으로 방향을 바꾸는지 알아내야 한다.

집단은 개인을 끌어들이며 판단을 흐려 놓는다. 분석가 대부분이 마주치는 문제는 자신들마저 군중심리에 휩쓸려 들어간다는 것이다. 상승이 오래 지속될수록 군중심리에 휩쓸리게 된다. 상승이 오래 지속될수록 점점 더 많은 기술적 분석가가 강세 심리의 포로가 되어 위험신호를 무시하는 바람에 반전 흐름을 놓치는 경우가 허다하다. 하락세가 지속될수록 점점 더 많은 기술적 분석가가 우울한 약세 심리의 포로가 되어 강세 심리를 놓치고 만다. 때문에 시장 분석을 위한 계획을 적어두면 도움이 된다. 어떤 지표를 관찰하고, 어떻게 지표를 해석할지 미리 결정해야 한다. 투자자들은 몇 가지 도구를 활용해 군중심리의 성격과 강도를 추적할 수 있다.

투자심리지수(투자심리도)

투자심리의 변화를 일정기간 동안 파악하여 장세의 과열도를 측정하기 위한 기술적 분석의 한 지표이다. 구체적으로 투자심리지수는 10일이라는 한정된 기간을 이용하여 시장의 과열 및 침체 정도를 파악하려는 기법으로, 최근 10일 동안의 전일 대비 상승 일수를 누계하여 이를 다시 백분비로 나타낸 수치이다.

투자심리지수=(10일간의 주가 상승 일수/10)×100

예를 들면 최근 10일 동안의 주가 움직임에서 상승 일수가 3일이면 투자심리는 25%가 되고, 60일이면 50%가 된다. 이와 같이 계산한 매일매일의 비율을 선으로 이은 것이 투자심리지수이다. 이때 투자심리지수의 비율이 75% 이상(10일 중 상승 일수가 8일 이상)이면 과열권이기 때문에 매도 시점으로 본다. 반대로 25% 이하(상승 일수가 3일 이내)이면 냉각권으로 매수 시점으로 본다. 그러나 비율의 범위는 시장의 상황에 따라 신축적으로 적용할 필요가 있다.

왜냐하면 시장의 강세가 강할 때에는 투자심리가 과열권에 들어선 후에도 주가가 계속 오르는 경우가 있으며, 시장이 약세가 강할 때에는 투자심리가 냉각권에 들어선 후에도 주가가 계속 하락하는 경우가 있기 때문이다. 그러나 투자심리지수는 단순히 10일 중의 상승 일수만 판단하기 때문에 장기적인 매매 시점의 포착보다는 단기적인 매매 시점의 포착에 보다 유리하다. 또한 실질적으로 정확한 매매 시점을 포착하기 위한 지수라기보다는 시장의 과열 및 침체 상태를 알려주는 지표로 활용하는 것이 바람직하다고 할 수 있다.

〈그림 2-6〉은 대한항공의 투자심리지수(일간 차트)이다. 투자심리지수를 통해 단기 고점을 예상해볼 수 있다. 아울러 대한항공 주가의 과열 및 침체 국면을 한눈에 알 수 있다.

그림 2-6 대한항공 투지심리지수

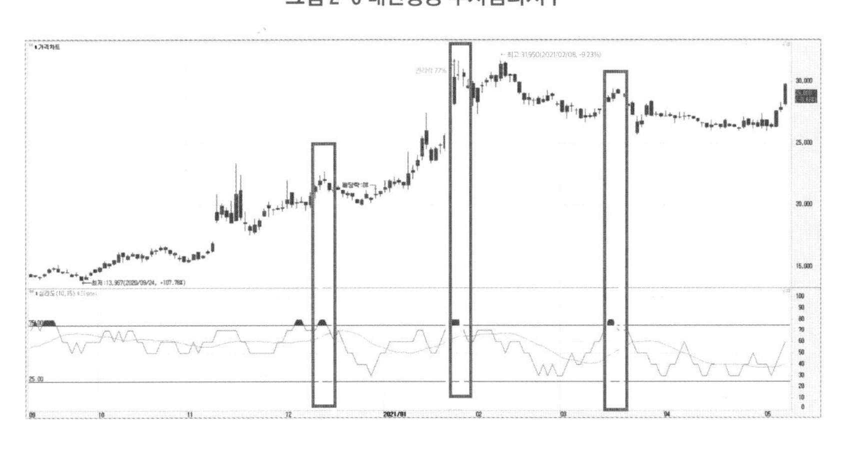

전문가 의견지수Advisory sentiment index

전문가 의견지수란 전문가의 의견을 조사하여 시장의 심리 상태를 파악하는 것을 말한다. 이 지수는 미국의 증권분석가인 코헨A. W. Cohen이 개발했는데 100여 개의 증권시황 분석지Market newsletters의 의견을 강세 의견과 약세 의견으로 나누어 그 비율을 계산해서 만든 지표다. 이 지표는 전문가들의 의견은 시장의 추세가 전환될 때에는 틀리는 경향이 있다는 것을 전제로 하고 있다. 즉 대부분의 전문가가 강세를 주장할 때에는 시장은 약세로 전환될 가능성이 크며, 반대로 전문가가 약세를 주장할 때에는 시장은 강세로 전환될 가능성이 크다는 것이다. 따라서 이 지표의 강세 의견이 일정 비율 이상(미국의 경우 약 80% 이상)일 때에는 약세로 전환될 가능성이 큰 것으로 보며, 강세 의견이 일정 비율 이하(약 30% 이하)일 때에는 강세로 전환될 가능성이 큰 것으로 본다.

전문가 의견지수 중 대표적인 NAAIMNational Association of Active Investment Managers 서베이지수Survey of Manager Sentiment(미국 기관투자자 심리지표)에 대하여 알아보자. NAAIM 서베이지수는 주식시장에서 매수 포지션과 공매도 포지션을 동시에 취하는 미국의 공격적인 포트폴리오 매니저들의 전반적인 주식위험지수Equity Exposure를 측정한다. NAAIM 회원인 기관투자자들의 설문조사 응답으로 매주 수치가 집계되므로 기관투자자들의 군중심리를 측정하는 지표로 이용될 수 있다. 자료는 매주 https://www.naaim.org/programs/naaim-exposure-index/에서 확인할 수 있다.

지표의 해석은 지수가 100%일 때는 평균적으로 매니저들이 운용자산 전체를 주식으로 보유하고 있다는 의미이고, 0%일 때는 현금 비중이 100%란 의미이다. 100%가 넘을 때는 평균적으로 매니저들이 레버리지를 이용해 추가적으로 주식을 매수했다는 의미이다. 0% 미만일 때는 평균적으로 기관 투자자들이 주식을 보유하고 있지 않고 공매도 포지션을 취하고 있음을 의미한다. 일반적으로 기관투자자들이 주식을 전혀 보유하고 있지 않은 경우는 없으므로 0% 미만으로 지수가 내려가는 경우는 없다. 일반적인 분석 방법은 지수가 75%(혹은 평균+표준편차) 이상일 때를 과매수 구간, 25%(혹은 평균-표준편차) 이하일 때를 과매도 구간으로 해석할 수 있다.

〈그림 2-7〉은 2006~2021년까지 NAAIM 서베이지수와 S&P500지수 추이다. NAAIM지수와 S&P500지수는 상당히 일치된 방향성을 보이고 있다. S&P500지수가 계속 상승한 경우를 제외하고는 대체적으로 S&P500지수의 장·단기적 고점과 저점의 시그널을 잘 잡아내고 있다. NAAIM 서베이지수는 데이터가 일주일에 한 번 나오기 때문에 지수로 활용하려는 투자자들에게는 쉬운 접근법이 아닐 수도 있다.

그림 2-7 2006~2021년까지 NAAIM 서베이지수와 S&P500지수 추이

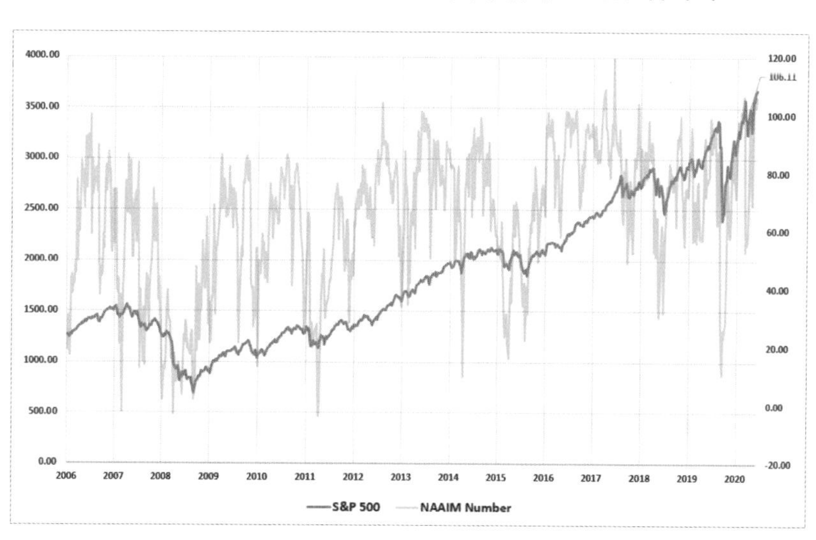

제 3 장

기술적 지표를 이용하는 추세 순응 전략과 역행 매매 전략

의견에 대한 자만심은 다른 어떤 요인보다
월스트리트에서 더 많은 사람이 몰락한 원인이다.

찰스 다우

언제부터인지 모르지만 "미국에 테크주가 있다면 유럽엔 명품주가 있다"는 말이 회자되고 있다. 매년 치솟는 가격에도 유명 명품인 샤넬 매장 앞 대기 줄은 점점 더 길어지고 있다. 인기 상품을 먼저 구매하기 위해 매장의 문이 열리기도 전에 수십 명이 줄을 서 있는 모습은 흔한 풍경이 됐다. 값을 올려도 수요가 늘어나니 샤넬과 LVMH, 에르메스Hermes 등 주요 럭셔리 브랜드 기업의 실적과 주가는 계속 상승세이다.

럭셔리 브랜드 기업들은 명품의 가격을 해마다 10~20% 올려왔다. 가격이 오르면 수요가 줄어드는 것이 일반적인 경제 논리이다. 하지만 명품 수요는 줄기는커녕 오히려 증가세다. 경제 전문가들은 이에 대해 "명품시장은 더 이상 일반적인 상품시장의 논리로 설명하기 어렵다"고 말한다. 명품시장을 연구해온 리서치회사 번스타인의 루카 솔카스 연구원은 "최근 명품시장의 핵심 키워드는 중산층이 최고급 명품의 주요 소비자로 등장한 '트레이딩 업Trading up' 현상"이라며 "이 새로운 (중산층) 명품 소비자들은 과거와 달리 중고(리세일) 가격을 꼼꼼히 살피는 등 (명품 구매에) '소비'가 아닌 '투자' 논리를 적용하고 있다"고 말하고 있다. 즉 명품시장이 주식이나 부동산 같은 자산시장처럼 굴러가기 시작했다는 것이다. 유안타증권도 최근 "미술품과 고가 보석 등으로 제한됐던 '명품의 투자 자산화'가 명품 가방 등으로 확산하고 있다"는 보고서를 냈다.

명품시장이 작동하는 메커니즘을 주식시장이나 부동산 시장처럼 생각하면 소비자(구매자)와 공급자(럭셔리 브랜드 기업), 명품 가격의 움직임을 쉽게 설명할 수 있다. 먼저 소비자 입장에서 보면, 가격이 올라도 앞으로 더 비싸질 것으로 예상되므로 수요는 오히려 더 늘어난다. 공급자 입장에서는 가격이 계속 오를 것이란 기대가 있어야 수요가 늘어날 것이므로, 가격을 계속 올릴 수밖에 없다. 이때 공급량을 늘리면 희소성이 떨어져 가격 하락 요인이 되므로 공급량도 조절하게 된다. 부동산과 주식시장에서 벌어지는 상황과 매우 흡사하다.

어쩌다 명품시장이 자산시장을 닮게 됐을까. 크게 두 가지 원인이 언급된다. 첫째, 명품을 바라보는 대중의 시각이 달라졌다. 솔카스 연구원은 "가방, 신발 등 일부 소비재를 살 때 '가성비' 좋은 제품이 아닌, 어떻게든 악착같이 돈을 모아 '최고 제품'을 사겠다는 심리가 그 어느 때보다 강해졌다"라고 말한다. 둘째, 중고 명품시장의 성장이다. 중고시장은 보유한 명품을 손쉽게 현금화할 수 있게 해주는 수단이다. 주식과 부동산 시장처럼, 구매자들이 나중에 되팔 수 있는 '유동성'을 제공해주는 것이다.

그렇다면 명품의 가격 인상 행진은 계속될까. 일단 시장 환경은 우호적이다. 명품시장은 실물경기 침체와 상관없이 호황을 맞고 있다. 주식시장에서도 경기에 큰 영향을 받지 않고 어느 순간에도 사랑받을 수 있는 최고의 주식들을 찾아야 한다.

이번 장에서는 기술적 지표를 이용하는 매매 전략에 대하여 알아본다. 먼저 추세 순응 전략은 추세를 따라가면서 순리에 맞게 매매하는 것을 말한다. 역행 매매 전략이란 추세 순응 전략과는 달리 일정한 가격 변동대에서 주가 상승 시 매도하고 반대로 주가 하락 시에는 매수하는 단기적 매매 전략을 의미한다.

01 | 기술적 지표를 통한 매매 전략

우리가 주가에 대해서 기술적 분석을 하는 이유는 어디까지나 주식의 매매에 있어 직접적인 도움을 받기 위해서이다. 그런데 매매를 실행할 때 견지하는 일정한 방식 또는 원칙을 매매 전략이라고 한다. 이때 기술적 분석을 통해서 이루어지는 매매 전략은 크게 다음과 같이 두 가지로 구분된다(그림 3-1 참조).

그림 3-1 기술적 분석의 매매 전략

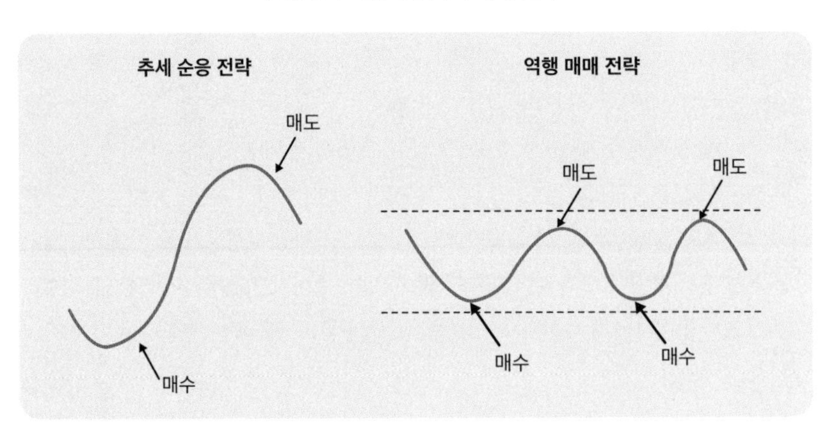

추세 순응 전략Trend-following strategy

먼저 일반적으로 추세 순응 전략이라고 일컬어지는 것이다. 원래 기술적 분석의 이론적 존립 기반은 주식시장이 비효율적Inefficient이며 주가 시계열은 랜덤워크Random-walk에 따르지 않는다는 것이다. 만약 이러한 기술적 분석의 기반을 부정하는 사람이라면 따로 시간을 투자해서 기술적 분석을 공부할 필요가 없을 것이다. 기술적 분석에서는 정도의 차이는 있을지라도 어디까지나 주가가 추세라는 특성을 가지고 상승과 하락을 반복한다고 본다.

추세 순응 전략은 추세를 따라가면서 순리에 맞게 매매하는 것을 말한다. 그러므로 추세 순응 전략이란 이러한 주가의 추세를 따라 추세의 상승 반전이 확인된 시점에 해당 주식을 매수하고, 반대로 추세의 하락 반전이 확인된 시점에 매도함으로써 매매를 통한 초과 수익을 얻으려는 전략이다.

역행 매매 전략Contrary-opinion strategy

다음은 역행 매매 전략이다. 추세 순응 전략이 시사하듯 주가에는 추세성이 당연히 존재하지만 추세가 상승에서 하락으로 또는 하락에서 상승으로 진행 방향을 바꾸든가, 주가가 일시적으로 쉬어가는 시점에서는 추세 방향을 쉽게 가늠할 수 없는 과도기가 필연적으로 수반된다고 본다.

이러한 상황에서 주가는 주로 일정 주가 변동대에서 추세성이 약화된 상태에서 상승과 하락을 반복하는 경향이 있다. 이러한 상황을 보통 횡보 장세라고 부르는데, 이럴 때는 추세 순응 전략을 사용하면 쉽게 매매를 실행할 수 없을 뿐만 아니라 매매 차익을 남기기도 어렵다. 그러므로 이러한 경우에 적용되는 역행 매매 전략이란 추세 순응 전략과는 달리 일정한 가격 변동대 속에서 주가 상승 시 매도하고, 반대로 주가 하락 시에는 매수하는 단기적 매매 전략을 의미한다.

매매를 실행함에 있어 추세 순응 전략은 주가가 상승할 때 매수하고 주가가 하락할 때 매도한다. 반대로 역행 매매 전략에서는 주가가 상승하면 매도하고 주가가 하락하면 매수한다. 그러므로 이러한 두 가지 전략은 문자 그대로 해석할 때는 상호 모순된 것처럼 보인다. 우리는 기술적 분석에서의 매매 전략에 있어서 이러한 상충된 두 가지 매매 전략이 상호 공존하고 또 병용된다는 사실에 주의를 기울여야 한다.

사실 매매 전략 또는 운용 전략에 있어서 두 가지 전략은 적극적으로 시장을 이기려 하거나 시세차익을 얻고자 하는 어떠한 형태의 매매 또는 운용에서도 사용된다는 사실을 이해할 필요가 있다. 그러므로 각각의 전략을 이해하고 적절히 선택하여 사용하는 능력이 요구된다.

기관투자자 VS. 개인투자자의 전략

만약 투자자의 입장이 주가의 추세적 변동을 이용하여 매매할 수 있는 여유 있는 상황이라면 추세 순응 전략만으로도 소기의 목적을 달성할 수 있고, 또 한편으로는 바람직한 일이기도 하다. 왜냐하면 역행 매매 전략 자체는 주가 변동폭이 상대적으로 작을 때 사용하는 만큼 매매에서 실패할 확률이 높고 또 기대할 수 있는 이익의 크기도 작기 때문이다.

예를 들어 투자자가 펀드매니저라면 추세 순응 전략을 구사해도 별로 문제될 것이 없다. 그러나 만일 개인투자자의 입장이라면 추세 순응 전략과 함께 역행 매매 전략도 동시에 활용해야 하는 상황에 놓이게 된다. 시장은 경우에 따라서 횡보 장세가 오랫동안 지속되는 경우가 있을 수 있고, 이러한 상황에서 주가가 강한 추세를 가지고 변동하기를 마냥 기다리고 있을 수만은 없기 때문이다. 그러므로 적어도 개인투자자의 입장이라면 상충되는 두 가지 전략을 조화해서 동시에 구사할 필요가 있다. 현재 시장 또는 매매하려는 종목이 추세성이 강한 경우에는 추세 순응 전략을 취하고, 반대로 추세성이 약하다고 판단되는 경우에는 역행 매매 전략을 취해야 하는 것이다.

한편으로 이와 같이 시기적절하게 매매 전략을 선택한다는 것은 말하기는 쉬울지 몰라도 실행하기란 매우 어려운 일이다. 적절한 매매 전략을 선택하기 위해서 가장 중요한 전제조건은 바로 현재 주가가 가진 추세 강도를 정확히 판단하는 것이다. 만약 추세 강도를 가늠할 수 없다면 두 가지 매매 전략 중에서 하나를 선택한다는 것은 불가능한 일이 된다.

따라서 기술적 분석에서는 개별적 전략을 구사하기 위해 여러 가지 기법을 익히는 것도 중요하지만, 더 중요한 것은 두 가지 전략을 조화할 수 있는 방법과 추세 강도를 판단할 수 있는 분석 기법을 개발하고 이것을 실무에 응용하는 것이다. 양자를 조화할 수 있는 방법은 두 가지 전략을 동시에 사용하는 방법과 두 가지 전략을 적절히 전환하여 교대로 사용하는 방법이 있다. 이러한 목적 때문에 다양한 기술적 지표는 개별 전략을 구사하기 위해서뿐만 아니라 두 가지 전략을 조화롭게 구사하는 방법을 찾는 데 효과적으로 사용될 수 있다.

02 | 기술적 지표의 분류

기술적 지표는 주가 추이의 특징을 수치화(또는 차트화)하여 보일 수 있도록 일정한 논리(또는 수식)를 사용해서 산출한 수치 결과이다. 기술적 분석의 중요한 목적이 일정 전략하에서 적절하게 매매 타이밍을 선정하는 것인 만큼 기술적 지표는 매매 타이밍 선정을 돕는 직접적 시사점을 도출해준다. 기술적 지표는 헤아릴 수조차 없을 정도로 많고 종류도 다양하지만 개별 기술적 지표 하나하나가 나름대로 일정한 매매 판단을 유도하므로 모든 지표가 나름대로 존재 가치를 가진다.

다양한 기술적 지표를 대상으로 적용 대상과 지표 성격을 검토해보면 기술적 지표는 다음과 같이 분류가 가능하다. 기술적 지표를 적용 대상에 따라 구분해보면 시장과 종목에 공통적으로 적용되는 시장종목지표와 시장에만 적용되는 시장지표로 구분할 수 있다. 대부분의 기술적 지표는 시장과 종목에 대해서 공통적으로 적용될 수 있는 시장종목지표에 속한다.

또한 기술적 지표의 고유한 성격에 따라 몇 가지 지표군으로 구분해볼 수 있다. 기술적 지표를 구분한다는 것은 사실 매우 어려운 문제이다. 대부분의 개설서에서는 기술적 지표가 사용하는 데이터로 구분해서 주가지표, 거래량지표, 기타 복합지표 등으로 나눈다. 그러나 여기서는 지표의 성격에 따라 구분하기로 한다. 이때 주의해야 할 점은 이와 같은 구분은 지표의 목적과 역할에 있어 상호 배타적인 구분 기준은 되지 못한다는 것이다.

추세지표 Trend-following indicator

추세지표는 주가 시계열이 가진 추세성을 보다 명확하게 표현해주는 지표이다. 이동평균과 최적화법으로 구한 추세들이 대표적인 추세 계열 지표라고 말할 수 있다. 볼린저밴드 및 파라볼릭 SaR Parabolic SaR 등이 여기에 속한다.

추세강도지표Trend-intensity indicator

추세강도지표는 주가의 추세가 지닌 강도 및 신뢰도를 측정하는 지표이다. DMI는 추세 강도를 측정하는 매우 희귀한 지표 중 하나이다.

모멘텀지표Momentum indicator

모멘텀지표는 주가 변동의 속도Velocity를 측정해서 주가의 진행 강도를 파악하려는 지표이다. 우리가 자주 사용하는 대부분의 기술적 지표가 모멘텀 계열에 속한다. 모멘텀, ROCRate Of Change, RSI, MACD, 스토캐스틱 등이 있다.

시장폭지표Market-breadth indicator

시장폭지표는 전체 주식시장에서 시장 에너지의 크기 또는 집중도를 나타내는 지표이다. TRINTrading Index은 이런 시장폭을 측정하는 지표이다.

기타 지표Miscellaneous indicator

기타 지표는 이상의 네 가지 지표군에 속하지 않는 지표로서 그 기능이 다소 애매모호한 지표들이다. 주로 주가 에너지에 관련된 지표가 많은데, 전통적으로 가장 많이 사용하고 있는 지표로는 그랜빌의 OBVOn Balane Volume를 들 수 있다. A/DAccumulation/Distribution indicator도 마찬가지로 이러한 기능을 가진다.

앞에서 소개한 지표군 중에서 시장폭지표를 제외한 대부분의 지표군들은 대체로 시장종목지표로서 시장과 종목의 분석에 모두 사용할 수 있다. 반면 시장폭지표와 일부 기타 지표는 시장지표에 속한다. 한편 기술적 분석에서 오실레이터Oscillator라는 용어가 자주 사용되는데 오실레이터는 수평 기준선을 중심으로 해서 또는 일정 수치 변동 범위 안에서 상하 반복 운동하는 기술적 지표를 말한다. 그러므로 오실레이터에는 다섯 개의 지표군 중에서 추세지표를 제외한 모멘텀지표, 추세강도지표, 시장폭지표 그리고 기타 지표가 여기에 속한다.

제4장

비추세 국면(박스권)에서의 매매

밤에 편하게 잘 수 있을 정도만 투자하고
잘못되어도 배우자에게 욕먹지 않을 만큼만
투자하라.

에드 세이코타

개별 종목의 차트를 보고 있으면 그 기업이 걸어온 길을 느끼게 된다. 그야말로 그 기업의 이력을 엿볼 수 있다. 한문으로 '이력履歷'이란 말은 '신발 리履'와 '지날 력歷'을 합친 것으로, 사람으로 말하면 걸어온 발자취를 뜻한다. 자신의 이력에 시간이 지날수록 빈칸을 채우며 스스로 경륜을 쌓는 과정이 어쩌면 인생인지도 모른다.

뛰어난 사람들의 이력서는 과연 어떨까. 애플 창업자 스티브 잡스는 전공을 영문학으로 적고, 특기는 '컴퓨터 기술'이라고 썼다. 기술은 '컴퓨터와 계산기', 관심 분야는 '전자기술과 디자인공학, 디지털'이라고 밝혔다. 고교 졸업 후 인턴으로 일했던 회사 휴렛팩커드HP도 명기했다. 운전면허는 '있다', 차량 이용 여부는 '가능하지만 가능성은 없다'고 했다. 전화는 '없다', 주소는 리드칼리지로 표기했다. 잡스가 18세 때인 1973년에 작성한 이력서 내용이다. 주소에 대학 이름을 적은 것으로 봐서는 중퇴할 무렵에 쓴 것으로 보인다. 잡스의 첫 구직 신청서인 이 문서는 최근 런던 경매에서 22만 2,400달러(약 2억 5,000만 원)에 팔려 화제를 모았다.

잡스가 이듬해 게임·컴퓨터 회사 아타리에 취직할 때도 그의 이력은 크게 달라지지 않았다. 당시 컴퓨터 기술은 최고의 스펙이었다. 잡스를 채용한 아타리 창업자 놀란 부시넬은 "그의 이력서에 적힌 관심사와 열정, 창의력을 보고 뽑았다"라고 말했다. 잡스가 상대방 눈을 보고 집중해서 대화하며 아이디어를 펼치는 모습에 반했다는 것이다.

창의적 인재는 자신을 표현하는 방식부터 남다른 것 같다. 잡스와 동갑내기인 빌 게이츠 마이크로소프트MS 창업자는 하버드대학 중퇴 즈음인 19세 때 항공기 부품업체 인턴에 지원했다. 그는 희망 임금란에 'OPEN(열려 있다)'이라고 적고, 재산은 1만 5,000달러라고 썼다. 지금 돈으로 8만 달러(약 9,000만 원)이니 역시 부잣집 아들이었다. 그는 다른 사람들이 잘 적지 않는 몸무게까지 130파운드(약 58kg)라고 쓰는 등 꼼꼼한 성격을 그대로 보여줬다.

팝아티스트 앤디 워홀은 20세 때 패션잡지 〈하퍼스 바자〉에 보낸 이력서에 말풍선을 활용했다. 그 속에 "피츠버그에서 태어나 카네기공대를 졸업했고, 지금은 뉴욕의 바퀴벌레 들끓는 아파트에서 다른 아파트로 이사하려 합니다"라는 자기소개 글을 넣었다. 이 독특한 삽화 덕분에 바로 합격했다고 한다. 오늘도 우리는 차트를 통해 기업들의 이력을 되돌아보고, 미래를 상상한다.

이번 장에서는 박스권에서의 매매를 살펴본다. 추세가 드러난 국면에서 매매는 상대적으로 쉽게 느껴진다. 그러나 박스권에서의 매매는 어려운 점이 있다. 기술적 분석을 하는 두사사는 박스권 상세일 때는 시상에 참여하는 것을 최소화하는 것이 어쩌면 최선의 전략이 될 수 있다.

01 | 박스권이란 무엇인가

박스권Trading range은 일정기간의 가격 변동 추이를 포함한 일종의 가격이 밴드 형태로 나타나는 것을 말한다. 여기서 밴드란 위와 아래의 수평선으로 표시되는 것을 말한다. 주가가 추세를 가지고 움직이지 않는 국면에서는 주가가 박스권 안에서 움직이는 경우가 대부분이다. 이러한 박스권에서 고점과 저점을 이용한 매매를 기계적으로 할 수 있을 것 같지만, 실제로 수익을 내기란 매우 어려운 것이 현실이다. 그렇기에 기술적 분석을 하는 투자자는 박스권 장세일 때는 시장에 참여하는 것을 최소화하는 것이 어쩌면 최선의 전략이 될 수 있다. 박스권은 과거 자료에서는 쉽게 확인할 수 있으나 이를 선행적으로 예측하기란 매우 어렵다.

박스권은 장기 차트로 보면 오랜 기간 유지되기도 한다. 〈그림 4-1〉은 KOSPI의 박스권이 8년간 지속된 것을 보여준다. 2010년 이후 이어진 박스

그림 4-1 장기 차트로 본 박스권 움직임 : KOSPI 월간 차트

권이 2017년 중반 돌파됨으로써 대세 상승이 시작되고 있다. 일단 박스권이 형성되면 상단선과 하단선은 각각 저항과 지지 구간으로 규정할 수 있으며, 박스권에서의 돌파는 중요한 매매 신호로 작용한다.

02 | 박스 이론의 대가 니콜라스 다바스Nicholas Darvas

1950년대 후반 니콜라스 다바스Nicholas Darvas, 1920-1977는 '박스 이론'을 개발했다. 그는 주식 가격이 박스의 연속이라고 판단했다. 만일 주식 가격이 박스에 머무를 경우에는 기다렸으며, 주가가 박스를 뚫고 나와 신저점을 갱신했을 때 매수한 후 박스권 상단에서 매도를 실행했다.

사실 니콜라스 다바스는 헝가리 출신 무용수였다. 나치와 옛 소련 지배에서 벗어나기 위해 젊은 나이에 터키 이스탄불로 망명했고, 이후 유럽과 미국에서 성공한 무용수가 됐다. 주식 문외한이었던 다바스는 우연한 기회에 주식투자에 뛰어들었고 1957~1958년 사이 18개월 동안 당시 순수익만 250만 달러라는 엄청난 기록을 세웠다. 이 사실이 〈타임〉지에 소개되면서 유명해졌다.

다바스의 첫 주식투자는 공연 약속을 지키지 못해 사과의 의미에서 산 광산주 6,000주가 인연이 됐다. 3,000달러에 샀지만 불과 두 달 만에 투자 금액은 1만 1,000달러로 불어났다. 하지만 이후부터 다바스의 주식투자는 '묻지마 투자'의 전형을 보여주었다. 남들이 좋다는 주식은 무조건 사 모았다. '횡재', '루머' 등 귀에 솔깃한 말에만 빠져들었다. 결국 투자는 실패로 귀결될 수밖에 없었다.

이후 다바스는 자신만의 투자 방법 개발에 나섰다. 처음에는 쉽지 않았다. 전문가들이 말하는 추천 종목은 대부분 하락했고, 신문에서 나온 정보를 따라 주식을 샀다가 낭패 보기 일쑤였다. 때때로 수익을 내기도 했지만 손해를 보는 경우가 더 많았다. 이 같은 시행착오 끝에 다바스는 '박스 이론'을 만들어냈다.

주가의 등락은 일정한 가격폭에 따라 반복적으로 움직이는 습성이 있고 그 폭은 상자 모양을 형성한다는 이론이었다. 상자의 아랫부분에서 주식을 사들이고 윗부분에서 팔면 차익을 남길 수 있다. 또 주가가 박스 상단을 통과하면 또 다른 새 기회로 보고 적극 매수에 나서는 투자 방법이다.

다바스는 무엇보다 손실에 빨리 대처하는 방법에 관심을 가졌다. 손해를 보더라도 조금만 보면 최소한 망하지 않을 것이라는 믿음 때문이었다. 그는 일정 가격에 달했을 때 자동 매수, 일정 가격 때 자동 매도하는 손절매 주문을 활용했다. 다바스는 1) 독자적인 매매 기법을 정립할 것, 2) 손실을 최소화하는 방안을 강구할 것, 3) 장중 시세에 너무 민감하게 반응해 감정이나 정보에 휩쓸리지 말 것, 4) 돈을 버는 것만큼 돈을 지키고 큰 손실을 보지 않는 것이 중요하다는 4가지 투자 교훈을 평생 실천했다.

03 | 박스권이 돌파된다면 판단해야 할 것들

박스권에서 돌파가 일어나면 그 방향으로 가격 흐름이 이어질 가능성이 크다. 그러나 이러한 돌파에 대한 신뢰성 여부는 다음의 요건을 기준으로 판단할 수 있다.

- **박스권 기간** : 박스권이 형성된 기간이 짧은 것보다 그 기간이 길수록 돌파의 중요성이 더욱 커지게 된다.

- **박스권 구간의 넓이** : 넓게 형성된 박스권보다 사이가 좁은 박스권에서 일어난 돌파는 더욱 신뢰할 만한 매매 신호가 된다. 좁은 박스권에서는 박스권 하회 시 매도해야 될 경우 상대적으로 손실 위험이 낮은 수준에서 손절매를 할 수 있다는 점에서 좋은 매매 신호로 작용할 수 있다.

- **돌파 확정** : 박스권에서 가격이 소폭 이탈하거나 수일 동안 이탈했다가 이내 원래 가격대로 돌아가는 경우를 자주 볼 수 있다. 박스권이 하향 돌파된 구간에서 지정가(손절) 주문Stop order이 집중적으로 나타나게 된다. 박스권을 살짝만 이탈해도 실망한 매도 주문이 이어질 수 있다. 그러나 단기적으로 이러한 실망 매물들이 정리되고 나면 이러한 이탈은 일시적 현상으로 마무리되면서 가격이 다시 박스권 안으로 회귀하게 된다. 따라서 박스권의 일시적인 하회는 돌파로 인정되지 않는다.
  이와는 반대로 주가가 박스권을 상향 돌파하여 넘어선 상태가 며칠(예를 들어 5일) 후에도 계속 유지된다면 돌파의 신뢰도는 그만큼 높아지게 된다. 박스권 이탈 일수 외에 '최저 돌파율Minimum percent penetration', '추력일Thrust day', '지속 기간' 등으로도 돌파의 신뢰도를 확인할 수 있다.
  여기서 중요한 것은 돌파가 일어날 때마다 무조건적으로 판단하기보다는 다양한 돌파 확정 조건을 투자자 스스로가 시험해보고 판단해야 한다는 점이다. 최근엔 기술적 분석 기법의 사용이 증가하면서 잘못된 돌파로 판정되는 사례가 증가하고 있음을 염두에 두어야 한다.

04 박스권에서의 지지와 저항

가격의 횡보세가 최소 한두 달간 계속되면서 박스권이 형성되면 박스권 상단선에서는 저항, 그리고 하단선에서는 지지를 발견하게 된다. 박스권에서 돌파가 일어난 다음에는 지지와 저항의 위치가 뒤바뀐다. 구체적으로 말해 주가가 박스권을 상향 돌파하고 그 가격 상태가 계속 유지되면 이전에는 저항선이었던 박스권의 상단선이 지지선이 된다.

그림 4-2 박스권 상단이 지지선으로 전환된 예 : 신세계 일간 차트

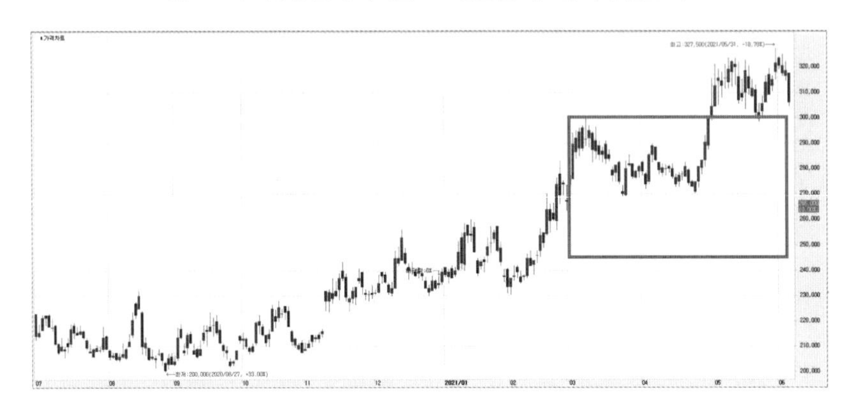

그림 4-3 박스권 하단이 저항선으로 전환된 예 : 현대차 일간 차트

〈그림 4-2〉에서 보이는 확장된 선은 새로운 지지선으로서 이전 박스권의 상단에 형성되었던 저항선이 이제 지지선으로 바뀐 것을 나타낸다. 마찬가지로 박스권에서 하향 돌파된 주가가 계속 유지된다면 이전 박스권의 하단선이 새로운 저항선이 된다.

〈그림 4-3〉에서 보이는 확장된 선은 새로운 저항선으로 이전 박스권의 하단에 형성되었던 지지선이 이제 저항선으로 바뀐 것을 보여준다.

05 | 박스권 이전의 주요 고점과 저점

일반적으로 이전의 주요 고점 부근에서 저항선이 형성되고, 주요 저점 부근에서 지지선이 형성된다. 이전 고점은 그 지점이나 그 지점 밑에서는 이후의 가격 상승이 나타나지 않는다는 의미가 아니며, 그 지점 부근에서 저항선이 형성될 수 있다는 의미로 보아야 한다. 마찬가지로 이전 저점은 이후의 주가 하락이 그 지점이나 그 지점 위에서 일어난다는 의미가 아니며, 그 지점 부근에서 지지선이 형성될 수 있다는 의미로 해석해야 한다.

이전 고점과 저점을 매우 중요한 신호 지점으로 간주하기도 한다. 이들은 개별 종목의 이전 고점이 65였다면 65를 주요 저항선으로 간주한다. 그래서 가격이 66으로 반등하면 저항선이 무너진 것으로 판단한다. 그러나 이것은 잘못된 생각이다. 지지선이나 저항선은 정확한 지점을 의미하는 것이 아니라 그 지점에 인접한 영역을 지칭하는 것으로 봐야 한다.

이전 고점의 돌파는 매수 신호로 간주할 수 있고, 이전 저점의 돌파는 매도 신호로 간주할 수 있다. 그러나 박스권 돌파와 비슷하게 고점 및 저점 돌파가 중요한 매매 신호로 간주되려면 돌파한 가격 수준이나 돌파 지속 기간 측면에서, 혹은 이 두 가지 측면 모두에서 유의미한 변화가 있어야 한다.

이전 고점이나 저점을 한 차례(일간 차트에서는 하루, 주간 차트에서는 일주일) 돌파한 사실만으로는 아무것도 증명하지 못한다. 즉 그러한 '사건'을 매수 혹은 매도 신호로 간주하기 위해서는 더 강한 돌파 확정 조건이 필요하다. 이러한 확정 조건으로는 이전 고점이나 저점을 넘어서는 종가의 최저 횟수나 최소 돌파율, 혹은 이 두 가지 모두를 들 수 있다.

〈그림 4-4〉는 고점을 넘어서는 종가가 세 차례 나타나는 것을 돌파 확정 조건으로 본다는 가정에 따라 이전 고점 돌파를 매수 신호로 간주하는 상황을 보여준다. 마찬가지로 〈그림 4-5〉 역시 비슷한 돌파 확정 조건을 이용해 이전 저점 돌파를 매도 신호로 간주하는 사례를 보여준다.

그림 4-4 전고점 돌파가 매수 신호가 되는 예 : KCC 일간 차트

그림 4-5 전저점 돌파가 매도 신호가 되는 예 : 동서 주간 차트

또한 〈그림 4-5〉 차트에서 2020년 중반을 보면 이전 고점이 저항선으로 작용하고(이것이 상향 돌파되기까지), 이전 저점이 지지선으로 작용하는(이것이 하향 돌파되기 전까지) 좋은 예이며, 2019년 말의 경우 이전 고점이 강력한 저항선으로 작용하는 전형적인 사례이다. 이전 고점이나 저점이 돌파된 이후 그러한 상황이 지속되면 이전 고점 영역은 지지선이 되고, 이전 저점 영역은 저항선이 된다.

06 박스권에서의 상대 고점과 상대 저점의 밀집

이전의 주요 고점과 저점(단일 천장과 바닥)에서 형성된 지지와 저항에 관해 알아보았다. 이제는 절대적 고점과 저점이 아니라, 상대적 고점과 저점이 집중적으로 모인 가격 구간(혹은 가격대)에서의 지지와 저항에 관해 생각

그림 4-6 밀집 구간에서 형성된 지지대 : S-oil 주간 차트

해보자. 구체적으로 말해 상대 고점과 상대 저점은 비교적 좁은 가격 구간에 집중적으로 몰리는 경향이 있다. 이 구간의 가격보다 현재 가격이 더 높으면 이 구간은 지지대가 되고, 현재 가격이 더 낮으면 이 구간은 저항대가 된다. 이 접근법은 장기 차트에서 지지 및 저항 구간을 확인할 때 특히 유용하게 사용된다.

〈그림 4-6〉은 이전 상대 저점과 상대 고점이 밀집된 곳에 형성된 지지대를 보여주는 주간 차트이다. 이전 상대 고점과 저점이 밀집된 구간을 지지 및 저항 구역으로 정의하는 접근법은 일간 차트에도 적용할 수 있다. 물론 이 경우에는 대상 기간(예를 들어 2년)이 충분히 주어질 때이다.

07 | 심리적 박스권을 드러내는 라운드넘버Round numbers

라운드넘버는 우수리가 없도록 끝수를 반올림하여 끊어 올린 수이다. 라운드넘버의 가격 수준에서 주가의 상승이나 하락이 중단되는 경향이 있다. 투자자들은 100, 200, 250, 500, 750, 1000, 1500, 2000 등과 같은 중요한 라운드넘버들을 조건으로 거래 대상의 가격을 평가하고, 가격이 라운드넘버에 따라 변동한다고 생각하는 경향이 있다. 따라서 이러한 라운드넘버들은 '심리적' 지지 또는 저항 수준으로 자주 작용한다. 중요한 라운드넘버에 접근할수록 이러한 정보를 이용하여 투자자들은 투자 이익을 얻을 수 있다.

예컨대 저평가된 주식이 7,000원 근방에서 지속적으로 상승해왔고, 10,000원이라는 라운드넘버가 최근 몇 년간의 정점으로 기록되어 왔다면, 투자자들은 9,500~9,800원 근방에서 이익실현 매도Profit-taking sales를 하려고 할 확률이 높다. 이는 투자자들이 주식을 매입하는 경우에 이익실현의 목표 설정을 당연히 라운드넘버를 조건으로 수행하기 때문이다.

이러한 원리를 적용하여 효과적인 거래를 하려면, 명백한 라운드넘버들에서 거래 주문을 내지 말아야 한다. 예컨대 상승 추세에서 단기적인 가격 하락에 대응해 매입하려고 한다면, 중요한 라운드넘버 바로 위의 가격으로 주문을 내는 것이 적절하다. 이는 다른 투자자들이 중요한 라운드넘버의 가격으로 매입하려는 경향이 있기 때문이다.

제 5 장

주식 가격과 가격대 분석

자존심이나 고집 따위는 버리고,
시장과 싸우려는 생각도 없애라.
손해가 난 주식에 애착이나 미련을
갖지 마라. 세상에 좋은 주식은 없다.
주가가 오르지 않는 한 모두 나쁜
주식일 뿐이다.

윌리엄 오닐

전 세계 주식투자자들의 구루, 항상 그의 일거수일투족이 투자자들에게 화제가 되는 사람, 바로 워런 버핏이다. 몇 해 전 그가 사용하는 휴대전화가 화제에 오른 적이 있다. 827억 달러(약 94조 원)를 가진 '투자의 귀재', 버크셔 해서웨이 회장 워런 버핏은 어떤 휴대전화를 사용하고 있을까.

버핏은 35세 때인 1965년에 버크셔 해서웨이라는 유서 깊은 투자회사를 인수했다. 아이폰을 만드는 회사 애플에 거액을 투자해 현재 애플 주식 5.5%를 가진 3대 주주이기도 하다. 하지만 그가 쓰는 휴대전화는 2010년에 발매된 삼성 'SCH-U320' 모델이었다. 접었다 폈다 하는 일명 '폴더폰'이다. 2.2인치 스크린에 카메라는 없고 인터넷도 거의 안 된다. 현재 중고시장에서 25달러(약 2만 7,000원) 정도에 거래된다고 한다.

버핏은 미국 경제 채널 CNBC에 출연해 자신의 휴대전화를 보여주며 "(전화기를 처음 발명한) 알렉산더 그레이엄 벨이 내게 빌려줬는데 돌려주는 걸 깜빡했다"라고 농담하기도 했다. 팀 쿡 애플 최고경영자는 매년 버핏에게 "내년에는 당신에게 아이폰을 팔겠다"라는 크리스마스 카드를 보내고 있다고 한다. 그러나 버핏은 "작년에 아이폰 최신 모델을 선물로 받았지만 사용하지 않고 있다"고 말했다고 한다. 버핏의 검소함과 그가 투자 이외에는 다른 일에 크게 신경 쓰지 않는다는 인상이 느껴지는 일화이다. 어떤 일이든 성공하기 위해서는 무엇보다 집중하는 힘을 길러야 하지 않을까 생각된다.

이번 장에서는 주식 가격과 가격대 분석에 대하여 알아본다. 주식의 가격도 가격에 대한 일반적 정의와 대체로 부합하지만 우리가 알고 있는 가격과 달리 주식 가격은 조금 독특한 특징을 갖고 있다. 따라서 주식 가격을 보다 잘 이해하기 위해 그 특징을 먼저 살펴보는 것이 필요하다. 가격대[Price channel]는 주가 변동을 둘러싸는 두 개의 직선을 의미한다. 가격대 분석은 일정한 추세를 중심으로 하는 가격대를 설정하고 가격대와 주가 변동을 분석함으로써 매매 신호를 도출하는 것이다.

01 | 주식 가격과 그 특징

주식 가격에 대하여

주식투자의 결과는 주식 가격의 흐름에 달려 있다. 주식을 구입했을 때의 가격보다 주식의 가격이 오르면 투자 수익을 얻고, 반대로 가격이 떨어지면 투자 손실을 얻게 된다. 따라서 주식투자란 주식 가격과의 싸움이라고 할 수 있다. 신문의 경제란을 보면 전날 거래된 주식의 마감 가격(종가)이 실려 있다. 주식투자의 경험이 없는 사람은 하루아침에 가격이 30%나 폭락하는 현상을 이해하지 못한다. 왜냐하면 가격이 하루 만에 30%나 떨어지는 것을 주위에서는 좀처럼 볼 수 없기 때문이다.

예를 들어 쌀값이나 두부값 등 일반 소비자들이 매일 대하는 상품의 값은 움직이는 폭이 미미해 값의 움직임을 느끼지 못할 정도로 거의 일정하다. 하지만 주식 가격은 하루 동안에 크게 오르기도 하고, 반대로 크게 떨어지기도 한다. 또 몇 달 만에 몇 배로 뛰기도 하고, 반대로 폭락하는 등 가격이 종잡을 수 없이 움직인다. 더구나 주식을 사고 나면 주식 가격은 더 떨어지고, 반대로 주식을 팔고 나면 곧 주식 가격이 치솟는 것을 투자자들은 자주 경험하게 된다. 이처럼 급변하는 주식 가격이 주식투자를 주저하게 만드는 주된 이유가 되고 있다.

웹스터 사전에서는 가격Price을 첫째 가치Value, 둘째 두 재화의 교환가치, 셋째 얻어지는 대가로 희생되는 비용이라고 정의한다.

주식의 가격도 가격에 대한 일반적 정의와 대체로 부합하지만 우리가 알고 있는 가격과 달리 주식 가격은 조금 독특한 특징을 갖고 있다. 따라서 주식 가격을 보다 잘 이해하기 위해서는 주식 가격의 특징을 먼저 살펴보는 것이 필요하다.

주식 가격의 특징

주식 가격은 앞에서 언급한 일반 상품의 가격과는 다른 면이 있는데, 다음과 같이 몇 가지 특징을 가진다.

첫째, 주식 가격은 항상 움직인다. 주식의 값은 주식시장이 개장되어 있는 한 매분 단위로 바뀌고 있다. 심지어는 몇 초 단위로 쉴 새 없이 움직이기도 한다. 투자자들은 주식을 거래할 때 쉴 새 없이 움직이는 주식 가격 때문에 혼란을 겪는다. 주식을 거래할 때마다 주식을 현재 가격으로 사야 하는지, 혹은 가격이 더 떨어질 때까지 기다려야 하는지 망설이게 된다. 일반 상품의 경우도 가격이 적당한지 여부를 판단하기 어려워 물건을 살 때마다 망설이게 되는데, 하물며 가격이 쉴 새 없이 움직이는 주식의 경우는 말할 필요도 없다.

둘째, 보는 사람에 따라 주식 가격은 각각 다르게 보인다. 투자자들마다 투자하려는 주식의 값을 모두 다르게 평가하기 때문이다. 테슬라 주식이 주당 700달러로 거래되고 있을 때 어떤 투자자들은 너무 비싸다고 생각하고, 다른 투자자들은 너무 헐값이라고 생각할 수 있다. 비싸다고 생각하는 사람이 많으면 주식 가격은 계속 떨어진다.

주식 가격이 600달러로 떨어졌을 때도 여전히 투자자들은 양쪽으로 갈리게 된다. 어떤 투자자들은 기업의 장부가나 주당순이익 규모에 비추어 볼 때 주당 600달러의 가격은 아직도 비싸다고 생각한다. 반대로 다른 투자자들은 테슬라가 갖고 있는 기업의 성장 잠재력에 비춰볼 때 주당 600달러의 가격은 거의 헐값이라고 생각한다.

600달러에서도 주식 가격이 비싸다는 사람이 여전히 우세하면 주식 가격은 계속해서 하락한다. 현제명 선생의 오페라 〈춘향전〉의 사랑가에 '이렇게 보아도 내 사랑, 저렇게 보아도 내 사랑'이라는 가사가 있다. 사랑가와 마찬가지로 주식의 값도 투자자의 개인적 견해와 관계없이 하나라면 좋겠지만 현실은 이와 정반대로, '이렇게 보면 이 가격, 저렇게 보면 저 가격'으로 투자자마다 갖고 있는 가격이 주관적으로 다르기 때문에 주식 가격은 객관적이지 못하다.

셋째, 주식시장에서 결정되는 주식 가격은 투자자 모두가 동의해야 하는 가격이다. 주식시장에서 결정된 가격이 마음에 들지 않는 경우에는 사거나 팔지 않으면 되고, 가격이 마음에 들면 주식을 사거나 팔면 된다.

넷째, 주식 가격은 어느 누구도 정확히 알 수 없다. '장님이 코끼리 만지듯' 이라는 속담처럼 주식 가격의 일부만으로 전체 주식 가격을 계산할 수 없다.

다섯째, 주식 가격은 밀물과 썰물처럼 움직인다. 주식 가격이 오르기 시작하면 우량기업의 주식이든 불량기업의 주식이든 상관없이 주식 가격은 계속해서 오른다. 반대로 주식 가격이 내리기 시작하면 거의 모든 주식 가격이 동시에 하락한다. 또한 주식 가격은 파도와 같이 계속해서 들어오고 나가기를 반복한다. 예를 들면 밀물 때 물이 계속해서 들어오더라도 2보 들어오고 1보 나가는 패턴으로 물이 들어오듯이, 주식 가격도 계속해서 오르기만 하는 것은 아니다. 즉 오르더라도 2보 전진, 1보 후퇴 식으로 움직이는 패턴을 갖고 있다.

여섯째, 주식 가격은 일반 제품의 생산원가 개념에 기초한 가격과는 전혀 다른 기준으로 결정된다. 한국에서는 매년 추수가 끝나면 정부의 추곡 수매가 시작된다. 정부의 추곡 수매가를 결정하는 기준은 벼 한 가마의 생산비용이다. 시장에서 거래되는 모든 물건은 기본적으로 생산원가를 기준으로 하고 있기 때문에 객관적으로 입증되는 가격을 갖고 있다. 하지만 주식에는 일반 상품에 있는 인건비나 재료비 등의 원가비용 개념이 없기 때문에 주식 가격은 일반 상품의 가격과는 전혀 다른 기준으로 결정된다.

일곱째, 거래되는 주식의 가격은 단 하나이다. 쌀의 경우 도매가격이 있고 소매가격이 있지만 주식시장에는 소매가격만 존재한다.

이러한 7가지 특성 때문에 주식 가격은 우리가 언뜻 떠올리는 일반적인 가격 개념과는 전혀 다르다. 어떻게 보면 주식 가격은 혼돈스럽고 질서 없이 변하는 것처럼 보이지만 실제로 주식시장에서의 주식 가격은 시시각각으로 질서 있게 변한다. 또한 주식 가격이 결정되면 신이 주식 가격을 결정한 것처럼 투자자가 모두 결정된 가격을 그대로 받아들이는 것을 보면 한편으로 주식 가격의 불가사의함마저 느끼게 된다.

02 | 가격대 분석

가격대Price channel는 주가 변동을 둘러싸는 두 개의 직선 또는 포락선Envelope을 의미한다. 가격대 분석은 일정한 추세를 중심으로 하는 가격대를 설정하고 가격대와 주가 변동을 분석함으로써 매매 신호를 도출하는 것이다. 이때 중요한 것은 추세로 무엇을 사용하는지에 따라 가격대 분석은 방법이 달라지게 된다는 것이다.

가격대 분석에서 이동평균을 추세로 사용하는 이동평균 채널 분석을 가장 일반적으로 사용한다. 그러나 가격대 분석에서 항상 이동평균을 사용하는 것은 아니다.

가격대는 트레이딩 밴드Trading bands라고도 한다. 이동평균 채널에서는 추세를 나타내는 가격대 기준(중간 밴드)으로 이동평균을 사용한다. 가격대 분석은 새로운 아이디어는 아니다. 그러나 이것은 볼린저J. Bollinger가 지적한 것처럼 강력한 분석 도구임에는 틀림없다.

가격대 분석은 본질적으로 정확한 매매 시점을 도출하기 위해 독립적으로 사용하는 것은 아니다. 오히려 현재 주가가 추세적으로 볼 때 높은 수준인지, 아니면 낮은 수준인지를 판단하는 데 유용하다. 가격대 분석은 주가 변동에 상·하한을 적용하여 시장 진입 여부와 매매 시점을 시사하는 지지 및 저항 수준을 효과적으로 제시한다. 따라서 가격대 분석에서는 오실레이터를 동시에 사용하여 분석함으로써 매매 신호를 보다 명확히 도출할 수 있다.

가격대 분석의 장점은 상충적인 두 전략인 추세 순응 전략과 역행 매매 전략을 동시에 사용하여 분석할 수 있다는 점이다. 이것은 두 전략을 동시에 사용하는 방법과 두 전략을 적절히 교대로 사용하는 방법 중에서 전자의 방법에 해당한다.

가격대 분석에는 직선 추세 채널, 이동평균 채널, 볼린저밴드, 곡선적합화 밴드의 네 가지 종류가 있다. 그중에서 이동평균 채널과 볼린저 밴드는 추세로써 이동평균을 사용한다는 측면에서 비슷한 출발점을 가진다고 볼 수 있다. 이렇게 네 가지의 가격대 분석 방법이 있지만 매매 신호의 해석 방법은 거의 유사하다. 〈그림 5-1〉은 가격대와 주가의 상황별로 매매 신호를 설명하기 위해 예시한 것이다.

그림 5-1 가격대 분석의 매매 신호

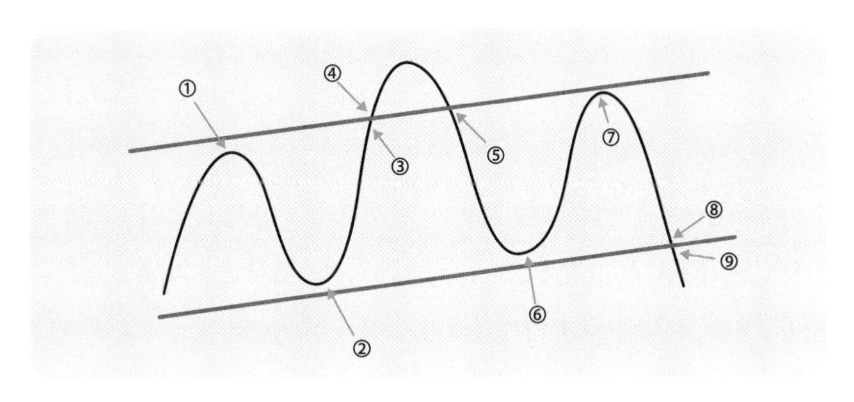

① 역행 매매 전략에 의한 매도 신호 : 주가가 가격대의 상한에 접근하고 있으므로 주가의 추세 회귀 성향을 감안할 때 매도하는 것이 적절하다. 이 상황에서는 아직 주가가 가격대를 뚫고 상승할지 또는 그렇지 않을지 모르는

상황이다. 그러나 역행 매매 전략은 일단 매도를 시사하고 있다.

② 역행 매매 전략에 의한 매수 신호 : ①의 경우와는 반대로 주가가 가격대 하한에 접근하고 있으므로 주가의 추세 회귀 성향을 감안할 때 매수하는 것이 좋다.

③ 역행 매매 전략에 의한 매도 신호 : ①과 마찬가지로 주가가 가격대의 상한에 접근하고 있기 때문에 매도하는 것이 적절하다.

④ 추세 순응 전략에 의한 매수 신호 : 주가가 가격대 상한을 상향 돌파하여 상승하는 상황이므로 추세 순응 전략을 통한 매수 시점이다. 가격대란 주가가 일반적으로 변동하는 범위를 나타내는 것으로 만약 주가가 이러한 가격대를 돌파한다면 추세 순응 전략이 적절한 매매 전략이라는 사실을 의미한다.

⑤ 추세 순응 전략에 의한 매도 신호 : ④에서 추세 순응 전략에 의해 매수했으나 ⑤에서는 다시 가격대 상한을 하향 돌파함으로써 ④의 매수가 잘못된 것이었음을 사후적으로 확인하고 있다. 따라서 이 경우에는 추세 순응 전략에 의한 매도 신호가 된다. 이러한 경우에는 매수 가격보다 매도 가격이 오히려 낮아 매매를 통해 손실을 보는 경우도 있다. ④의 매수 신호 이후 주가 상승세가 꺾여 다시 하락하는 과정에서 ⑤까지 오기 전에 매도할 수도 있다. 그러나 이 경우에는 오실레이터의 도움을 받아야 의사결정이 가능할 것이다.

⑥ 역행 매매 전략에 의한 매수 신호 : ②의 경우와 마찬가지로 주가가 가격대 하한을 접근하고 있으므로 주가의 추세 회귀 성향을 감안해서 매수한다.

⑦ 역행 매매 전략에 의한 매도 신호 : ①, ③과 마찬가지로 주가가 가격대의 상한에 접근하고 있기 때문에 매도하는 것이 적절하다.

⑧ 역행 매매 전략에 의한 매수 신호 : ②, ⑥의 경우와 마찬가지로 주가가 가격대 하한을 접근하고 있으므로 주가의 추세 회귀 성향을 감안할 때 매수한다.

⑨ 추세 순응 전략에 의한 매도 신호 : 주가가 가격대 하한을 하향 돌파하여 하락하는 상황이므로 추세 순응 전략을 통한 매도 시점이다. ④와 반대의 경우로 주가가 이러한 가격대를 돌파한다면 추세 순응 전략이 적절한 매매 전략이라는 사실을 의미한다.

제 6 장

캔들 차트로 본 추세 전환 신호

젊을 때는 인생에서 돈이 가장 중요하다고 여겼다. 나이가 들고 보니 그것이 사실이었음을 알겠다.

오스카 와일드

"주식을 어떻게 하면 잘할 수 있을까요?" 증권업계에 발을 들여놓은 이후 수시로 듣게 되는 질문 중 하나이다. 여러 가지 대답이 있겠지만, 그중 하나는 '당신의 주변을 주의 깊게 관찰'하라는 것이다. 젊은 사람들은 어떤 것에 흥미를 갖고 있는지, 사회의 트렌드는 어디로 흘러가고 있는지, 새로운 미래의 기술이 도입되어 나온 전자제품은 무엇인지 등 주의 깊게 살피다 보면 사야 할 주식이 자연스럽게 떠오르게 된다.

우리 주변에서도 단순한 뉴스인 듯한데, 조금만 자세히 들여다보면 경기순환과 관련된 것들이 있다. 미국경제연구소NBER가 임신율이 경기와 주가를 최소한 6개월 선행한다는 흥미로운 보고서를 발표했다. NBER은 미국의 경기순환 국면과 주기를 공식적으로 판단하는 매우 신뢰도 높은 기관이다. 물론 얼마나 유용한지는 시간을 두고 지켜봐야 하겠지만 말이다.

하지만 근거로 든 것은 꽤 설득력이 있어 보인다. 임신 여부를 미래에 기대되는 소득을 감안해 결정한다는 것이 핵심이다. 이 때문에 임신율이 높아진다는 것은 앞으로 경기와 주가가 좋아져 미래 기대소득이 증가할 확률이 높다는 의미로 해석할 수 있다. 합리적인 결정처럼 보이지만 그 이면에는 각박해지는 사회상을 보여주는 연구 결과여서 논란이 많을 수도 있다.

임신율 이외에도 일상생활에서 경기와 주가의 앞날을 가늠해볼 수 있는 선행지표도 많이 있다. 가장 많이 알려진 것은 '치마끝선 이론Hemline Theory(조지 테일러 교수)'과

'립스틱 선행지수Leading Lipstick Index(레오나르도 로더 회장)'이다. 여성의 치마 끝 길이가 짧아지고 립스틱 색깔이 엷어지면 앞으로 경기와 주가가 좋아진다는 의미로 해석된다.

한때 세계 경제 대통령으로 칭송받았던 앨런 그린스펀 전 미국 중앙은행Fed 의장의 남성속옷지수Men's Underwear Index(남성의 속옷 판매가 증가하면 경기 회복, 주가 상승)도 널리 알려져 있다. 애널리스트로 근무할 때 같은 리서치센터의 섬유의복 업종 담당자는 경기 회복 여부를 백화점에서 판매되는 남성 정장의 판매 증가로 판단하던 것이 기억에 남는다.

캔들 차트는 어떤 시점에서 투자자들의 경향을 심리적으로 표현한 것이다. 이것은 시간의 흐름에 따라 주식시장에서 전개되는 투자자들의 활동을 생생하게 보여준다. 그리고 이 같은 유사한 자극에 일관된 반응을 보인다는 단순한 사실이 캔들 차트 분석을 유효하게 만드는 것이다.

캔들 차트는 하나의 캔들 또는 다수의 캔들 조합으로 되어 있지만 일반적으로는 5개의 캔들을 절대로 넘지 않는다. 대부분의 캔들은 추세 반전을 포착하기 위해서 이용된다. 반전 패턴이 상승 시장을 의미할 때 이 반전 패턴의 반대 패턴은 언제나 하락 시장을 의미한다. 이번 장에서는 캔들 차트 중 반전 패턴에 대하여 알아본다.

01 | 캔들 차트의 반전 패턴에 대하여

기술적 분석가들은 주가에서 주식시장 심리와 추세의 변화를 알려주는 단서를 찾게 된다. 반전 패턴은 이러한 기술적 단서 중 하나이다. 반전 패턴이라는 말에는 약간 오해의 소지가 존재한다. 이 말을 들으면 기존의 추세가 갑자기 끝나고 새로운 추세가 시작된다고 생각할지도 모른다. 하지만 그런 일을 잘 일어나지 않는다. 왜냐하면 추세대는 시장의 심리가 바뀌면서 보통은 느리게 단계적으로 변하기 때문이다.

반전 패턴이 나타났다고 했을 때, 그것은 이전의 추세가 바뀌면서 언제나 반전이 일어난다는 뜻은 아님을 기억할 필요가 있다. 반전 패턴은 추세 변화 패턴으로 생각하는 것이 현명하다. 반전 패턴을 파악하는 기술은 매우 중요하고 쉬운 일이 아니다.

성공적인 주식 거래를 위해서는 추세를 파악하고 일어날 일을 예측할 수 있어야 한다. 시장의 반전 지표는 '조심: 추세가 바뀌는 중'과 같은 도로 표지판과 같다. 다른 말로 하자면 시장의 심리가 바뀌는 중이라고 할 수 있다. 반전 신호에 따라 새로운 포지션을 취할 때 중요한 원칙은 그 신호가 주된 추세와 같은 방향에 있어야 한다는 것이다.

02 | 망치형Hammer과 교수형Hanging man

망치형과 교수형은 봉 하나의 모양으로 음봉이나 양봉으로 만들어진 짧은 몸통에 아래 그림자는 몸통보다 보통의 경우 두 배 이상 길고, 위 그림자는 없거나 있더라도 아주 짧은 경우를 말한다.

망치형은 하락 추세나 하락 추세의 바닥에서 나타나 망치로 바닥을 두들기며 나오는 형상을 표현한 것이다. 교수형은 상승 추세나 상승 추세의 꼭대기에서 나타나면서 목매달아 죽은 사람과 형상이 같다고 해서 붙여진 이름이다. 이름이 좀 섬뜩하다. 이 모양은 짧은 몸통에 아래 그림자는 길고 위 그림자가 짧을수록 강력한 추세 반전의 신호가 된다.

망치형과 교수형의 캔들 형성 과정은 다음과 같다.

망치형

주가의 하락 추세가 계속되면 투자심리가 크게 위축되면서 투매 현상까지 나타나게 된다. 그러나 과도한 투매 현상 후에는 투자심리가 빠르게 돌아서며 주가가 반전하는데, 이러한 때에 만들어지는 모양이다. 망치형이 양봉일 경우에는 음봉보다도 더 강력한 반전형이 된다.

망치형의 경우 아래 그림자가 길고 종가가 장중 고가 근처에서 형성된다는 사실은 주가가 크게 떨어졌다가 거래 마감 무렵에 장중 고가 근처로 뛰어올랐다는 것을 알려준다. 이는 매수세 존재를 의미한다. 고가 근처에서 장이 마감됐기 때문에 망치형에는 위 그림자가 아예 없거나 거의 없게 된

그림 6-1 망치형

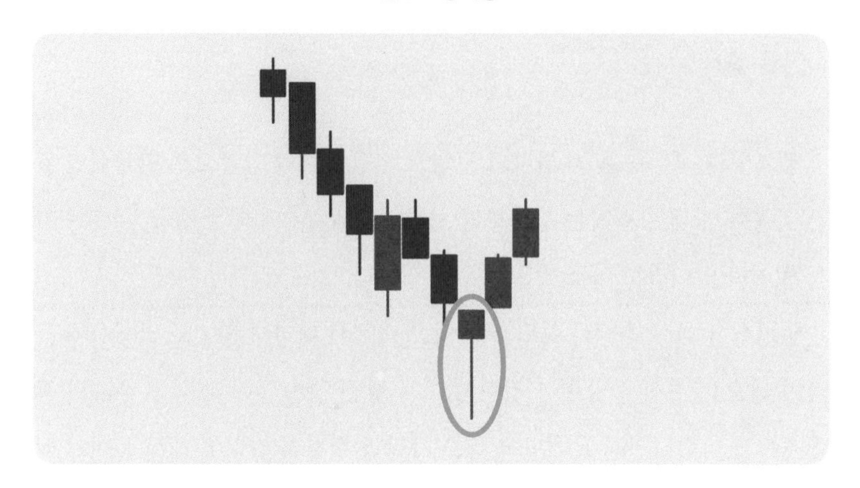

다. 만약 위 그림자가 길면 장이 마감될 때 주가가 고가 아래로 많이 내려가 있었다는 것을 뜻한다. 위 그림자의 길이는 망치형을 판단하는 기준이 된다. 망치형은 상승 반전 신호이기 때문에 이전의 추세는 하락세이어야 한다.

교수형

주가의 상승 추세가 계속되는 가운데 신고가를 형성하며 시작하지만 급등에 따른 경계 심리가 생기면서 매도가 크게 늘어난 후 다시 회복하며 장을 마감할 때 만들어지는 모양이다. 교수형은 양봉보다는 음봉으로 만들어질 때 더 강력한 모양이 된다.

교수형은 망치형과 모양이 똑같다. 둘의 유일한 차이라면 교수형은 주가 상승 마지막에 출현한다는 것이다. 긴 아래 그림자는 강세 요소이다. 그

그림 6-2 교수형

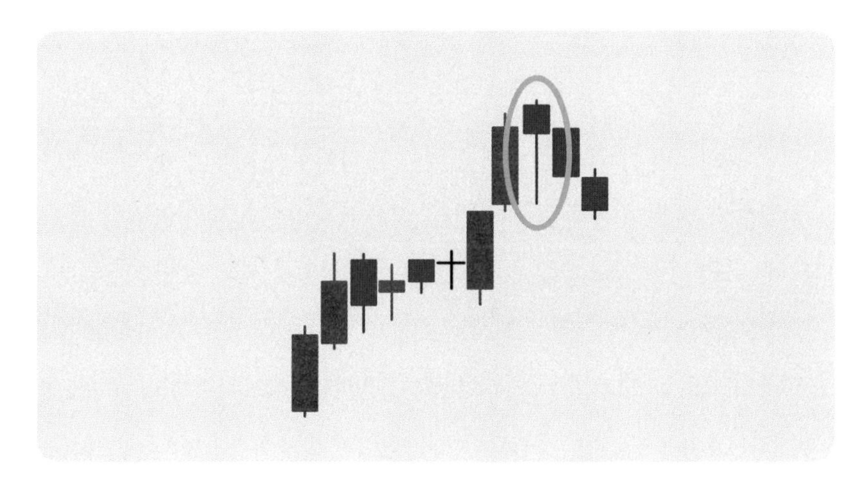

런데 교수형은 아래 그림자가 길다. 따라서 교수형의 경우에는 하락 추세를 확인하는 것이 매우 중요하다.

최소한 다음 날의 시가가 교수형의 몸통 아래에서 형성되어야 한다. 일반적으로 교수형 아래로 종가가 형성된 것을 확인하고 난 다음 추세를 하락세로 판단한다. 이러한 이유는 교수형이 나타난 날 시가나 종가로 주식을 산 사람들(실제로 이 두 시점에서 많은 거래가 일어남)은 다음 날 마감 때 종가가 너 내려가면 이제 손실을 보는 입장에 처하기 때문이다.

중요한 변동의 고점에 나타난 교수형에서는 고점에 매수한 매수자들이 손실을 보는 상황에서 빠져나오려고 한다. 그러면 매물이 흘러넘쳐 매도 압력이 훨씬 더 커지게 된다.

03 | 장악형Engulfing pattern

장악형은 음양이 다른 두 개의 봉으로 만들어지며 두 번째 봉의 몸통이 첫 번째 봉의 몸통을 감싸는 형태를 말한다. 장악형을 이루는 첫 번째 봉은 몸통이 짧고 두 번째 봉은 몸통이 긴데, 이러한 모양은 시세가 급변할 때 나타난다.

상승장악형Bullish Engulfing pattern을 살펴보면, 주가는 떨어지고 있는데 상승세의 양봉이 나타나 앞에 있는 음봉의 몸통을 덮거나 삼켜버린다(이 때문에 장악형이라는 이름이 붙었다). 이 패턴은 포옹형이라고 불리기도 한다. 여기서는 매수세력이 매도세력을 압도했다는 것을 알 수 있다.

이번에는 하락장악형Bearish Engulfing pattern을 살펴보자. 여기서는 주가가 올라가고 있지만 음봉의 몸통이 양봉의 몸통을 덮어버린다. 이것은 하락 반전 신호로, 공급이 수요를 압도했다는 것을 알 수 있다.

그림 6-3 상승장악형과 하락장악형

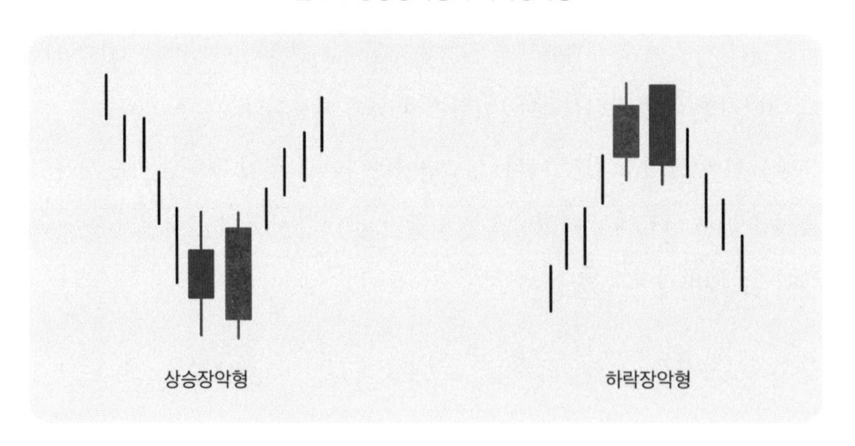

장악형의 형성 조건

- 단기간이라 하더라도 주가의 상승 추세(하락장악형)나 하락 추세(상승장악형)가 명확해야 한다.
- 두 개의 캔들이 장악형을 형성해야 한다. 두 번째 캔들의 몸통이 첫 번째 캔들의 몸통을 덮어야 한다. 단 그림자까지 덮을 필요는 없다.
- 장악형에서 나타나는 두 번째 캔들의 몸통은 첫 번째 캔들의 몸통과 색깔이 달라야 한다. 장악형의 첫 번째 몸통이 도지형일 때는 이 규칙이 적용되지 않는다.

장악형이 반전 신호가 되는 경우

다음과 같은 경우에는 장악형이 중요한 반전 신호가 될 가능성이 커진다.

- 장악형의 첫째 날은 몸통이 매우 작고(즉 팽이형), 둘째 날은 몸통이 매우 길 때이다. 첫째 날의 캔들 몸통이 매우 작다는 사실은 기존의 추세를 지탱하던 힘이 소진됐다는 뜻이다. 둘째 날의 긴 몸통은 새로운 움직임을 떠받치는 힘이 증가했다는 사실을 보여준다.
- 매우 길거나 혹은 신속한 주가 움직임 뒤에 장악형이 나타났을 때이다. 신속하거나 긴 주가 움직임 뒤에는 시장이 과열되거나 아니면 침체되어 있기 마련이다(과매수 또는 과매도). 따라서 시장은 이익실현 과정에 취약하게 된다.
- 장악형의 두 번째 날 거래량이 엄청날 때이다.

04 | 흑운형 Dark-cloud cover

두 개의 캔들로 이뤄진 흑운형은 하락 반전 패턴으로 상승 추세 마지막에 나타나거나 때때로 밀집해 있는 여러 캔들의 맨 위에 나타난다. 흑운형의

그림 6-4 흑운형

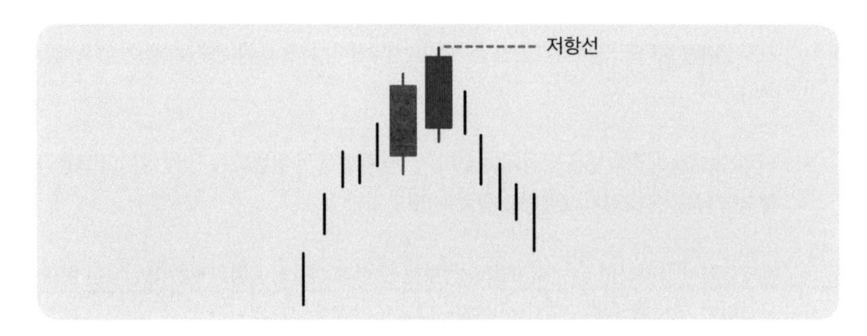

첫 번째 캔들은 강세의 양봉이며, 두 번째 날의 시가는 전날의 고가보다 높다(즉 전날의 위 그림자보다 위에 있음).

하지만 두 번째 날의 장이 마감될 무렵에는 종가가 전날의 양봉 몸통 안으로 밀려 내려간다. 밑으로 더 많이 내려갈수록 이곳에서 천장이 형성될 가능성이 크다. 두 번째 날의 종가가 첫 번째 캔들이 몸통 절반 이하에 위치해야 한다고 주장하는 사람도 있다.

음봉의 종가가 양봉 몸통의 절반 아래에서 형성되지 않으면 흑운형 뒤에 따르는 추가적인 하락 신호를 기다리는 것이 가장 좋은 방법이다. 어떤 경우에는 시가가 전날의 고가가 아니라 전날의 종가보다 높을 때에도 흑운형으로 볼 수 있다.

일반적으로 흑운형의 형성 조건은 다음과 같다.

- 흑운형에서 음봉의 몸통이 전날의 양봉 몸통 아래까지 깊숙이 들어갈수록 이 지점에서 천장이 형성될 가능성이 크다. 만약 음봉의 몸통이 전날의 양봉 몸통 전체를 덮으면 흑운형이 아니라 하락장악형이 된다.

- 장기간의 주가 상승 국면에서 시가가 저가이며(즉 민바닥), 종가가 고가인(즉 민머리) 양봉이 나타난 뒤 그다음 날 시가가 고가에서 시작됐으나, 결국 종가가 저가가 되면 민바닥이며 민머리인 장대음봉이 생긴다. 이렇게 형성된 흑운형은 하락 패턴으로서의 의미가 커진다.
- 흑운형에서 두 번째 캔들의 몸통(즉 음봉의 몸통)이 주요 저항선 위에서 시작했다가 밑으로 떨어지면 매수세가 시장을 주도할 수 없다는 뜻이다.

05 | 관통형 Piercing pattern

흑운형과 상반되는 패턴은 관통형이다. 관통형은 하락장에서 나타나는 두 개의 캔들로 구성되어 있다. 첫 번째 캔들은 음봉이고, 두 번째 캔들은 양봉이다. 이상적인 형태를 보자면 양봉의 시가는 전날의 저가보다 낮지만 그 뒤에 주가는 전날의 음봉 몸통 안으로 파고 들어간다.

관통형은 상승장악형과 비슷하다. 상승장악형에서는 양봉의 몸통이 전날의 음봉 몸통 전체를 감싸 안는 모습이지만, 관통형에서는 양봉의 몸통이

그림 6-5 관통형

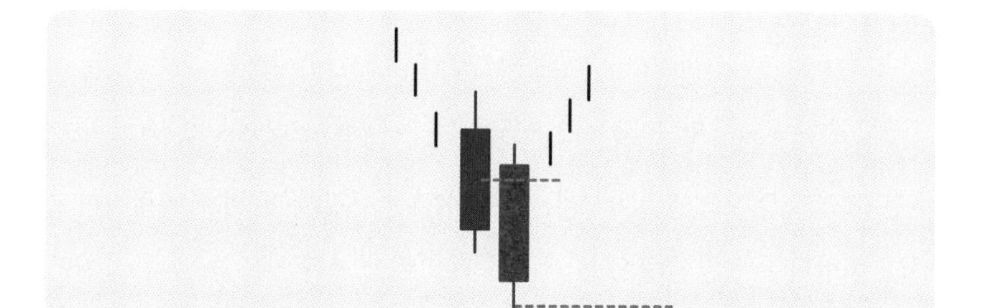

전날의 음봉 몸통을 뚫지만 뒤덮지는 못한다. 양봉의 몸통이 전날의 음봉 몸통 안으로 더 깊이 들어갈수록 이 지점에서 상승 반전이 일어날 가능성은 더욱 커진다.

이상적인 관통형에서는 양봉 몸통이 전날의 음봉 몸통을 절반 이상 파고 올라간다. 관통형의 출현 전후에 형성되는 시장 심리는 이렇게 설명할 수 있다. 시장의 추세는 약세이며, 하락세의 음봉 몸통은 이 판단을 뒷받침해준다. 다음 날 개장과 함께 주가는 큰 폭으로 떨어진다. 매도세력은 시장 상황에 만족한다. 하지만 그 뒤 장이 마감될 무렵 주가가 치솟고 종가가 전날의 종가를 뛰어넘는다. 매도세력은 상황을 재고하게 된다. 매수를 원하는 사람들은 주가가 더 이상 낮아지지 않을 것이라고 판단하고 좋은 기회가 왔다고 생각한다.

참고로 흑운형에서는 두 번째 날의 음봉이 전날의 양봉 몸통 절반보다 아래에서 종가를 형성하는 것이 바람직하지만, 이 규칙에는 어느 정도 융통성이 있다. 그런데 관통형에는 융통성이 별로 없다. 관통형의 양봉은 반드시 음봉 몸통의 절반 위로 올라가 있어야 한다.

06 | 별형Star

별형은 대표적인 반전 신호이다. 몸통이 큰 캔들이 등장한 뒤 갭을 형성하면서 작은 몸통의 캔들(음봉이든 양봉이든)이 등장할 때 이를 별형이라고 한다. 별형의 몸통은 앞에 있는 캔들의 위 그림자 안에 있을 수 있다. 하지만 중요한 것은 몸통이 서로 겹치지 않아야 한다는 것이다. 별형이 작은 몸통이 아니라 도지형이면 도지별형이라고 한다.

별형, 특히 도지별형인 경우에는 기존의 추세가 끝났다는 신호이다. 별형의 작은 몸통은 매수세와 매도세 사이의 균형 상태를 나타낸다. 매수세는 주가 상승을 이끈다. 이때 별형이 등장하면 매수세력의 시장 주도에서 매수세와 매도세 간의 교착 상태로 상황이 바뀌었다는 의미이다.

이러한 교착 상태는 매수세의 감소나 매도 압력의 증가 때문에 발생한다. 어쨌든 별형은 주가 상승의 동력이 얼마간 소진됐다는 것을 말해준다. 따라서 주가는 조정받을 가능성이 크다. 별형은 샛별형, 저녁별형, 도지별형, 유성형 등으로 나눌 수 있다.

샛별형Morning star

샛별형은 상승 반전 패턴이다. 이 이름이 붙은 것은 일출을 예고하는 샛별처럼 샛별형이 주가 상승을 예고하기 때문이다. 샛별형을 이루고 있는 캔들은 모두 세 개이다.

- **첫 번째 캔들** : 장대음봉이다. 매도세가 시장을 주도하고 있다는 증거이다.
- **두 번째 캔들** : 이 캔들의 몸통은 앞의 음봉 몸통에 닿지 않는다. 첫 번째 캔들과 함께 이 두 번째 캔들이 기본적인 별형을 이룬다. 몸통이 작다는 것은 매도세력이 주가의 하락세를 유지할 능력을 잃어버렸다는 뜻이다.
- **세 번째 캔들** : 샛별형의 마지막 캔들은 양봉이다. 이 양봉의 몸통은 첫 번째 캔들의 몸통 안으로 깊숙이 파고든다. 매수세가 시장에서 주도권을 잡았다는 신호가 된다.

그림 6-6 샛별형

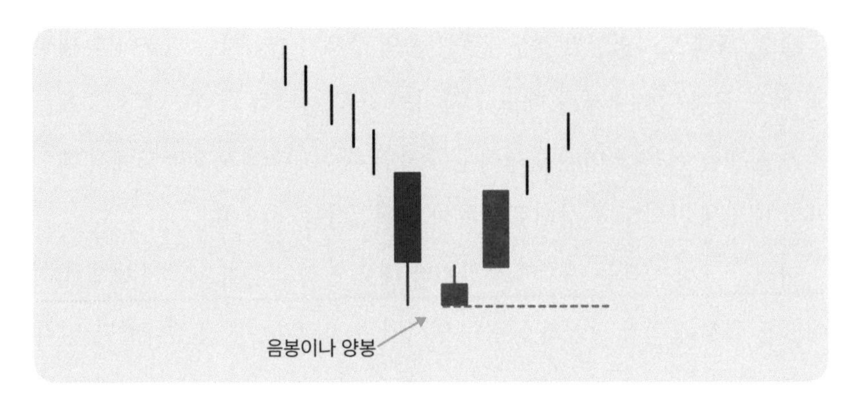

이상적인 샛별형은 두 번째 캔들과 세 번째 캔들의 몸통 사이에 갭이 있다. 경험상 이러한 갭이 없다고 해도 샛별형의 의미가 약해지지는 않는다. 두 번째 캔들이 팽이형이어야 하고, 세 번째 캔들이 첫 번째 음봉의 몸통 안으로 깊숙이 밀고 들어가야 한다는 것이 샛별형의 결정적인 요소이다.

저녁별형Evening star

저녁별형은 샛별형과 반대되는 약세 패턴이다. 밤이 오기 전에 저녁별이 나타나기 때문에 이러한 이름이 붙었다. 저녁별형은 상승 추세 뒤에 나타나는 하락 반전 신호이다. 세 개의 캔들이 저녁별형을 이루고 있다.

첫 번째 캔들은 장대양봉이고 두 번째 캔들과 함께 별형을 이룬다. 별형은 천장을 암시하는 최초의 신호가 된다. 세 번째 캔들은 천장을 확인시켜 주면서 저녁별형의 형태를 완성시킨다. 세 번째 캔들은 음봉으로 종가가 첫 번째 캔들의 몸통 안으로 깊숙이 밀고 내려간다.

그림 6-7 저녁별형

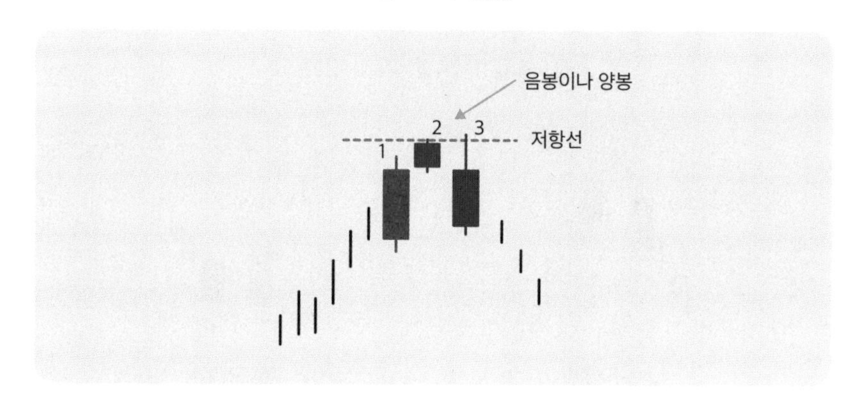

원칙적으로 저녁별형은 첫 번째와 두 번째 캔들의 몸통 사이에 갭이 있고, 두 번째와 세 번째 캔들의 몸통 사이에도 갭이 있다. 하지만 샛별형에서도 말했듯이 두 번째 갭은 보기 드물고 이 패턴에 꼭 필요하다고 할 수도 없다. 중요한 점은 세 번째 캔들(음봉)의 몸통이 첫 번째 캔들(양봉)의 몸통 안으로 얼마나 깊이 파고 들어갔는지이다.

다음의 경우 저녁별형 또는 샛별형이 반전 신호가 될 가능성이 커진다.

- 첫 번째, 두 번째, 세 번째 캔들의 몸통이 서로 겹치지 않을 때
- 세 번째 캔들이 두 번째 캔들의 몸통 아래쪽으로 깊이 파고들 때
- 첫째 날에는 거래량이 미미했지만, 둘째 날에는 거래량이 엄청나게 증가했을 때

이러한 상황은 이전의 추세를 떠받치는 힘이 감소하고 새로운 추세를 이끄는 힘이 증가했다는 것을 의미한다.

십자저녁별형과 십자샛별형Morning and Evening doji star

그림 6-8 십자저녁별형과 십자샛별형

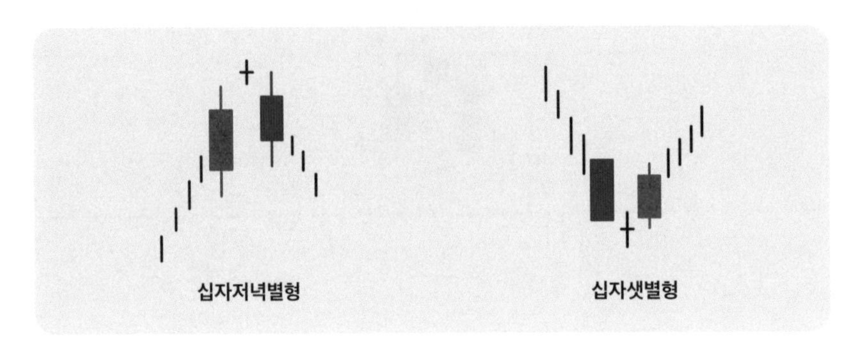

저녁별형의 두 번째 캔들이 작은 몸통이 아니라 도지형으로 이루어져 있는 경우는 십자저녁별형이라고 한다. 십자저녁별형은 독특한 형태의 저녁별형이다. 별 부분(즉 세 캔들 중 두 번째 캔들)이 도지형인 샛별형을 십자샛별형이라고 한다. 십자샛별형은 상승 반전 신호의 의미가 있다.

십자저녁별형에서 도지형의 아래 그림자가 첫 번째나 세 번째 캔들의 위 그림자와 겹치지 않을 경우(즉 그림자가 서로 만나지 않을 경우) 이를 하락기아형이라고 하는 하락 반전 신호로 볼 수 있다. 하지만 이 패턴은 매우 드물다.

십자샛별형의 경우 도지형이 앞뒤의 캔들과 갭을 두고 떨어져 있으면 이때 바닥이 형성된다. 이렇게 형성된 패턴을 상승기아형이라고 한다. 이 패턴 역시 매우 드물게 나타난다.

그림 6-9 하락기아형과 상승기아형

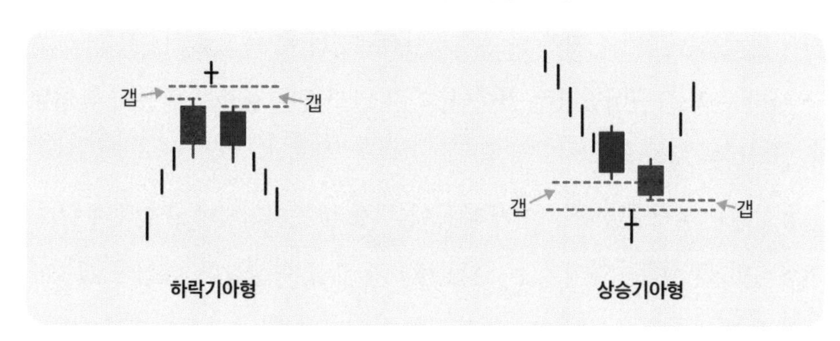

유성형Shooting star과 역망치형Inverted hammer

유성형은 몸통이 작고 위 그림자가 길고 아래 그림자가 거의 없다. 이 캔들의 이름이 왜 유성형인지는 쉽게 알 수 있다. 꼬리를 길게 끌며 하늘에서 떨어지는 유성과 닮았기 때문이다.

일본에서는 유성을 보면 근심이 머리 위로 떨어졌다고 생각한다. 하나의 캔들로 되어 있기 때문에 보통 유성형은 하락장악형이나 저녁별형만큼 중요한 반전 신호가 되지 못한다.

그림 6-10 유성형

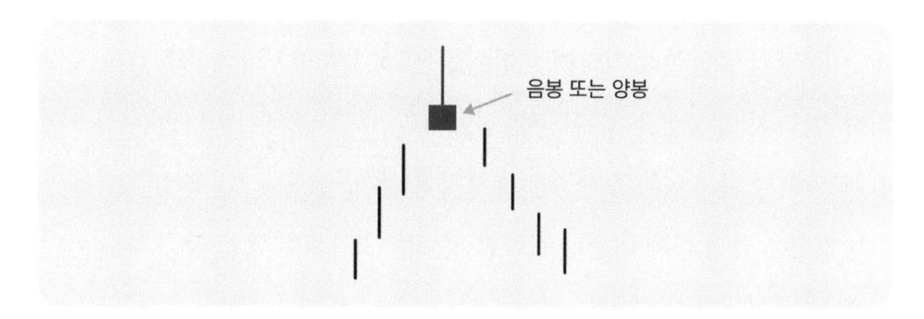

모든 별형이 그렇듯이 몸통의 색깔은 중요하지 않다. 유성형이 전해주는 시각적 정보는 주가가 저가 근처에서 시작됐다가 큰 폭으로 치솟은 다음 결국 시가 근처로 떨어졌다는 것이다. 다시 말하자면 장중의 반등이 유지될 수 없었다는 것이다.

유성형은 하락 반전 신호이기 때문에 주가 상승 마지막에 출현해야 한다. 이상적인 유성형은 앞에 있는 캔들 몸통과 갭을 형성한다. 유성형 캔들이 하락 추세 마지막에 출현하면 상승 신호가 된다. 이러한 캔들은 역망치형이라고 불린다.

그림 6-11 역망치형

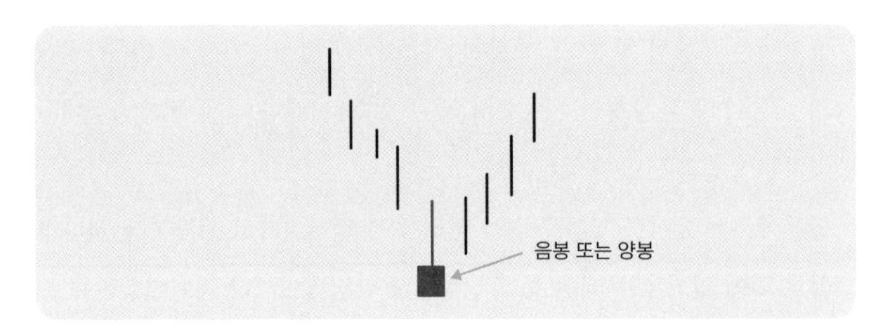

역망치형에 대하여 알아보자. 별형이나 역망치형은 위 그림자가 길고 몸통이 작으며 아래 그림자가 거의 없다는 점에서 똑같다는 것을 알 수 있다. 이 두 패턴의 유일한 차이라면 역망치형은 하락세 마지막에 출현한다는 점이다. 따라서 유성형은 하락 반전 신호지만 역망치형은 상승 반전 신호이다. 역망치형 역시 몸통의 색깔은 중요하지 않다.

망치형에 하락 추세 확인이 필요한 것처럼 역망치형 역시 상승 추세 확인이 필요하다. 다음 날의 시가, 그리고 특히 종가가 역망치형의 몸통 위에 있는지를 확인해야 한다. 역망치형에서 확인이 필요한 이유는 긴 위 그림자가 약세 요소를 나타내기 때문이다.

역망치형이 출현한 날 주가는 저가 근처에서 시작한 다음 반등한다. 하지만 매수세력은 반등을 이어나가는 데 실패하고 장이 마감될 무렵 주가는 저가 근처로 다시 떨어지기 때문이다.

07 | 잉태형Harami pattern과 십자잉태형Harami cross

그림 6-12 잉태형

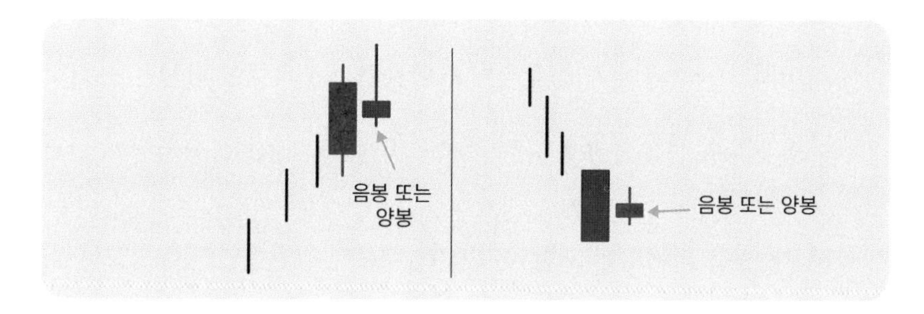

잉태형은 작은 캔들의 몸통이 비정상적으로 큰 음봉 또는 양봉 안에 들어가 있는 모습이다. 여기에서 큰 캔들을 '어머니' 캔들, 작은 캔들을 '아기' 또는 '태아' 캔들이라고 부른다. 잉태형의 두 번째 캔들은 음봉도 양봉도 될 수 있다. 예를 들어 잉태형의 첫 번째와 두 번째 캔들이 양봉이면 '양봉-양봉 잉태형'이라고 한다.

일본에서는 하락잉태형이 출현하면 시장이 '숨차 한다'고 표현한다. 하락잉태형은 시장의 건강에 이상이 생겼다는 것을 보여준다. 구체적으로 말해서 상승 추세 마지막에 장대양봉에 뒤이어 작은 몸통의 캔들이 나타나면서 견조한 상승세가 불확실성에 빠지게 된다.

또한 작은 캔들 몸통의 시가와 종가가 이전 캔들의 시가와 종가 범위 안에 위치함으로써 상승 동력이 약해졌다는 사실을 암시한다. 따라서 추세 반전의 가능성이 생긴다. 하락장에서는 장대음봉으로 표현되는 강력한 매도세에 이어 둘째 날 주가 하락이 멈춘다. 작은 캔들 몸통이 나타나 매도세가 감소했다는 것을 알려주기 때문에 이러한 현상은 추세 반전을 예고한다.

그럼 십자잉태형에 대하여 알아보자. 흔한 형태의 잉태형은 몸통이 큰 캔들 뒤에 작은 몸통의 캔들이 나온다. 원칙적으로는 둘째 캔들의 몸통이 작을수록 이 패턴의 의미는 강해진다. 보통 캔들 몸통이 작을수록 불확실성이 커지고 추세 반전이 일어날 가능성이 커지기 때문이다. 극단적인 경우, 몸통이 작아지고 시가와 종가의 간격이 좁아들면서 도지형이 형성된다. 하락장에서 장대음봉 뒤(혹은 상승장에서 장대양봉 뒤)에 도지형이 출현하면 이를 특히 십자잉태형이라고 한다.

십자잉태형은 도지형이 포함되어 있기 때문에 일반적인 잉태형보다 더 강력한 반전 신호로 간주된다. 매우 큰 양봉의 출현 뒤에 십자잉태형이 형

그림 6-13 십자잉태형

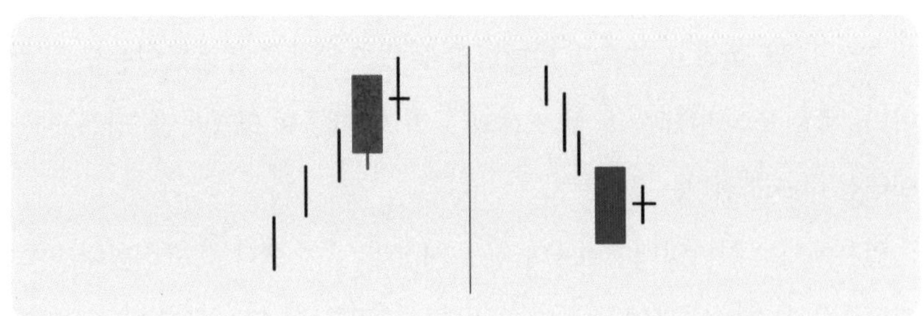

성됐을 때 장기 투자자들의 경우 이를 무시한다면 큰 위험을 감수해야 한다. 십자잉태형은 바닥을 나타내기도 하지만 천장에서 훨씬 더 유용한 반전 신호가 된다.

08 하락집게형Tweezers top과 상승집게형Tweezers bottom

그림 6-14 하락집게형과 교수형

집게형은 고가 또는 저가가 일치하는 두 개 이상의 캔들로 이루어져 있다. 하락집게형과 상승집게형의 두 가지가 있으며, 두 가닥으로 갈라진 집게와 비슷하다고 해서 이러한 이름이 붙었다.

상승장에서는 두 개 이상의 캔들이 연속적으로 고가가 일치할 때 하락집게형이라고 하며, 하락장에서는 두 개 이상의 캔들이 연속적으로 저가가 일치할 때 상승집게형이라고 한다.

집게형에는 도지형 캔들이 있을 수 있다. 이상적인 집게형의 경우 첫 번째 캔들은 크고 두 번째 캔들은 작아야 한다.

그림 6-15 상승집게형과 십자잉태형

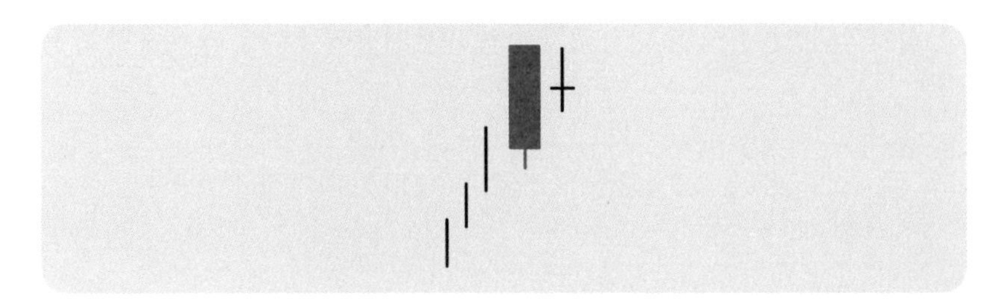

첫째 날에 시장이 어떻게 움직이든(장대양봉은 상승 추세이고, 장대음봉은 하락 추세), 둘째 날에 똑같은 고가(하락집게형), 아니면 똑같은 저가(상승집게형)를 이루는 작은 몸통의 캔들이 나타나면 추세의 동력을 잃게 된다. 집게형에 약세 신호(하락 반전)나 강세 신호(상승 반전)가 함께 있을 경우에는 그 중요성이 더욱 커진다.

09 | 샅바형 Belt-hold line

샅바형은 하나의 캔들로 이루어져 있다. 상승샅바형은 시가와 저가가 똑같고(아니면 매우 비슷하고), 종가와 고가가 똑같거나 비슷한 장대양봉을 말한다. 상승샅바형은 또한 민바닥 양봉이라고도 불리며, 저가 영역에 나타나면 반등을 예고한다.

하락샅바형은 시가가 고가와 같거나 비슷한 장대음봉이고, 종종 민머리 음봉이라고 불리기도 한다. 주가가 높을 때 출현하는 하락샅바형은 하락 반전 신호이다. 샅바형은 몸통이 클수록 더 의미 있는 신호가 된다. 샅바형 캔들의 일본 이름은 스모 용어인 '요리키리'인데, 이 말은 원래 "상대방의 샅

그림 6-16 상승샅바형과 하락샅바형

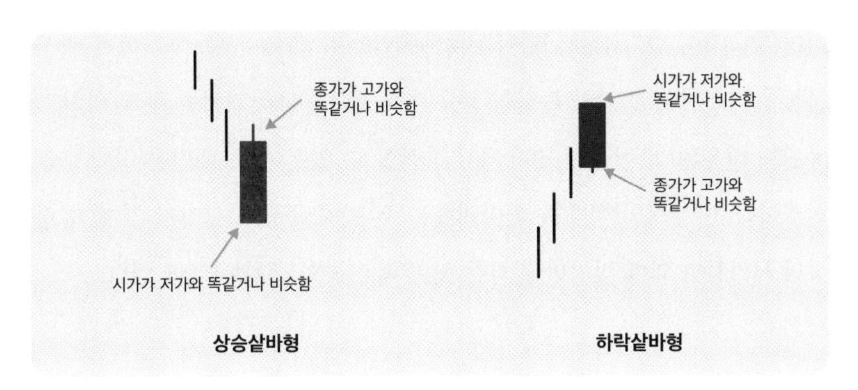

바를 쥐고 원 밖으로 밀어낸다"는 뜻이다. 긴 하락샅바형 캔들 위로 종가가 형성되면 추세 상승을 의미하고, 긴 상승샅바형 아래로 종가가 형성되면 매도 압력이 커졌다는 것을 의미한다.

10 | 까마귀형 Upside gap two crows

그림 6-17 까마귀형

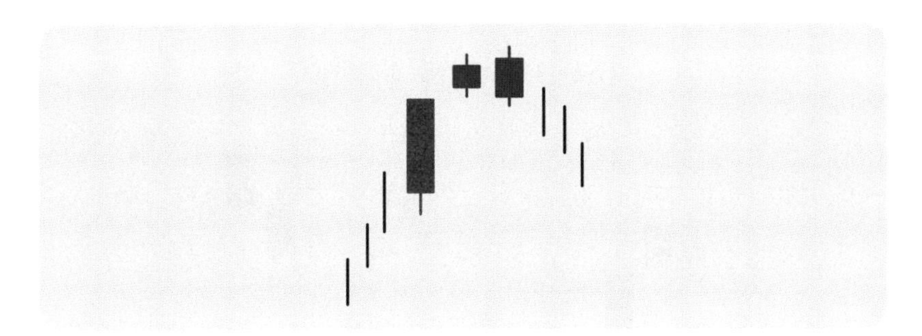

까마귀형은 드물게 나타난다. 두 개의 음봉과 그 앞에 나타나는 캔들 사이에 상승갭이 있다(앞에 나타나는 패턴은 일반적으로 양봉임). 여기서 두 개의 음봉은 나뭇가지에 앉아 불길한 눈초리로 아래를 내려다보는 두 마리의 까마귀에 비유된다. 이러한 비유에서 짐작할 수 있듯이 이 패턴은 하락 반전 신호이다. 이상적인 형태의 까마귀형은 두 번째 음봉의 시가가 첫 번째 음봉의 시가보다 위에 있지만 종가는 첫 번째 음봉의 종가 아래에 있다.

11 | 반격형 Counterattack lines

상반되는 색깔의 캔들 두 개가 똑같은 종가를 형성할 때 이를 반격형이라고 한다. 먼저 상승반격형 패턴은 하락 추세에서 생긴다. 첫 번째 캔들은 보통 장대음봉이다. 두 번째 캔들(양봉)은 시가가 전보다 훨씬 낮아진다. 이때 매도세력은 하락 추세를 확신하게 된다. 하지만 그 뒤에 매수세력이 반격하고 주가를 끌어올려 종가가 이전의 종가와 같게 된다. 그리하여 이전의 하

그림 6-18 상승반격형과 하락반격형

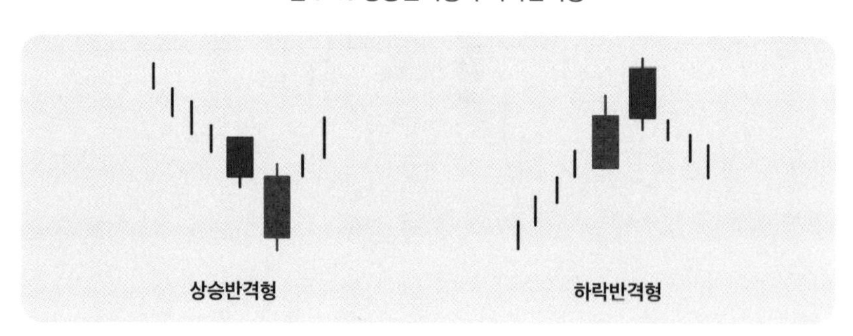

락 추세는 저지당한다.

하락반격형 패턴의 첫 번째 캔들은 장대양봉으로 상승 모멘텀을 유지하고 있다. 다음 날 장이 열리며 주가는 큰 폭으로 상승하고 주식 보유자들은 기뻐한다. 하지만 매도세력이 반격에 나서며 주가는 이전의 종가로 떨어진다. 둘째 날 시가에서 드러난 매수세력의 낙관은 장이 마감될 무렵 불안과 두려움으로 바뀌게 된다.

반격형에서 주의해야 할 중요한 점은 둘째 날의 시가가 매우 높거나(하락반격형의 경우) 매우 낮아야(상승반격형의 경우) 한다는 것이다. 즉 둘째 날의 시가에서는 원래의 추세가 강력하게 유지되어야 한다. 그런 다음 놀라운 일이 벌어진다. 장이 마감될 무렵에는 주가가 전날의 종가로 되돌아가 있는 것이다. 그리하여 시장의 분위기는 하루 만에 돌변하게 된다.

12 | 만두형 천장Dumpling tops과 프라이팬형 바닥Frypan bottom

그림 6-19 만두형 천장

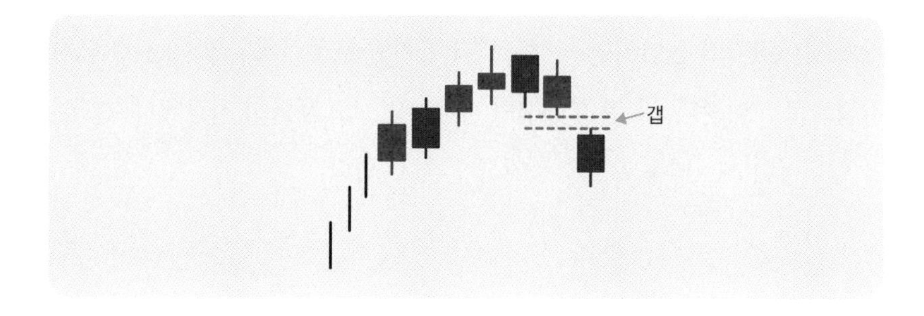

만두형 천장은 하락 반전 신호이다. 만두형 천장에서는 보통 주가가 볼록한 형태를 그리면서 작은 캔들 몸통들이 나타나고 이어 하락갭이 형성된다. 이 패턴은 서구식 기술적 분석에서는 원형 천장에 해당한다. 이 둘 사이의 유일한 차이는 만두형 천장에는 하락갭이라는 추가적인 하락 신호가 있다는 것이다.

그림 6-20 프라이팬형 바닥

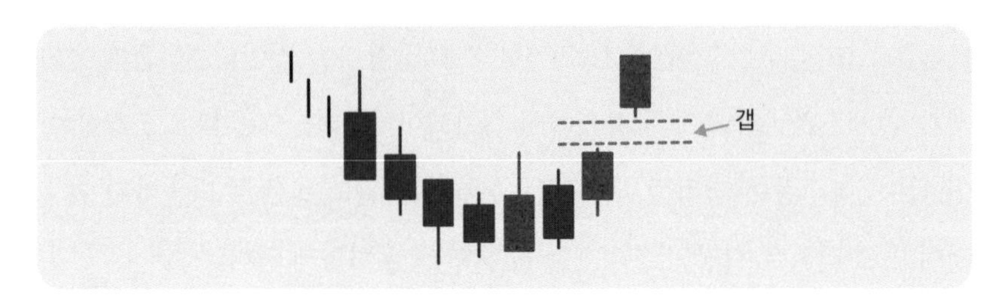

프라이팬형 바닥은 주가가 바닥을 치면서 오목한 형태를 그리고 이어 상승갭(즉 상승 창)이 형성될 때를 말한다. 서구식 기술적 분석의 원형 바닥과 똑같은 모양이다. 하지만 일본의 프라이팬형 바닥에는 반드시 상승갭이 있어야 한다.

이들 패턴의 배후에 있는 개념을 살펴보자. 프라이팬형 바닥의 경우는 저가가 낮아졌다가 높아지면서 매도세력이 기반을 상실하고 있다는 것을 시각적으로 보여준다. 그 뒤 상승갭이 나타나면 매도세력이 시장에서 주도권을 잃어버렸다는 더욱 확실한 증거를 얻을 수 있다.

13 | 탑형 천장Tower top과 탑형 바닥Tower bottom

그림 6-21 탑형 천장과 탑형 바닥

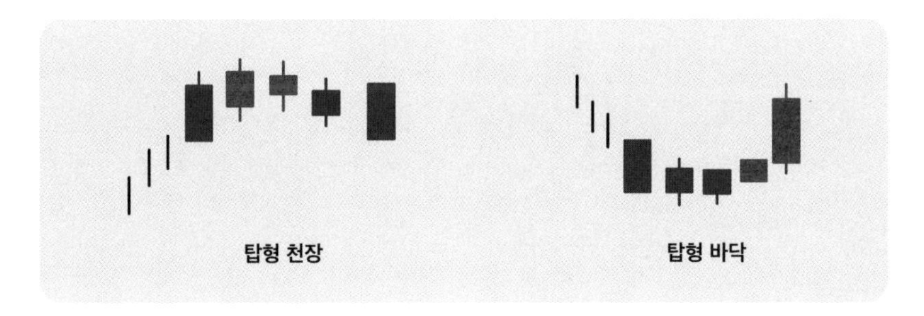

탑형 천장은 고가 영역에서 나타난다. 주가 상승 중에 하나 이상의 장대 양봉이 생긴 뒤에 잠시 소강 상태가 찾아오고, 이어 하나 이상의 장대음봉이 출현한다. 그러면 작은 캔들 몸통을 큰 캔들 몸통이 양쪽에서 둘러싸고 있는 탑형 천장이 생긴다.

탑형 바닥은 하나 이상의 장대음봉이 하락 모멘텀을 유지하고 있는 약세장에서 나타난다. 이때 작은 캔들 몸통이 하락세를 누그러뜨리고 마침내 장대양봉이 나타나 탑형 천장이 형성된다.

서구식 기술적 분석에서 탑형 천장이나 바닥과 가장 유사한 패턴은 V자 패턴이다. V자 반전에서는 주가가 강한 상승세(하락세)에 있다가 갑자기 새로운 추세로 반전한다.

제 7 장

추세 지속을 알려주는 캔들 차트

어떤 기업이 너무 탄탄하고 수익도 아주 크기 때문에 주가가 하락할 일이 절대 없다는 생각이 든다면 착각도 그런 착각이 없다.

댄 잭거

투자란 고독한 일이다. 매 순간 스스로 판단하고 결정을 내려야 하기 때문이다. 이 과정에서 내린 판단은 어떨까. 믿을 만한 것일까. 그런데 사람들은 자주 오판을 한다. 전문가라는 사람들의 판단조차 그리 믿을 게 못 된다. 판사가 피고인에게 형량을 구형할 때, 의사가 환자의 질병을 진단할 때, 경영자가 투자 결정을 내릴 때, 경제 분석가가 경제지표를 예측할 때 그런 일이 항상 일어난다.

2002년 노벨경제학상을 수상한 심리학자 대니얼 카너먼, 그와 공동 저술 활동을 해 온 올리비에 시보니 교수, 《넛지》의 공저자 캐스 선스타인 교수는 《노이즈: 인간 판단의 결함Noise: A Flaw in Human Judgement》에서 사람들이 왜 수많은 판단에서 구조적으로 실수를 범할 수밖에 없는지 분석했다. 왜 경제 상황을 놓고 A 전문가는 낙관적으로, B 전문가는 비관적으로 예측할까. 모두 그 분야에서 충분한 경험과 지식을 쌓은 전문가들일 텐데 말이다. 저자는 이 오류를 '편향Bias'과 '잡음Noise'의 두 부분으로 분해한다. 편향이란 특정 집단에 소속된 평가자들이 일관성 있게 과대평가 또는 과소평가하는 경향을 말한다. 예를 들어 특정 지역 주민의 선호가 특정 정당 후보로 일관성 있게 쏠려 있는 현상이 그것이다. 잡음은 평가자마다 중심점으로부터 상하 편차가 크게 두루 발생하는 현상을 말한다.

잡음을 일으키는 요인은 매우 복잡하다. 인지편향, 앵커 효과, 손실회피 등 행동경제학에서 밝혀낸 수많은 기제가 작동하는 것은 물론, 판단에 영향을 미치는 다양한 기준이나 대상에 대해 사람마다 서로 다른 순위를 부여하는 것도 한몫한다. 여기에 '상황 잡음Occasion noise'과 '집단 잡음Group noise'까지 더해지면 상황은 더 불안정해진다. 이는 판단을 내리는 시점의 날씨, 몸 상태, 기분, 주변 분위기, 그 전후에 겪은 사건 등이 개입하는 현상이다. 아침에 부부싸움을 하고 나온 상사에게 기안문을 올리면 대개 상황 잡음을 피하기 어렵다. 집단 잡음은 자신의 판단보다 주변 사람의 의견이나 선택을 따르는 현상으로 유튜브 콘텐츠 조회, 정치 선거, 유력자가 참가한 대면회의에서 자주 등장하는 잡음이다.

투자의 선택에 있어서도 늘 주위에서 벌어지는 '상황 잡음'이 우리를 어렵게 만드는 요인이 된다. 특히 주식투자에 있어서는 심리적 요인이 상당 부분을 차지하는 만큼 본인의 감정을 분석하고 자주 피드백함으로써 의사결정의 편향과 잡음을 조금이라도 교정할 수 있을 것이다.

이번 장에서는 캔들 차트 중 추세의 지속을 알려주는 캔들에 대하여 살펴본다. 앞에서 추세 전환형 캔들에 대하여 알아보았는데, 주가 흐름의 지속을 나타내는 캔들 패턴도 있다.

01 | 추세 지속을 알려주는 캔들 차트에 대하여

앞에서 캔들 차트 중 반전 패턴에 대하여 살펴보았다. 실제로 캔들 차트에 나타나는 대부분의 캔들 신호는 추세 반전 신호이다. 그렇지만 주가 흐름의 지속을 나타내는 캔들 패턴도 볼 수 있다. 지속형 패턴이 나타나면 주가는 이전과 같은 추세를 그대로 유지하게 된다. 예를 들어 주가 상승 중에 지속형 패턴이 출현하면 추세가 여전히 상승세에 있다는 뜻이다. 따라서 우리는 계속해서 주가가 상승하리라는 것을 예상할 수 있게 된다.

동양의 속담이 말하듯이 주식투자에는 '살 때가 있고, 팔 때가 있고, 쉬어야 할 때가 있다'. 대부분의 지속형 패턴은 시장이 기존 추세를 이어가기 전에 쉬어가는 시간이 왔음을 알려주는 신호가 된다. 여기서 지속형이라는 의미에는 추세의 일시 정지와 현재 진행되고 있는 추세의 계속이라는 두 가지를 포함하고 있다. 따라서 지속형은 추세 움직임이 일시적으로 정지되면서 만들어지는 모양이라고 할 수 있다.

02 | 창 Window

캔들 차트에서는 서양에서 갭이라고 부르는 것을 창이라고 부른다. 서양에서는 '갭을 메운다'는 표현을 쓰는 반면, 캔들 차트에서는 '창을 닫는다'고 표현한다. 창에는 상승창과 하락창 두 가지가 있다.

상승창은 강세 신호이다. 앞 캔들의 고가(위 그림자의 맨 위)와 현재 캔들

그림 7-1 상승창과 하락창

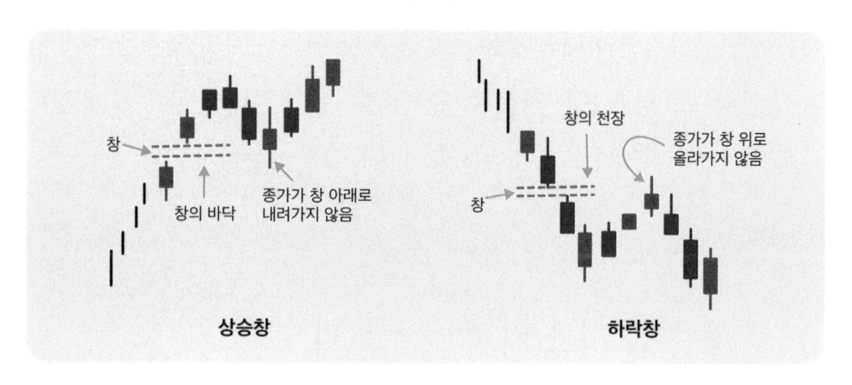

의 저가(아래 그림자의 맨 밑) 사이에 빈 공간이 생기면 이를 상승창이라고 한다. 반면 하락창은 약세 신호이다. 앞 캔들의 저가와 현재 캔들의 고가 사이에 나 있는 빈 공간을 말한다. 흔히 기술적 분석가들은 "창의 방향을 따라가라"고 말한다. 창은 지속 신호이기 때문이다. 따라서 상승창이 출현하면 주가의 일시적 하락 때 매수에 나서야 하고, 하락창이 나타나면 주가의 일시적 반등 때 매도에 나서야 한다.

"조정은 창에서 끝난다"라는 말이 있다. 이 말은 창이 지지 영역이나 저항 영역이 될 수 있다는 뜻이다. 따라서 상승창은 반락할 때 지지 영역이 된다. 만약 반락이 일어나 종가가 창의 바닥 아래로 내려가면 이전의 추세는 끝난다.

〈그림 7-1〉에서 주가는 창의 바닥 아래로 내려가기는 했지만 종가가 그 아래로 내려간 것이 아니기 때문에 상승창은 지지 영역으로 남아 있다고 할 수 있다. 이와 비슷하게 하락창은 주가가 더 내려갈 것임을 암시한다. 반등이 일어나더라도 주가는 이 하락창의 저항 영역에 부딪힌다. 하지만 매수세력이 종가를 상승창의 천장 위로 끌어 올린다면 하락 추세는 끝난다.

창이 횡보 국면을 이탈할 때 만들어지거나 신고가 또는 신저가가 형성된 다음에 만들어지면 이때의 창은 중요한 저항 또는 지지의 역할을 하게 된다. 일반적으로 상승 또는 하락 추세가 진행되는 과정에서 창이 세 개 정도 나오게 되면 머지않아 천장 또는 바닥이 만들어질 가능성이 크다.

03 | 상승갭 타스키형Upward gap tasuki과 하락갭 타스키형Downward gap tasuki

타스키형은 상승갭 또는 하락갭에서 나타나는 특별한 두 가지 캔들의 조합이다. 상승갭 타스키형은 하나의 양봉과 뒤이은 음봉이 상승창을 만들 때 생긴다. 음봉의 시가는 양봉 몸통 내에 있고, 종가는 양봉 몸통 아래에 있어야 한다. 음봉의 종가가 중요하다. 종가가 창의 바닥 아래로 떨어지면 상승갭 타스키형의 상승 암시는 무의미해진다.

하락갭 타스키형은 그 반대의 경우로 이야기할 수 있다. 음봉이 나타나

그림 7-2 상승갭 타스키형과 하락갭 타스키형

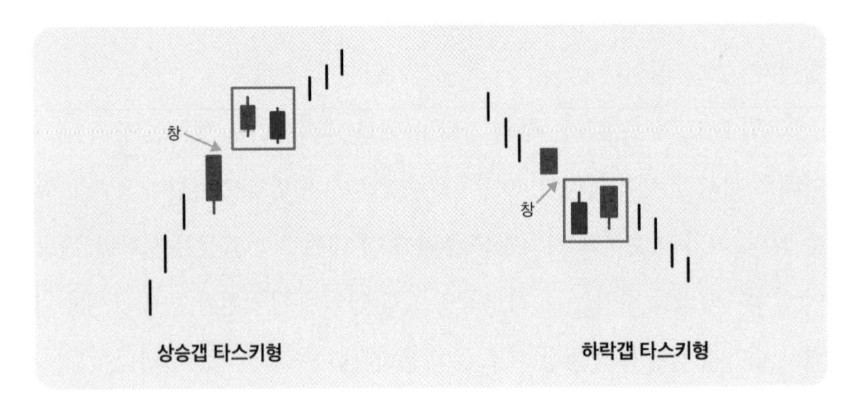

면서 하락갭이 형성되고 이어 양봉이 뒤따른다. 타스키형의 두 캔들은 거의 같은 크기여야 하며, 이 두 종류의 타스키형은 모두 흔하게 나타나지 않는다.

중요한 것은 창이기 때문에 상승창의 출현 후에는 캔들의 색깔이나 조합은 전혀 문제가 되지 않는다. 중요한 것은 상승창이 나타나면 상승 신호이고, 창은 지지 영역이 된다는 것이다. 이 지지 영역 아래로 종가가 형성되면 추세는 하락세로 바뀐다.

하락갭 타스키형은 그 반대의 경우로 이야기할 수 있다. 왜냐하면 하락갭 타스키형에 하락창이 있으면 이 창은 당연히 저항 영역이 된다. 하락창의 천장 위로 종가가 형성되면 하락갭 타스키형의 하락 신호는 무의미해진다.

04 | 고가 및 저가 갭핑플레이 Hi-price and Low-price Gapping

가파른 상승 뒤에 주가가 안정 국면에 이르는 것은 흔히 일어나는 일이다. 때로는 작은 캔들 몸통이 생기면서 주가가 안정화된다. 장대양봉 뒤에 작은 캔들들이 출현하면, 주가의 흐름이 결정되지 않았다는 뜻이다.

이런 작은 캔들 몸통은 추세를 상승세에서 횡보세로 바꾸어 놓지만 어떤 의미에서는 건강한 시장을 암시하는 신호가 된다. 왜냐하면 주가를 유지하면서 시장이 과매수 상태를 해소하고 있기 때문이다. 여기서 상승창이 나타나면 강세 신호이며, 이를 고가 갭핑플레이라고 한다. 주가가 최근의 고가 근처에 머물다가 갭을 형성하며 상승하기 때문에 이러한 이름이 붙었다.

그림 7-3 고가 갭핑플레이와 저가 갭핑플레이

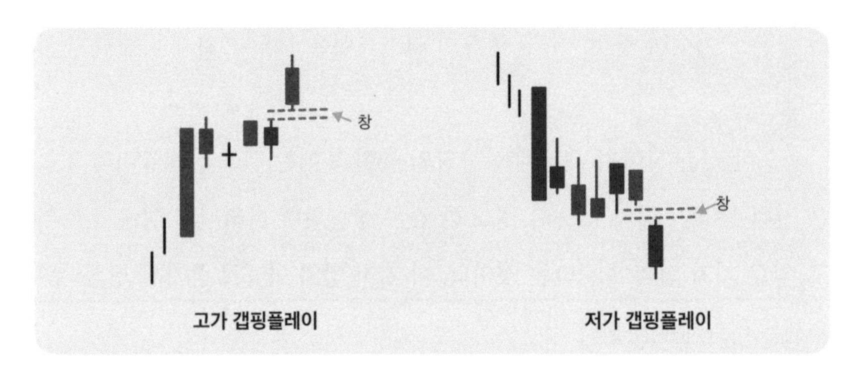

저가 갭핑플레이는 고가 갭핑플레이와는 반대의 패턴이다. 저가 갭핑플레이는 저가 밀집밴드Congestion band(무리를 이루고 있는 작은 캔들 몸통들을 말함)에서 하락창이 생길 때를 말한다. 이러한 밀집밴드는 우선 가파르게 하락하던 주가를 안정화시킨다.

작은 몸통 캔들들이 나타나면서 바닥이 형성되고 하락창이 만들어지면서 매수세력의 희망을 빼앗아가게 된다. 만약 고가 갭핑플레이의 상승창 아래로 시장의 종가가 형성되면 고가 갭핑플레이의 상승 신호는 무의미해진다. 저가 갭핑플레이에 대해서도 똑같은 경우를 적용할 수 있다.

05 | 나란히형Gapping Side by side white lines

상승장에서 상승갭을 형성한 양봉 뒤에 시가가 비슷하고 크기도 비슷한 또 하나의 양봉이 나타나면 상승지속형 패턴이다. 두 개의 양봉으로 이뤄진 이 패턴은 상승나란히형이라고 한다. 나란히 하는 두 개의 양봉이 하락갭을

그림 7-4 상승나란히형과 하락나란히형

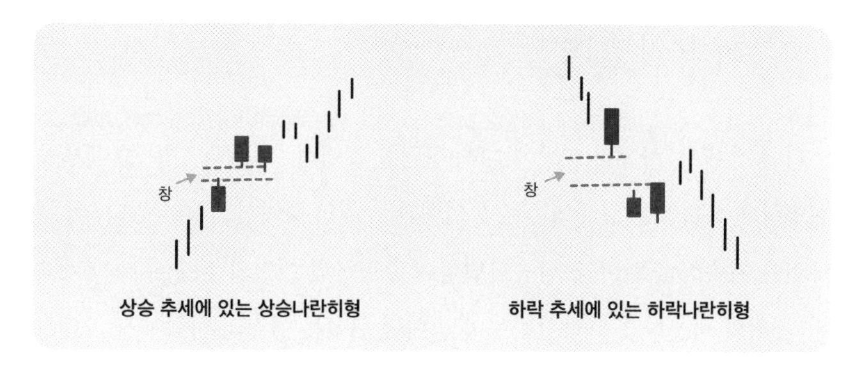

형성하는 경우는 드문데, 이러한 패턴은 하락나란히형이라고 한다.

하락나란히형은 두 개의 양봉이 있는데도 하락 신호로 간주한다. 왜냐하면 하락창이 있기 때문이다. 이 두 개의 양봉은 공매도 투자자들이 주식을 되샀기 때문에 생겼다고 본다. 이러한 환매가 사라지면 주가는 더 떨어지게 된다. 하락나란히형이 특히 드문 이유는 주가 하락 환경에서는 양봉보다 음봉을 보기가 훨씬 더 쉽기 때문이다.

사실 나란히형을 이루는 캔들 형태를 기억할 필요까지는 없다. 중요한 것은 이들 패턴의 일부를 이루고 있는 상승창과 하락창이다. 창의 출현 후에는 두 개의 양봉이 있는지, 아니면 음봉과 양봉이 있는지는 중요한 문제가 되지 않는다.

추세와 지지 영역, 혹은 저항 영역을 우리에게 가르쳐주는 것은 창 그 자체이다. 예를 들어 하락나란히형이 두 개의 양봉이 있음에도 하락 신호가 되는 것은 놀라운 일이 아니다. 추세(이 경우에는 하락세)를 결정하는 것은 이 패턴의 하락창 때문이다. 종가가 하락창의 천장 위로 형성되면 하락나란히형의 하락 신호는 무의미해진다.

06 | 상승삼법형과 하락삼법형Rising and Falling three method

다음 장에서 '사께다 5법'에 대해 설명할 것이다. '사께다 5법' 중 삼법을 설명하면 삼법에는 강세의 상승삼법형과 약세의 하락삼법형이 있다. 이 두 패턴은 지속형 패턴이다. 상승삼법형이 출현하면 이전의 상승 추세가 계속된다. 이와 비슷하게 하락삼법형이 출현한 뒤에는 이전의 하락세가 그대로 유지된다.

그림 7-5 상승삼법형

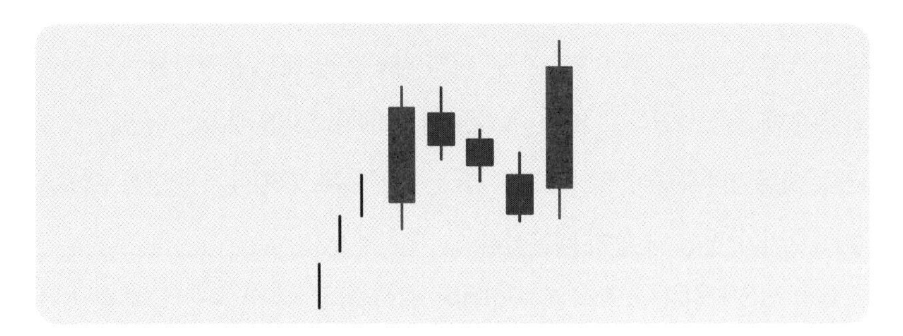

상승삼법형은 다음과 같은 요소로 구성되어 있다.

- 상대양봉이 있어야 한다.
- 장대양봉 뒤에 나타나 하락세나 횡보세를 보이는 한 무리의 작은 캔들이 있어야 한다. 이러한 캔들의 수는 3개가 이상적이지만 2개나 4개 이상도 가능하다. 단, 캔들 몸통은 장대양봉의 고가-저가 범위 안에 있어야 한다. 이들 작은 캔들이 일종의 삼중잉태형을 형성하고 있다고 생각해야 한다.
  왜냐하면 이들 캔들의 몸통이 모두 첫 번째 양봉의 안에 위치하기 때문이다. 이 패턴에서는 작은 캔들 몸통이 첫 번째 양봉의 그림자 안에만 있으면 된다. 하지만 이상적인 잉태형의 경우라면 양봉의 몸통 안에 들어가 있어야 할 것이다. 이러한 작은 캔들은 양봉이 될 수 있고, 음봉도 될 수 있다. 하지만 이 패턴에서는 음봉이 이상적이다.

- 마지막에는 강력한 양봉이 나타나야 하고 종가는 첫 번째 양봉의 종가보다 높아야 한다. 이상적인 경우라면 마지막 캔들의 시가 역시 이전 캔들의 종가보다 높아야 한다.

이 패턴은 서구식 기술적 분석의 상승깃발형이나 상승페넌트형과 비슷하다. 삼법형은 거래와 전투에서의 휴식으로 간주할 수 있다. 현대적인 표현을 쓰자면 한 무리의 작은 캔들이 나타나면서 시장이 '숨을 고르고 있다'라고 할 수 있다.

하락삼법형은 상승삼법형과 반대되는 패턴이다. 이 패턴에서는 주가가 하락 추세에 있다. 여기서 먼저 장대음봉이 나타나고, 뒤이어 강세를 보이는 대략 3개 정도의 작은 캔들이 나타난다.

이들 작은 캔들의 몸통은 첫 번째 캔들의 범위(그림자까지 포함하여) 안에 있어야 한다. 마지막 캔들의 시가는 앞 캔들의 종가보다 낮고, 종가는 첫 번

그림 7-6 하락삼법형

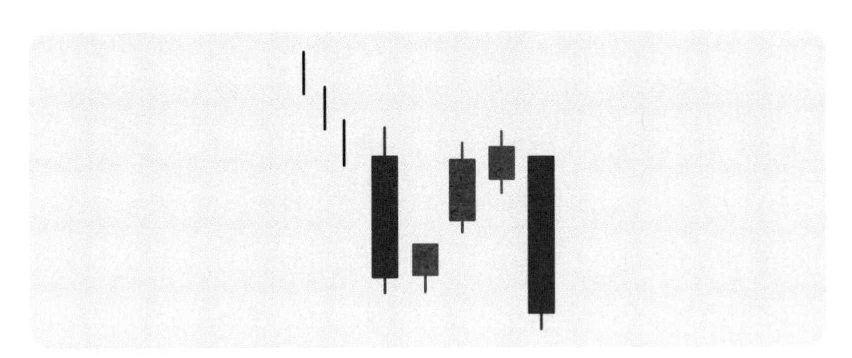

째 캔들의 종가보다 낮아야 한다. 이 패턴은 하락깃발형이나 하락페넌트형과 비슷하다.

이상적인 삼법형의 경우라면 작은 캔들 몸통이 첫 번째 큰 캔들 몸통과 색깔이 반대여야 한다. 즉 상승삼법형은 작은 캔들이 음봉이어야 하고, 하락삼법형은 작은 캔들이 양봉이어야 한다. 경험적으로 볼 때 작은 캔들이 음봉이든 양봉이든 상관없으며, 그 수도 2개에서 5개까지도 허용된다.

07 | 갈림길형 Separating lines

앞에서 반격에 대해 언급한 적이 있다. 반격형은 음봉과 양봉 또는 양봉과 음봉의 조합으로, 앞에 있는 캔들의 종가가 뒤에 있는 캔들의 종가와 같아야 한다. 반격형은 종가가 같지만 〈그림 7-7〉에서 보는 것처럼 갈림길형은 시가가 같다. 물론 색깔은 서로 반대가 된다.

갈림길형은 지속형 패턴이다. 그 이유는 이해하기 어렵지 않다. 상승장에서 음봉(특히 상대적으로 장대음봉)이 나타나면 매수세력은 걱정하기 시작한다. 매도세력이 주도권을 가져갔기 때문이다. 하지만 다음 날 개장 때 주가가 큰 폭으로 상승하여 전날의 시가와 같아질 경우에는 매도세력이 시장에서 주도권을 잃었다는 사실을 알 수 있다. 특히 종가가 더 뛰어올라 양봉을 만들 때는 그 사실이 더욱 극명하게 드러난다.

〈그림 7-7〉의 상승갈림길형은 바로 이와 같은 상황을 보여주고 있다. 이상적인 형태라면 양봉은 또한 상승샅바형이 되어야 한다. 즉 시가는 저가와 같아야 하고, 종가는 고가와 같거나 비슷해야 한다. 하락갈림길형은 그 반

그림 7-7 상승갈림길형과 하락갈림길형

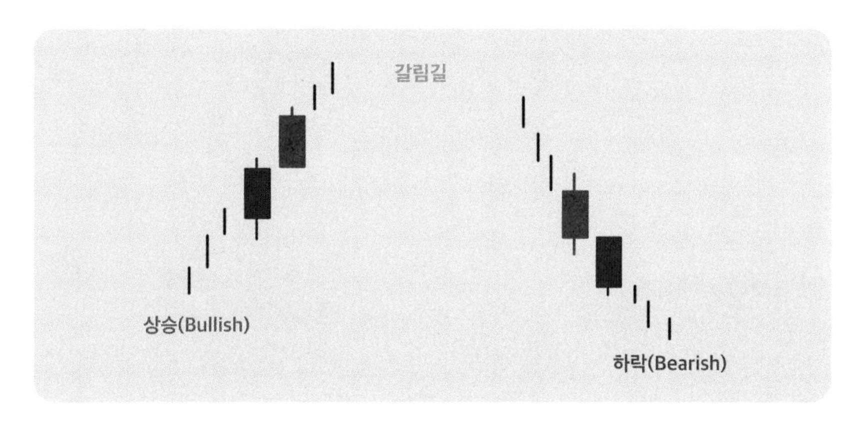

대의 상황으로 이야기할 수 있다. 하락갈림길형은 하락 지속 신호지만 갈림길형은 실제로는 드물게 나타난다. 대부분의 사람은 어떤 특정한 캔들 패턴의 이상적인 형태를 보고 싶어 하지만, 실제로 현실에서는 변형된 형태도 꽤 유용하게 사용될 수 있다.

제 8 장

혼마 무네히사의 '사께다 5법'

강세장은 비관 속에서 태어나
회의 속에서 자라며, 낙관 속에서 성숙해
행복 속에서 죽는다. 최고로 비관적일
때가 가장 좋은 매수 시점이고,
최고로 낙관적일 때가 가장 좋은
매도 시점이다.

존 템플턴

오랜 기간 증권업계에 있으면서 수긍이 가는 말 가운데 하나는 주식시장은 '예측이 아닌 대응의 영역'이라는 것이다. 경제 혹은 사회 분야에서 대부분 예측은 인간이 자신의 능력을 과대평가한 결과라는 생각이 든다. 경제연구소, 증권사 등에서 예측을 하는 가장 큰 목적 중 하나가 경제 주체를 안내하는 역할일 것이다. 이 목적을 제대로 수행하기 위해서 추세는 맞아야 하고, 실적치에 대비한 예측 오차율이 최대 30%를 넘어서지 말아야 한다. 이런 요건을 충족시키는 전망기관과 증권사 예측치는 갈수록 줄어드는 추세이다. 그렇기에 '예측 무용론'까지 나올 정도이다.

드레먼밸류매니지먼트 회장 데이비드 드레먼에 의하면 미국 애널리스트들의 당기순익 예측치는 평균 44%의 오차를 냈다고 한다. 〈월스트리트저널〉에서 유명 경제학자들의 6개월 후 금리 예측치를 13년 반 동안 추적한 결과 27번 중 20번이나 방향이 틀렸다. 44%나 틀리는 예측치와 75%나 방향이 틀리는 예측치를 사용해서 무슨 투자 모델을 만들 수 있을까. 처칠은 "위대한 정치가란 10년 앞을 예측하는 눈을 가진 사람이다. 그보다 더 중요한 자질은 10년 뒤에 그것이 왜 틀렸는지 설명할 줄 아는 능력이다"라고 말했다.

예측 무용론이 나올 만한 상황들이 이어지고 있다. 금융위기 이전까지 단기 주가 선행지수로 많이 활용해왔던 엔/달러 환율의 선행성(3개월)은 의미 없는 수준까지 떨어졌다. 일본 제품과의 경합 관계가 낮아졌기 때문이다. 장기 주가 선행지표인 유가의 선행성(9~10개월)도 대체에너지 개발 등으로 낮아졌다. 반도체지수(3~5개월), 미국 국채와 회사채 간 금리 스프레드(1년) 등도 마찬가지 상황이다.

아이러니하게도 예측이 어려울수록 필요성은 더 커지고 있다. 이 때문에 예측기관을 중심으로 예측력을 높이기 위한 새로운 지표나 모델을 개발하기 위해 노력해왔다. 이제는 국제통화기금IMF을 비롯한 대부분 전망기관이 예측 주기를 '반기 혹은 연간'에서 '분기'로 단축했다. 증권사는 예측이 무색할 정도로 '수시 조정'으로 바뀌었다.

특정 지표가 경기와 주가를 얼마나 선행하는지를 알아보는 방법으로 간단하게 교차상관계수를 구해보거나 마코브-스위치 모델, 카오스 이론, 인공신경망 등이 자주 활용된다. 특히 마코브-스위치 모델은 국면 전환을 파악하는 데 유용해 주식투자자가 매수와 매도 타이밍을 잡는 데 많이 활용된다.

오늘도 수많은 투자 주체가 내일의 등락을 알아맞히려고 매진하고 있다. 주식시장에서 단기적 움직임은 그다지 합리적이지 않다. 내일의 주가를 맞추겠다거나 다음 달의 지수를 맞추겠다는 것은 시장의 변덕을 예측하겠다는 순진한 행위인지도 모르겠다. 다시 말하지만 주식시장은 예측의 영역이 아니라 대응의 영역이다. 예측으로 시장을 이기려 하면 장기적으로 취약해진다. 진정하고 상식적인 투자는 어쩌면 주식시장의 무작위성을 자연스러운 것으로 받아들이고 확률적으로 대응하는 것인지도 모른다.

이번 장에서는 사께다 전술에 대하여 알아본다. 사께다 전술(사께다 5법)은 일본 에도시대 8대 쇼군 요시무네 당시 사께다 항구에서 쌀 거래로 일본 경제를 흔들었던 사께다의 거상巨商 혼마 무네히사本間宗久, 1717~1803가 창출한 이론을 구체화하여 실전에 적용시킨 전통적 투자 기법이다. 주가의 기본적인 패턴을 분석하는 데 유용하다.

01 | 사께다 전술과 혼마 무네히사의 투자법

사께다 전술은 일본 덕천德川시대의 '혼마 무네히사'가 창출한 이론을 구체화한 것이다. 그의 투자 비법서 《혼마비전本間秘傳》에서 쌀시장의 변화와 이에 따른 매매 기법을 기술했는데, 이 책에 있는 내용을 후세의 사람들이 보완해서 만들어낸 것이 사께다 전술이다. 혼마는 250여 년 전 쌀 거래를 하면서 '텐구(귀신 같은 존재)'라는 별칭을 얻었던 사람이다. 당시 일본은 도쿠가와 막부 8대 쇼군인 요시무네 치하로 쌀과의 전쟁을 치르던 시기였다. 우리나라와 마찬가지로 일본 역시 쌀이 주식이고 현금처럼 통용되던 곡물이었다. 그렇지만 해마다 수확량이 필요량에 미치지 못했기 때문에 매점매석과 쌀 가격의 폭등락이 극심했다. 여기에 막부의 권력 집중 의도에 의해 지방 영주들의 현금 지출이 급증하게 되면서 영주들은 세금으로 거둬들인 쌀을 매매해야 했다.

이런 시대 상황에 따라 오사카 도오지마와 에도에서는 쌀 거래가 대규모로 이뤄졌는데 어느 해는 한 해 수확되는 쌀의 몇 배가 거래되기도 했다. 이런 형편이었기 때문에 거래소마다 사람들이 들끓고 혼란이 극심할 수밖에 없었다. 혼마 역시 그 혼란의 급물살 속에서 파산 지경에 이르렀다. 그래서 거래를 위한 판단 기준이 필요하다고 생각하고 하루 동안의 가격 변동을 도표화하는 작업에 들어갔다. 그렇게 탄생한 것이 양초 모양의 차트인 캔들 차트이다.

금융시장이 흥망과 성쇠를 반복하면서 수많은 첨단 금융 기법이 나타나고 사라졌지만 현재까지도 많은 투자자가 이 기법을 애용하는 이유는 투자 대상에 대한 인간의 심리를 정확히 짚어냈기 때문일 것이다.

혼마 무네히사의 투자법은 삼위의 방책과 사께다 5법으로 정리된다.

삼위三位란 가격의 바닥과 천장 그리고 중간을 가리킨다. 바닥 근처에서 매수했다면 약간의 등락에 연연할 필요 없이 충분히 이익이 날 때까지 가지고 있어야 한다. 그리고 천장 근처에 이르렀다면 더 이상 욕심을 부리지 말고 응당 팔아야 한다는 것이다.

삼위의 방책方策이란 거래할 때 그 상품을 바닥에서 사야 하며 팔 때는 천장권에서 팔아야 한다. 그리고 만일 중간 정도의 가격 위치에서 샀다면 그에 맞는 대응법을 가져가야 한다는 것이다. 이런 판단에 따라 모호한 가격대에서는 매매를 삼가고 쉬면서 지켜봐야 한다. 이때는 서두르지 말고 3일을 기다려야 할 때이며 쉬면서 유통 상황을 점검해야 한다.

- **형세 판단**: 지금 시장은 어느 위치에 있는가?
- **추세 판단**: 시장은 어느 방향으로 가고 있는가?
- **매수/매도 시점 분석**: 언제 진입할 것인가?

시세가 약해 보여 번번이 팔려고 할 때 3일을 기다리고 생각을 바꾸어 사는 쪽에 붙으면 반드시 이익이 된다. 반드시 상승할 것 같은 분위기에 휩쓸려 사려고 할 때 이 또한 생각을 바꿔 팔아야 한다. "내가 낙관적일 때는 타인도 낙관적일 거라고 생각하고, 내가 비관적일 때는 타인도 비관적으로 기울게 된다. 오를 만큼 오르면 내리고, 내릴 만큼 내리면 오르는 것은 음양 자연의 도리이므로 생각이 미치지 못한다. 오직 삼위의 방책에 맡길 것이다"

라고 혼마는 말했다.

혼마 무네히사는 자신이 완성한 캔들 차트를 기준으로 '사께다 5법'을 정립했다. '사께다 5법'은 '삼산, 삼천, 삼공, 삼병, 삼법'을 말한다. 현대 주식시장에서도 이를 응용하여 캔들 조합에 따라 특정 패턴이라고 명명하며 정형화하고 있지만 정작 그 의미와 깊이는 혼마를 따라잡지 못할 것이다.

단순히 '산이 세 개 있어서 삼산이고, 이런 패턴은 하락을 암시한다'고 외워서는 실제 시장에서 아무런 도움도 되지 못한다. 무엇이 삼산을 형성시키는지, 삼산이 완성되면 추세적으로 하락할 것이라고 보는 근거는 무엇인지, 근저에 깔려 있는 인간의 심리까지 꿰뚫어야 할 것이다(《거래의 신, 혼마》, 이형도 편, 이레미디어 참고).

02 | 3이라는 숫자와 사께다 전술의 기본적인 가정

일본의 많은 분석 기법은 3이라는 숫자를 토대로 하고 있다. 이 점은 일본 문화에서 차지하는 숫자 3의 중요성을 반영하고 있기 때문이다. 일본에서는 세 번째에는 변화가 있다는 전통적인 믿음이 강하게 내려오고 있다. 이러한 믿음에서는 3이나 세 번째에는 행운이 오며, 반면 네 번째나 4라는 숫자는 나쁜 일을 예고한다고 생각한다.

근대 이전의 일본에서는 3이라는 숫자가 거의 신비로운 의미를 지니고 있었으며 3은 행운의 숫자였다. 캔들 차트에 3이 등장하는 경우를 보면 적삼병, 흑삼병, 삼삼형 천장과 바닥, 삼천형 천장과 바닥, 삼불형, 상승 또는 하락삼법형, 3개의 캔들로 이뤄진 샛별형과 저녁별형 등이 있다.

부언하자면 3이 행운의 숫자로 여겨지는 반면, 4는 불길한 숫자로 취급된다. 그 이유는 일본어로 4를 뜻하는 '시'가 죽음을 뜻하는 死(죽을 사)와 발음이 똑같기 때문이다. 일본에서는 항공기에서 4번 좌석이나 호텔에서 304호를 찾기가 쉽지 않다. 병원에서는 더욱 어렵다. 르노자동차 '르노4'의 경우 단지 4가 들어갔다는 이유 때문에 일본에서는 비참할 정도로 저조한 판매 성적을 남겼다.

3이라는 숫자는 비단 일본에서뿐만 아니라 미국에서 발달한 각종 원리에서도 중시한다는 것을 알 수 있다. 특히 추세와 관련된 부분에서 이와 같은 사실을 확인할 수 있다. 이처럼 3은 동서양을 막론하고 기술적 분석에서 중요한 숫자로 인식되고 있다.

3이라는 숫자 이외에 캔들 차트에서는 조정다운 조정을 거치지 않고 신고가 또는 신저가가 8번에서 10번 정도 계속해서 나오면 반락 또는 반등이 나타날 가능성이 크다는 것도 지표로서 이용되고 있다.

주가의 흐름을 보는 사께다 전술의 기본적인 생각은 다음과 같다.

- 주가는 상승이나 하락의 추세 움직임이 한번 시작되면 그 움직임은 계속되려는 경향이 있다.
- 주가는 떨어뜨리는 힘보다는 올리는 힘이 더 많이 든다. 또한 주가는 그 자신의 힘에 의해서 떨어지려는 경향이 있다.
- 주가는 상승 추세가 한참 진행되면 결국 떨어지게 되고, 하락 추세가 한참 진행되다 보면 결국은 오르게 마련이다. 강세 시장이 아무리 계속되어도 나무가 하늘까지 자라지는 못한다. 어떠한 일도 끝이 있게 마련이다.

- 주가 움직임이 완전히 정지하는 때가 가끔 있다. 거래도 거의 없이 횡보 국면이 진행되는 경우이다.

03 | 사께다 5법五法

사께다 전술 가운데 가장 중심이 되는 사께다 5법은 삼산三山, 삼천三川, 삼공三空, 삼병三兵, 삼법三法으로 나누어지는데 앞의 네 가지는 주가 패턴의 해석에 대한 풀이이고 삼법은 행동 원리라고 할 수 있다.

삼산과 삼천으로 거시적인 매수·매도 시점을 찾는 형태이다. 삼법은 추세가 형성되고 있는 과정에서, 삼병은 천장과 바닥권에서 그 시점을 찾아낸다는 점에 차이가 있다. 삼공은 시세의 과열 여부를 가지고 매수·매도 시점을 찾는다.

사께다 전술은 내용이 명료하고 주가 흐름의 기본 패턴에 대해 기술하고 있기 때문에 패턴 분석에 의한 투자 전략의 원조격이라 할 수 있다. 특히 사께다 5법 중 삼산三山, 삼천三川, 삼공三空은 미국에서 창출된 패턴 분석 가운데 가장 신뢰도가 높은 헤드앤드숄더형(머리어깨형), 갭 등과 그 모형을 같이하고 있어 신뢰성이 높다.

삼산三山, Three mountains

삼산은 세 개의 봉우리가 상투를 형성하는 모양으로 삼중천장형과 비슷하다. 세 개의 봉우리는 높이가 같거나 한쪽으로 추세를 이루는 경우(봉우리가 점차 높아지거나 낮아지는 모양)가 많다.

그림 8-1 삼산형

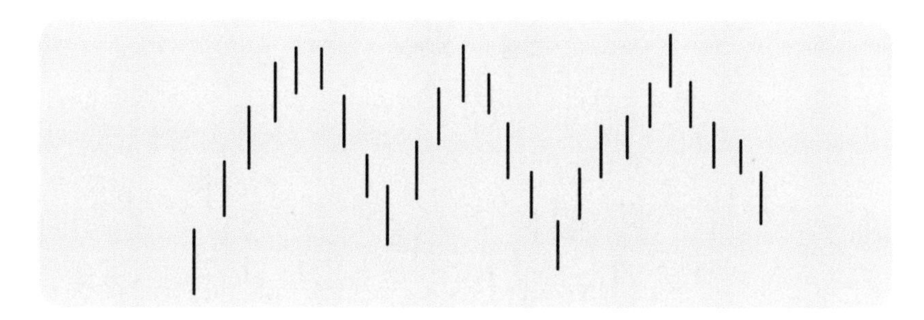

이와 같은 삼산(또는 삼산형)은 상승 추세가 한참 진행된 후 세 번씩 상향 돌파를 시도하지만 실패할 때 만들어지는 모양이다. 마지막 봉우리에서 도지형이나 음선덮은형이 나오면 삼산형이라는 것이 더욱 확실해진다.

삼산은 주가가 크게 상승하고 난 후 매입세력은 계속해서 강력하지만 더 이상 상승하지 못하는 형태이다. 이 패턴은 확률이 매우 높지만 자주 나타나지 않는 특징이 있는데, 연중 1회 정도 형성되는 것이 보통이다. 따라서 경솔하게 판단하지 말아야 하며, 특히 시간이 걸리는 복합 패턴은 장세를 멀리서 크게 봐야 할 필요가 있다.

삼산형에서 가운데 봉이 다른 봉보다 높을 때 이를 삼존형(三尊型, Three Buddha top) 혹은 삼봉(三峰)형이라 하며 가장 자주 나타나는 패턴 중 하나이다. 미국식 헤드앤드숄더형과 맥락을 같이한다고 할 수 있다.

이러한 패턴이 완성되면 앞으로 대세 하락이 예상되기 때문에 삼산 패턴에서의 지지선인 네크라인(Neck Line, 목선)을 이탈할 때는 결정적인 매도 시점이 된다. 삼산형이 만들어지는 데에는 보통 한 달 이상이 걸린다. 결론적으로 삼산형이 나타나면 하락 추세로의 반전이 예상되므로 적극적인 매도 전략을 취해야 한다.

삼천三川, Three rivers

그림 8-2 삼천형

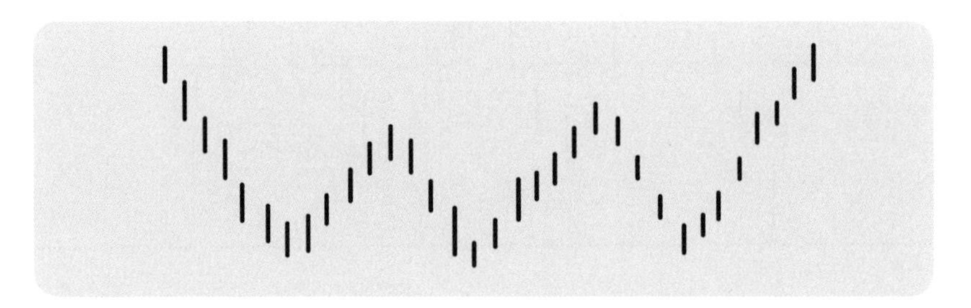

삼천은 삼산의 반대형으로 바닥을 형성하는 모양인데 패턴 분석의 삼중 바닥과 비슷하다. 이것은 주가가 장기간 크게 하락하면서 낮은 수준에서 어느 정도 상승했다가는 다시 바닥권에 내려오는 등 치열한 매매자들의 싸움이 벌어지는 것을 뜻한다. 따라서 주가가 수개월간 하락한 후에 나타나는 것이 신뢰도가 높다.

삼천형의 변형인 역삼존형Inverted three Buddha은 삼존형의 반대형이며 역헤드앤드숄더형과 같은 모양이다. 삼천형이 나타나면 상승 추세로의 반전이 예상되므로 적극적인 매수 전략을 취해야 한다. 이 패턴에서는 저항선이 네크라인을 상향 돌파할 때가 가장 좋은 매입 시점이라고 할 수 있다.

삼공三空, Three gaps

삼공은 미국식 차트에서 말하는 갭Gap과 그 뜻을 같이 한다. 삼공이란 주가가 상당 기간 상승하는 데 있어 점점 인기가 가열되어 공간을 3회 연속 만드는 경우를 말한다.

그림 8-3 삼공

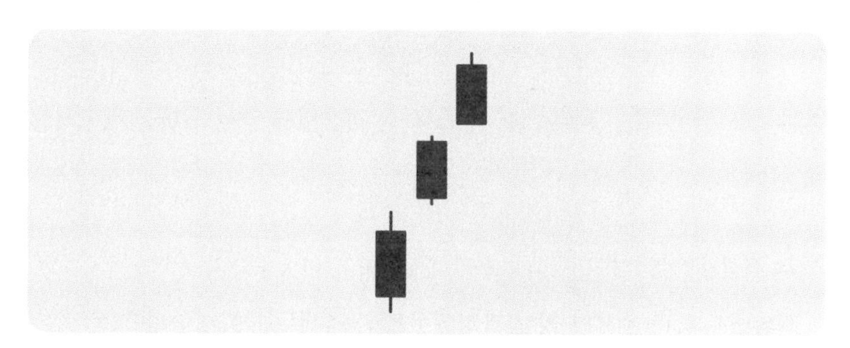

삼공 패턴에서 유의할 점은 마지막 상승 선 다음에 하락 선이 전일보다 높은 시세에서 출발하여 전일의 종가 아래로 떨어지는 모양이 나타나거나 십자형의 모양이 나타나면 전형적인 천장 패턴이 되므로 유의해야 한다. 특히 바닥권 이후 공간이 세 개 열리면 추세의 흐름에 변화가 있게 되므로 세 번째 공간이 열린 후에는 매도하라는 것이 삼공의 전략이다.

바닥을 이탈하면서 첫 번째 공간이 열리면 강력한 매수세력이 등장했음을 보여주는 것이다. 두 번째 창문은 추가적인 매수세력과 이식매물을 소화해내는 세력이 있음을 보여주는 것이다. 세 번째 장문은 그동안 공매노를 했던 세력이 상환하는 등 마지막 매수세력이 매수에 가담하는 것을 보여준다. 이와 같이 세 번째 공간이 열릴 때의 매수세력은 자발적이고 강력한 매수세력이 되지 못하기 때문에 주가는 조만간 과매수권(즉 더 이상 주식을 사줄 세력이 없는 상태)에 도달해 하락할 가능성이 크다는 것이다. 삼공은 상승 추세의 과정에서뿐만 아니라 하락 추세의 과정에서도 똑같이 적용된다.

삼병三兵, Three soldiers

삼병은 같은 방향으로 나아가는 세 명의 군인과 비슷하다고 해서 붙여진 이름이다. 삼병에는 강세 전환을 예고하는 적삼병과 약세 전환을 예고하는 흑삼병이 있다.

■ 적삼병Three white soldiers

적삼병은 하락 추세나 횡보 과정에서 상승 추세로 돌아서면서 양선 세 개가 잇달아 나타나는 모양이다. 세 개의 양선 중 두 번째와 세 번째 양선의 시가는 이전 봉의 몸통 사이에서 시작해 종가는 점차 높게 끝나는 모양이다. 바닥권에서 적삼병이 나타나면 상승 추세로 전환되면서 큰 시세가 나타날 것을 예고한다.

적삼병의 경우 바닥권이 오랜 기간 지속된 후 저점에서 나타날 경우 신뢰도가 높다. 이처럼 바닥권에서 나타나는 적삼병의 경우 봄이 되면서 얼어붙은 땅에서 새싹이 돋아나오는 것과 같은 이치라고 할 수 있는데, 주가의 침체기에서 새로운 탄생을 표현하는 것이다.

적삼병의 확률이 보다 높을 때는 다음과 같은 때이다. 주가 흐름에 있어

그림 8-4 적삼병

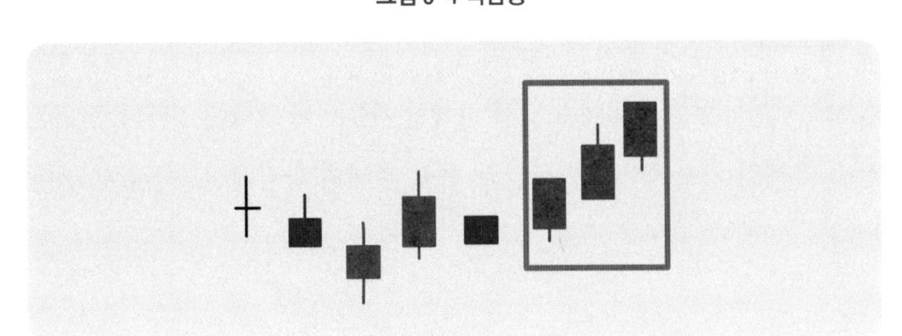

한 사이클이 완성되고, 낙폭과대 과정을 지나 바닥권의 침체 국면이 이어진 상태를 떠올려보면 알 수 있다. 여기에 두 번 내지 세 번의 바닥 시세를 확인하는 등 상당 기간 지루한 시간이 흐른 경우이다. 따라서 이 패턴에서 가장 유의할 점은 바닥권에서 출현해야 한다는 것이다.

■ **흑삼병**Three black soldiers

그림 8-5 흑삼병

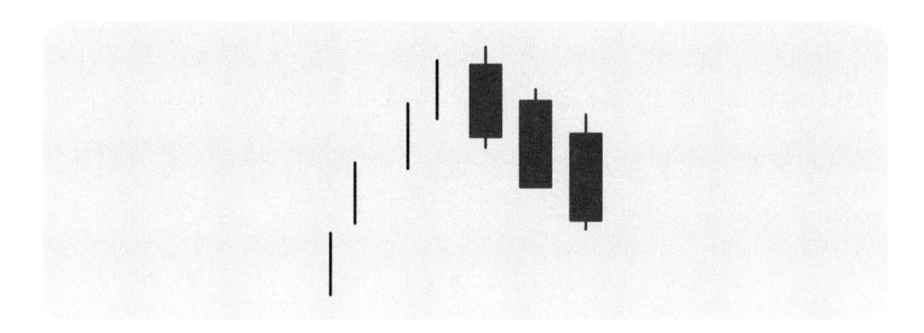

흑삼병은 일명 까마귀형이라고도 하는데 적삼병과는 반대되는 모양이다. 고가권에서 음선 세 개가 잇달아 나타나는 모양인데 고가권에서의 이러한 모양은 주가가 크게 하락할 가능성을 예고한다. 이 패턴은 특히 두 번의 천장이 형성된 다음에 출현할 경우는 급락의 신호로 통용되는데, 역시 가장 유의할 점은 형성되는 시점에서의 주가 위치이다. 주가가 크게 높지 않은 수준에서 형성될 때는 상승 추세가 붕괴되지 않은 일시적 하락일 수 있기 때문이다.

삼법三法, Three methods

삼법은 세 가지의 투자 행태, 즉 매수賣, 매도買, 관망休을 말하는 것으로 그 중에서도 관망을 중시하는 전술이다. 주식투자를 매수와 매도의 두 과정만으로 생각하는 투자자들이 많이 있다. 이렇게 생각하는 투자자들은 쉬지 않고 매매한다. 그러나 '쉬는 것도 투자이다'라는 증시 격언도 있듯이 관망하는 것도 중요한 투자 행태이다.

쉬는 것이 중요한 이유는 다음과 같은 경우의 예를 들어서 설명할 수 있다. 먼저 주가는 상승, 하락, 휴식의 순환 관망을 거치면서 움직인다. 따라서 상승세에서 매도한 후에는 주가의 하락과 휴식기에는 관망하는 자세가 필요하다. 또한 시세 전망이 확실하지 않을 때에도 매수와 매도를 중단하고 관망하는 것이 필요하다.

대개 1년 중 매매의 호기는 4~5차례 정도인데, 투자에 성공하기 위해서는 이 기회를 겨냥하면서 기다리는 것이 필요하다. 이것을 휴식이라 할 수 있다. 하지만 '마냥 쉬어야 함을 의미한다'로 해석하기보다는 매수 시점을

그림 8-6 상승삼법과 하락삼법

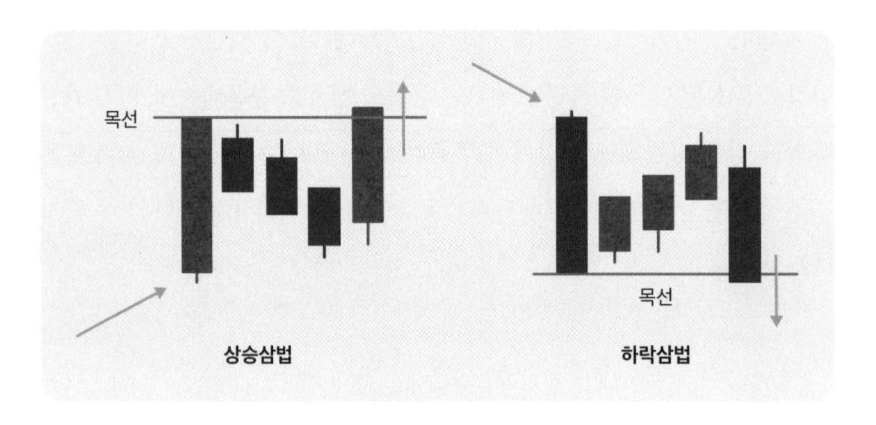

의식하면서 절호의 기회를 엿본다는 적극적인 생각으로 이해해야 한다.

삼법을 나타내는 형태에는 상승삼법과 하락삼법이 있는데 지속 패턴으로서 주가 움직임의 일시적인 정지를 의미한다.

상승삼법의 모양은 상승 추세에서 긴 양봉이 만들어진 후 몸통이 작은 봉 3개 정도가 연속해서 나타난다. 이 3개의 봉은 첫 번째 봉의 범위 내(머리와 꼬리 포함)에 있으며 음봉인 것이 일반적이다. 마지막으로 양봉이 나타나는데 이 양봉은 바로 앞의 종가보다 높은 데서 시작해 신고가를 이루며 끝나는 모양을 한다. 특징을 정리해보면 다음과 같다.

- 첫째 캔들은 긴 몸통의 양봉이다.
- 둘째 캔들부터 넷째 캔들은 첫째 캔들의 종가보다 낮은 시가와 고가를 갖지만, 저가와 종가는 첫째 캔들의 시가보다 높은 짧은 몸통의 음봉이다. 따라서 이러한 3개의 캔들은 모두 첫째 캔들의 몸통 내부에서 발생한다.
- 셋째 캔들과 넷째 캔들은 직전 캔들의 종가보다 낮은 시가를 갖고, 고가와 저가 모두 이전 캔들보다 더 낮다.
- 다섯째 캔들은 첫째 캔들과 일치하는(또는 근방의) 시가를 갖지만, 종가는 첫째 캔들보다 더 높게 나타나 지속적인 상승 신호가 된다.

하락삼법은 상승삼법과 정반대의 모양으로 나타난다.

제 9 장

시장의 폭을 나타내는 등락주선ADL과 등락비율ADR

투자에 성공하기 위해서 어마어마한 지성이나 비범한 통찰력, 내부정보는 필요 없다. 필요한 것은 건전한 의사결정 원칙을 갖추고 감정이 그 원칙을 망가뜨리지 않도록 지키는 능력이다.

벤저민 그레이엄

2020년에 세상을 떠난 소울 음악의 전설 빌 위더스Bill Withers라는 가수가 있다. 그는 생전에 그래미상을 세 번이나 받은 엄청난 실력의 소유자였다. 그의 노래 중에 'Just us Two of us'라는 노래는 필자의 학창시절에 많은 사랑을 받은 히트곡이었다. 그런데 이 노래를 처음 들었을 때 'Just Tour Bus'로 들었다는 후배가 있었다. 그는 노랫말을 우리말로 해석해보니 '단지 관광 버스'라서, '뭐 이런 노래가 있나?'라고 생각했다는 것이다. 나중에 다시 들어보니 정말 그렇게도 들린다. Just Tour Bus.

예전엔 관광버스가 우리를 멋진 곳으로 안내했지만, 오늘날엔 '메타버스Metaverse'를 통해 상상 속의 이야기가 현실로 다가오고 있다. 메타버스는 '초월, 그 이상'을 의미하는 그리스어 메타Meta와 우주를 뜻하는 유니버스Universe의 합성어로, 미국 SF(공상과학) 작가 닐 스티븐슨의 1992년 SF소설 《스노크래시》에서 처음 소개된 개념이다. 메타버스는 VR(가상현실)과 AR(증강현실)의 개념을 뛰어넘어 현실과 연계한 XR(확장현실)로서 아직까지 구체적인 정의를 내리지 못했다. 확실한 것은 메타버스가 가상세계와 현실세계를 넘나들면서 아날로그와 디지털의 상호작용Interaction을 통해 새로운 가치를 창출한다는 점이다. 비대면이 일상화한 현실에서 메타버스는 가상세계의 '세컨드 라이프'를 구현한다.

이미 메타버스는 현실화했다. 미국 메타버스 게임업체 로블록스가 뉴욕 증시에 성공적으로 상장하면서 메타버스의 잠재력이 높은 평가를 받았다. 국내에서도 네이버제

트가 개발한 가상 아바타 플랫폼 '제페토'가 2억 명의 이용자를 확보하면서 세계적으로 주목받고 있다. 국내 증시에서도 메타버스와 관련된 회사들의 주가가 들썩이고 있다. 메타버스는 엔터테인먼트, e커머스, 게임, 에듀테크는 물론 의료, 부동산, 제조 분야 등으로 확장하고 있다. 최근 주목받는 3차원 메타버스 디센트럴랜드Decentraland는 부동산과 블록체인을 기반으로 한 디지털 부동산 시장이다. 가상공간 속 부동산은 가상자산으로 거래되며 토지 소유권 역시 블록체인에 의해 기록된다. 여기서 핵심기술은 대체 불가능한 토큰NFT의 존재이다.

메타버스는 걸음마를 막 뗐다. 메타버스의 미래가 한낱 '신기루'인지는 아직까지 알 수 없다. 하지만 메타버스의 시장성은 엄청난 듯하다. 컨설팅기업 PwC(프라이스워터하우스쿠퍼스)에 따르면 메타버스의 기본 인프라인 XR시장은 2025년 540조 원, 2030년 1,700조 원으로 성장할 전망이다. AI(인공지능)시장이 2025년 350조 원으로 전망되는 것과 비교할 때 시장성을 가늠할 수 있다. 메타버스는 기술적 진보와 함께 창의적 기획과 아이디어가 핵심이다. 온라인과 오프라인의 연계, 아날로그와 디지털 영역을 관통하는 기획력, 이를 뒷받침하는 VR 및 가상자산, 데이터, 융합 보안 등의 진보기술이 메타버스 시대를 앞당길 것으로 보인다.

주식시장의 강약을 판단하는 방법 중에는 증권시장 내부의 매매세력 관계를 측정하는 데 사용되는 주가 선행지표인 ADL(등락주선)을 이용하는 방법이 있다. 장세의 주요 변화를 다른 지표보다 빠르게 나타내기 때문에 시장 전체가 계속 상승하거나 하락하고 있는지를 파악하는 데 매우 유용하다. 한편 시세가 어느 정도 강력한 것인지를 알려주는 것이 ADR(등락비율)이다. 이번 장에서는 ADL과 ADR에 대하여 알아본다.

01 | 시장 폭의 의미

시장 폭Market breadth이란 주식시장의 움직임에 얼마나 많은 주식이 함께 따라서 움직이는지를 의미한다. 주식시장이 추세 움직임을 보일 때 이러한 움직임에 함께 동조하는 개별주식이 많을수록 그 추세는 바뀌지 않고 계속될 가능성이 커진다.

반면 시장의 움직임에 동조하는 개별주식이 적을수록 추세는 쉽게 바뀔 가능성이 크다. 따라서 시장 폭을 측정한다면 진행되고 있는 추세가 바뀔 가능성이 있는지를 예측할 수 있다. 이와 같은 시장 폭을 측정하는 지표로는 등락주선ADL, 등락비율ADR 등이 있다.

02 | 등락주선Advance/decline line, ADL

의미

등락주선은 시장의 폭The breadth of market이라고도 불리는데, 시장의 자금이 어느 정도로 주식시장으로 유입되고 있는지, 아니면 유출되고 있는지를 판단할 수 있는 지표이다. 시장의 내부세력을 측정하는 데 가장 널리 이용되고 있다.

원리는 상승 종목수에서 하락 종목수를 차감하여 매일 누적할 경우, 상승 종목이 상대적으로 많으면 시장 내부로의 자금 유입이 활발함을 의미한다. 반면에 하락 종목수가 상대적으로 많으면 자금 유출을 의미한다. 이와 같이 자금 유입 수준을 통해 주가가 전체적으로 계속 상승할지, 혹은 하락할지의 여부를 판단할 때 유용한 선행지표이다.

작성 방법

일정 기준일 이후의 주가 상승 종목수와 하락 종목수의 차이를 매일 산출 누계한 것이며, 이것을 선으로 이은 것이 등락주선이다. 이러한 등락주선은 시장 전체뿐만 아니라 업종별로도 작성할 수 있다.

- 어느 특정일을 기준일로 정한다(보통 바닥권을 기준으로 함).
- 기준일의 상승 종목수와 하락 종목수의 차수를 누계한 등락지수를 선으로 연결한 것이다.
- 기준일 이후 상승 종목수와 하락 종목수의 차수를 전일 등락주선에 가산한다.
- 매일의 등락주선을 선으로 연결하여 도표화한다.

지표의 해석과 매매 전략

등락주선은 그랜빌이 창출한 기법으로 시장의 세력 관계를 나타내는 지표이다. 그랜빌은 주식시장을 욕조에 비유해서 주식시장으로 흘러들어오는 자금이 많은지, 빠져나가는 자금의 양이 많은지를 판단함으써 주가를 예측할 수 있다고 했다.

등락주선은 일반적으로 종합주가지수^KOSPI^와 같이 오르고 내린다. 그러나 정점에서는 등락주선이 종합주가지수보다 앞서서 정점을 만드는 경우가 많다. 〈그림 9-1〉은 종합주가지수와 등락주선의 움직임이다. 2018년 하반기에 종합주가지수는 정점을 나타냈는데, 그 이전에 등락주선은 고점을 형성한 후 하락 전환하고 있다. 이러한 현상이 나타나는 이유는 다음과 같이 설명할 수 있다.

첫째, 주가는 경기에 앞서서 사이클의 정점에 도달하는 것이 일반적이다. 그런데 경기는 이를 구성하는 건축이나 소비 같은 부분이 먼저 정점에 도달한 후 하락한다. 그러므로 이와 관련된 주식들의 주가가 떨어지게 된다.

둘째, 경기가 활황세를 보이면 금리가 오르게 되는데 이때 금리에 민감한 주식들은 경기가 정점에 도달하기 전에, 그리고 종합주가지수보다도 먼저 하락하기 시작한다. 이러한 주식들의 주가가 하락하기 때문에 등락주선이 종합주가지수보다 먼저 하락세로 돌아서게 되는 것이다. 등락주선은 저점을 찾는 것보다는 정점을 찾는 데 더 유용한 지표라고 할 수 있다.

그림 9-1 KOSPI와 ADL의 움직임

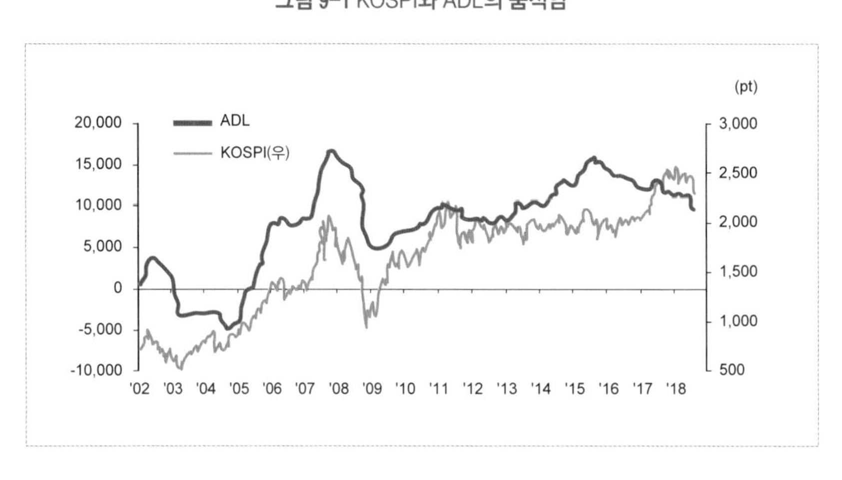

등락주선에서는 계산된 수치의 절대치보다는 등락주선의 추세가 중요하다. 또한 등락주선과 종합주가지수가 괴리 현상을 보일 때에는 종합주가지수의 추세가 바뀔 가능성을 예고하는 것이기 때문에 주의해야 한다.

그랜빌은 주가와 등락주선의 움직임에 대해서 다음과 같은 특징이 있다고 설명하고 있다.

- 주가 상승에도 불구하고 등락주선이 하락하면, 주가는 조만간 하락 전환한다.
- 주가 하락에도 불구하고 등락주선이 상승하면, 주가는 조만간 상승 전환한다.
- 주가가 하락 전환할 경우 등락주선이 상당 기간 동안 큰 폭으로 하락했다면 주가 하락 추세는 지속될 가능성이 크고 하락폭도 의외로 클 수 있다.
- 주가가 상승 전환할 경우 등락주선이 상당 기간 동안 큰 폭으로 상승했다면 주가 상승 추세는 지속될 가능성이 크고 상승폭도 의외로 클 수 있다.
- 주가가 이전 고점에 접근하는데 등락주선이 이미 그 당시 수준보다 위에 있으면, 주가는 이전 고점을 경신할 가능성이 크다.
- 주가가 이전 고점에 접근하는데 등락주선이 아직 그 당시 수준보다 아래에 있으면, 수가는 반락할 가능성이 크다.
- 주가는 이전 저점에 접근하고 있는데 등락주선이 아직 그 당시 수준보다 위에 있으면, 주가는 반등할 가능성이 크다.
- 주가는 이전 저점에 접근하고 있는데 등락주선이 이미 그 당시 수준보다 아래에 있으면, 주가는 이전 저점을 경신할 가능성이 크다.

03 | 등락비율Advance/decline ratio, ADR

의미

등락비율은 등락주선의 결점을 보완하기 위한 등락 종목의 비율로 시장을 분석하는 지표이다. 일반적으로 종합지수는 가격의 변동을 나타내고, 등락주선은 등락 종목의 변동을 나타낸다. 등락주선은 이 두 가지를 종합함으로써 시장이 어느 국면에 위치하고 있는지 알고자 하는 것이다. 등락주선의 결점은 약세 시장의 바닥 지표는 완전한 것이 되지 못한다는 점이다.

작성 방법

등락비율은 주가가 상승한 종목수를 하락한 종목수로 나눈 비율을 말하는데, 장기 추세에서 등락주선을 분석하는 데 이용된다. 등락비율은 비율의 과도한 급등락을 평균화하기 위해 10일이나 20일 이동평균을 사용하기도 한다. 등락비율은 일정기간 동안 매일의 상승 종목수를 하락 종목수로 나누어 백분비를 구하고 이동평균하여 도표화한 것이다. 즉 최근 1개월간(입회일수로 따져서 20일간), 매일의 백분비를 합계해서 20으로 나눈 것이다.

> **등락비율 = 상승 종목/하락 종목수×100**
>
> **20일 이동평균선 등락비율 = 최근 20일간 등락비율 합계/20**

지표의 해석과 매매 전략

등락비율은 진동자로서 과매수, 과매도를 나타내는 지표Overbougth/oversold indicator, 즉 오실레이터로 이용된다. 그러므로 이 지표의 비율이 높을수록 과도한 지수의 상승을 나타내는 것으로 하락세로 반전될 가능성이 크다. 반대로 이 지표의 비율이 낮을수록 과도한 지수의 하락을 나타내는 것으로 상승세로 반전될 가능성이 크다.

등락비율이 100% 수준이란 상승 종목과 하락 종목이 같다는 것을 말한다. 만약 110%라면 상승 종목수가 하락 종목수보다 10% 많은 것을 의미하고, 90%인 경우는 하락 종목수가 상승 종목수보다 10% 많은 것을 나타낸다.

등락비율의 분석 기법은 등락주선의 기법과 거의 같은데 등락비율의 상승은 시장 인기의 확대를 나타내고, 등락비율의 하락은 시장 인기의 저하를 의미한다. 따라서 등락주선은 동적인 면, 즉 진행되는 추세에 중점을 둔다. 반면 등락비율은 정적인 면, 즉 투자심리선이나 이격도에 의한 분석과 거의 일치한다.

〈그림 9-2〉는 종합주가지수와 등락비율의 움직임이다. 등락비율이 120% 내외에서는 종합주가지수가 단기 과열권임을 알 수 있다. 등락비율을 보조지표로 제공하는 증권사의 차트 정보는 거의 없기 때문에 엑셀로 일일이 그려야 하는 번거로움이 있다. 'adrinfo.kr'에서 무료로 정보를 제공하니, 급히 확인하고자 하면 이곳의 자료를 참고하자.

등락비율로 매매 시점을 판별하는 방법은 다음과 같다.

그림 9-2 종합주가지수와 등락비율

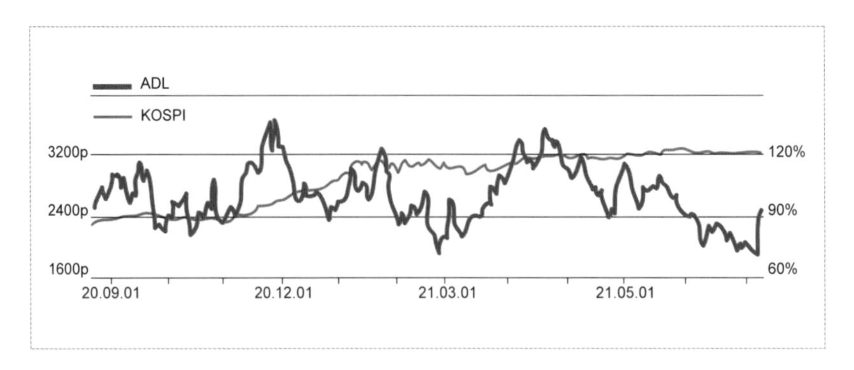

- 등락비율이 125% 이상이면 경계지대이므로 매도 시기로 볼 수 있다.
- 등락비율이 75% 이하이면 안전지대로 주가가 바닥권일 경우가 많으므로 매입 시기로 보면 된다.
- 등락비율의 정점은 주가의 정점보다 선행하는 경우가 많다. 등락비율이 큰 폭으로 상승한 후에 하락하기 시작하면 시세는 그 후 하락하는 경우가 보통이다. 하지만 대세 상승기에는 등락비율이 고가권에 진입하는 경우가 종종 발생하므로 그때는 바닥권을 발견하는 데 역점을 두어야 한다.

제 10 장

조정을 받는다면 얼마나 받을까

잘 사기만 한다면 절반은 판 것이나 다름없다. 즉 보유 자산을 얼마에, 언제, 누구에게, 어떤 방법으로 팔지에 대해 고심하느라 많은 시간을 보내지 않아도 된다는 의미다. 자산을 저가에 매수했다면 이 문제들은 저절로 해결될 것이다.

하워드 막스

코로나19로 전 세계가 공포에 떨고 있다. 백신 접종이 이뤄지고 있지만 그 끝은 아무도 예측할 수 없다. 이렇게 힘든 시기를 겪으면서 외부환경에 능동적으로 대처할 수 있는 '회복탄력성Resilience'이 부상하고 있다.

회복탄력성은 원래 제자리로 돌아오는 힘을 일컫는 말로 심리학에서는 주로 시련이나 고난을 이겨내는 긍정적인 힘을 의미하는 말로 사용된다. 극복력과 탄성, 탄력성, 회복력 등으로 번역되기도 한다. 물체마다 탄성이 다르듯이 사람에 따라 탄성이 다르다. 역경으로 인해 밑바닥까지 떨어졌다가도 강한 회복탄력성으로 다시 튀어 오르는 사람들은 대부분의 경우 원래 있었던 위치보다 더 높은 곳까지 올라간다. 쉽게 말해 인생의 바닥에서 치고 올라올 수 있는 힘, 밑바닥까지 떨어져도 다시 튀어 오르는, 그리고 더 높이 나아갈 수 있는 마음의 힘을 의미한다.

최근 주목받고 있는 긍정심리학은 개인과 사회를 번영시키는 강점과 장점을 연구하는 심리학의 한 분야이다. 긍정심리학자들은 개인의 행복을 키울 수 있는 여러 가지 방법을 제안한다. 신체적 운동과 명상 실천이 행복에 기여할 수 있는 역할과 함께 배우자, 가족, 친구 및 직장, 모임 또는 사회 조직을 통한 광범위한 네트워크 같은 사회적 관계는 특히 중요하게 다루어진다. 행복은 비록 더 이상 이득이 적어지거나 심지어 금융 소득이 예전에 비해 떨어지더라도 이러한 균형감 있는 긍정심리의 증가에 의해 상승될 수 있다고 한다.

최근엔 경제 분야나 주식시장에서도 심심치 않게 회복탄력성이 거론된다. 기업들이 향후 사업을 계획할 때 효율성보다 회복탄력성을 더 중시할 것이라는 전망이 나왔다. 현대자동차는 최근 공급지역 다변화를 통한 회복탄력성이 기업의 의사결정에 중요한 요소가 될 것이라는 진단을 받았다. 글로벌 컨설팅업체 알릭스파트너스는 〈혼란에 대한 통찰력: 단 7개월 만에 일어난 7년 치의 변화〉라는 보고서에서 포스트 코로나19 시대에 주목해야 할 5대 변화 트렌드로 효율성보다는 회복탄력성과 디지털 전환 촉진, 탈세계화의 가속화, 소득 수준·건강 관심도에 따른 소비행태 변화, 높아진 신뢰의 중요성을 제시했다.

이번 장에서는 주식시장의 회복탄력성이라고 할 수 있는 조정비율, 스피드라인, 반전일 등에 대해서 알아본다.

01 | 조정비율Retracement : 추세에 대한 반작용

주가는 등락을 하면서 추세적인 움직임을 나타낸다. 추세의 진행을 보면 추세 진행 방향으로 일정 폭 움직인 뒤 다시 추세 진행과는 반대방향으로 일정 폭 움직임이 있게 마련이다. 여기서 추세와 역으로 일정 폭만큼 움직이는 것을 조정Retracement이라고 한다.

이러한 조정은 예측 가능한 비율로 움직이는데, 50% 조정이 가장 많이 알려졌다. 즉 주가가 상승 추세 진행 이후 조정 국면에 접어들면 상승폭의 50% 정도 하락하는 것이 일반적이라는 것이다.

그림 10-1 조정비율

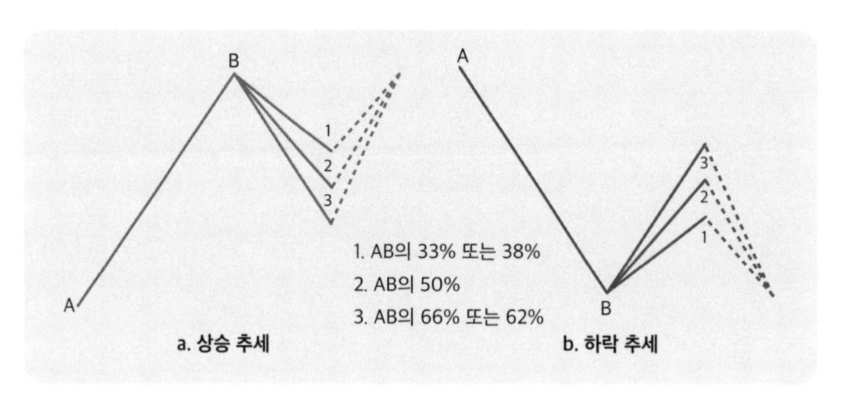

이외에 최소, 최대 조정비율이 사용되기도 한다(그림 10-1 참고). 일반적으로 1/3 조정이 최소 비율이고, 최고 조정비율은 2/3이다. 시장의 기조가 매우 견조한 강세 시장일 경우 상승폭의 1/3만큼은 조정을 받고, 시장 기조가 취약할 경우 2/3 정도 조정을 받는다. 그러나 2/3 이상의 조정은 단순한 조정이 아니다. 오히려 추세 전환으로 해석해야 한다. 이 경우 상승폭의 100%까지 하락하게 된다.

참고로 그림에서 제시된 50%, 33%(1/3), 66%(2/3)의 비율은 다우 이론에 기초하고 있다. 엘리어트 파동 이론과 피보나치 급수에 따른다면 38%와 62%의 조정비율을 따라야 한다. 따라서 조정폭의 계산은 50%를 일차적으로 고려하되 33~38%의 최소 비율과 62~66%의 최대 비율을 고려하는 것도 좋은 방법이다. 이러한 조정의 범위는 어떤 단계의 추세(주추세, 중간추세, 소추세 등)에도 적용할 수 있다.

02 | 스피드라인Speed lines : 추세선과 조정비율의 결합

스피드라인은 추세선과 조정비율을 결합해 추세의 상승비율Ascent rate 또는 하락비율Descent rate을 측정하는 기법이다. 즉 추세선에서 주가 움직임의 빠르기를 알 수 있도록 추세를 3등분하고, 여기에 되돌림 현상도 함께 분석하여 주가의 추세와 되돌림 현상을 동시에 파악할 수 있도록 고안된 선이다.

〈그림 10-2〉에서 현행 상승 추세의 가장 고가에서 추세가 시작된 바닥까지 수직선을 그리고 그 수직선을 3등분하여 경계점들인 두 점을 수직선에 표시한다. 이후에 추세가 시작된 바닥에서 두 점으로 각각 추세선을 통과하도록 그리면 그 두 추세선들은 강세 스피드라인Bullish speed lines이 된다.

하락 추세에서는 〈그림 10-2〉의 오른쪽과 같이 하향 추세의 저점에서 추세가 시작된 정점까지의 수직거리를 3등분하여, 추세가 시작된 점 A에서 수직거리를 3등분하는 두 경계점인 점 ①과 점 ②로 두 추세선을 그리면 약세 스피드라인Bearish speed lines이 작성된다.

그림 10-2 스피드라인

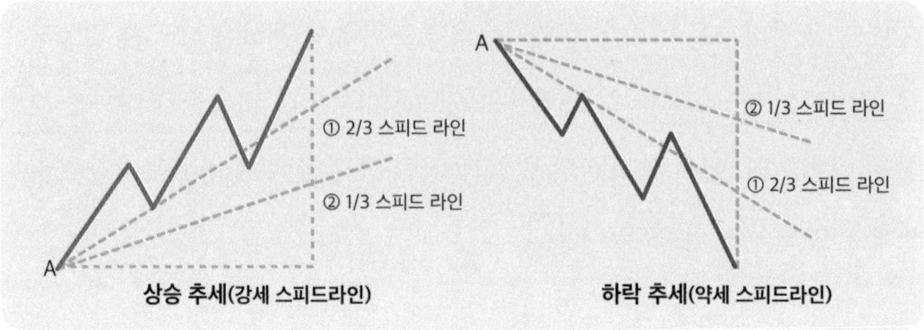

A
① 2/3 스피드 라인
② 1/3 스피드 라인
상승 추세(강세 스피드라인)

A
② 1/3 스피드 라인
① 2/3 스피드 라인
하락 추세(약세 스피드라인)

스피드라인의 적용

상승 추세에서 새로운 고가가 발생하거나 또는 하락 추세에서 새로운 저가가 발생하면, 언제나 새로운 스피드라인을 작성해야 한다. 스피드라인들은 추세 시작점에서 수직거리의 1/3 지점과 2/3 지점으로 그려서 작성되기 때문에, 스피드라인이 되는 추세선들은 저가나 고가만을 통과하는 것이 아니라 가격이 진행되는 부분들을 통과하는 경우가 많다.

이러한 스피드라인은 1/3 및 2/3 후퇴와 마찬가지로 가격의 반추세적 진행을 예측하는 데 사용된다. 상승 추세에서 가격 조정이 발생하면, 그러한 조정 하락은 보통 상부 스피드라인이 되는 2/3 스피드라인에서 중단된다.

또한 가격이 2/3 스피드라인을 통과하여 하락하면, 가격 조정은 하부 스피드라인이 되는 1/3 스피드라인에서 중단된다. 그런데 시장 가격이 하부 스피드라인도 통과하여 하락하면, 가격은 추세의 출발점까지 완전히 후퇴

할 수도 있다고 추정할 수 있다.

하락 추세에서 가격 반등이 발생하여 하부 스피드라인이 되는 2/3 스피드라인을 돌파한다면, 시장 가격은 상부 스피드라인이 되는 1/3 스피드라인까지 상승할 수 있다. 그리고 상부 스피드라인이 되는 1/3 스피드라인을 시장 가격이 반등하여 돌파하면, 시장 가격은 현행 하락 추세의 출발점인 정점에 도달할 수 있을 것으로 추정할 수 있다.

스피드라인은 추세선과 같이 저항선과 지지선의 역할을 동시에 수행한다. 예를 들어 상승 추세에서 스피드라인을 그린 후에 가격이 하락한다면, 이러한 가격 조정이 2/3 스피드라인을 돌파하기 전까지 2/3 스피드라인은 지지선 역할을 수행한다. 그러나 가격이 조정되어 2/3 스피드라인을 돌파했다가 다시 반등한다면 2/3 스피드라인은 저항선 역할을 하게 된다.

저항선의 역할을 하는 2/3 스피드라인을 돌파하도록 가격이 반등한다면, 새로운 고점이 달성될 수 있다고 추정할 수 있다. 이와 동일한 방식의 추정을 하락 추세에서도 적용할 수 있다. 이러한 스피드라인 접근법은 조정비율인 33%, 66%와 크게 다르지 않다.

이것은 에드손 굴드[Edson Gould]가 창안한 기법으로 추세의 조정비율과 거의 같으나 차이점은 스피드라인은 추세의 상승률과 하락률, 즉 추세의 속도를 측정하여 이용한다는 점만 다르다.

〈그림 10-3〉은 스피드라인의 실제 분석 사례이다. 삼천당제약의 일간 차트로 2018년 1월 이후 상승 추세에서의 조정폭을 볼 수 있다. 2018년 정점 이후 하락폭을 예측할 때 바로 33%, 50%, 66%의 조정선을 설정하면 주가를 예측하는 데 도움이 된다. 만약 66% 조정비율인 45,000원 근처마저 하회한다면 확실히 하락 추세로 전환한 것으로 볼 수 있다.

그림 10-3 스피드라인 분석의 실제 사례: 삼천당제약 일간 차트

03 | 트리덴트^Trident^ 시스템

트리덴트 시스템은 시장 가격이 일방적인 움직임을 나타내기보다는 조정 움직임이 반드시 있다는 것을 이용하는 거래 기법이다. 개념 자체가 독특한 것은 아니지만 실행 기법은 독특하여 외환시장의 딜러들 사이에서 널리 사용되고 있다. 이 시스템의 기본 목적은 시장 가격의 추세에 따른 포지션을 만드는 것이지만, 시장 가격의 조정 움직임을 이용하여 보다 유리한 수준에서 포지션을 만드는 것이 그 특징이다. 즉 모든 시장 가격의 움직임은 바로 직전의 움직임과 거의 유사하게 나타난다는 것으로, 조정 움직임이 나타나기 전의 주된 추세의 움직임만큼 조정 이후의 시장 가격도 같이 움직

인다는 것이다.

트리덴트 시스템은 다음에 있을 시장 가격의 움직임을 예상하는 것이 목표가 아니라 언제 매수 거래를 하고, 언제 매도 거래를 해야 하는지 시점을 결정하는 것을 목표로 한다. 즉 매수 시점은 조정이 끝나고 나타날 것으로 예상되는 새로운 추세의 25% 지점으로 결정되며, 또한 매도 시점은 예상되는 새로운 추세의 75% 지점으로 결정된다.

트리덴트 시스템의 가장 큰 장점은 시장 가격이 새로운 추세 움직임의 25% 수준에 이른 이후에야 매수에 나서게 되므로 조정 움직임이 완전히 끝난 것을 확인할 충분한 시간적인 여유가 있다. 따라서 보다 안전한 거래가 가능하는 점이다.

결론적으로 트리덴트 시스템의 기본적인 원리를 요약하면 다음과 같다.

- 주된 추세에는 반드시 조정 움직임이 있다.
- 추세의 움직임과 같은 방향의 포지션을 만든다.
- 천장과 바닥을 정확히 맞추려고 노력하기보다는 전체 추세 움직임의 1/2만 취한다.
- 시장 가격의 움직임이 예상과 다르면 적절한 수준(25%)에서 반대 거래를 수행한다.

04 | 반전일 Reversal day

반전일이란 천장 혹은 바닥에서 주가의 방향이 바뀌는 날로, 일반적으로 반전일에는 여러 가지 특징이 있으므로 알아두면 매우 유용하다. 천장 반전일은 시초가가 신고가를 보인 후 종가는 전일 종가보다 낮은 날이다. 바닥 반전일은 시초가가 신저가를 보인 후 종가는 전일 종가보다 높은 날이다.

일반적으로 반전일에는 거래가 급증하는데, 이는 천장의 경우 장중에 계속 고가 갱신을 하다가 대량의 매도물량 출현으로 매수물량을 모두 소화하며 시세가 밀리게 된다. 바닥의 경우 장중에 계속 신저가가 출현하다가 대규모 매수세 유입으로 모든 매도물량을 소화하며 주가가 상승하게 된다.

이때 반전일의 거래가 많을수록, 당일의 가격 진폭이 클수록, 그리고 일간, 주간, 월간 차트 순으로 더욱 의미 있는 반전일이 된다. 특히 반전일의 가격 범위가 전날의 가격 범위를 넘은 반전일을 'Outside day(아웃사이드 반전일)'라고 하는데 이 경우 더욱 큰 의미를 가진다. 그러나 반전일은 단순한 가격 신호이지 추세 반전을 의미하는 것은 아니다. 진정한Key 반전일은 기존 추세의 반대 방향으로 의미 있는 움직임이 있은 후에야 알 수 있다.

그림 10-4 반전일의 실제 사례 : 미래에셋2우 일간 차트

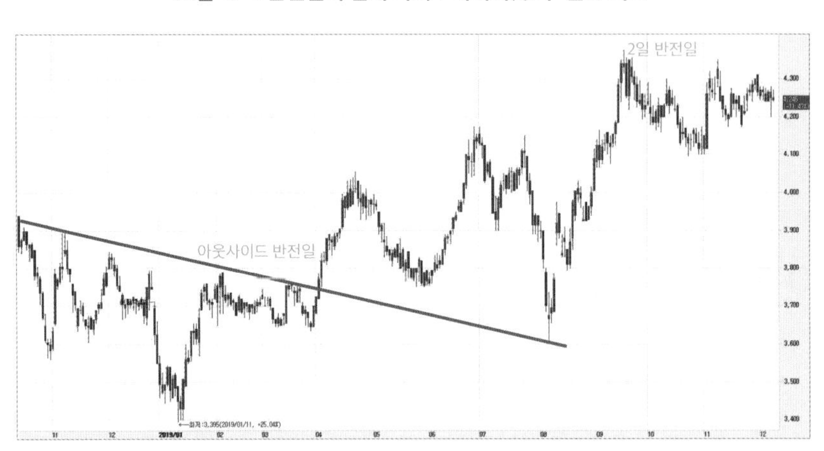

한편 종종 이틀에 걸쳐 반전일이 나타나기도 한다. 천장에서의 2일 반전이란 신고가를 보인 후 첫째 날 종가는 신고가 근처였지만 둘째 날 시초가는 변동 없이 종가가 전일 저점 근처에서 형성되는 경우이다. 또한 주간, 월간 차트에서도 반전일이 생길 수 있는데 이 경우 더욱 의미가 있다.

〈그림 10-4〉는 반전일의 실제 사례이다. 미래에셋2우 일간 차트로 반전일을 볼 수 있다. 2019년 2월에는 아웃사이드 반전일, 2019년 9월에는 2일 반전일이 나타났다.

제 11 장

거래량의 중요성에 대하여

주식시장에 가장 큰 영향을 미치는 것은
세상의 모든 것이다.

제임스 우드

코로나19가 성행하면서 우리나라에서는 찾아볼 수 없었지만, 해외에서는 슈퍼마켓의 화장지까지 동이 나며 사재기가 벌어지는 현장이 뉴스로 심심치 않게 보도되었다. 이러한 현상을 어떻게 해석할 수 있을까. 위험을 감지하면 우선 먹이를 비축하는 동물적 본능이 발동한 것으로 볼 수 있다. 행동과학자들은 사재기하는 인간과 야생동물에서 유사점을 찾을 수 있다고 말한다. 슈퍼마켓에서 먹거리를 싹쓸이하는 인간이나, 도토리를 쌓아 놓는 다람쥐나, 양쪽 볼 가득 씨앗을 채워 물고 종종거리는 햄스터나 매한가지라는 얘기이다.

사재기는 탐욕스럽고 이기적인 행동이지만, 어찌 보면 생존 본능에 따라 불확실성과 위험에 대응하는 자연스러운 행동이다. 공급 부족이 더 악화될 것이라는 위기감에 빠져 그 상황에 적응하고 견디기 위한 준비 과정으로 이해할 수도 있다.

일부 동물은 미리 많은 먹이를 섭취해 체내 지방 에너지 축적분을 늘려 놓지만, 인간은 실컷 먹어두기보다는 잔뜩 쌓아 놓는 쪽을 택한다. 그런데 두루마리 화장지는 왜 사재기를 해서 쟁여 놓는 것일까. 의견이 분분한데, 위험에서 안전을 지키려는 내장된 경보 체제에 의해 유발되는 현상이라는 설이 유력하다. 바이러스 감염 가능성에 겁을 먹고, 그 역겨움에 대한 민감함이 커지면서 청결함을 유지하고 두려움을 달래줄 물건을 대량 사들이게 한다는 것이다. 그래서 살균 물휴지나 손 세정제도 많이 사들이는데, 화장지는 부피가 커서 유독 눈에 띈다는 얘기이다.

사재기는 인간이 오랜 세월을 두고 결정 구조에 따라 행동하게 된 진화의 산물이라는 의견도 있다. 전쟁 중에 생존 본능이 종족 보존 위기감을 일으켜 임신율이 오히려 더 높아지는 현상과 다를 바 없다는 것이다.

주식시장에서도 사재기 현상이 벌어진다. 기업의 실적이 눈에 띄게 개선되거나, 특별한 호재가 나타났을 때이다. 사재기 현상은 바로 거래량으로 알아차릴 수 있다. 이번 장에서는 거래량의 중요성에 대하여 살펴보기로 한다.

01 | 거래량의 의미

기술적 분석으로 주식의 가격이 어느 방향으로 움직이는지 알기 위해서는 거래량을 먼저 알아야 한다. 주식시장에서 거래량이란 일정기간(분, 하루, 일주일, 한 달 등) 동안에 매매가 이루어진 주식의 수를 말한다.

주식시장의 움직임을 파악하는 데 가장 중요한 것은 가격이다. 거래량은 가격의 움직임을 확인하는 보조지표로 이용된다. 그러나 거래량이 보조지표라고 해서 그 중요성이 덜 하다는 것은 아니다. 일반적으로 거래량은 주가의 추세와 같은 방향으로 움직일 뿐만 아니라, 주가에 선행하는 경향이 있기 때문에 주가 움직임을 확인할 수 있는 좋은 지표가 된다. 따라서 거래량을 고려하지 않은 주가 분석은 신뢰가 떨어질 수밖에 없다.

거래량은 투자 정보에서 결정적인 부분인데도 대다수의 투자자가 이를 무시하는 경향이 있다. 기본적 분석가들은 거래량을 고려조차 하지 않으며, 기술적 분석가들을 거래량을 충분히 활용하지 않는다. 거래량은 두 가지 측면에서 핵심적인 정보를 제공한다.

첫째, 거래량은 주가의 변화가 실제화되기에 앞서 이를 짐작하게 해준다.
둘째, 거래량은 기술적 분석가가 주가 변화의 의미를 해석하도록 도와준다.

〈그림 11-1〉은 삼성에스디에스의 일간 차트이다. 주가와 하단에 나타난 거래량을 보면 주가가 어떻게 움직였는지 미루어 짐작할 수 있다.

기술적 분석을 실제로 활용하는 투자자들과 학계는 종종 다른 의견을 보이는데 대체로 의견이 일치하는 한 가지 영역이 있으니, 바로 거래량이다.

그림 11-1 주가와 거래량의 관련 사례 : 삼성에스디에스 일간 차트

거래량은 주가 변화를 암시함으로써 필수적인 정보를 제공한다. 이 정보는 거래량이 극단적인 수준에 이르는 경우 설득력은 커진다. 이런 경우 거래량은 주가보다 훨씬 양질의 정보를 제공한다.

《높은 거래량 수익 프리미엄The High Volume Return Premium》의 저자들로 펜실베이니아대학 워튼 스쿨의 로드니 L. 화이트 금융연구센터의 거베일스Gervails, 카니엘Kaniel, 밍글러린Mimglerin 등은 이렇게 말했다.

> "우리는 거래량을 측정할 때 하루 또는 일주일 동안 유독 거래가 많거나 침체된 개별 종목은 아주 큰 수익을 내거나 수익이 형편없는 경향이 있음을 발견했다. 하루 또는 일주일 동안 거래량이 유달리 많은 주식의 가격은 대폭 상승한다."

거래량이 정보를 제공하는 다른 방식은 기술적 분석가가 주가의 의미를 해석하도록 돕는 것이다. 거래량 덕분에 애널리스트는 주가에 상승하는 거래량의 렌즈로 주가의 의미를 해석할 수 있다. 블룸Blume, 이즐리Easley, 오하라O'Hara는 1994년 〈금융저널Journal of Finance〉에 실린 〈시장 통계와 기술적 분석 : 거래량의 역할Market Statistics and Technical Analysis : The Role of Volume〉에서 이렇게 밝혔다.

> "거래량은 주가 통계가 만들어낼 수 없는 정보의 질에 관한 정보를 제공한다. 이 연구는 거래량과 주가가 어떤 정보를 주는지와 함께 거래량, 정보의 정확성 그리고 주가의 움직임이 서로 어떻게 연결되어 있는지를 보여준다. 덧붙여 이들은 시장 통계에 포함된 정보를 활용하는 트레이더들이 그렇지 않은 트레이더들보다 실적이 좋다는 것을 증명했다."

또한 잉Ying은 1966년 신기원을 이룬 〈주가-거래량의 상관관계에 대한 연구〉에서 이렇게 말했다.

> "주식시장에서 주가와 거래량은 시장의 역학이 이루어낸 하나의 합작품이다. 거래량에서 주가를 분리하거나 또는 주가에서 거래량을 분리하려는 어떠한 모델도 불완전한 결과(잘못된 결과까지는 아니더라도)를 도출할 수밖에 없다."

여기서 잉이 말하는 역학은 주식시장에서의 거래를 가리킨다.

02 | 일간 거래량의 중요성

주식의 일간 거래량은 하루 동안에 거래된 주식수이다. 거래량이 많다는 것은 하루 동안에 거래된 주식수가 많다는 것이고, 거래량이 적다는 것은 거래된 주식수가 적다는 것이다. 그렇다면 왜 일간 거래량이 상당히 중요한 의미를 갖고 있는지 알아보자.

어떤 사람이 급하게 돈을 쓸 일이 있어 소장하고 있던 미술품을 처분하기 위해 갤러리에 매물로 내놨을 경우 미술품 구매층은 매우 제한되어 있어 즉시 구매자를 찾기 어렵다. 언제 팔릴지 알 수 없고, 또 팔린다 해도 제대로 된 가격인지를 객관적으로 검증할 수 없어 제값을 받고 팔았는지 확인하기 어렵다. 이에 반해 창고에 보관하고 있는 쌀을 들고 나와 파는 경우 아주 쉽게 파는 것은 물론이고, 제값을 받고 팔 수 있다.

쌀은 필수품이어서 하루에도 다량의 쌀이 시세로 거래되며, 공정한 시장가격이 확실하게 형성되어 있다. 마찬가지로 거래량이 많은 주식은 사고파는 사람이 엄청나게 많으므로 거래 가격이 공정하게 매겨진다. 하지만 거래량이 적은 주식은 가격 자체가 변동이 심하며, 객관적으로 입증된 가격이라고 볼 수가 없다.

기술적 분석으로 주가를 예측하기 위해서는 주식의 거래량이 많아야 한다. 예를 들어 거래량이 많으면 주식을 사는 사람과 파는 사람이 많아 가격을 조작할 확률이 적고, 또 불특정 다수의 군중심리를 객관화할 수 있다. 따라서 주식의 수요와 공급의 움직임으로 주식 가격을 예측하는 데 큰 문제가 없다. 하지만 작은 기업의 경우에는 거래되는 주식의 양이 너무 적어 주식의 수요와 공급의 움직임만으로 객관화된 주가 예측을 얻을 수 없다.

거래량은 또한 주가 움직임과 밀접한 관계를 갖고 있다. 예를 들어 2021년 2월 초에 A사의 주가가 하루 만에 10,000원선에서 8,000원으로 떨어졌다. 주가가 폭락하기 전에는 하루 평균 거래량이 200만 주 정도였다. 그런데 주가가 폭락한 날은 하루 거래량이 6,000만 주를 넘어설 정도로 평일 거래량보다 30배 이상 크게 증가했다. 회사의 영업 성적에 극히 실망한 투자자들이 주식을 집중적으로 투매했기 때문이다.

이렇게 떠난 투자자들은 대부분 되돌아오지 않으므로 주식에 대한 수요가 없어서 당분간 가격 상승을 기대할 수 없다. 따라서 며칠 사이에 급격하게 거래량이 증감하면 기술적 분석을 적용할 토양이 없어지게 된다. 기술적 분석을 하기에 앞서 주식의 거래량을 알아야 하는 이유가 여기에 있다.

03 | 플로트 주식Float stock의 수와 거래량

일간 거래량의 의미를 파악하고 나면 일간 거래량과 회사의 전체 주식수를 비교해볼 필요가 있다. 즉 전체 발행 주식수에 비해 얼마나 많은 주식이 매물로 시장에 나오고 있는지를 알아봐야만 거래량의 추이로 주가의 움직임을 알아낼 수 있다. 예를 들어 다음은 대기업인 B사의 일간 거래량과 지난 3개월간의 평균 일간 거래량을 서로 비교해보자.

일간 거래량 : 2,026만 4,200주
3개월간의 평균 일간 거래량 : 2,300주
전체 발행 주식수 : 28억 주

일간 거래량과 지난 3개월간의 평균 일간 거래량이 서로 엇비슷할 정도로 주식 거래에 충격적 변화가 없기 때문에 기술적 분석으로 주식의 흐름을 예측할 기본 토양이 마련되었다. B사의 주식은 잘 분산되어 있어 전체 발행 주식 28억 주 중에 90% 이상의 주식이 시장에서 거래되고 있다. 이렇게 시중에서 매물로 나올 수 있는 주식을 '플로트 주식'이라고 한다.

플로트Float는 우리말로 '둥둥 떠 있다'라는 뜻인데 말 그대로 매물로 시장에 떠돌 수 있는 주식을 말하는 것이다. 플로트 주식의 비율이 높은 종목은 주식시장에 매물로 나올 수 있는 주식의 수가 전체 발행 주식의 절대다수를 차지하고 있으므로 주식 가격이 시장의 힘에 의해 결정된다고 할 수 있다. 따라서 기술적 분석이 설 수 있는 자리를 마련해주고 있다.

대기업인 B사와 비교해 소기업인 C사의 주식 거래량을 비교해보자. 다음은 C사의 일간 거래량과 3개월간의 평균 일일 거래량 그리고 전체 발행 주식수이다.

일간 거래량 : 7,000주
3개월간의 평균 일간 거래량 : 3만 주
총 발행 주식수 : 620만 주
플로트Float 주식수 : 250만 주

C사는 아주 조그만 기업으로 하루 거래량이 7,000주밖에 안 된다. 따라서 전체 발행 주식의 0.1%밖에 거래되지 않고 있다. 한편 C사의 경영주가 소유하고 있는 주식이 전체 발행 주식의 60%이다. 대주주인 경영주는 경영권 확보 차원에서 자기주식을 시장에 내놓지 않고 있다.

따라서 전체 발행 주식의 40% 정도만 시중에서 거래될 수 있는 플로트 주식이 되므로 수요와 공급의 양이 상대적으로 제한되어 있다. 또 거래량 자체가 적어 기술적 분석으로 주가를 예측하는 데 한계가 있다.

04 | 일반적으로 나타나는 주가와 거래량의 관계 및 선행성

주가의 변화에 따른 거래량의 변화는 일반적으로 다음과 같이 나타난다. 상승 추세에서는 주가가 상승할 때 거래량이 증가하고, 주가가 하락할 때 거래량이 감소한다. 반면에 하락 추세에서는 주가가 상승할 때 거래량이 감소하고, 주가가 하락할 때 거래량이 증가한다. 주가와 거래량의 일반적인 관계와 선행성은 다음과 같이 설명할 수 있다(그림 11-2 참고).

- 주가가 바닥권까지 떨어진 상태에서 거래량이 증가하기 시작하면 주가가 상승 추세로 전환하려는 신호이다(1).
- 주가가 횡보 추세에서 상승 추세로 바뀌면서 거래량도 함께 증가하면 매수 신호이다(2).
- 매도 측이 매도를 보류하기 때문에 거래량이 늘지는 않지만 주가는 계속 상승할 때에는 주가 상승의 가능성이 크다(3).
- 매수 측이 매수를 주저하기 때문에 거래량이 감소하는데 주가는 탄력에 의해 계속 상승할 때에는 매수를 보류한다. 상승 추세에서는 추세가 1/2 또는 2/3 정도 진행됐을 때가 거래량이 제일 많다(4).
- 주가가 더 이상 상승하지 않고 거래량도 계속 감소하면 주가의 하락을 경계해야 한다(5).
- 주가가 하락하기 시작하면서 거래량도 증가하면 본격적인 주가 하락의 신호이다(6).

그림 11-2 주가와 거래량

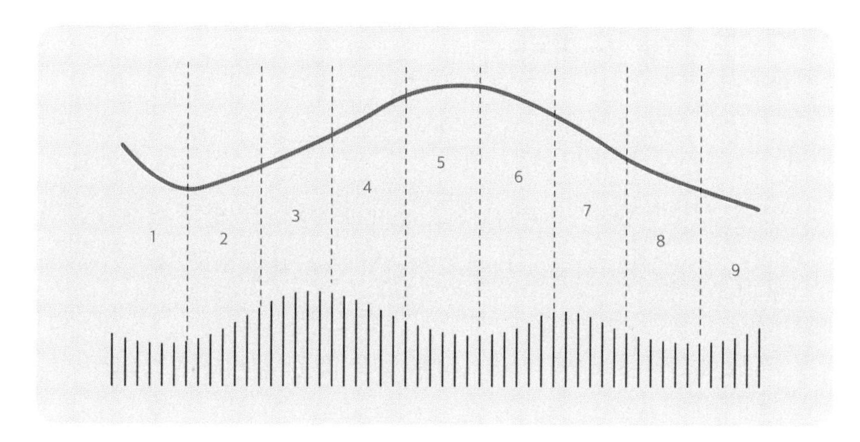

- 주가가 계속 하락하면 매수 측이 관망하기 때문에 거래량이 감소하기 시작한다(7).
- 주가의 하락세가 계속되면 거래량이 정체하게 된다(8).
- 주가의 대폭적인 하락으로 관망하던 매수세가 매수에 참여하게 되고, 이에 따라 거래량이 늘어나면 주가가 계속 하락하더라도 매도를 중지하게 된다. 그것은 추세 전환의 신호이기 때문이다(9).

이상에서 말한 관계는 전형적인 것으로, 주가와 거래량의 관계가 항상 이와 같이 나타나지는 않는다. 따라서 거래량을 분석할 때에는 다른 지표도 함께 분석할 필요가 있다. 대표적인 것이 거래량과 거래대금을 함께 분석하는 방법이다. 그 이유는 저가주가 많이 거래되는 것과 고가주가 많이 거래되는 것은 시장 에너지 소진이라는 측면에서 다른 의미를 갖기 때문이다.

05 | 추세가 전환될 때의 주가와 거래량

미국의 기술적 분석가 마틴 프링Marting J. Pring은 그의 저서 《기술적 분석 해석Technical Analysis Explained》에서 추세가 전환될 때 주가와 거래량의 관계를 보면 다음과 같은 일반적인 현상을 찾을 수 있다고 말했다(그림 11-3 참고).

- 거래량의 증가와 함께 주가가 상승할 때에는 정상적인 움직임으로써 추세 전환의 가능성이 적다.
- 단기적으로는 거래량이 증가하면서 신고가를 형성하지만 전체적인 거래량 추세가 감소세에 있을 경우에는 주가의 추세 전환 가능성이 크다(a).
- 거래량이 감소하면서 주가가 상승할 경우에는 일시적인 반등에 그친 후 추가 하락의 가능성이 크다. 따라서 이때 만들어지는 패턴은 전환형이 된다(b).
- 거래량이 점진적으로 증가하면서 주가도 서서히 오르다가 갑자기 거래량이 급증Blow off 하면서 주가도 급등한 후, 다시 거래량이 급격히 감소하면서 주가가 급락하는 경우에는 추세 전환의 가능성이 크다. 이 경우에 추세가 전환된 후의 하락폭은 급등할 때의 상승폭보다 크고 거래량이 많을수록 커진다(c).
- 주가가 하락 추세를 지속하다가 일시적인 반등을 보인 후 다시 전 저점 근처까지 하락할 때, 거래량이 전 저점보다 감소하면 상승 추세로 반전될 가능성이 있다(d).
- 주가가 패턴이나 추세선 또는 이동평균선을 하향 돌파할 때 거래량이 증가하는 경우에는 약세의 뚜렷한 신호로 추세 전환의 가능성이 크다(e).
- 하락 추세는 매도 클라이맥스Selling climax 현상이 나타나면서 끝나는 경우가 있다. 매도 클라이맥스 현상이란 하락 추세가 한참 진행된 후 거래가 급증하면서 주가가 급락하는 것을 말한다. 이때에는 주가 하락이 끝나면서 상승 추세로 반전되는 경우가 많다(f, g).
- 상승 추세가 어느 정도 진행된 후 주가는 조금씩 오르는데 거래량이 급격히 증가할 때에

그림 11-3 추세가 전환될 때 주가와 거래량

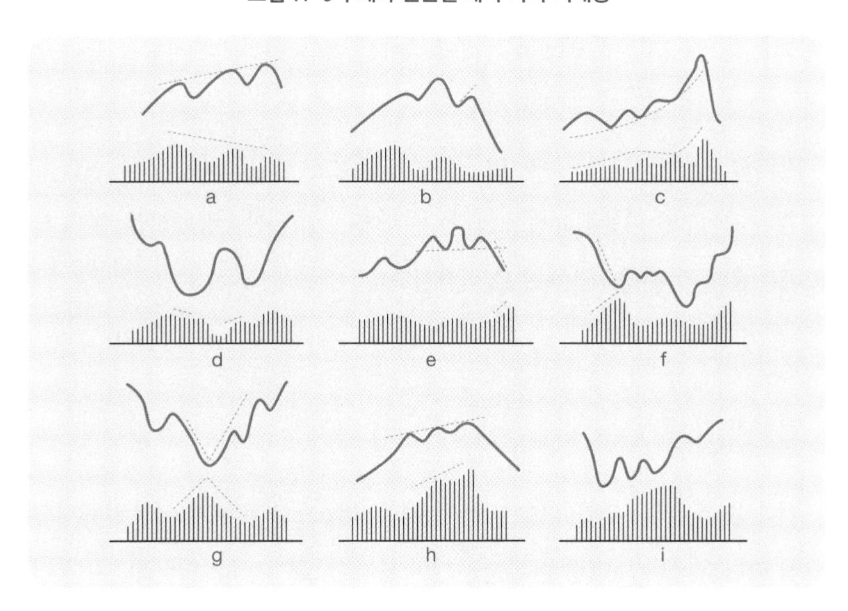

는 상투의 조짐이고(h), 하락 추세가 어느 정도 진행된 후 주가는 조금씩 오르면서 거래량이 급격히 증가할 때에는 바닥을 탈피하려는 양상이다(i).

일반적으로 대량 거래는 새로운 추세가 시작되는 시점과 끝나는 시점에 나타난다.

06 거래량 이동평균선

의미

일반적으로 거래량은 주가에 선행하여 움직이므로 거래량의 동향을 분석하면 가까운 장래의 주가를 미리 예측해볼 수 있다. 앞에서 설명한 주가와 거래량의 원리를 이용하여 미래의 주가를 예측하고 매매 시점을 찾기 위해 거래량 이동평균선을 이용한다.

거래량 이동평균선도 주가 이동평균선과 같은 방법으로 산출하는데, 단기 투자에는 5일 이동평균선을, 중기 투자에는 20일 이동평균선을, 장기 투자에는 60일 이동평균선을 주로 이용한다.

분석 방법

거래량 이동평균선을 이용한 주가 예측 방법으로는 주가 이동평균선의 분석 방법과 같이 거래량 이동평균선이 상승 추세인지 하락 추세인지를 살펴보는 방향성 분석을 비롯하여, 정배열과 역배열 상태를 확인하는 배열도 분석, 단기 지표인 5일 이동평균선과 중기 지표인 20일 이동평균선과의 골든크로스와 데드크로스를 확인하여 매수·매도 시점을 확인하는 크로스 분석 등이 이론의 중심이다.

주가가 상승 추세를 이루는 과정에서는 거래량이 증가하면서 장기, 중기, 단기 거래량 이동평균선은 골든크로스가 발생한 이후 정배열 상태를 보이게 된다. 또한 주가가 하락 추세를 이루는 과정에서는 거래량이 감소하면서 단기, 중기, 장기 거래량 이동평균선은 데드크로스가 발생한 이후 역배열 상태를 보이게 된다. 즉 거래량 이동평균선이 정배열 상태를 보이는 도중에는 주가의 상승 추세를, 반대로 거래량 이동평균선이 역배열 상태를 보이는 도중에는 주가의 하락 추세를 볼 수 있다.

거래량 이동평균선과 주가의 연관성

거래량 이동평균선과 주가의 연관성은 다음의 몇 가지로 설명할 수 있다.

- 일간 거래량이 5일 거래량 이동평균선을 상향 돌파하다가 주가가 하락하면서 5일 거래량 이동평균선에 근접하지 못할 경우에는 매도 신호이다.
- 거래량이 증가하면서 5일 거래량 이동평균선이 상승 반전하면 매수 신호이고, 반대로 거래량이 급감하면서 5일 거래량 이동평균선이 하락 반전하면 매도 신호이다.
- 5일 거래량 이동평균선이 상승에서 하락으로 변화할 때 주가가 폭등했다가 하락으로 꺾이면, 주식은 상승 에너지를 다하고 하락으로 전환했다고 보아도 된다.

거래량이 최고조에 도달했어도, 다음 날 전날의 그 거래량을 넘어서면 더 이상 최고의 거래량은 아닌 것이다. 시세가 진행 중일 때는 최고의 거래량은 어딘지 모른다. 이를 보완하기 위해서 '거래량 이동평균선'을 활용한다. 단기 거래량(5일)을 평균하면 거래량이 전체적으로 감소하는지, 아니면 일시적으로 감소했다가 다시 증가하는지를 쉽게 볼 수 있기 때문이다.

거래량을 며칠씩 묶어 생각하면 최고조의 거래량에서 줄어드는지, 계속 늘어나는지를 알 수 있다. '거래량 이동평균선'보다 현저히 높아질 때 거래량 정점(천장)이라고 보아도 된다. '거래량 이동평균선'이 하락으로 접어들 때는 거래가 점점 줄고 있음을 암시한다. 거래량이 일시적으로 늘어난 돌출 거래량보다 거래량 이동평균선이 훨씬 신뢰도가 높다.

〈그림 11-4〉는 거래량과 거래량 이동평균선의 사례로, POSCO의 2019년 1월에서 10월까지의 일간 차트이다.

그림 11-4 거래량과 거래량 이동평균선의 관련 사례 : POSCO 일간 차트

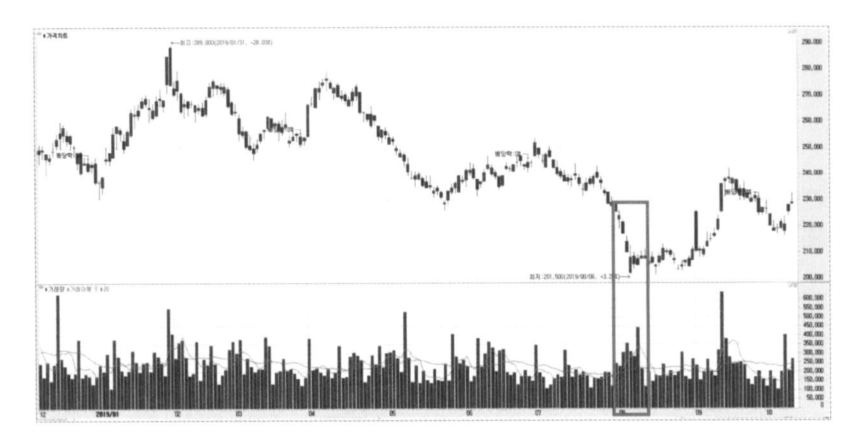

2019년 7월 말 거래량이 거래량 이동평균선을 돌파하면서 5일 거래량 이동평균선이 20일 거래량 이동평균선을 돌파하는 모습을 보였다. 이후 가격 조정이 이어졌지만 거래량이 주가에 선행하는 모습을 보이면서 의미 있는 저점을 확인하는 모습이 나타났다.

제 12 장

거래량 지표

거래량은 기차가 철로를 따라가도록 만드는
보일러의 증기다.

조셉 그랜빌

어떤 종목에 투자할 것인가. 특히 해외 증시에서 거래되는 다양한 종목 가운데 무엇을 살 것인지가 투자자들의 진정한 고민이다. 뭔가 기준이 될 수 있는 것이 있을 것도 같다. 미국 증권사 파이퍼샌들러는 청소년 소비 경향에 대한 보고서 〈10대와 함께 주식 고르기〉를 발표했다. 반기에 한 번씩 발간하는 이 보고서는 설문을 통해 미래의 경제 주도층이 될 청소년들이 선호하는 브랜드를 발굴한다.

조사에 따르면 청소년들의 2021년 지출은 1인당 평균 2,165달러에 달할 전망이다. 코로나19의 영향으로 2020년 가을 최저치까지 떨어졌다가 천천히 상승하고 있다. 10대들이 가장 선호하는 의류 브랜드 1위(27% 선호)는 나이키가 차지했다. 10년 넘게 정상을 지키고 있다. 아메리칸이글이 2위, 팩선이 3위, 룰루레몬이 4위였다. 아디다스는 2017년 가을 이후 가장 낮은 5위로 떨어졌다. 호주 패션 부티크인 프린세스폴리[Princess Polly]가 6위에 올랐으며, 중국 제조·직매형 패션 브랜드 쉬인[Shein]은 11위에서 이번에 8위로 부상했다.

신발에서는 나이키가 56%로 1위였다. 전년 대비 선호도가 9%포인트 상승했다. 반스(12%), 아이다스(9%) 등이 뒤를 이었다. 선호하는 레스토랑으로는 칙필에이(18%), 스타벅스(12%), 치폴레(11%) 등이 꼽혔다. 반면 맥도날드는 2%포인트 떨어진 3%로 간신히 인앤드아웃버거와 동률을 이뤄 5위를 차지했다. 칙필에이는 비상장기업이다. 10대의 15%는 1순위로 임파서블푸드와 비욘드미트 등 식물성 육류를 소비한다고 답했다.

파이퍼샌들러는 포시마크Poshmark와 디팝Depop 등 중고거래 사이트의 인기가 높아진 게 주목할 만하다고 평가했다. 또 고전적인 10대 의류 브랜드인 아메리칸이글과 홀리스터, 어반아웃피터 등이 여전히 인기 목록에 올랐다고 덧붙였다. 10대들은 불황에도 소비를 멈추지 않아 흔히 마르지 않는 지갑이라고 한다. 무엇보다 소비의 트렌드를 주도해간다. 이들의 소비성향을 보면 장차 이들이 선호하는 기업의 매출 방향성이 드러나게 된다.

이번 장에서는 거래량을 이용한 지표를 살펴본다. 대표적인 것이 OBV이고, 이를 더욱 발전시킨 것이 AD Line이다. 또한 VR, PVI, NVI, MFI, CO, PVT에 대하여 알아본다.

01 | OBV(On Balance Volume)에 대하여

OBV의 의미

OBV는 그랜빌에 의해 개발된 투자 기법으로 간단하면서도 가장 많이 알려진 거래량 분석지표이다. 거래량은 시세의 원동력이며 주가는 그 그림자에 지나지 않는다는 이론을 그 배경으로 하고 있다. 따라서 거래량은 항상 주가에 선행한다는 특징을 강조한 것이 OBV에 의한 매매 기법이다. 또한 주가와 거래량의 괴리 현상을 OBV를 통해 발견할 수 있기 때문에 주가의 추세 전환 가능성을 미리 알 수 있는 선행지표로도 이용할 수 있다.

일반적으로 주가 상승일의 거래량이 하락일의 거래량보다 많기 때문에 장기적으로 우상향하는 특징을 가진다. 이에 따라 OBV는 주가 상승에는 민감하나 주가 하락에는 둔감하다. 배당락, 권리락 등이 있는 날에는 배당락, 권리락 등을 감안한 주가가 순상승 또는 순하락하느냐에 따라 가감한다. 이렇게 계산된 OBV를 표나 차트로 만든다. 차트를 만들 때에는 이동평균한 수치를 이용하기도 한다.

OBV와 그랜빌

조셉 그랜빌(1923~2013)은 1960년대 후반부터 1980년대 초반까지 활발하게 활동한 전통적인 기술적 분석가이다. 한때 그의 분석은 전 세계적으로 영향력을 갖기도 했다. 1961년 7월 그랜빌은 OBV 개념을 발전시켰고, 1963년 자신의 저서 《주식시장 수익을 위한 그랜빌의 열쇠(Granville's New Key to Stock Market

Profit》를 통해 OBV 방식을 대중에게 알리기 시작했다.

주식시장을 연구하는 역사가인 제임스 E. 알피어James. E. Alphier는 '그랜빌은 독자적으로 OBV를 생각해냈으며, 1961년 OBV를 발명했다는 그랜빌의 주장은 의심할 아무런 이유가 없다'고 설명하고 있다.

주가 움직임의 이면에 거래량이라는 힘이 작용한다는 것을 인식한 그랜빌은 상승일에는 거래량을 더하고 하락일에는 거래량을 빼서 OBV를 만들었다. 그랜빌은 한 인터뷰에서 "내가 고안한 대로 OBV가 없으면 예측을 하지 않을 것이다"라고 말하기도 했다. OBV에 대한 그랜빌의 아이디어는 거래량의 지속적인 누적 총합을 유지하는 것이다.

그랜빌은 자신의 OBV 지표로 저명한 시장 전략가가 되었다. 그는 OBV를 통해 주식 분석에서 거래량을 이용하는 것이 얼마나 지혜로운 일인지 널리 알렸다. 2002년 한 기자가 그랜빌에게 그의 기술적 분석이 여전히 통하는지, 그리고 그만의 방식들이 영원히 통할 것으로 생각하는지 물었다.

그랜빌은 특유의 어조로 당당하게 말했다. "물론이죠. 진리는 세월이 변해도 여전하니까요. 주식의 가치를 바꿀 수 있는 건 두 가지, 바로 수요와 공급뿐입니다. 내가 가르치는 것도 이 두 가지뿐입니다."

현재에도 OBV는 기술적 분석을 위한 소프트웨어에서 표준 지표로 적용되고 있다. OBV를 활용하는 사람은 여전히 많다. 그랜빌은 시장에서 자신이 성공한 원인을 원만하고 폭넓은 삶 덕으로 돌렸다. 시장은 인생과 많이 닮았고 시장을 예측하려면 인간의 본성을 이해해야 하는 것인지도 모른다.

계산식

OBV는 다음과 같이 간단한 계산방식으로 구하는 지표이다.

- 당일 종가가 직전 거래일 종가에 비해 상승하면 당일 거래량을 직전 거래일의 OBV에 더한다.
- 당일 종가가 직전 거래일 종가에 비해 하락하면, 당일 거래량을 직전 거래일의 OBV에서 뺀다.
- 당일 종가가 직전 거래일 종가와 일치하면, 당일 거래량은 무시한다.
- 이와 같은 방식으로 거래량을 가감시켜 누적된 총거래량으로 OBV를 계산한다.
- 또 OBV 선상에서 직전의 정상[Peak]을 상회해서 주가가 올라가는 경우는 U마크[Up]를 표시하고, 직전의 바닥[Bottom]을 하회해서 주가가 떨어지는 경우는 D마크[Down]를 표시한다.
- 참고로 주가의 등락을 거래량의 가감 기준으로 사용하는 대신 상승 종목수와 하락 종목수의 차이를 거래량의 가감 기준으로 사용한 지표를 MOBV[Market OBV]라고 한다.

당일 OBV = 전일 OBV + 당일 거래량(당일 종가 〉 직전 종가)
= 전일 OBV − 당일 거래량(당일 종가 〈 직전 종가)
= 전일 OBV(당일 종가 = 직전 종가)

일반적으로 주가 상승일의 거래량이 하락일의 거래량보다 많기 때문에, OBV는 장기적으로 우상향하는 특징을 가진다. 이에 따라 OBV는 주가 상승에 대해 민감하게 신호를 발생시키지만, 주가 하락에 대해서는 둔감하여 적절한 신호를 제공하지 못한다. OBV는 현재 시황이 매집이나 분산 단계에 있는지를 규명하며, 시장 가격의 큰 변동이 없는 경우에 발생할 수 있는 추세 방향을 결정하는 데 유리하다.

OBV에 의한 매매 전략

OBV 분석에 있어서 중요한 것은 OBV의 수치나 수준이 아니고 OBV의 추세이다. 〈그림 12-1〉은 2019년 현대엘리베이터의 일간 차트이다. 매매 신호보다는 추세를 눈여겨보는 것이 바람직하다. 즉 OBV의 추세가 상승 또는 하락의 어느 쪽이냐가 중요하며, 절대 수치 자체로 시세의 움직임을 판단하거나 과거와 비교하는 것은 불가능하다.

만약 주가가 상승 추세에 있다면 OBV도 상승 추세에 있어야 하고, 주가가 하락 추세에 있다면 OBV도 하락 추세에 있어야 현재 진행되고 있는 주가 움직임에 거래량이 뒷받침되고 있는 것이다. 그렇지 않을 경우에는 괴리Divergence가 발생하는 것으로 주가의 추세가 전환될 가능성이 크다는 것을 의미한다. 따라서 OBV 분석은 OBV선의 추세와 괴리가 초점이 된다.

그림 12-1 현대엘리베이터 일간 차트와 OBV

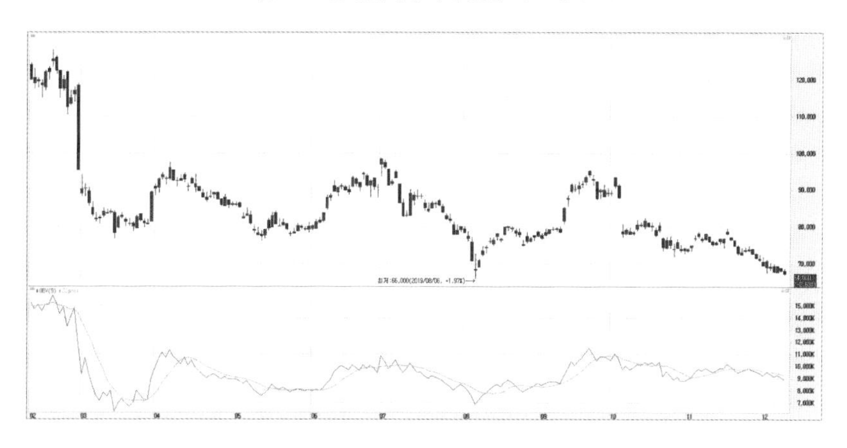

주가의 추세, 패턴 분석 등에서 이용되는 분석 방법은 OBV를 분석하는 데도 똑같이 이용될 수 있다. OBV가 만드는 정점에서의 저항과 저점에서의 지지, 추세 분석, 이동평균선 이용 등이 그것이다. 특히 주가가 뚜렷한 등락을 보이지 않고 정체되어 있을 때 거액 투자자의 경우 일시에 매수 또는 매도할 수 없으므로 주식을 단계적으로 매집하거나 분산하게 된다. 이때 OBV는 이러한 시장의 변동 상황을 파악하는 데 유효한 지표가 된다.

그랜빌의 주가 법칙을 요약하면 기본적으로 다음과 같다.

첫째, OBV선이 직전 고점을 상향 돌파하는 경우 U마크[Up]로 표시하고, 직전 저점을 하향 돌파하는 경우에는 D마크[Down]로 표시한다(그림 12-2 참고).

둘째, OBV선의 상승은 매입세력의 집중(매집)을 나타내고, OBV선의 하락은 매입세력의 분산을 나타낸다.

셋째, OBV선이 장기적 상승 추세선을 상향 돌파하는 경우 강세장을, 장기적 하락 추세선을 하회하면 약세장을 예고한다.

넷째, OBV선이 상승함에도 불구하고 주가가 하락하면 조만간 주가 상승이 예상되고, OBV선이 하락함에도 불구하고 주가가 상승하면 조만간 주가 하락이 예상된다.

그림 12-2 U마크와 D마크

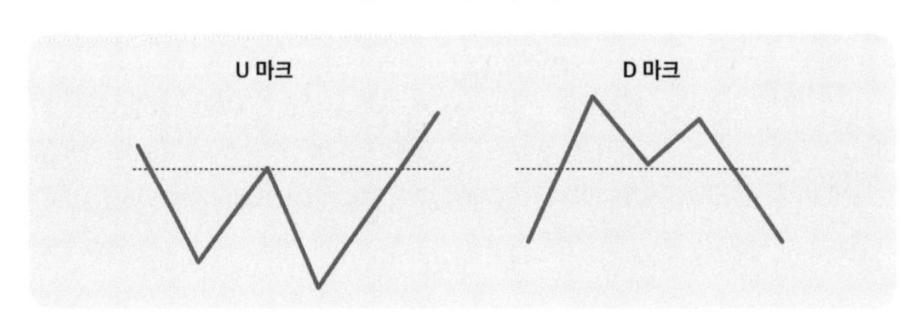

이와 같은 그랜빌의 주가 법칙을 적용해보면, 매수 신호는 다음의 경우에 나타난다.

- OBV선이 상승 추세에 있으면서 도중에 D마크가 나타날 때
- 진행 중인 상승 추세선상에 최초로 D마크가 나타날 때
- D마크가 나타난 후 OBV선이 중요한 지지선상에 있을 때
- OBV선이 하락 추세선을 상향 돌파하면서 한두 개의 U마크를 보일 때

반면에 매도 신호는 다음과 같은 경우에 나타난다.

- OBV선이 하락 추세에 있으면서 도중에 U마크가 나타날 때
- 진행 중인 하락 추세선상에 최초로 U마크가 나타날 때
- U마크가 나타난 후 OBV선이 중요한 저항선 아래에 있을 때
- OBV선이 상승 추세선을 하향 돌파하면서 한두 개의 D마크를 보일 때

그러나 OBV 자체는 기준 시점에 따라 달라지므로 OBV의 이동 방향과 추세를 살펴보고 투자 판단에 참고해야 한다. OBV는 크게 세 가지 형태로 나눌 수 있다. OBV선상의 고점이 이전의 고점보다 높아지는 형태인 양성형과 저점이 계속 이전의 저점보다 낮아지는 형태인 음성형, 그리고 일정한 범위 내에서 반복적으로 움직이는 형태인 중성형이 있다.

02 AD Accumulation Distribution Line : 매집 분산선에 대하여

AD Line은 마크 차이킨Marc Chaikin이 특정 주식에 대한 누적적 자금 유출입

Cumulative flow of money을 평가하기 위해 개발한 거래량 지표Volume indicator이다. 가격이 가중된 거래량 모멘텀을 측정하는 지표라고 할 수 있다. AD Line은 특정 주식에 대한 거래량 변동이 가격 변동보다 먼저 발생하며, 그 주식에 대한 자금의 유출입을 직접 반영한다는 개념을 기초로 한다.

예를 들어 가격의 상승 진행이 있기 직전에 거래량의 증가가 발생하는 경우가 많기 때문에 대부분의 거래량 지표나 자금이동 지표Money flow indicator는 가격의 추세 진행이 발생하기 이전에 포지션을 선점하기 위해 나타나는 거래량의 강세 또는 약세 증가를 초기에 규명하려는 목적으로 개발되었다.

OBV는 종가 변화를 이용하여 거래량 변화를 강세와 약세로 평가하기 때문에 시가는 저가로 나타나지만, 고가에서 종가가 달성되더라도 직전 거래일보다 낮은 종가를 갖는 거래일은 OBV선이 하락하게 된다.

이러한 단점을 시정하기 위해 차이킨은 기간별로 종가를 비교하는 대신에 특정 기간(일간, 주간, 월간) 내부에서 발생하는 가격 변화만을 고려했다. AD Line은 매일의 종가와 그날의 평균 가격 간의 비교를 통해 보다 세밀하게 상승 또는 하락 거래량을 산출할 수 있다. 이 지표는 거래량과 가격이 사용될 수 있는 분간, 일간, 주간, 월간 데이터를 통해서 모두 사용할 수 있지만 일간 데이터를 가장 많이 사용한다.

계산식

차이킨은 해당 거래 기간의 가격 범위에서 갖는 종가의 위치를 기초로 CLVClose Location Value(종가 위치 값)를 계산했다. CLV는 중심점Center pint이 0이고 +1과 -1까지의 값을 갖는다. 특정 기간에 대한 CLV의 계산 공식과 특징을 보면 다음과 같다.

$$CLV = \frac{(종가 - 저가) - (고가 - 종가)}{고가 - 저가}$$

$$= \frac{2 \times 종가 - (고가 + 저가)}{거래\ 가격\ 범위}$$

종가 수준	CLV의 값
종가=고가	CLV=+1
고가 〉 종가 〉 중간점	+1 〉 CLV 〉 0
종가=중간점	CLV=0
중간점 〉 종가 〉 저가	0 〉 CLV 〉 -1
종가=저가	CLV=1

· 해당 기간의 거래 가격 범위=고가−저가

· (거래 가격 범위의) 중간점Midpoint $= \frac{(고가 - 저가)}{2} + 저가$

이와 같이 해당 기간에 대해 CLV를 구한 후에 AD값Accumulation/Distribution value은 다음과 같이 CLV를 그 기간의 거래량으로 곱한 값을 직전 기간의 AD값에 더한 누적합으로 결정한다.

해당 기간 A/D

$= (CLA \times 거래량) + 직전 기간\ A/D$

$= \frac{[(종가 - 저가) - (고가 - 종가)]}{고가 - 저가} \times 거래량 - 직전 기간\ A/D$

- **계산** : 매일의 거래량은 누적합계에서 가감된다. 종가가 그날 고가에 가까울수록 더 많은 거래량이 누적되며, 종가가 그날 저가에 가까울수록 그날의 거래량은 누적된 거래량에서 차감된다. 만약 종가가 그날 고가와 저가의 정중앙에 있을 경우 그날의 거래량은 무시한다.

매일의 거래량 계산식

- 양선에서는 거래량의 증가를 누적시키고 음선에서는 뺀다. 지표와 가격의 이격도가 증가할 때는 매수이다. 공식의 의미는 오늘의 종가가 전일 종가보다 큰 경우 그날의 거래량은 가격을 상승시키기 위한 힘으로 간주하여 오늘의 변동 범위에 대한 상승폭만큼 더해준다. 반면 오늘의 종가가 전일 종가보다 적은 경우 그날 거래량은 가격을 하락시키기 위한 힘으로 간주하여 오늘의 변동 범위에 대한 하락폭만큼 빼주는 것이다.

- 만약 종가가 그날의 고가일 경우에는 당일의 AD Line은 산식에 의해 거래량으로 산출되므로 그날의 거래량 전부를 AD Line에 가산한다. 반대로 종가가 그날의 저가일 경우에는 당일 AD Line은 산식에 의해 거래량으로 산출되어 전체 거래량을 전일의 AD Line에서 차감한다.

- 마찬가지의 방법으로 당일의 종가가 평균 가격과 일치한다면 그날의 AD Line 지표는 '0'이 되어 변동이 없게 된다.

- 결국은 당일의 종가가 고가와 저가 사이에서 어느 정도의 위치에 있느냐에 따라 그날의 AD Line 값은 달라지게 되는 것이다.

AD Line의 하락은 매수세력의 분산Distribution을 의미하며, 시장 가격의 상승 모멘트 감소로 인한 하락을 예고한다. 한편 AD Line의 상승은 매수세력의 매집Accumulation을 의미하며, 가격 상승 모멘트의 증가로 인한 상승을 예고한다.

OBV의 경우 거래량의 배분에 있어 가격 상승 시에는 매수자 측, 가격 하락 시에는 매도자 측에 일방적으로 수치를 부여한다. 그에 반해 AD Line은 종가와 일일 가격 변동폭의 평균에 의해 적정 비율로 배분하는 점에서 차이가 난다. OBV는 전일의 종가와 당일의 종가를 비교하여 그날의 거래량 전부를 상승 또는 하락으로 구분하는 단점을 해소하기 위한 것이다. 그리고 AD Line은 매일의 종가와 그날의 평균 가격 간의 비교를 통해 보다 세밀하게 상승 또는 하락 거래량을 산출할 수 있다.

AD Line에 의한 투자 전략

AD Line을 이용한 매매 전략은 오실레이터보다 단순하게 괴리와 추세 지속의 확인으로 구분할 수 있다.

매수 신호

시장 가격의 바닥이 직전 바닥보다 더 낮게 나타나는 동안에 AD Line의 저가가 직전 저가보다 더 높게 발생하는 강세괴리[Bullish divergence]의 패턴은 매수 신호를 제공한다. 특히 수개월에 걸쳐 패턴이 완성된 강세괴리는 강력한 상승 반전의 신호이다. 그렇지만 1) 상대적으로 단기간에 발행한 강세괴리나, 2) AD Line의 패턴에서 저가는 직전보다 높지만 그 과정에서 발생한 반발 고가[Reaction highs]가 직전 고가보다 낮은 약한 강세괴리의 매수 신호는 다른 분석 수단으로 신뢰성을 확인해야 한다.

AD Line의 지속적 상승은 매수세력의 매집을 의미하며, 상승 추세의 지속 가능성을 확인해준다. 또한 AD Line의 상승 속도가 빠를수록 매수세력의 매집 강도가 크다는 것을 의미하여, 시장 가격의 상승 추세가 강력히 진행될 것이라는 신호이다.

AD Line이 추세적 상승을 지속하는 것은 시장 가격의 지속적 상승을 의미하며 매수 신호가 된다. 한편 시장 가격은 급속도로 상승하는데 AD Line이 더 높은 고가를 달성하지 못하거나 횡보 진행한다면, 이는 매수세력이 상대적으로 약하다는 신호이다.

매도 신호

시장 가격의 정점이 직전 정점보다 더 높게 나타나는 동안에, AD Line의 고가가 직전 고가보다 더 낮게 발생하는 약세괴리Bearish divergence의 패턴은 매도 신호를 제공한다. 강세괴리에서와 마찬가지로, 수개월에 걸쳐 패턴이 완성된 약세괴리는 강력한 하락 반전의 신호이다. 〈그림 12-3〉은 AD Line과 약세괴리의 실제 사례이다. 현대엘리베이터의 일간 차트인데, 2020년 3월에서 5월까지 약세괴리를 보였다.

이러한 약세괴리 중 1) 상대적으로 단기간에 발생한 약세괴리이거나, 2) AD Line의 고가들이 유사한 수준으로 발생하여 상대적으로 수평선에 가까

그림 12-3 AD Line과 **약세괴리의 실제 사례 : 현대엘리베이터 일간 차트**

운 약세괴리 패턴에 따른 매도 신호는 다른 분석수단으로 신뢰성을 확인해야 한다.

AD Line의 지속적 하락은 매수세력의 분산을 의미하며, 하락 추세의 지속 가능성을 확인해준다. 또한 AD Line의 하락 속도가 빠를수록 매도세력이 강력하여 매수세력의 분산이 크다는 것을 의미한다. 또 시장 가격 하락 추세의 강력한 진행을 경고하는 매도 신호이다.

03 | VR Volume Ratio : 거래량 비율에 대하여

VR의 의미

거래량이 늘어나면 주가는 오르지만 어느 수준까지 거래가 급증하면 시장이 과열된 상태가 된다. 반면 주가가 바닥권에서는 거래량도 바닥이라는 과거의 경험이 VR의 근거로 작용한다. VR은 OBV와 상호보완적인 역할을 하는 지표이다.

OBV는 특정일을 시작일로 하여 주가 상승일의 거래량과 주가 하락일의 거래량 차이를 구해서 누적한 것이다. 따라서 시작일에 따라 수치에 큰 차이가 발생하여 절대 수치 그 자체로서는 시세를 판단하거나 과거와 비교하는 것이 불가능하다. 이러한 결점을 보완하기 위해서 누적차수가 아닌 비율로 분석한 것이 VR이다.

계산식

일정기간 동안 주가 상승일의 거래량과 주가 하락일의 거래량과의 백분비를 산출하면 된다. 일정기간(일반적으로 한 달, 즉 20일을 이용) 동안 주가가 상승한 날의 거래량 합계를 주가가 하락한 날의 거래량 합계로 나눈 것이다. 그리고 보합(주가 변동이 없는 날)을 기록한 날의 거래량 합은 절반으로 나누어 분모와 분자에 각각 더해준다.

$$VR = \frac{\text{주가 상승일 거래량 합계} + \text{보합일 거래량}/2}{\text{주가 하락일 거래량 합계} + \text{보합일 거래량}/2} \times 100$$

VR의 매매 전략

일반적으로 주가가 강세일 경우에는 상승일의 거래량은 하락일의 거래량보다 많고, 반대로 약세일 경우에는 하락일의 거래량 합계가 상승일의 거래량 합계보다 더욱 많다.

VR은 150%가 보통 수준이며, 450%를 초과하면 단기적으로 주가의 경계 신호가 된다. 그리고 70% 이하이면 바닥권으로 볼 수 있다. 이 지표는 시세의 천장권에서 일률적으로 적용하기는 어렵지만 바닥권에서의 수치는 신뢰도가 아주 높은 매수 시점이 된다.

다음 〈그림 12-4〉는 VR로 본 삼성SDI의 일간 차트이다. 단기 고점보다

그림 12-4 VR로 본 삼성SDI 주가 움직임(일간 차트)

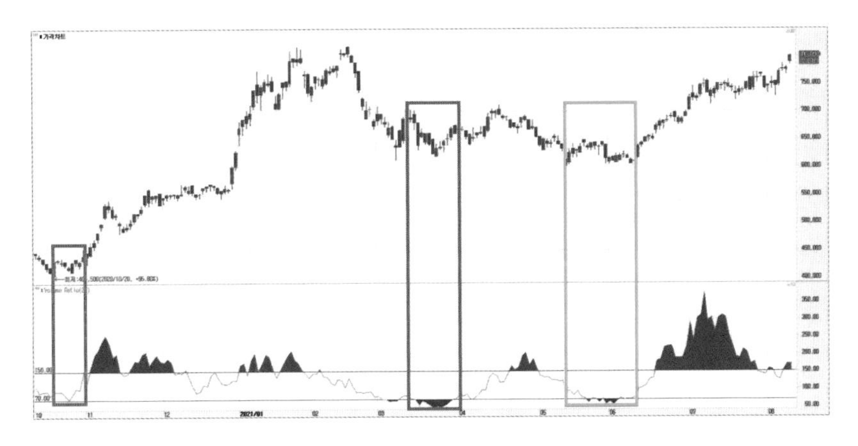

는 단기 저점을 정확히 알려주고 있다. 2020년 10월, 2021년 3월, 6월의 저점을 확인할 수 있다. 따라서 신뢰할 수 있는 매수 시점이 되고 있다.

좀 더 풀어서 이야기하면 VR은 상승장에서의 거래량이 하락장에서의 거래량보다 많기 때문에 평상시 150% 이상을 유지하거나, 강세장의 경우 300%를 넘어서면(즉 상승한 날의 거래량이 하락한 날의 거래량의 3배) 시장은 과열 국면이라고 판단된다. 이때에도 주가는 지속적으로 상승하는 경우가 많다.

비율이 100%라는 것은 주가가 상승할 때의 거래량과 하락할 때의 거래량이 동일하다는 의미이다. 70% 이하이면 극도의 침체장이며 과매도 국면인데 이렇게 될 확률은 크지 않다. 그래서 바닥권에서 신뢰도가 높은 것이다. VR 지표도 다른 지표와 병행하여 분석해야 실패할 확률이 적다.

기술적 지표들은 객관적으로 시장의 분위기를 알려주기는 하지만 단순히 기술적 지표들이 과열권이나 혹은 과매도 국면이라는 이유만으로 매매를 서두르는 것은 성급한 일이다. 주가의 추세는 종종 연장되기도 하므로 기술적 지표들이 과열권이긴 하지만 주가가 며칠 더 오르거나, 혹은 기술적 지표들이 과매도권이지만 주가가 며칠 더 하락세를 이어가는 일은 종종 나타난다.

그렇기 때문에 기술적 지표들이 과열권에 진입하면(예컨대 VR이 300%를 넘어서면) 매도를 서두르기보다는 '매수를 자제하는' 신호로 인식해야 한다. 그리고 기술적 지표의 추세를 보아가며 결정적인 매도 기회를 엿보아야 한다. 반대로 기술적 지표들이 과매도권에 접어들 때에도 마찬가지의 원리가 성립한다.

04 | PVI Positive Volume Index

PVI의 의미

PVI는 현명한 투자자는 거래량이 증가하는 상태의 시장에서 매매를 행하는 반면에, 일반 대중은 거래량이 충분히 증가된 상태에서 매매한다는 기본 가정에서 출발한다. PVI는 남을 좇아가는 Crowd-following 다수의 일반투자자의 시장 참여를 분석하기 위한 지표이다. 따라서 이 지표는 전일에 비해서 거래량이 증가했을 때에만 관심을 가진다. PVI와 정반대의 관점에서 출발한 지표로는 NVI Negative Volume Index가 있다.

계산식

PVI는 특정일을 시작일로 하여 누적해서 구하는 지표이다. 전일의 거래량과 비교하여 당일의 거래량이 동일하거나 감소했을 때 PVI는 전일과 같고, 감소했을 경우에는 전일의 PVI에 가격 상승률을 더해준다. 수식으로 표현하면 다음과 같다.

■ **당일의 거래량이 전일보다 증가했을 경우**

$$PVI = 전일\ PVI + \frac{당일\ 종가 - 전일\ 종가}{전일\ 종가} \times 전일\ PVI$$

■ **거래량이 같거나 감소했을 경우**

$$PVI = 전일의\ PVI$$

PVI를 이용한 매매 전략

PVI는 보다 주관적인 관점에서 해석되는 경우가 많은데 일반적인 해석방법은 다음과 같다.

■ **전통적인 차트 분석 기법의 적용** : 추세선, 저항선·지지선 등의 전통적인 차트 분석 기법을 이용하여 PVI를 분석하여 주가를 예측하는 방법을 말한다.

■ **이동평균의 활용** : PVI의 과거 1년간 이동평균을 구해 당일의 PVI가 이동평균 위에 있을 때에는 주가의 상승이 지속될 것으로 예상할 수 있다. 반

대로 이동평균 아래에 있을 때에는 주가가 하락할 것으로 예측한다.

- 어느 특정한 기준선을 정할 수 없고 주로 이동평균선을 신호선으로 활용하며 뒤에서 설명할 NVI 지표를 함께 활용한다. 다시 말해 PVI가 신호선보다 큰 값을 가지는 구간이 강세 시장이 되며, 이 강세 시장의 범위에서 NVI가 신호선보다 큰 값의 범위가 될 때 초강세 시장이 된다.
- 이 지표의 개발자인 노먼 포스백Norman Fosback이 직접 미국 시장에서 1941년부터 1975년까지 검증한 결과, 신호선의 값으로 1년 지수 이동평균선 값을 사용하는 것이 유용하다는 것을 보여주었다.

〈그림 12-5〉는 VR로 본 금호석유의 주가 움직임이다. 2019년 7월 초 PVI가 이동평균선을 하향 돌파하며 매도 신호가 발생했다. 이후 매도 신호는 지속적으로 발생했고, 주가는 하락 흐름을 나타냈다.

그림 12-5 PVI로 본 금호석유 주가 움직임(일간 차트)

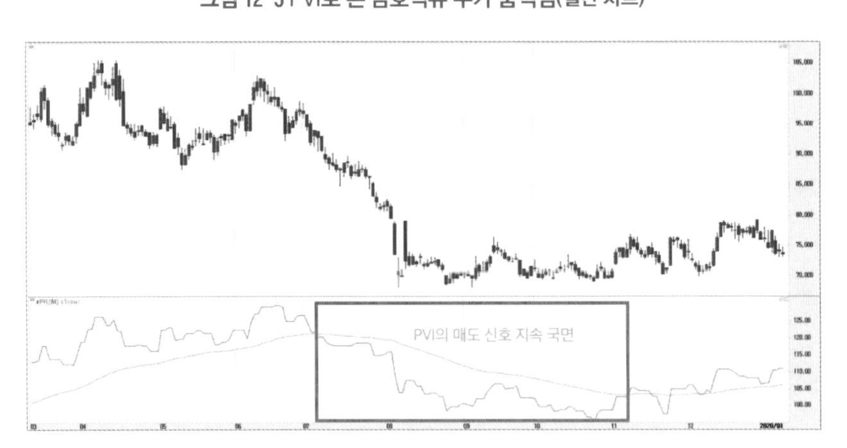

05 | NVI[Negative Volume Index]

NVI의 의미

NVI는 전일보다 거래량이 감소하였을 때 가격 변화를 누적하는 방법을 사용한다. 이런 방법을 통해 시장에 이른바 스마트머니[Smart Money]라고 불리는 소수의 투기적인 세력이 참여하는지 알아보기 위해 고안되었다. 즉 소수의 전문투자자는 거래가 감소할 때 매수하고 거래가 증가할 때 매도하는 반면, 정보수집 능력이 떨어지는 다수의 일반투자자는 반대로 시장에 참여한다는 개념을 의미한다. 따라서 NVI 지표는 거래가 감소하면서 종가가 하락하면 NVI 지표값이 감소하고, 거래가 감소하면서 종가가 상승하면 NVI 지표값은 증가한다. 이 지표는 전일에 비해서 거래량이 감소했을 때에만 관심을 가진다.

계산식

NVI는 특정일을 시작일로 하여 누적해서 구하는 지표이다. 전일의 거래량과 비교하여 당일의 거래량이 동일하거나 증가했을 경우 NVI는 전일과 같고, 감소했을 경우에는 전일의 NVI에 가격 상승률을 더해준다.

수식으로 표현하면 다음과 같다.

■ **당일의 거래량이 전일보다 감소했을 경우**

$$NVI = \text{전일}\,NVI + \frac{\text{당일 종가} - \text{전일 종가}}{\text{전일 종가}} \times \text{전일}\,NVI$$

■ **당일 거래량이 같거나 전일 거래량보다 증가했을 경우**

NVI = 전일의 NVI

NVI를 이용한 매매 전략

NVI는 보다 주관적인 관점에서 해석되는 경우가 많지만, 일반적인 해석 방법은 다음과 같다.

- **전통적인 차트 분석 기법의 적용** : 추세선, 저항선·지지선 등의 전통적인 차트 분석 기법을 이용해서 NVI를 분석하여 주가를 예측하는 방법을 말한다.
- **이동평균의 활용** : NVI의 과거 1년간의 이동평균을 구해 당일의 NVI가 이동평균 위에 있을 때에는 주가의 상승이 지속될 것으로 예상할 수 있다. 반대로 이동평균 아래에 있을 때에는 주가가 하락할 것으로 예측한다.
- 노먼 포스백에 의하면 NVI 값이 1년 이동평균 위에 있을 때 강세 시장일 확률은 95~100% 정도로 분석하고, NVI 값이 1년 이동평균 아래에 있을 때 강세 시장일 확률은 50:50 정도로 분석했다. 그러므로 NVI는 강세 시장 지표로 가장 유용하다고 볼 수 있다.
- NVI도 단독으로 사용하는 것보다는 앞에서 설명한 PVI와 함께 사용하면 더 효율적이다.

그림 12-6 NVI로 본 LX하우시스 주가 움직임(일간 차트)

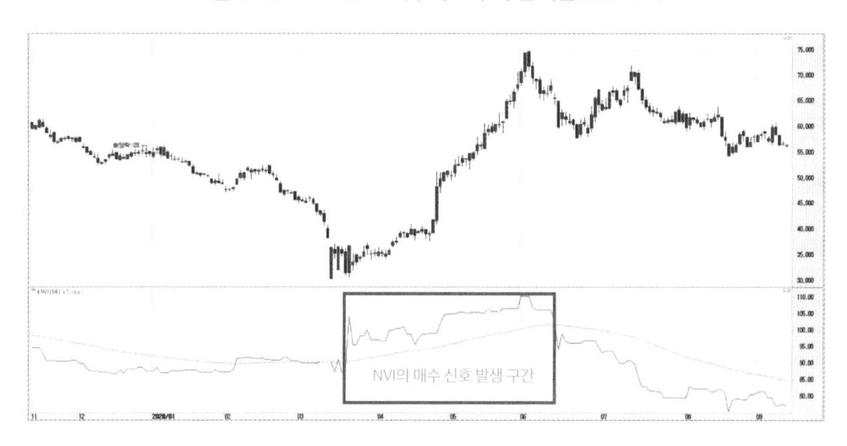

〈그림 12-6〉은 NVI로 본 LX하우시스의 주가 움직임이다. NVI는 2020년 3월에서 6월 초까지 매수 신호가 발생하였고, 주가는 우상향하는 모습을 보였다. 주가의 상승 국면인 강세 시장에서 확률이 높은 보조지표로서의 모습을 확인할 수 있다.

06 | PVI와 NVI 더 깊이 이해하기

1930년대 폴 디서트Paul L. Dysart가 PVI와 NVI 두 지표를 개발했는데 계량경제학자 노먼 포스백이 1976년 그의 저서 《주식시장 이론Stock Market Logic》에 이를 소개하면서 대중화되었다. 디서트는 시장 강도 통계를 이용해 이 지표들을 만들었지만 포스백은 PVI와 NVI를 개별 주식 데이터에 적용해 지수들을 수정했다.

주가 매집 지표들은 거래량이 변할 때 주가를 누적해 주가와 거래량의 관계를 수치화한다. 거래량이 증가하면 주가 변화는 PVI로 계산된다. PVI는 거래량이 증가한 날들의 주가만 계산한다. PVI가 상승하면 거래량이 증가하면서 주가가 상승한다. PVI가 하락하면 거래량은 증가하지만, 주가는 하락한다. NVI가 상승하면 거래량이 감소하면서 주가는 상승한다. NVI가 하락하면 거래량이 감소하면서 주가도 하락한다.

이 지표의 논리는 다음과 같다. 기관들이 개별 주식에 매수 포지션을 취하면 이들이 주식을 매수할 때 주가 상승을 피할 수 없다. 그러나 기관들은 주가에 부정적인 영향을 미치지 않고 상승세의 한가운데서 할인 없이 주식 매도를 시도할 수 있다. 매도호가에만 주식을 내놓으면 이런 것이 가능하다. 하지만 이런 방법을 사용하더라도 거래량을 감출 수는 없다. 큰손들의 움직임은 거래량 증가로 확인된다. 이런 이유 때문에 개별 주식을 다루는 데 있어서 PVI는 효과적인 지표이다.

개별 주식의 경우 거래량 때문에 기관들의 움직임이 드러나지만, 시장 전체적으로 볼 때는 기관들이 움직임을 감추는 데 무리가 없다. 시장 전체는 아주 폭넓기 때문에 어떤 하나의 기관이 시장의 전체 거래량을 증가시키거나 감소시키지 않고도 매수와 매도를 실행할 수 있다. 따라서 기관은 시장의 전체 거래량에 크게 영향을 주지 않고도 매수할 수 있다. 이런 식으로 NVI는 전체 시장과 시장 강도 분석에서 아주 효과적인 지표이다.

새로운 강세장이 탄생할 때 전형적인 현상으로 거래량이 증가하면서 주가가 상승한다. 이런 국면에서 매도자들은 더 높은 가격을 요구하는데, 이는 주가 급등을 동반하는 거래량 증가로 나타난다. 이처럼 거래량이 많은 날에는 다양한 뉴스들과 사건들이 시장에서 주가로 투입된다. 이는 PVI 상승으로 나타나는데, PVI 상승은 장기 강세장의 첫 번째 국면에서 흔히 나타난다. 그러나 거래량이 많기 때문에 NVI는 이러한 추세 발달을 감지하지 못한다.

강세장이 성숙하면서 거래량이 증가해도 주가는 꾸준히 상승할 수 있다. 이 시점에서 PVI는 그리 도움이 되지 않는다. 그러나 주가 매집 이론에 따르면 이 시기에 정보에 밝은 기관투자자들은 지속적인 경기 호전을 기대하고 포지션을 계속 축적한다. 이렇듯 단기 추세가 반전되는 동안에 기관들은 꾸준히 주식을 매집한다. 이러한 행위들은 장기 강세장의 일시적 되돌림 한 가운데에서 NVI 상승으로 나타난다.

강세장이 끝날 무렵에 이르면 주가가 상승해도 거래량은 적다. 이러한 지표들을 이용해 임박한 약세장을 식별할 수 있다. 시장은 상승하는데 PVI가 하락하면 거래량이 많은 날에 해당 주식 또는 주식시장이 분산되고 있는 것이다. 이런 식으로 PVI의 괴리는 성숙하는 추세를 식별하는 데 유용하다.

NVI는 거래량이 감소한 날만을 계산하므로 NVI가 계속해서 시장을 추적할 수 있다. 그러나 많은 거래량을 동반하면서 시장이 하락할 때는 하락세가 가파른 만큼 NVI 역시 빨리 선회한다. 이러한 예에서 알 수 있듯 PVI는 선행지표로 더 적합한 반면, NVI는 시장 추세를 감지하는 데 더 나은 지표이다.

포스백의 연구에 따르면 1941년부터 1975년 사이에 PVI는 1년 평균을 상회하는 추세를 보였는데, 시장이 강세를 보인 기간은 79%였다. NVI 추세가 1년 이동평균을 상회하면 시장이 강세인 기간은 96%였다. 마찬가지로 NVI 추세가 1년 이동평균을 하회하면 전체 기간의 47%만이 강세였다. 그러나 PVI 추세가 1년 이동평균을 하회하면 시장이 강세인 기간은 전체 기간의 33%에 불과했다. 이를 통해 PVI는 약세장을 식별하는 데 유용하고, NVI는 강세장 추세를 식별하는 데 탁월하다는 것을 알 수 있다.

07 | MFI[Money Flow Index]에 대하여

MFI의 의미

상대강도지수[RSI, Relative Strengh Index]는 아마도 기술적 분석가 사이에서 가장 많이 사용되고 있는 지표 중 하나일 것이다. 하지만 RSI는 가격 데이터만으로 구성된 지표이기 때문에 기술적 분석의 양대 축인 거래량을 간과했다는 단점을 가지고 있다.

이러한 RSI의 단점을 보완하고자 거래량으로 가중하여 RSI를 계산한 지표가 MFI이다. MFI는 일명 Volume-weighted RSI(거래량이 가중된 RSI)라고도 한다. MFI는 특정 주식에 대해서 매수, 매도하기 위한 자금이 어느 정도 유입 또는 유출되고 있는지를 나타내주는 지표이다.

MFI는 진 퀑[Gene Quong]과 에이브럼 손닥[Avrum Sondack]이 공동 개발한 것으로 기술적 분석 투자 잡지인 〈주식과 상품에 대한 기술적 분석[Technical Analysis of Stock and Commodities]〉 1989년 3월호에 처음 소개했다.

당시에는 모든 모멘텀 지표는 주가나 거래량 둘 중 하나만 이용했고 주가와 거래량을 병합한 지표는 없었다. 때문에 MFI는 기술적 분석의 획기적인 발전이었다. 쿵과 손닥은 주가에 거래량을 가중해 거래량-가중 모멘텀 오실레이터를 만들었다.

주가 변화에 거래량을 가중하면 거래량이 큰 주가 움직임이 강조되고, 거래량이 적은 주가 움직임의 중요성은 최소화된다. 주가 변화에 거래량 가중치를 두면 거래량 이론의 목표, 즉 높은 거래량 움직임을 더욱 강조하고 낮은 거래량 움직임은 덜 강조하는 목표를 이룰 수 있다.

계산식

MFI의 계산에 사용되는 주가 데이터는 종가 대신에 일간 기준 가격(평균주가=[고가+저가+종가]/3)를 사용하는데, 계산 방법은 다음과 같다.

- **자금흐름(Money flow)의 계산** : 특정일의 자금흐름은 거래량에 평균주가를 곱하여 구한다. 당일의 평균주가가 전일의 평균주가보다 상승했으면 정(Positive)의 자금흐름이라 하고, 전일보다 하락했으면 부(Negative)의 자금흐름이라고 한다.

- 기준 가격(평균가격) = $\frac{\text{고가} + \text{저가} + \text{종가}}{3}$
- 자금흐름(MF) = 거래량 × 기준 가격(평균가격)

■ **자금비율**Money ratio**의 계산** : 일정기간(예를 들면 14일) 동안의 정의 자금흐름의 합계로 부의 자금흐름의 합계를 나눈다.

- **정의 자금흐름** : 전일의 기준 가격보다 금일의 기준 가격이 큰 경우 정의 자금흐름으로 간주한다.
- **부의 자금흐름** : 전일의 기준 가격보다 금일의 기준 가격이 작은 경우 부의 자금흐름으로 간주한다.

$$\text{자금비율} = \frac{\text{정의 자금흐름}}{\text{부의 자금흐름}}$$

■ **MFI의 계산** : RSI의 계산식과 동일하다.

$$MFI = 100 - [100/(1+\text{자금비율})]$$

RSI 지표와 마찬가지로 14, 28일 등을 사용한다.

MFI의 해석 및 매매 전략

- MFI를 해석하는 방식은 RSI와 흡사하다. MFI가 상승하면 주가와 거래량의 상승 모멘텀이 축적된다. MFI가 하락하면 주가와 거래량의 하락 모멘텀이 축적된다. 그러나 RSI의 극단값 해석과 달리 MFI의 극단적인 고점과 저점은 과매수나 과매도 수준을 보일 때보다는 중요성이 떨어진다. 왜냐하면 MFI가 극단적인 수준에서는 거래량이 주가에 연료를 대고 있기 때문에 극단적인 수준은 현재 추세를 지속시키는 데 필요한 연료가 증가하는 것으로 보아야 한다.

- **과매수/과매도 분석** : MFI는 오실레이터로서 0과 100 사이를 움직이는데, 70~80 이상은 과매수 상태로 80 아래로 다시 내려오는 순간이 매도 시점이다. 30~20 이하는 과매도 상태로 20 위로 돌파하는 순간이 매수 시점이다.

- 기술적 분석가들은 주가와 MFI의 여러 번의 파동을 이용하여 큰 괴리가 발생될 경우를 주목하고 매매 타이밍으로 삼는다. 예를 들어 주가가 10,000원에서 최고점을 찍고 8,000원까지 떨어졌다가 다시 12,000원까지 상승한다면, 주가는 10,000원과 12,000원으로 두 번 연속 최고치를 기록하였다. 만약 주가가 다시 12,000원에 도달했지만 MFI 값이 예전 12,000원에 도달했을 때보다 낮은 값인 경우에는 새롭게 더 높은 주가를 기록하지 못할 것이라는 가격 하락을 암시할 수 있다. 하지만 이 분석 기법은 주가의 장기 추세를 먼저 분석하여 상승 추세에서는 매수 신호만을 취하고, 하락 추세에서는 매도 신호만을 취하는 것이 좋다.

- **괴리 분석** : 가격이 신고가에 있는 동안에 MFI는 이전보다 낮은 고점을 기록하고 하락할 때에는 강력한 매도 신호를 나타낸다. 가격이 신저가에 있는 동안에 MFI가 이전보다 높은 저점을 기록하고 상승할 때에는 강력한 매수 신호가 된다. 이때 MFI의 첫 번째 고점(저점)은 과매수(과매도) 영역에서 발생되고, 두 번째 고점은 과매수(과매도) 영역이 아닌 곳에서 발생했다면 더욱 강력한 매매 신호가 된다.

- 주의할 점은 MFI가 침체권에 들어가기 전에 20~80 사이에서 등락을 보이는 과정에서는 매매를 유발하기 힘들다는 점이다. 따라서 MFI 활용 시 침체권 및 과열권에 진입한 후 이탈 시점을 매매 시점으로 활용해야 한다.

- 중요한 것은 침체권에서 벗어나면서 MFI가 50선을 상향 돌파한 시점이 본격적인 주가 상승 국면이 된다. 따라서 MFI가 50선을 상향 돌파하는 시점을 본격적인 매수 시점으로 설정할 수 있다.

- 주가가 하락 추세를 지속하며 MFI가 50선을 하향 돌파하면 본격적인 하락 강화 국면에 진입한 것으로 판단할 수 있다. 상승 추세가 진행되는 과정에서 MFI가 50선을 하향하지 않으면 상승 추세 구간으로 설정할 수 있다.

- 일반적으로 기술적 지표가 그렇듯이 MFI 또한 잘못된 신호를 보낼 수 있다. 즉 좋은 트레이딩 기회의 신호를 보낼 수 있지만, 실제로 신호가 나타내는 모습대로 주가가 움직이지 않을 수도 있다. 그리고 추세가 반전되지 않을 수도 있다. 지속적으로 언급하는 이야

그림 12-7 MFI로 본 매수 시점(애플 일간 차트)

기지만, 하나의 지표에만 의존하지 말고 다른 형태의 분석과 함께 리스크 관리에 유념할 것을 권한다.

〈그림 12-7〉은 애플의 일간 차트이다. MFI로 본 매수 시점은 2020년 11월 초와 2021년 3월 초이다. 이때의 공통적인 특징은 MFI가 20까지 하락한 후 상승 반전하면서 골든크로스가 발생했다는 것이다.

08 | CO[Chaikin's Oscillator]에 대하여

CO의 의미

이 지표는 마크 차이킨[Marc Chaikin]이 그랜빌의 OBV 개념을 받아들여 수정하여 개발한 거래량 관련 지표이다. OBV의 문제점은 주가 움직임 폭의 강약에 관계없이 동일하게 거래량을 누적시켜 나가기 때문에 하루에도 수없이 변화하는 주가 움직임을 정확히 반영하지 못한다는 점이다. 그리고 시작일에 따라 OBV 값이 달라지기 때문에 절대적인 값 자체는 아무 의미가 없다는 점이다. 이러한 단점을 보완하여 마크 차이킨은 당일의 종가와 당일 주가 움직임의 중간치([고가+저가]/2로 정의)와의 관계를 거래량에 반영한 지표를 만들었다.

계산식

CO(Chaikin's Oscillator)의 계산 방법은 다음과 같다.

- **차이킨의 AD(Accumulation Distribution)를 계산** : 당일의 종가에서 당일 주가 움직임의 중간치를 뺀 값과 당일의 고가에서 저가를 뺀 값의 비율이 차이킨의 AD이다. 수식으로 표시하면 다음과 같다.

CAD = {[(종가 – 저가) – (고가 – 저가)] / [고가 – 저가]} × 거래량 + 전일 AD

- **CO(Chaikin's Oscillator)의 계산** : 위에서 계산한 CAD의 3일 단순 이동평균에서 10일 단순 이동평균을 빼서 계산한다.

CO = CAD의 3일 단순 이동평균 – CAD의 10일 단순 이동평균

CO의 해석 및 매매 전략

CO는 주가와의 관계에 의한 괴리도 분석 방법과 지표 자체의 움직임에 의한 분석 방법이 이용된다.

- **괴리 분석** : 일반적으로 지표와 주가가 괴리를 보인다는 것은 지표의 움직임 방향과 주가의 움직임 방향이 서로 다른 경우를 의미한다. 주가가 신고가를 도달했으나 CO는 이전의 상승에서보다 낮은 곳에서 고점을 형성할 경우에는 약세괴리로 매도 신호를 나타낸다. 반대로 주가는 신저가에 도달했으나 CO는 이전의 하락에서보다 높은 곳에서 저점을 형성할 경우에는 강세괴리로 매수 신호를 나타낸다.

- **CO의 방향 전환에 따른 매매 기법** : CO의 방향 전환을 매매 신호로 간주하여 기준선인 '0'을 상향 돌파 시 매수, 하향 돌파 시 매도 신호로 인식한다. CO가 기준선인 '0'선 근처일 때에는 이전 거래된 거래량 수준을 유지해야 기존 추세가 유지된다.
  이 방법을 적용함에 있어 가장 중요한 것은 먼저 주가의 중장기 추세를 파악하여 추세에 순응하는 매매를 해야만 한다는 것이다. 중장기 추세가 상승 추세일 경우에는 매수 신호만을 취하고, 하락 추세일 경우에는 매도 신호만을 취해야 된다. 예를 들면 CO가 '0'선 아래에서 위로 상승 돌파할 경우에는 매수 신호를 나타낸다. 그런데 이때 중장기 추세가 상승 추세이면 매수해야 하지만, 중장기 추세가 하락 추세일 경우에는 매수해서는 안 된다.

- CO 움직임의 특성은 그날의 종가가 가격의 중간값[(고가+저가)/2] 이상에서 형성되면 매집Accumulation이고, 반대로 중간값 이하에서 종가가 형성되면 분산Distribution이다. 이것은 종가가 그날 고가에 가까울수록 매집 정도가 강하며, 저가에 가까울수록 분산 정도가 크다는 의미를 내포하고 있다. 주가의 상승은 거래량 증가와 CO 값의 증가를 동반한다. 반대로 주가의 하락은 거래량 감소와 CO 값의 하락을 동반한다.

〈그림 12-8〉은 골드만삭스의 일간 차트이다. CO로 보면 기준선인 0선을 상향 돌파하여 지속적으로 매수 신호를 발생하고 있는 2020년 11월 이후가 매수 시점임을 알 수 있다. 이후 중심선을 하회하지 않고 지속적인 상승 흐름을 보여주고 있다.

그림 12-8 CO로 본 매수 시점(골드만삭스 일간 차트)

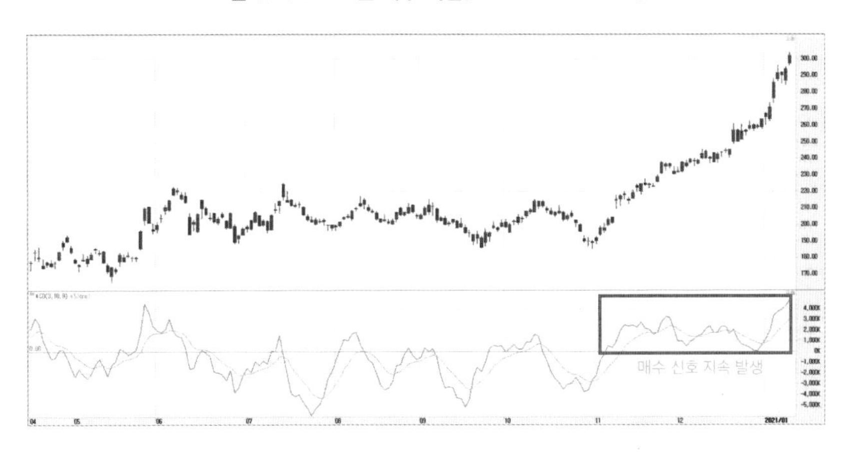

09 | PVT Price and Volume Trend에 대하여

PVT의 의미

PVT는 전일 종가와 당일 종가의 변화를 비교하여 거래량을 누적한다는 면에서 OBV와 비슷한 개념을 가지고 있다. 이 지표는 그랜빌의 OBV 개념을 받아들여 수정 개발된 거래량 관련 지표이다.

OBV는 당일의 종가와 전일의 종가를 비교하여 당일의 종가가 상승했으면 당일의 거래량을 더해주고, 하락했으면 당일의 거래량을 뺀 수치를 누적한다. 이때 OBV는 주가 움직임의 강약에 관계없이 하루 거래량 전부를 누적하는 반면에, PVT는 전일 종가와 비교하여 일정 비율의 거래량만을 가감한다.

계산식

PVT를 계산하기 위해서는 먼저 당일 종가 대비 전일 종가의 변화율을 구한 다음, 이 비율에 거래량을 곱한 값을 특정일 시점으로 누적하면 된다. 수식으로 표시하면 다음과 같다.

$$PVT = \text{전일의 } PVT + \frac{\text{당일 종가} - \text{전일 종가}}{\text{전일 종가}} \times \text{당일 거래량}$$

예를 들어 시장 가격이 0.5% 상승하고 거래량이 10,000이면 PVT에 50을 증가시키고, 반대로 시장 가격이 0.5% 하락하면 PVT로부터 50을 감소시킨다.

PVT의 해석 및 매매 전략

- PVT의 해석 방법은 OBV 및 AD%와 유사하다. 일반적으로 PVT가 OBV보다 증시로의 현금 유출입을 더 정확하게 측정하는 것으로 알려져 있다. 그것은 OBV의 거래량 산입 방법이 총량적인 것에 비해 PVT는 비율로 거래량을 산입하는 방법을 쓰기 때문이다.
- PVT의 절대적인 수치보다는 고점 혹은 저점의 패턴을 분석하는 것이 더 중요하다. PVT 분석에서 가장 중요한 것은 주가와의 괴리 분석이다.
- **강세괴리** : 주가는 신저가에 도달했으나 PVT는 이전보다 높은 곳에서 저점을 형성할 때로 매수 신호이다.
- **약세괴리** : 주가는 신고가에 도달했으나 PVT는 이전보다 더 낮은 고점을 형성할 때로 매도 신호이다.

그림 12-9 PVT로 본 매도 시점(코스트코 홀세일 일간 차트)

〈그림 12-9〉는 코스트코 홀세일 일간 차트이다. 2016년 2월에서 3월까지 주가는 오르는데, PVT 지표는 저점이 낮아지는 약세괴리가 발생했다. 전형적인 매도 신호로 볼 수 있다. 2016년 3월 말 이후 주가는 조정하는 모습을 보였다.

제 13 장

거래량 지표인 역시계곡선과 이큐볼륨 차트에 대하여

날기 전에 추락하는 법부터 배워라.

폴 사이먼

지구촌의 자산 양극화가 심화되는 모습이다. 글로벌 증시에서도 이러한 현상이 나타나고 있다. 최첨단 IT 기업들이 모여 있는 미국 나스닥시장에서도 마찬가지의 모습을 보이고 있다. 국내 투자자들에게도 잘 알려진 FAANG(페이스북·애플·아마존·넷플릭스·구글)이라 불리는 미국 정보기술IT 기업들은 코로나19 이후 가파른 주가 랠리를 보였다.

무엇이 이들 기업의 주가를 끌어올리는 계기가 되었을까. 경제학자 존 메이너드 케인스는 기업가의 '야성적 충동Animal spirit'이 경제를 성장시킨다고 말했다. 한 치 앞을 예측하기 어려운 시장에서 합리적 계산보다는 직관에 따른 과감한 투자가 기업의 성장과 경제 발전을 이끈다는 것이다.

실제로 과거 유수 기업들이 야성적 충동에 따른 과감한 결단으로 위기를 딛고 성공을 일궜다는 이야기는 낯설지 않다. 그러나 산업 현장에서 선두 기업들을 만나 보면, 오늘날 '시장의 야수'들은 과거와 달리 새로운 DNA를 장착하고 4차 산업혁명 시대를 마주하고 있음을 알 수 있다.

새 시대의 DNA는 '데이터'와 '네트워크' 그리고 '인공지능AI'이다. 다양한 데이터를 기반으로 시장 상황을 면밀히 분석하고, 차별되는 기술 혁신과 부가가치를 창출하는 기업일수록 시장에서 성공할 확률이 높아지는 것이다. 이는 과거 경험과 눈앞의 지형지물 그리고 사냥감의 움직임을 직관적으로 분석해 정확한 타이밍으로 사냥에 성공하는 맹수의 생존본능과도 닮아 있다.

대표적으로 FAANG 같은 기업들이야말로 이러한 DNA를 본능처럼 체화한 곳이라는 공통점이 있다. 이들은 막대한 데이터에서 도출한 인사이트를 활용해 새로운 먹거리를 창출하고, 네트워크를 구축해 시장을 선점하며, AI를 경영 결정에 활용함으로써 기술적 진화와 확장을 도모하고 있다. '준비에 실패하는 것은 실패를 준비하는 것'이라는 벤저민 프랭클린 말처럼, 새 시대의 DNA로 준비된 기업만이 4차 산업혁명 시대를 열어가는 대전환 시대에 승자로 남을 수 있을 것이다.

이번 장에서는 거래량 지표 중 역시계곡선과 이큐볼륨 차트에 대하여 알아본다. 일반적으로 주가가 올라가면 거래량이 늘고, 주가가 떨어지면 거래량도 줄어드는 경향이 있다. 아울러 거래량은 주가에 선행하는 경향이 있는 것으로 알려져 있다. 이와 같은 이론적 배경에서 출발하여 나온 주가 분석 기법이 역시계곡선이다. 이큐볼륨 차트는 주가와 거래량의 크기를 측정하는 일정한 상자 모양으로 나타낸 차트이다.

01 | 역시계곡선Counter-Clockwise Curve에 대하여

역시계곡선의 의미

주가와 거래량은 상관관계가 매우 높다는 데 근거를 두고 주가와 거래량을 각각 종축과 횡축에 나타내어 주가와 거래량의 이동평균선에 의한 매일매일의 교차점을 선으로 연결한 지표이다. 시계 반대방향으로 좌회전 곡선이 되는 경우가 많다고 해서 역시계곡선이라고 부른다. 일본에서 개발된 지표로 일반적으로 주가가 상승할 때는 거래량이 많아지고, 시장이 침체되면 거래량이 극도로 감소한다는 데 착안하였다. 즉 주가가 상승하기 전에 거래량이 먼저 증가하게 되고, 반대로 주가가 하락하기에 앞서 거래량이 먼저 감소하기 시작한다. 이와 같이 주가와 거래량이 매우 상관관계가 높다는 관점에서 이를 주가-거래량 상관곡선이라고도 한다.

작성 방법

매일의 주가와 거래량의 20일 이동평균을 각각 구한 후 주가를 Y축, 거래량을 X축에 나타내어 이들의 교차점을 선으로 연결한 것이다.

역시계곡선의 해석과 매매 전략

중기 및 장기적인 관점에서 거래할 때 효과적이며 역시계곡선이 위치한 곳이 어디냐에 따라 매매 전략을 수립한다. 전체적인 시장 흐름을 파악하는

그림 13-1 역시계곡선과 국면별 매매 전략

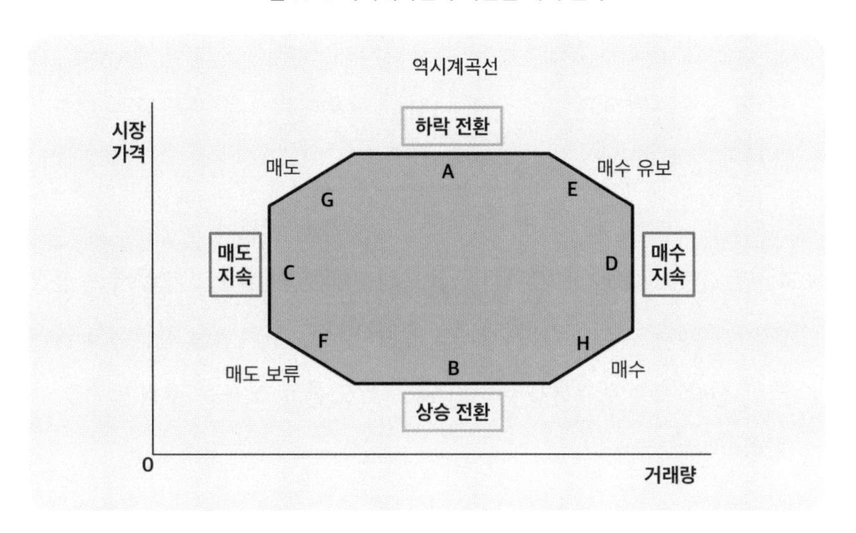

데 도움이 되는 지표이기 때문이다. 하루 동안의 움직임은 별로 중요하지 않다. 주로 단기에는 20일 이동평균값을, 중기에는 60일 이동평균값을 이용한다. 8개의 국면을 설명하면 다음과 같다(그림 13-1 참고).

- **1국면, B(상승 전환)** : 오랫동안 인내심을 갖고 잘 참은 대가(보상)를 받는 국면이다. 기회가 있을 때마다 매수한다. 시장 가격, 즉 주가가 더 이상 빠지지 않고 바닥권일 때 거래량이 점차 늘기 시작하는 경우 이는 상승 전환 신호이다. 마음속으로 매수를 준비한다Depression, Anger, Endurance, Passive Buy.

- **2국면, H(매수)** : 시장 가격이 상승하면서 거래량도 함께 서서히 증가하는 경우에는 매수 타이밍으로 본다. 신규 매수가 가능하다. 매수 타이밍은 기본적으로 5일 이동평균선에 양봉으로 안착하는 것을 확인하고 매수한다Expectation, Buy&Holding.

■ **3국면, D(매수 지속)** : 거래량은 더 이상 늘지 않으나 주가는 지속적으로 상승하는 경우 매수 포지션을 확장한다. 즉 추가 매수나 추격 매수도 가능하다. 상승하면서 장중 조정이 나타날 경우에는 저점 매수도 유효하다 Excitation, Certainty, Active Buy.

■ **4국면, E(매수 유보)** : 시장 가격은 오르나 거래량이 감소할 경우에는 천장(단기 고점)의 조짐으로 판단하고, 기존의 매수 포지션은 청산하지 않더라도 신규 매수 포지션을 취하지 않는다. 또한 추가 또는 추격 매수도 유보한다 Buy Climax, Suspicion.

■ **5국면, A(하락 전환)** : 거래량이 크게 감소하고 시장 가격도 더 이상 상승하지 못하면서 횡보(보합) 국면을 보이는 경우 조만간 하락 추세로 전환할 시기로 해석한다. 이익실현하는 물량이 출회되는 시기이다. 매도를 준비할 시기이다 Uncertainty, Passive Sell.

■ **6국면, G(매도)** : 거래량이 감소하고 주가도 더불어 하락하는 경우 약세 신호로 판단하고 최대한 신속하게 매도 처리한다. 매도 처리가 늦으면 이익금이 줄어들거나 손실이 커진다. 이때 매도 시점은 기본적으로 당일 종가가 5일 이동평균선을 음봉으로 이탈할 때이다 Disappointment, Partial Sell or Not-Holding.

■ **7국면, C(매도 지속)** : 주가는 하락하고 거래량은 변함 없이 일정한 경우에는 매도 포지션을 확장한다. 하락 추세가 지속적으로 진행되고 있다고 판단하고 추가 매도 또는 추격 매도까지 생각해야 한다 Certainty, Extreme Fear&Anxiety, Active Sell.

■ **8국면, F(매도 보류)** : 주가는 지속적으로 하락하고 있으나 거래량이 점차 증가하고 있으면 신규 매도 포지션을 취하지 말고 주가의 흐름을 관망한다. 물론 추가 매도나 추격 매도는 하지 않는다. 인내심을 갖고 기술적 반등을 기다리고 있다가 최대한 고점에서 매도한다. 주식투자는 시간과의 싸움이다. 시간적으로 상승 전환할 때까지 기다리는 것도 좋다 Suspicion, Endurance, Sell Climax.

개별 종목과 같이 변동성이 큰 종목을 분석할 때는 역시계곡선의 분석만으로는 부족하다. 역시계곡선이 매도 신호를 보낸다고 하여 즉시 매도를 실행하는 것은 매우 위험하다. 반드시 다른 보조지표와 병행 사용하여 오류를 줄이는 것이 바람직하다. 역시계곡선은 당일의 실제 주가 움직임을 반영하지 못하고 후행하는 특성을 반영하기 때문에 적용상의 한계가 있기 때문이다.

〈그림 13-2〉는 코스닥지수의 역시계곡선이다. 코스닥지수의 움직임에 따

그림 13-2 코스닥지수의 역시계곡선(2019년 9월에서 2021년 8월까지의 일간 차트)

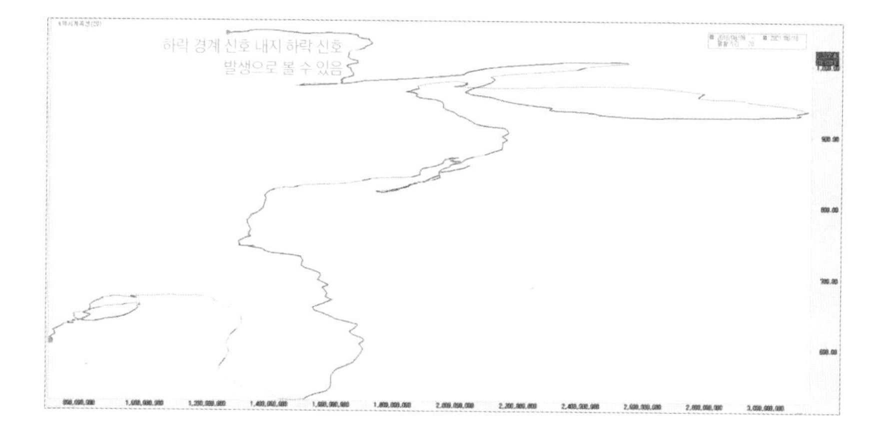

라서 상관곡선이 역시계 방향으로 움직이는 것을 볼 수 있다. 현재 상황은 하락 경계 신호 내지 하락 신호 발생 국면으로 판단할 수 있다.

02 | 이큐볼륨 차트Equivolume Chart에 대하여

이큐볼륨 차트의 의미

이큐볼륨 차트는 주가와 거래량의 크기를 측정하는 일정한 상자 모양으로 나타낸 지표이다. 이큐볼륨 차트는 리처드 암스 주니어Richard W. Arms, Jr.에 의해 개발되었다. 그는 주가의 움직임은 시간보다는 거래량에 영향을 받는다고 주장하고, 시간과는 관계없이 주가와 거래량만을 함께 볼 수 있는 이큐볼륨 차트를 만들었다.

주가의 움직임을 파악하는 데 거래량이 중요하다는 것은 누구나 인지하고 있다. 그러나 인간을 지배하는 시간을 무시하고 거래량을 중시하는 것은 기술적 분석에 있어서 아주 독특한 접근 방법이다. 이러한 이큐볼륨 차트는 단기나 중장기의 주가 움직임에 모두 유용한 분석 수단이 되며, 개별 주식뿐만이 아니라 시장 전체의 분석에도 똑같이 이용할 수 있다.

일반적인 주가 차트에서 주가와 거래량이 분리되어 나타나는 시각적인 단점을 없애고 가격과 거래량을 하나의 캔들(봉) 형태로 나타냄으로써 차트를 단순화시켜 복합적인 분석을 하는 데 유용하게 쓰인다.

작성 방법

작성 방법은 일반적인 차트가 세로 축(Y축)에 주가와 거래량 그리고 가로 축(X축)에 시간을 표시하는데, 이큐볼륨 차트는 세로 축에 주가(고가와 저가), 가로 축에는 그날 거래량을 평준화할 수 있는 임의의 기본 단위를 설정하여 나눈 값으로 표시한다. 즉 고가 및 저가, 거래량을 하나의 모형으로 나타내어 이를 연결한 것이 이큐볼륨 차트이다.

해당 기간의 최고가를 박스 모양의 고점에 표시하고 최저가를 박스 모양의 저점으로 표시한다. 그리고 거래량은 박스의 넓이로 표현한다. 다음은 이큐볼륨 차트의 구성 요소와 그 특징이다.

- 구성 요소는 최고가, 최저가, 거래량이다.
- 박스 모양은 시간의 개념이 아니고, 거래량을 표시하는 것이므로 그만큼 이큐볼륨 차트에서는 시간보다는 거래량 분석이 중요하다.
- 이큐볼륨 차트의 캔들(봉) 모양은 해당 거래 기간 동안 주식의 수요와 공급을 나타낸다. 짧고 넓은 박스(작은 주가 움직임에 대량의 거래가 생긴 형태)는 고점이나 저점에서 전환점으로 작용하는 경향이 있고, 길고 좁은 박스(작은 거래량으로 큰 폭으로 주가가 변함)는 기존 추세를 장기적으로 전환할 확률이 높다.
- 특히 중요한 박스 형태는 지지와 저항 수준에서 추세 이탈 시 발생하는 형태인데, 이를 '파워 박스Power Box'라고 한다. 일반적으로 파워 박스 중 하나는 상승 시 높이와 넓이가 대체로 증가하며 상승 추세 돌파의 확신을 주기에 충분하다. 또 좁고 긴 박스는 추세 하향 이탈의 확신을 가져야 한다.

이큐볼륨 차트의 해석과 매매 전략

이큐볼륨 차트의 분석 방법은 일반적인 차트의 해석 방법과 다르지 않다.

그러므로 지지와 저항, 추세선, 패턴 분석 등이 모두 가능하다. 주가와 거래량이 하나의 박스에 함께 표시되기 때문에 이큐볼륨 차트에서만 할 수 있는 해석 방법이 있다.

■ **박스 모양** Box shape **분석**

이큐볼륨 차트에서는 차트에 만들어진 각각의 박스 모양이 분석 대상이 된다. 즉 박스의 모양은 주가가 얼마나 가볍게 또는 무겁게 움직였는지를 나타내고, 박스의 크기는 관련 종목에 대한 시장에서의 관심 정도를 나타낸다. 박스의 크기는 가로와 세로의 비율을 상대적으로 고려해야 한다. 따라서 박스의 크기보다 더욱 중요한 것은 박스의 모양이다. 〈그림 13-3〉을 보면 홀쭉이형A narrow day은 거래량은 적은데 주가의 변동이 많은 것을 나타낸다. 이러한 홀쭉이형은 주가가 쉽게 움직이는 것을 나타내는 모양으로 현재 주가가 움직이는 방향으로 계속 진행될 가능성이 크다. 홀쭉이형이 나타나면서 주가가 오를 경우에는 매수세력이 강력해 별다른 매도세력의 저항 없이 주가가 오른다는 것을 의미한다.

정사각형A square day은 가로와 세로 길이가 같은 모양으로 주가 움직임이 쉽지 않음을 나타낸다. 이러한 모양이 만들어지면서 주가가 오를 때에는 매수세력에 대등한 매도세력이 만만치 않다는 것을 나타낸다. 따라서 주가가 어느 정도 오른 후 정사각형이 만들어지면 매수세력이 강력한 매도세력을 만나고 있다는 것을 나타내며, 추세 전환을 예고하는 신호가 되기도 하다. 반대로 주가가 한참 하락한 후 정사각형이 나타나면 매수세력이 만만치 않음을 나타낸다.

뚱보형은 주가의 변동폭은 작은데 거래량이 많은 것을 나타낸다. 이러한

그림 13-3 박스 모양

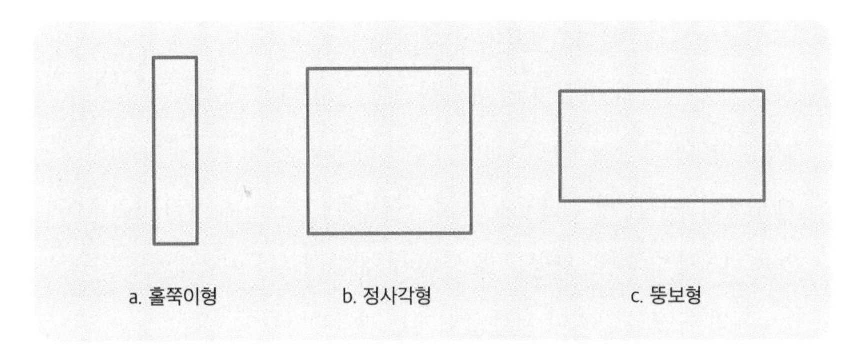

모양은 정사각형보다도 더욱 강력한 매도세력이나 매수세력이 저항하고 있다는 것을 의미하며, 천장권이나 바닥권에서 자주 나타난다. 따라서 주가가 상당히 상승한 후 뚱보형이 나타나면 매도세력의 저항으로 하락 추세로 전환될 가능성이 크다는 신호로 해석할 수 있다. 주가가 상당히 하락한 후 뚱보형이 나타나면 강력한 매수세력에 의해 상승 추세로 전환될 가능성이 크다는 신호로 해석할 수 있다.

이와 같이 이큐볼륨 차트에서 만들어지는 각각의 박스 모양은 주가가 어떻게 움직이고 있는지를 나타내주는 표시이기 때문에, 이와 같은 박스 모양을 통해서 앞으로의 주가 움직임을 예측할 수 있다.

■ 박스집단 분석

앞에서는 이큐볼륨 차트에서 만들어지는 박스 한 개의 모양을 통한 주가 분석을 설명하였다. 이번에는 여러 개의 박스, 즉 박스집단을 통해 어떠한 분석이 가능한지 살펴보기로 하자.

• **횡보 모양** Consolidation formation : 횡보 모양은 주가가 일정한 범위 내에서 등락할 때 만들어지는 것으로 수요와 공급이 균형을 이룬 상태에서 나타난다. 횡보 모양 중 일반적인 것이 주가가 일정한 가격 범위 내에서 등락하는 직사각형이다. 이 모양에서는 거래량이 감소하면서 진행되는 것이 일반적인데, 매도세력과 매수세력 모두가 그 주식에 대한 관심이 점차적으로 줄어드는 것을 나타낸다. 횡보 모양의 또 다른 형태로 매도와 매수의 범위가 접근하면서 위와 아래의 간격이 서로 좁아지는 삼각수렴형이 있다.

주가가 횡보를 보일 때에는 주식을 매매하는 것이 좋지 않다. 왜냐하면 주가가 횡보 모양의 범위 내에서 얼마나 오래 있을지 알 수 없을 뿐만 아니라, 어느 시점에서 범위를 이탈한다고 하더라도 그 이탈의 방향을 알 수 없기 때문이다.

그런데 주가가 횡보 모양을 이탈할 때 어떤 박스 모양이 만들어지는지를 살펴봄으로써 앞으로의 주가 움직임을 어느 정도 예측할 수 있다. 가령 횡보 모양을 이탈하면서 뚱보형이 나타나면 주가가 횡보 모양의 범위를 확실히 이탈해 새로운 상승 또는 하락 추세로 접어들었다는 것을 나타낸다. 또한 횡보 모양 내에서 거래량이 많을수록 그 이탈의 효과는 강력하다고 할 수 있다. 즉 횡보 모양 내에서 대량 거래가 이루어진 후 그 모양을 이탈하면 이탈 후 큰 폭의 주가 움직임이 예측된다.

• **갭 분석** : 이큐볼륨 차트에서도 갭 분석이 가능하다. 갭이 발생하는 위아래의 박스 모양이 어떤지에 따라 갭의 종류를 구별할 수 있다. 일반적으로 정사각형 박스와 홀쭉이형 사이에 나타나는 갭은 돌파갭이고, 홀쭉이형과 홀쭉이형 사이에서 나타나는 갭은 진행갭, 그리고 홀쭉이형에서 정사각형

으로 진행되는 과정에서 나타나는 갭은 소모갭이라고 할 수 있다.

• **목표치**Objectives**와 대칭**Symmetry : 이큐볼륨 차트를 통해서도 주가의 목표치를 계산할 수 있다. 주가의 움직임은 반드시 그 원인이 있기 때문에 결과로 나타나는데, 이러한 원인과 결과는 거래량과 밀접하게 관련되어 있다는 전제 아래 이큐볼륨 차트를 통해 목표치를 계산한다.

우선 목표치는 주가가 횡보 모양을 이탈한 후 횡보 모양을 만든 거래량을 통해 계산된다. 즉 횡보 모양의 가로 길이만큼을 연장하면 앞으로의 주가 목표치가 된다. 대칭은 상승과 하락 움직임이 같은 경우가 많다는 전제 아래 주가를 예측하는 방법이다. 즉 상승 추세상의 거래량은 하락 추세상의 거래량과 같은 경우가 많고, 이와 같은 대칭 움직임은 주가가 횡보 국면에 있을 때 많이 나타난다.

그러나 이큐볼륨에 의한 목표치와 대칭은 언제나 같은 결과를 기대할 수

그림 13-4 SK텔레콤의 이큐볼륨 차트(2020년 1~10월의 일간 차트)

없다는 단점이 있다. 때문에 다른 예측 수단과 함께 분석되어야 한다.

〈그림 13-4〉는 SK텔레콤의 이큐볼륨 차트이다. 바닥권인 A국면에서는 조그만 뚱보형으로 바닥 다지기를 한 후 홀쭉이형이 나오면서 바닥을 이탈하는 모습을 보여주고 있다. B국면에서는 큰 뚱보형이 출현하면서 단기 고점에 도달하였음을 강력하게 암시하고 있다.

제 14 장

사이클 분석이란 무엇인가

영어 단어 중에 가장 비싼 네 단어는
'This time it's different(이번엔 달라)!'이다.

존 템플턴

주식시장에는 다양한 변수들이 나타난다. 투자자들은 이러한 변수에 따라 수혜를 입을 종목과 피해가 클 종목을 분석하고, 저점 매수와 고점 매도 타이밍을 정확히 포착하려고 애쓴다. 투자자라면 누구나 이러한 증시 변수의 영향을 정확히 분석해서 투자 결정에 이용하고 싶어 한다. 만약 투자자가 최적의 마켓 타이밍을 파악해서 수혜 입을 주식을 사거나 피해가 클 주식을 팔 수 있다면 누구나 대박을 낼 수 있을 것이다.

마켓 타이밍에 관한 아주 흥미로운 에피소드가 있다. 오마하의 현인으로 불리는 워런 버핏Warren Buffett이 최고의 매니저라고 말한 밥 커비Bob Kirby라는 전설적인 투자자가 있다. 그는 30대 초반까지 다른 펀드매니저와 다르지 않게 최적의 마켓 타이밍을 포착하고 저평가된 주식을 매매하는 일을 반복했다. 그러다 그에게 일대 전환을 가져다준 사건이 일어났다. 그는 한 부자 부부에게 투자자문을 하며 그들의 주식계좌를 10년간 관리해주었다. 그는 부인 명의의 주식계좌에서 남편과 의논하며 주식을 매매했다. 그러던 어느 날 남편이 갑자기 사망했고, 이후 죽은 남편이 비밀리에 별도로 주식투자를 하고 있었다는 사실을 알게 되었다. 죽은 남편은 지난 10년간 똑같은 주식을 매입한 뒤에 주식증서를 은행 금고에 넣어두었다.

그리고 지난 10년간 자신과 죽은 남편이 동일한 종목에 투자했지만 죽은 남편의 투자수익률이 전문 펀드매니저인 자신보다 훨씬 높다는 사실에 놀랐다. '펀드매니저인 자신이 온 신경을 다해 관리한 주식투자보다 죽은 남편이 아무것도 안 한 결과가 더 낫다니!' 충격 그 자체였다. 그 차이는 자신은 시황을 보고 중간중간에 매도했지만 남편은 매수한 주식을 하나도 팔지 않고 고스란히 은행 금고에 묻어두었다는 것에 있었다. 커비가 이 사건으로 얻은 교훈은 시장의 등락에 따라 매수와 매도를 반복하는 게 결코 좋은 결과를 낳는 것은 아니라는 점이었다. 이후 그는 죽은 남편의 주식투자 기법을 '커피캔 포트폴리오Coffee Can Portfolio'라고 불렀는데, 이는 옛날 서부 개척시대에 사람들이 커피캔에 돈을 넣어 침대 밑에 놓아두던 저금 방식에 비유한 것이었다.

그러나 매수와 매도의 마켓 타이밍을 정확히 포착할 수만 있다면 엄청난 수익을 낼 수 있다는 점은 아무도 부인하지 못한다. 《패자의 게임에서 승자가 되는 법Winning the Loser's Game》의 저자 찰스 엘리스Charles Ellis는 만약 투자자가 마켓 타이밍을 잘못 짚고 최근 10년간 가장 높은 상승률을 기록했던 90일 동안 증시를 떠나 있었다면 22%의 손실을 입지만, 반대로 정확한 예측으로 최악의 90일 동안 완전히 주식시장에서 발을 뺐다면 무려 4,178%의 수익을 얻는다고 분석했다. 〈월스트리트저널〉에 투자 칼럼을 기고하는 제이슨 즈와이그Jason Zweig는 과거 109년간의 미국 증시 역사를 조사한 결과 최고의 10일을 제외하면 총누적수익률의 3분의 2가 줄어든다고 말했다. 이러한 결과는 정확히 마켓 타이밍을 포착할 수만 있다면 얼마나 큰 수익을 거둘 수 있는지를 분명히 보여주는 동시에 또 마켓 타이밍을 잘못 예측하면 얼마나 위험한지도 함께 보여준다.

이번 장에서는 사이클 분석에 대하여 알아본다. 사이클은 곡선 추세를 중심으로 주가가 상승 및 하락을 반복하는 형태를 제로선상에서 반복적이고 일정하게 상하 변동하는 곡선 형태로 바꾼 것이다.

01 | 사이클 분석의 의미

사이클 분석이라고 하면 다소 생소할 수도 있다. 그러나 사이클 분석은 기술적 분석의 체계 내에서 주가를 분석하는 하나의 정립된 영역이다. 사이클 분석은 가격 변동 분석의 두 번째 단계로, 주가로부터 추세 요인을 제거한 다음에 남은 추세 제거치를 가공하여 순환 요인[Cycle]을 추출한다. 여기서 '순환 요인'과 '사이클'은 동일한 의미로 사용하는 용어이다. 사이클 분석을 강조하는 입장에서는 사이클 분석 없이는 어떠한 분석도 정확성이 떨어진다고 한다. 왜냐하면 증권시장의 등락 현상을 설명해줄 수 있는 것이 사이클이기 때문이다. 사이클이라는 것은 어떤 일이 일어나는 데 규칙적인 반복성을 갖는 것을 말한다.

사실 인간의 역사는 사이클과 같이 얽혀 있다고 해도 지나친 말이 아니다. 우리 주위에 일어나는 규칙적인 반복성을 통해서 앞으로 어떤 일이 일어날 것인지를 예측할 수 있다. 이와 같이 자연과 사회의 현상을 이해하고 예측하는 데 필요한 사이클 분석은 다음과 같은 기본전제를 갖고 출발한다.

첫째, 사이클은 모든 통계자료에서 발견할 수 있지만 특히 생물, 화학, 물리, 천문, 경제, 사회 현상 등에서 주로 볼 수 있다.

둘째, 경제 현상의 사이클은 완전하게 규칙적이지는 않다. 그러나 그 현상은 합리적인 오차의 범위 내에서 예측이 가능하다.

셋째, 어떤 사이클을 부정확한 기초 자료 때문에 통계적으로 정확하지 않을 때가 있다. 그러나 그러한 사이클도 무작위적이지는 않으며 규칙성을 발견할 수 있다.

사이클이 가지고 있는 이러한 특징을 이용해 증권시장을 예측하려는 것이 증권시장에서의 사이클 분석이다. 사이클은 수학에서의 사인Sine 또는 코사인Cosine 함수를 그래프로 그린 모습과 비슷하다고 생각하면 된다. 사이클을 실제로 도출하는 방법은 수학적으로 수준이 꽤 높은 분야이다. 여기서는 수학적으로 자세한 설명은 피하고 가능한 한 개념적으로 사이클 분석을 이해하고자 한다.

02 | 사이클의 개념

사이클은 주가의 곡선 추세를 중심으로 일정하게 상승 및 하락을 반복하는 변동 요인을 제로Zero선상에서 반복적 변동 형태로 바꾼 것이다. 사이클 도출에서 사용하는 추세 요인은 곡선 추세이다. 직선 추세가 아니라 곡선 추세로부터 순환 요인을 구하는 이유는 곡선 추세를 기초로 도출한 사이클이 보다 주가의 단기적 순환성을 잘 표현하기 때문이다.

사이클을 도출하기 위해서는 그 이전에 사이클의 시간적 길이를 결정하는 순환주기Period를 계산해야 한다. 다시 말해서 주가 추세 제거치의 순환주기를 계산하는 것이 중요하다. 순환주기는 사이클이 규칙적으로 한 차례의 상승과 하락을 기록하는 데 걸리는 기간을 말한다. 순환주기가 크면 상하운동을 한 번 시작해서 끝날 때까지 걸리는 시간이 길고, 반대로 사이클이 짧으면 그만큼 상하운동의 기간이 짧다.

사이클의 구체적 형태는 몇 개의 순환주기를 적용하는지에 따라서 달라진다. 여러 개의 순환주기를 사용하여 도출한 사이클은 외견상 상당히 불규칙하게 상하 반복하는 형태이다. 그러나 만일 단 하나의 순환주기를 사용하여 사이클을 도출하면 사인 곡선 또는 코사인 곡선과 비슷한 규칙적인 변동 형태가 된다. 이와 같이 사이클 분석에서는 구체적으로 몇 개의 순환주기를 계산하여 사이클에 적용하는지가 매우 중요한 결정사항이다.

이렇게 순환주기를 계산하고 적용할 순환주기의 수를 선택한 다음에는 이 순환주기를 이용해서 사이클을 도출해낸다. 물론 순환주기 크기에 따라 사이클 형태가 결정된다. 그러나 사이클의 절대적인 높낮이 자체는 주가를 분석하는 데 중요하지 않기 때문에 다른 주가와의 비교가 용이하도록 정규화[Standardization]할 필요가 있다.

가격 변동 분석의 사이클 분석에서는 가장 적절한 것으로 판단되는 순환주기를 하나 구하고 이것을 기초로 해서 규칙적으로 상하 반복 운동하는 사이클을 도출한다. 이렇게 하나의 순환주기를 적용하면 사이클의 통계적 유의성을 떨어뜨리는 단점도 있다. 그러나 이것은 사이클 분석이 시사하는 내용을 보다 명료하게 만들기 위해서이다. 만약 사이클 자체가 불규칙한 모습이라면 앞으로 사이클이 어떤 방향으로 진행할지 판단하기 어려울 것이다.

〈그림 14-1〉은 3개의 순환주기(74일, 49일, 24일)에 의해 계산된 세 개의 소[小]사이클이 하나의 복합 사이클로 결합된 형태이다. 앞에서도 설명했듯이 가격 변동 분석에서는 세 개의 소사이클 중 가장 중요한 소사이클(A)을 주가의 사이클로 간주하게 된다.

가격 변동 분석에서 사이클을 도출하는 과정을 간단히 설명하면 다음

그림 14-1 사이클 구성의 예시

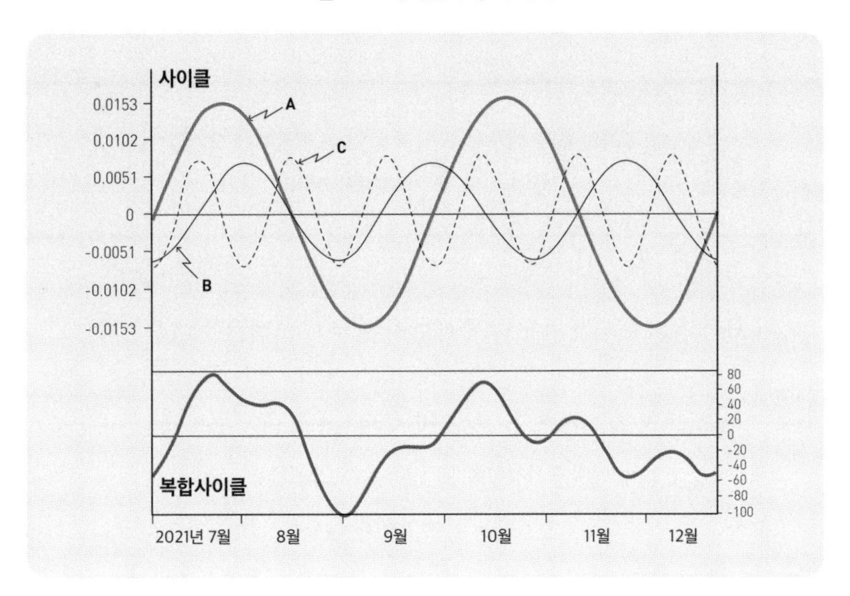

과 같다. 순환주기를 도출하는 방법은 슈스터A. Schuster의 피리어드그램 분석Periodogram analysis에 기초하고 있다. 여기서 기본 개념은 하나의 시계열이 순환주기가 각각 다른 복수 개의 사인 및 코사인 함수의 선형 결합Linear combination이라는 것이다. 가격 변동 분석은 개별 주가를 대상으로 피리어드그램 분석을 통해 여섯 개의 순환주기를 도출한다.

여섯 개의 순환주기를 계산한 다음, 어떤 순환주기가 최적의 것인지를 판단하는 과정을 거친다. 이때는 정보 통계량Information criterion의 개념을 사용한다. 이렇게 적정 순환주기가 선택되면 순환주기에 의한 두 개의 주기함수(사인 및 코사인함수)를 계산하고 통계적으로 적절한 하나의 함수를 선택하는데, 이것이 바로 순환함수Cyclical function이다. 이 순환함수로 추세 제거치를 회귀 분석하여 사이클을 계산한다.

이러한 내용을 수식으로 표현하면 다음 ①, ②의 식과 같다.

① 주가의 추세 제거치 = b_0 + b_1 × 순환함수 + 오차항

여기서 b_0, b_1 은 회귀방정식 계수

①에서 추정된 회귀계수를 다시 대입하여 주가 사이클을 계산한다.

② 주가사이클 = $\hat{b_0}$ + $\hat{b_1}$ × 순환함수

*$\hat{b_0}, \hat{b_1}$ 은 추정 회귀계수

여기서 도출한 사이클이 (-100, 100) 범위에서 변동하도록 수치적으로 변환한 결과가 표준화 사이클이다. 이러한 표준화 사이클이 바로 사이클 분석의 최종 결과이다.

03 | 사이클의 기초 분석

〈그림 14-2〉는 주기가 반복되고 있는 사이클을 보여주고 있다. 사이클의 바닥인 하위 전환점을 저점Trough이라고 하고, 사이클의 꼭대기인 상위 전환점을 정점Peak 또는 Crest이라고 한다. 사이클은 주기, 진폭, 국면의 세 가지 측면

으로 볼 수 있다.

사이클에서의 주기Period는 한 사이클 변동이 완성되는 데 걸리는 시간으로 사이클의 저점에서 저점 또는 정점에서 정점에 이르는 기간을 말한다. 일반적으로 사이클의 주기Cyclical Period(또는 사이클의 길이Cycle length)는 사이클의 저점과 저점 사이의 기간으로 측정한다. 사이클의 주기를 정점과 정점 사이의 기간으로 측정하기도 하지만, 이 방법은 저점 사이의 기간으로 측정하는 것보다 안정적이고 신뢰성 있는 결과를 얻기 힘들다. 왜냐하면 사이클의 정점은 추세의 방향에 따라 좌우로 이동하는 경향이 있기 때문이다.

사이클의 진폭Amplitude은 사이클 변동의 강도를 나타내는 것으로 사이클의 높이, 즉 저점에서 정점 사이의 수직 길이로 측정한다.

사이클의 국면Phase이란 사이클이 만들어지는 과정에서 상태가 비교적 동질적인 여러 개의 기간을 말한다. 생물이 성장 과정에서 성장 단계별로 특징이 있는 것과 같이 경제 현상도 사이클이 만들어지는 과정에서 단계별로

그림 14-2 사이클의 모양

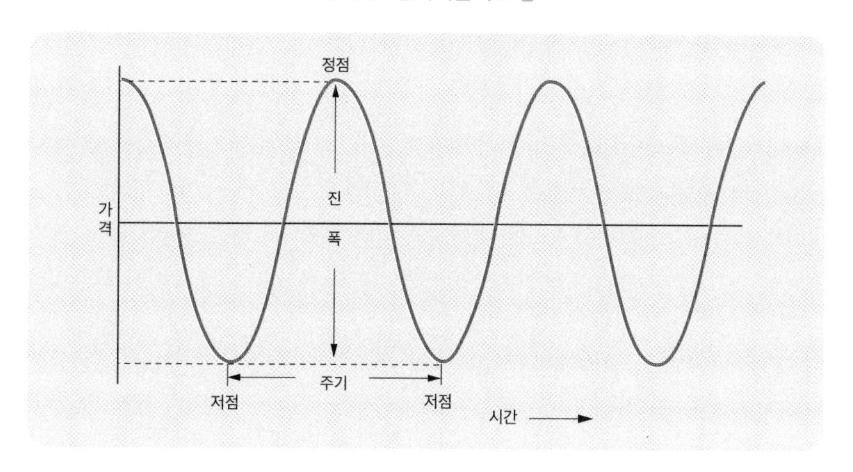

특징이 나타난다. 이러한 특징들을 구분해 놓은 것이 국면이다. 그러므로 사이클은 동질적인 국면들의 연속이라고 할 수 있는데, 상승(확장) 국면과 하락(수축) 국면으로 크게 나눌 수 있다.

사이클은 종류에 따라서 주기, 진폭, 국면의 특성이 다르다. 따라서 어떤 사이클에서 이러한 특성을 알게 되면 이를 통해 앞으로 사이클이 어떻게 만들어질 것인지 예측할 수 있다. 사이클이 반복된다는 가정 아래 앞으로의 저점과 정점 그리고 기간을 예측하는 것이다.

04 | 사이클의 특징

사이클에서는 일반적으로 다음과 같은 특징들을 발견할 수 있다.

첫째, 사이클의 신뢰성Reliability이다. 사이클은 주기가 여러 차례 반복될수록 신뢰성도 높아진다. 일반적으로 어떤 데이터에 사이클이 존재한다는 것을 확인하기 위해서는 주기가 네 번 이상 반복될 필요가 있다. 그러나 이것도 최소한의 요건이며, 주기가 반복되는 횟수가 많을수록 사이클이 존재한다는 것을 확실하게 보여준다.

둘째, 사이클은 기본적 여건과는 독립적Independence으로 움직이는 경우가 많다. 물론 사이클과 기본적 여건이 함께 움직이는 경우도 있지만 대부분은 그렇지 않다. 즉 모든 기본적 여건이 여전히 좋지 않음에도 불구하고 사이클은 저점을 만들고 상승 국면으로 돌아서는 경우가 많다. 또한 모든 뉴스가 여전히 좋은데도 불구하고 사이클은 정점을 만들고 하락 국면으로 돌아서는 경우도 많다. 사이클의 이러한 특징 때문에 사이클 분석을 하는 데 어려움이 있는 것이다.

셋째, 사이클의 지속성Persistence이다. 사이클은 계속해서 동일한 주기를 가지고 움직인다. 사이클이 주변에서 일어나는 일에 영향을 받아 주기나 진폭이 급하게 변하는 경우는 극히 드물다. 예를 들어 전쟁과 같이 큰 사건이 일어나도 영향은 잠시일 뿐 사이클은 본래의 모양으로 되돌아가는 것이 일반적이다. 따라서 전쟁이 일어나서 사이클의 저점이 오래 지속됐다면 그다음에 만들어지는 주기는 짧게 만들어지면서 이후로는 원래의 주기로 되돌아가는 것이 보통이다.

넷째, 사이클 정점의 좌우 이동Left and right translation이다. 이 특징은 주기가 짧은 사이클은 주기가 긴 사이클의 추세에 따라 정점이 좌우로 이동한다는 것을 말한다. 가령 주기가 긴 사이클의 상승 추세에서 움직이는 주기가 짧은 사이클의 정점은 중앙에서 오른쪽으로 이동하는 경향이 있다. 사이클의 정점이 오른쪽에 있다는 것은 상승 기간이 길고 하락 기간이 짧다는 것을 의미한다. 반대로 하락 추세에서는 사이클의 정점이 왼쪽으로 이동하는 경향이 있다. 그러므로 사이클의 정점이 오른쪽에 있으면 강세(상승세)를 나타내는 것이고, 왼쪽에 있으면 약세(하락세)를 나타내는 것이다. 사이클의 정점이 중앙에 위치하는 경우는 추세가 없이 횡보할 때이다.

어떤 사이클에서 정점이 오른쪽에 있다면 한 상승 추세가 계속되고 있다고 해석할 수 있고, 정점이 왼쪽으로 이동하면 하락 추세로 바뀐 것으로 볼 수 있다. 일봉의 경우 사이클의 상승일수와 하락일수를 비교함으로써 추세가 어느 쪽에 있는지 알 수 있다. 사이클 정점의 좌우 이동은 사이클의 주기가 종류에 관계없이 나타나는 특징이기 때문에 사이클 분석에서 자주 응용할 수 있는 중요한 특징이다.

05 | 사이클의 이용

사이클 분석에서 발생하는 문제점을 설명하는 것이 사이클 분석을 이해하고 적절히 사용하는 데 도움이 된다. 사이클 분석에서 가장 큰 문제점은 순환주기의 불안정성이다. 매일 시장에서 새로운 주가가 추가되는 상황에서 매일 새롭게 사이클을 계산한다고 생각해보자.

이때 사이클을 계산하는 대상 기간의 데이터가 변화하므로 사이클의 적정 순환주기는 자주 변할 수 있다. 이러한 상황에서는 사이클을 이용해서 일관성 있는 매매 규칙을 구사하기란 어려워진다. 왜냐하면 만약 어제의 적정 순환주기와 오늘의 적정 순환주기가 다르다는 사실은 하루 사이에 사이클 형태가 변했음을 의미하는 것이기 때문이다. 만약 매일 사이클 형태가 바뀐다면 일관성 있는 매매 의사결정을 내리는 것은 무리이다. 이런 측면에서 순환주기의 불안정성은 사이클을 매매 신호로 사용하는 데 결정적 장애 요인이 된다.

그러므로 가격 변동 분석에서는 이러한 문제점을 최대한 보완하기 위해 과거 일정기간 동안 순환주기들을 미리 계산해 놓고 이들 순환주기의 최빈치[Mode]를 적정 순환주기로 사용한다. 순환주기의 데이터 검증은 일간 모형의 경우에는 매월, 주간 모형의 경우에는 반년, 그리고 월간 모형의 경우에는 일 년마다 이루어진다.

다른 하나의 문제점은 이 순환주기를 어떻게 선택하는지의 문제이다. 가격 변동 분석 모형은 순환주기를 하나만 선택하여 규칙적인 사이클을 도출하고 있기 때문에 사이클이 주가 변동을 실제로 잘 반영하는지 확인할 필요가 있다. 그러므로 사이클을 이용할 때는 추가 정보로 설명계수를 동시에 참조할 필요가 있다. 만약 설명계수가 낮다면 해당 주식은 하나의 순환주기만으로는 사이클 분석이 어려운 주식이고, 사이클의 신뢰성은 그만큼 떨어진다.

가격 변동 분석의 사이클은 규칙적으로 상하 변동하는 한편, 정규화한 형태이므로 매매 신호를 파악하기 쉽다. 사이클 분석에 의한 매매 규칙은 사이클이 -100에 근접한 시점에서 매수하고, 사이클이 차츰 상승하여 +100에 근접하는 시점에서는 매도하는 것이다.

정규화 사이클이 하락하여 -100을 기록하는 시점은 매수 시점이고,
상승하여 +100을 기록하는 시점은 매도 시점이다.

이러한 매매 규칙은 사이클 변화만을 고려한 것이다. 그러나 사이클 분석은 추세 분석을 바탕으로 할 때 비로소 의미를 가진다는 사실을 명심해야 한다. 추세 분석의 결과가 부정적임에도 불구하고 사이클 분석의 결과만으로 매매 판단을 그르쳐서는 곤란하다.

추세가 상승하는 시기에 사이클을 통한 매매 규칙을 실행하는 것은 성공적인 매매를 위해 의미 있는 일이다. 그렇지만 만약 추세가 하락하는 상황이라면 사이클을 이용한 매매 전략은 실패할 가능성이 크다. 왜냐하면 사이클의 상승에 해당하는 주가의 상승폭은 곡선 추세의 하락에 해당하는 주가 하락폭과 비교할 때는 상대적으로 매우 미세한 주가 변동이기 때문이다. 가격 변동 분석은 대부분의 주가 변동을 이미 곡선 형태의 추세 요인으로 설명하고 있기 때문에 사이클이 설명할 주가 변동의 크기는 상대적으로 훨씬 더 적다는 사실을 이해해야 한다.

원래 사이클 분석은 사이클을 직접적인 매매 규칙으로 이용하기보다 사이클 분석 과정에서 나오는 적정 순환주기를 다른 분야에 활용한다는 측면에서 중요성이 더 크다. 적정 순환주기를 이동평균 또는 각종 오실레이터 분석에서 파라미터로 적용하는 것은 사이클 분석의 대표적 활용 사례이다.

사이클 분석은 전통적으로 이루어지는 기술적 분석의 효용성을 높이는 도구가 될 수 있다. 사이클 분석을 매매 신호 도출 방법으로서만 이해하려는 것은 그다지 적절치 못하다.

한편 불규칙 요인은 주가에서 추세 요인과 순환 요인을 제거한 다음에 남은 데이터(또는 잔차)이다. 즉 주가 변동 요인 중에서 추세와 사이클만으로는 설명 불가능한 변동 요인이다. 특히 주가 시계열에서는 불규칙 요인이 차지하는 부분이 크고, 또 매우 다양한 발생 원인을 가진다고 말할 수 있다. 예를 들어 특정 경제정책이 갑작스럽게 시행될 때 나타나는 비정상적 주가 변동은 불규칙 요인에 포함되어 나타날 가능성이 크다. 따라서 실제 주가 분석에서는 추세와 사이클뿐만 아니라 불규칙 요인도 놓칠 수 없는 중요한 정보가 된다.

사이클 분석과 연관지어 불규칙 요인에 대해 설명하면 다음과 같다. 가격 변동 분석에서 불규칙 요인은 별로 큰 의미를 갖지 않는다. 불규칙 요인이 의미를 갖기 위해서는 사이클 분석에서 복수 개의 순환주기를 사용해야 한다. 왜냐하면 불규칙 변동을 정확하게 추출하기 위해서는 추세 제거치에 대해 순환 요인(사이클)을 최대한 추출하고 남는 부분은 불규칙 요인으로 산출할 필요가 있기 때문이다. 가격 변동 분석의 사이클 분석은 앞에서 언급했듯이 하나의 순환주기를 적용하므로 이런 측면에서는 한계가 있다.

가격 변동 분석에서 주가 예측 의미에 대한 이해가 필요하다. 주가 시계열에 스펙트럴 예측Spectral forecasting 방법을 적용하여 계산한 주가 예측 결과를 이해할 때에는 매우 주의가 필요하다. 주가 예측은 예측치가 사후적으로 실제 주가와 정확히 일치한다는 의미에서의 정확성을 목표로 하는 것이 아니다. 오히려 주가 예측 결과는 일정기간 예측 결과를 보면서 앞으로 주가가 어느 방향으로 진행할 것인지를 판단할 수 있도록 사용자를 돕는 데 목적이 있다.

예측 정확성이란 어디까지나 확률적 문제이며 실제 주가가 예측 주가와는 정반대로 움직일 가능성은 당연히 존재한다. 예측 주가는 과거 주가 변동의 특성을 분석하여 그 특성이 그대로 유지될 때 앞으로의 진행 방향을 통계적 방법으로 찾은 결과일 뿐이다.

사이클 분석을 실제 사례를 통해서 이해해보자. 〈그림 14-3〉은 가격 변동 분석을 통한 일간 사이클 분석이다. 해당 기업의 사이클 주기는 기간이 매우 긴 편이다. 11월 말에 사이클 바닥을 기록한 다음 이듬해 1월 중순에 사이클 천장을 기록하고 현재는 하락하는 과정에 있다.

앞에서도 설명했듯이 사이클을 이용해서 직접적인 매매 규칙을 도출한

그림 14-3 사이클 분석 사례

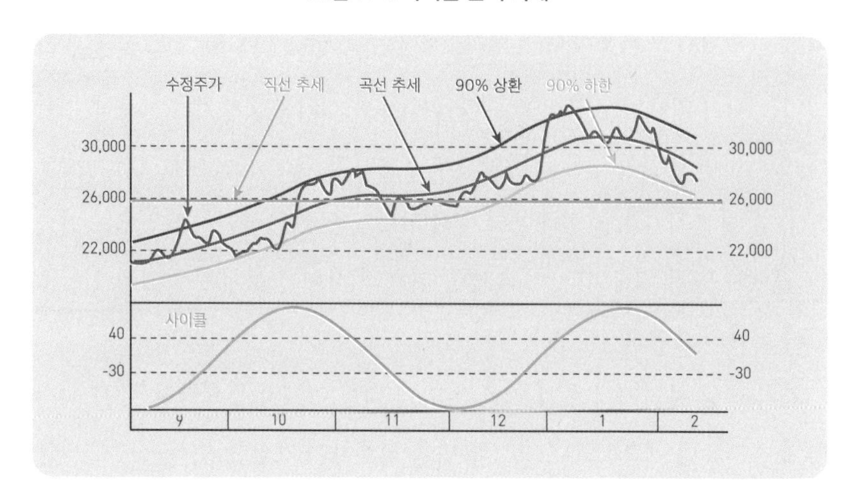

다는 것은 매우 주의를 필요로 하는 일이다. 그러나 이 기업의 경우에는 현재의 사이클 궤적으로 보아 3월 초 내지는 중순경 주가가 바닥을 형성할 가능성이 크다고 판단할 수 있다. 따라서 사이클 바닥으로 추정되는 기간까지 관망하면서 추세 분석의 결과에 따라 앞으로 적절한 매수 시점을 판단하면 될 것이다.

06 | 사이클 분석의 방법과 매매 전략

사이클 분석은 사이클의 주기, 진폭, 국면의 특징을 이용해 증권시장을 분석하는 방법이다. 특히 시간의 창을 이용해 사이클의 리듬감을 이용해 증권시장을 분석할 수 있는 좋은 수단이 된다. 그러면 이러한 사이클 분석을 이용한 투자 전략을 알아보자.

첫째, 사이클 분석도 장기와 단기의 사이클을 연결시켜서 해야 한다. 장기 사이클의 상승 국면에서는 중기 및 단기 사이클의 상승 기간이 길고 그 상승세도 강하다. 또한 일반적으로 장기 사이클은 증권시장의 주추세를 결정한다. 그러므로 추세 분석과 같이 사이클 분석도 장기적인 것에서부터 단기적인 것으로 범위를 좁혀가면서 하는 것이 좋다. 장기 사이클은 시장의 큰 흐름을 파악하기 위해서, 그리고 단기 사이클은 매매 시점을 찾는 데 이용할 수 있다.

둘째, 사이클 분석은 다른 기술적 분석과 함께 이루어질 때 그 유용성이 커진다. 시간의 관점에서 보는 사이클 분석에서는 언제쯤 저점이나 정점이 만들어져서 국면의 전환이 올 것인지를 예측할 수 있다.

그러나 전환의 시기를 예측했다고 하더라도 다른 기술적 분석으로 보았을 때 전환이 가능한 모양인지, 그리고 매매의 신호가 나타났는지를 확인할 필요가 있다. 사이클 분석과 함께 이용할 수 있는 기술적 지표는 시장의 특징에 따라 선택할 수가 있다.

사이클을 투자심리나 진동자 지표와 함께 분석하는 것도 좋은 방법이 될 수 있다. 전통적인 사이클 분석에 대해 조금 더 관심을 가진 투자자라면 허스트J. M. Hurst의 저서 《주식 매매 타이밍의 수익률 마법The Profit Magic of Stock Transaction Timing》을 참고하면 좋을 것이다.

제 15 장

추세지표와 모멘텀

투자자는 깊이 생각하지 않고 행동을 취하는 것보다 아무 행동도 취하지 않고 깊이 생각하는 것이 더 낫다.

앙드레 코스톨라니

주식시장과 원자재 시장은 어떤 차이점이 있을까. 우선 원자재 시장에서는 막연한 장기 투자가 불가능하다. 몇 년 전 중국인이 차 대신 커피를 마시기 시작했다면서 커피에 대한 수요가 장기적으로 늘어날 것이라는 전망이 나왔다. 이때 커피 원두에 투자한 사람의 성적표는 그다지 좋지 않았다. 블룸버그에 따르면 커피선물 가격을 따라가는 '블룸버그 커피 하위지수 TR'은 최근 3년간 37% 하락했다.

중국인의 커피 사랑이 시작됐지만 시장에는 큰 영향을 미치지 못했다. 그동안 발전한 커피 생산 기술이 수요 증가를 상쇄했기 때문이다. 실제로 원자재 상장지수펀드[ETF]에 투자하는 경우 미래의 수요에 대한 막연한 전망보다는 커피의 사례에서 볼 수 있듯이 원두의 작황이나 실제적인 수급이 더 중요하다. 따라서 주식에 접근하는 관점을 원자재 ETF에 그대로 적용하면 수익에 악영향을 미칠 수 있다.

중국의 커피 수요 증가는 결과론적이지만, 소비 수준이 높아진 것으로 해석해야 했다. 같은 기간 징둥닷컴, 알리바바그룹, 메이퇀뎬핑 등 중국 소비기업에 투자하는 ETF인 '글로벌X 중국소비펀드[CHIQ]'는 80% 올랐기 때문이다.

매매 수단도 다르다. 주식투자는 선물보다 현물을 거래하는 경우가 많지만, 원자재 투자에서는 대부분 선물 거래를 한다. 따라서 원자재 ETF에서는 만기가 다가온 선물 계약을 교체하는 롤오버 과정이 필요한데, 이때 기초자산 가격과 ETF 가격 간 차이가 발생하기도 한다. 롤오버 효과를 극복하고 원자재 ETF가 추세적으로 수익을 내기 위해서는 기초자산이 되는 선물 가격이 시장 기대 이상으로 상승해야 한다. 무작정 원자재 선물 가격이 지금보다 오르기만 하면 결국 수익이 날 것이라는 생각은 위험한 것이다. 따라서 선물계약을 보유한 원자재 ETF에 투자하는 경우 선물 가격이 만기별로 어떻게 형성됐는지 점검해야 한다.

이외에도 원자재는 주식과 달리 보편적인 '가격 측정' 기준이 없다. 기업의 경우 기업이 창출하는 현금흐름의 규모가 기업가치로 산정되지만 원자재를 보유한다고 해서 현금이 생기는 것은 아니기 때문이다. 그렇지만 인플레이션을 대비한다면 원자재 관련 ETF에 투자하는 것도 좋은 방법이 될 것이다.

이번 장에서는 추세지표인 모멘텀과 ROC, SROC, MACD-히스토그램과 모멘텀 지표인 RMI에 대하여 알아본다. 모멘텀Momentum은 주가 추세의 속도를 측정하는 지표이다. 추세가 변화하는 속도가 증가하는지 아니면 감소하는지를 나타냄으로써 운동량을 측정한다. 모멘텀은 곡선 기울기와 비슷한 개념이다.

01 | 모멘텀 지표에 대하여

모멘텀의 의미

모멘텀은 추세의 가속도를 측정하는 지표이다. 즉 주가 추세의 속도가 증가하는지 아니면 감소하는지를 나타냄으로써 추세 운동량을 측정한다. 모멘텀은 곡선 기울기와 비슷한 개념이기 때문에 주가보다 앞서서 변동하는 경향이 크다. 그러나 모멘텀을 독립된 매매 규칙으로 적극적으로 이용하는 경우는 매우 드물고, 주가의 변동 상황을 이해하는 기본적인 방법으로 사용하는 것이 일반적이다.

모멘텀은 단기간 동안에 주가가 변해온 양을 측정하는 지표이다. 모멘텀은 시장의 과매수와 과매도 상태를 나타내는 기술적 지표로 일정기간 동안의 가격 상승, 하락의 정도를 알려준다. 모멘텀 수치가 최대(+)치로 상승했을 때는 시장의 과매수 상황임을 알려주고, 최대(-) 수치로 하락했을 경우에는 과매도 상황을 알려준다.

또한 모멘텀은 시장 추세의 지지력 정도를 알려준다. 모멘텀이 양수로 계속 커질 경우에는 가격 상승이 가속화되고 있음을 나타내고, 크기가 계속 작아질 경우에는 추세 전환을 암시한다. 즉 모멘텀이 양수에서 음수로 전환될 때 매도 포지션을 취하고, 반대로 음수에서 양수로 전환될 때는 매수 포지션을 취한다.

모멘텀의 계산

모멘텀은 현재 주가에서 일정기간 이전의 주가를 차감해서 계산한다. 예를 들면 7일 종가 모멘텀은 오늘 종가에서 7일 전 종가를 빼서 계산한다. 따라서 모멘텀은 오늘 종가가 7일 전 종가보다 높으면 양의 값이 되고, 반대로 낮으면 음의 값이 된다. 그리고 기준선인 제로라인Zero-line을 중심으로 상하 변동한다. 결국 모멘텀이란 현재 주가에서 일정기간 이전 주가와의 차이를 말한다. 이것은 〈그림 15-1〉을 보면 쉽게 알 수 있다.

모멘텀뿐만 아니라 대부분의 오실레이터에서는 가격 데이터로 종가를 사용하는 경향이 크다. 이것은 종가가 일정기간(하루) 거래된 주가의 수렴점이므로 균형주가에 가까울 것이라는 믿음에 기초한 것이다. 특히 선물시장

그림 15-1 모멘텀의 개념

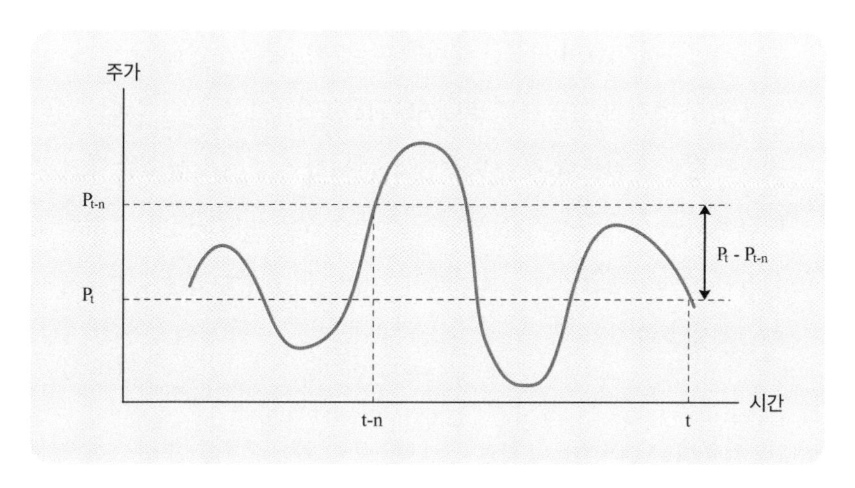

주가 모멘텀 = 오늘의 주가 – n일 전 주가

에서는 제도적으로 매일 종가를 기준으로 패자Loser의 계좌로부터 승자Winner의 계좌로 자금이 이동Marking-to-market한다. 이때 종가가 가지는 중요성은 더욱 커진다.

모멘텀의 해석 방법과 매매 전략

모멘텀을 해석하는 데는 보통 다음과 같은 네 가지 방법을 사용한다.

- **기준선 교차**Cross-over rule : 기준선인 제로라인을 상향 돌파할 때에는 매수 신호, 그리고 하향 돌파할 때는 매도 신호로 인식하는 방법이다. 그러나 기준선 교차의 매매 규칙에서 중요한 사실은 오실레이터 분석에 앞서 추세 분석이 선행되어야 한다는 것이다. 추세에 역행하는 오실레이터 분석 결과는 무의미하며 이러한 결과에 따라 매매해서는 안 된다.

  예를 들어 추세가 상승하고 있을 때에는 모멘텀이 기준선 아래로 하락했다가 상승할 때마다 계속 매수한다. 왜냐하면 추세가 상승할 때의 모멘텀 하락은 상승 추세가 잠시 속도를 늦춘 것이기 때문이다. 반대로 추세가 하락하는 상황에서는 모멘텀이 기준선 위로 상승했다가 하락할 때마다 매도한다.

- **모멘텀을 통한 주가 변동의 확인** : 모멘텀을 사용하는 흔한 방법으로 모멘텀을 통해 주가 변동을 확인하려는 것이다. 이것은 오실레이터의 일반해석에서 살펴본 괴리 분석Divergence analysis의 내용이다.

  모멘텀이 상승해서 신고점을 기록하는 것은 상승 추세가 속도를 더하고 있어서 주가가 추가 상승할 것임을 시사한다. 이후에 주가가 신고점에 접근하는데도 모멘텀의 고점이 낮아지면 주가의 상승 가속이 둔화된 상태이므로 추세 반전의 가능성이 커지며 매도 신호이다.

이와 반대로 모멘텀이 신저점을 기록했다는 것은 주가의 추가 하락을 시사한다. 그리고 주가가 신저점에 접근하는 반면, 모멘텀이 이전보다 높은 저점을 형성할 때는 주가의 하락 속도가 둔화된 상태로 추세 반전 가능성이 커진 것이며 매수 신호이다.

주가가 상승하는데도 모멘텀이 하락하고 있으면 주가는 최고점에 거의 도달한 것이며, 매도를 준비해야 한다. 반대로 주가는 하락하고 있지만 모멘텀이 상승하고 있다면 주가는 최저점에 근접하고 있는 상황이며 서서히 매수를 준비해야 한다.

■ **모멘텀의 추세 분석** : 주가 추세 분석의 논리와 마찬가지로 모멘텀의 소추세Minor momentum trend가 누적되어 모멘텀의 주추세Major momentum trend를 형성한다는 입장에서 모멘텀에 대한 전통적 추세 분석을 하는 것이다. 이러한 추세 분석을 통해 모멘텀이 추세를 상향 돌파하면 매수 신호로 파악하고, 추세를 하향 돌파하면 매도 신호로 파악한다.

모멘텀의 추세선 돌파는 주가의 추세선 돌파보다 보통 1~2일 앞서서 발생한다. 그러므로 모멘텀이 추세선을 돌파했을 때는 예상되는 주가의 추세선 돌파를 준비할 필요가 있다.

■ **모멘텀 구조**Momentum structure **분석** : 기준선인 제로라인을 중심으로 불규칙하게 변동하는 모멘텀에 대해서 지지 및 저항을 설정하고 이것을 돌파할

때 매매 시점으로 인식하는 방법이다. 이것은 실제로 모멘텀을 통한 주가 변동을 확인하는 방법과 비슷한 내용이다.

모멘텀을 분석할 때는 파라미터로서 모멘텀 기간을 사전적으로 결정해야 한다. 모멘텀 파라미터는 가능한 한 짧은 기간의 파라미터를 선택하는 것이 일반적으로 유리하다. 그러나 투자 기간에 따른 파라미터의 조정은 필요하다.

물론 정해진 바는 없지만, 일반적으로 투자 기간에 따라 사용하는 파라미터는 다음과 같다. 모멘텀 분석에서는 보통 투자 기간이 5주 미만인 단기 매매에서는 5~12일을 사용하는데, 그중에서도 10일을 가장 보편적으로 사용한다. 그리고 투자 기간이 5주 내지 26주 정도인 중기 매매에서의 모멘텀은 보통 25~30일을 사용한다. 마지막으로 투자 기간이 1년을 초과하는 장기 매매에서의 모멘텀은 3개월을 적용하는 것이 일반적이다.

그림 15-2 모멘텀으로 본 매수 시점(동서 일간 차트)

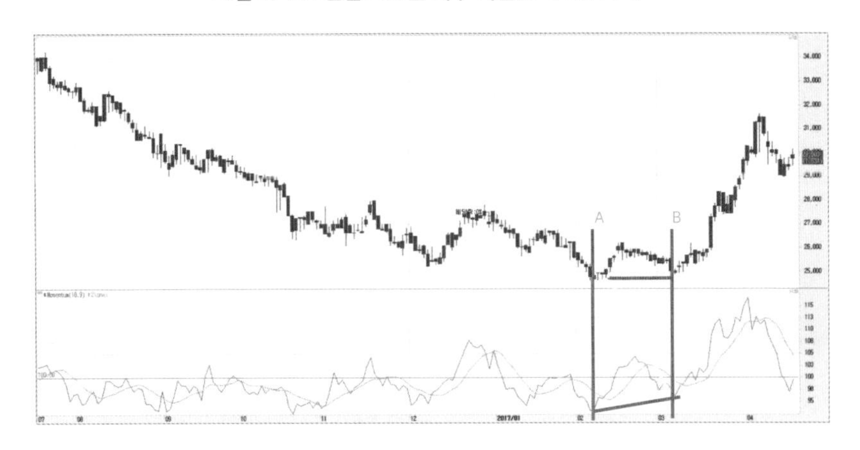

〈그림 15-2〉는 동서의 모멘텀 차트이다. 2017년 2월 초와 2017년 3월 초까지 A~B기간 동안에 주가는 이중바닥을 형성하는 반면, 모멘텀의 저점은 높아진 것을 볼 수 있다. 이때가 주가와 지표가 강세괴리를 보이는 경우로서 모멘텀을 통한 주가 변동의 확인을 통한 분석 방법에 따르면 B시점 직후가 매수 시점이 된다.

02 | ROC에 대하여

ROC의 의미

ROC Rate Of Change는 주가의 변동 속도(추세 강도)를 측정하여 추세의 강도와 주가 진행 방향을 판단하는 지표로 성격은 모멘텀과 동일하다. ROC는 당일 종가를 일정기간 이전의 종가로 나눈 것으로 모멘텀의 기준값이 0인 반면, ROC의 경우 기준값이 100이라는 점이 다를 뿐 형태와 분석 방법은 모멘텀과 동일하다. 따라서 매매 규칙도 모멘텀과 동일하다.

ROC의 계산

ROC 계산에 일반적으로 사용되는 식은 다음과 같다. 예를 들면 파라미터가 7일인 종가 ROC는 오늘 종가를 7일 전 종가로 나누어 계산한다. 오늘 종가가 7일 전 종가와 같으면 ROC는 100이 되고, 더 높으면 100보다 크다. 반대로 낮으면 100보다 작아진다.

ROC = 오늘의 종가 / n일 전의 종가 × 1

ROC를 이용한 매매 전략

ROC는 과거 데이터에 대해 종속적이다. 따라서 매우 불규칙적으로 변동하기 때문에 성과 검정Performance test으로 추출한 최적 파라미터Otimal parameter도 상황에 따라 매우 불규칙하게 변화한다.

주가의 추세성이 약한 횡보 장세Sideway market에서 주가 상하 변동폭Trading range이 큰 경우에는 ROC가 유용하지만 주가가 강한 추세성을 가질 때는 거짓 신호를 주는 경우가 많다. 이와 같이 ROC는 불규칙하고 속임 신호Whipsaw signal를 자주 발생시킨다는 것이 결정적 단점이다.

ROC의 해석과 투자 전략은 모멘텀의 경우와 거의 동일하다. 모멘텀의

그림 15-3 ROC로 본 매매 전략(기아차 일간 차트)

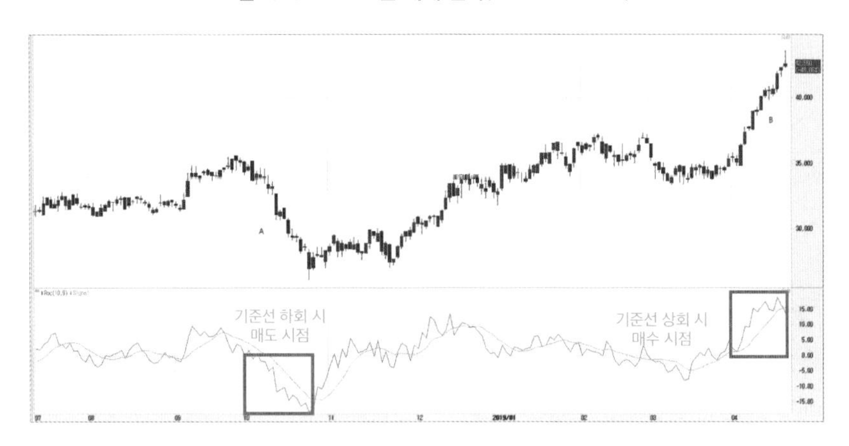

경우와 마찬가지로 기준선 교차, ROC를 통한 주가 변동 확인(괴리 분석), ROC 추세 분석 등을 사용한다.

<그림 15-3>은 기아차 일간 차트이다. ROC를 보면 2018년 10월 기준선을 하회하고 있는데, 이때가 매도 시점이다. 반면 2019년 4월에는 기준선을 상향 돌파하였고 이때가 매수 시점이 된다.

03 SROC에 대하여

SROC의 의미

모멘텀과 ROC는 단순이동평균과 마찬가지로 하나의 주가 데이터에 대해 두 번 반응하는 단점이 있다. 즉 이상 두 가지 지표는 주가가 파라미터 기간에 편입될 때 한 번 반응하고 파라미터 기간을 벗어날 때 다시 한번 반응한다

이러한 문제점을 보완하기 위해 슈츠만Fred G. Schutzman은 두 개의 시점에서 주가를 비교하는 대신에 지수이동평균을 상호 비교하는 평활화ROCSmoothed Rate Of Change, SROC를 개발하였다.

SROC의 계산식

SROC는 ROC와 개념적으로는 비슷하지만 두 시점의 이동평균을 비교하므로 매매 신호의 발생 빈도는 적은 반면, 매매 신호의 질은 우수하다.

SROC는 이동평균 파라미터와 ROC 파라미터에 민감하게 반응하지 않는다. SROC를 계산하기 위해서는 먼저 종가에 대한 이동평균을 현재와 과거 시점을 기준으로 계산하고 여기에 ROC를 적용한다.

SROC = 오늘의 m일 지수이동평균 / n일 전의 m일 지수이동평균 x 100

SROC의 계산을 위해서 저명한 기술적 분석가인 엘더Alexander Elder는 n을 21일 그리고 m으로 13일을 사용한다. SROC의 방향 전환은 보통 주가의 중요한 전환보다 앞선 시점에 발생한다. SROC의 상승 전환은 중요한 주가 바닥을, 그리고 하락 전환은 중요한 주가 정점을 의미하는 경우가 많다.

SROC와 주가의 괴리 분석은 특히 강력한 매매 신호를 제공한다. 〈그림 15-4〉는 현대엘리베이터 일간 차트이다. 하단에 있는 SROC의 움직임을 보

그림 15-4 SROC로 본 매매 전략(현대엘리베이터 일간 차트)

면 ROC보다는 상당히 매끈한 형태의 곡선이라는 것을 알 수 있다. 기준선(100) 돌파가 이루어지고 있는 2021년 4월 초가 매수 시점이고, 이후 지속적인 상승 흐름이 이어지고 있다.

SROC의 해석과 매매 전략

SROC를 이용할 때 일반적으로 사용되는 매매 전략은 다음과 같다. SROC의 방향 전환은 흔히 주가의 방향 전환보다 앞서 일어난다. SROC의 상승 전환은 중요한 바닥을 나타내고, 하락 전환은 중요한 정점을 나타낸다. SROC와 주가와의 괴리는 특히 강력한 매매 신호를 나타낸다.

- **SROC의 방향 전환** : SROC가 기준선(100) 아래에서 상승 전환할 때는 매수 신호이고, 기준선 위에서 하락 전환할 때는 매도 신호이다. 따라서 기준선과의 교차를 매매 시점으로 분석하기도 한다.

- **괴리 분석** : 주가는 신고가에 도달했으나 SROC는 이전보다 낮은 고점을 형성하는 것은 주가 상승에도 불구하고 군중심리가 미온적인 상황이다. 이와 같이 약세괴리를 보이면 강한 매도 신호로 해석한다. 반대로 주가는 신저가로 하락했으나 SROC는 이전보다 높은 저점을 형성하면 이것은 주가 하락에도 불구하고 군중심리는 주가 하락의 공포를 별로 의식하지 않는 상황이다. 이와 같이 강세괴리를 보이면 강한 매수 신호이다.

04 | MACD-히스토그램에 대하여

MACD와 MACD-히스토그램의 의미

MACD[Moving Average Convergence Divergence]는 제라드 아펠[Gerad Appel]에 의해서 고안된 오실레이터로 현재 주가 추세를 정확하게 판단하고 앞으로 추세의 변화 방향을 미리 감지하기 위해 사용한다. MACD는 장기 이동평균과 단기 이동평균 간의 차이를 통해 매매 타이밍을 파악한다.

이러한 의미에서 MACD는 두 개의 이동평균을 이용한 추세 분석을 오실레이터 분석으로 바꾸는 성격의 지표라고 생각할 수 있다. MACD는 이동평균법을 사용해서 직접적으로 매매 신호를 도출할 수 있는 거의 유일한 지표라고 할 수 있고, 실제로 주식 매매에서 매우 폭넓게 사용된다.

주가는 시장에 참가해서 매매하는 투자자들의 주식가치에 대한 합의이다. 이동평균은 이러한 합의의 평균적 경향을 나타낸다. 그렇다면 장기 이동평균은 장기적 합의를 나타내고, 단기 이동평균은 단기적 합의를 나타낼 것이다. MACD의 값이 크다는 것은 주식가치에 대한 단기적 합의가 장기적 합의를 그만큼 더 초과하고 있음을 나타낸다.

MACD 분석은 MACD fast와 MACD signal이라는 두 개의 선을 이용한다(아래 식 참고). MACD fast는 두 개의 지수이동평균에 의해 만들어지며 주가 변화에 대해 MACD signal보다 더 빨리 반응한다. MACD signal과 MACD fast는 지수이동평균으로 평활한 것으로 주가 변화에 천천히 반응한다. 매매 신호는 MACD fast가 MACD signal을 교차할 때 발생한다.

MACD fast = 종가의 단기 지수이동평균 - 종가의 장기 지수이동평균

MACD signal = MACD fast의 9일 지수이동평균

MACD-히스토그램MACD-Hist을 사용하는 이유는 MACD보다 MACD-히스토그램을 통해 매매세력 간 세력 변화를 더 쉽고 깊게 통찰할 수 있기 때문이다. MACD-히스토그램의 고저와 방향(기울기)은 어떤 세력이 시장을 지배하는지를 확인시켜준다. MACD-히스토그램의 고저는 시장이 약세인지 강세인지를 나타낸다. 지표값이 상승하면 매수세력이 강해지고 있고, 하락하면 반대로 매도세력이 강해지고 있음을 의미한다.

이와 같이 MACD-히스토그램은 시장의 강약뿐만 아니라 매매세력 힘의 변화를 표현하기 때문에 매매 실무에서 보편적으로 사용된다. MACD에서 살펴본 바와 같이 MACD-히스토그램은 주식가치에 대한 장단기 합의의 차이를 반영한다.

MACD-히스토그램의 기울기는 어떤 세력이 시장을 지배하는지를 확인시켜준다. MACD-히스토그램이 상승하고 있으면 매수세력이 강해지고 있음을 나타내고, MACD-히스토그램이 하락하고 있으면 매도세력이 강해지고 있음을 나타낸다.

계산식

MACD-히스토그램은 MACD fast와 MACD signal의 차이다.

MACD 히스토그램 = MACD fast − MACD signal

만약 MACD fast가 MACD signal보다 위에 있을 경우 MACD-히스토그램은 (+)의 값을 가지므로 0의 기준선 위에 그려진다. 반대로 MACD fast가 MACD signal보다 아래 있을 경우 MACD-히스토그램이 (-) 값을 가지게 되어 기준선 아래에 그려진다. 만약 두 개의 선이 서로 교차하면 MACD-히스토그램은 0이 된다.

MACD-히스토그램은 일간, 주간, 월간 등 어떤 주가 데이터에도 적용될 수 있다. 주간 MACD-히스토그램의 신호는 일간 MACD-히스토그램보다 더 큰 폭의 주가 변동을 나타낸다. 이렇게 장기 신호일수록 더 큰 주가 변화를 예고하는 원칙은 다른 지표의 경우에도 그대로 적용될 수 있다.

참고로 주간 MACD-히스토그램에서는 매매 신호를 얻기 위해서 반드시

그림 15-5 MACD-**히스토그램의 개념**

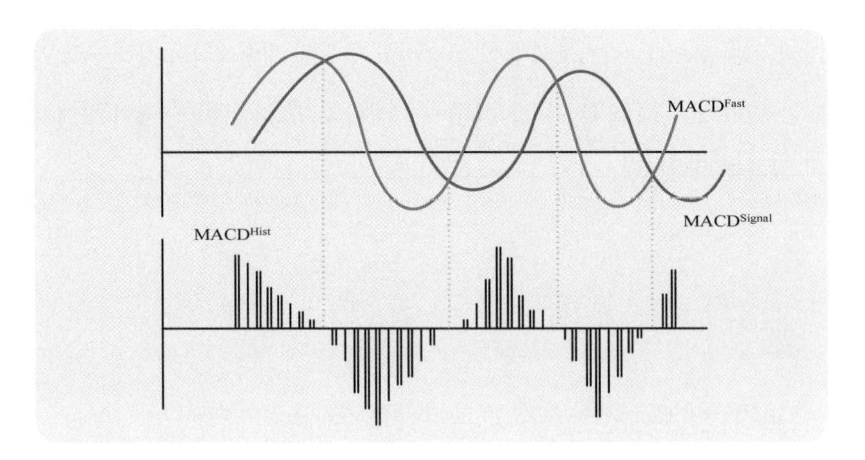

주말까지 기다릴 필요가 없다. 중요한 추세 전환은 주중에도 얼마든지 발생할 수 있으므로 매일매일 그날까지의 데이터를 이용해서 주간 차트를 작성하고 확인할 필요가 있다.

MACD-히스토그램의 해석과 매매 전략

MACD-히스토그램의 기울기가 주가와 같은 방향으로 움직일 때에는 추세에 대해 확신을 가져도 된다. 그러나 주가와 반대 방향으로 움직일 때에는 현재 추세를 의심해볼 필요가 있다.

왜냐하면 현재 추세 방향과 MACD-히스토그램의 기울기가 일치한다는 것은 현재의 추세가 더 강화된 것임을 의미하지만, 양자가 일치하지 않는다는 것은 현재의 추세가 매매세력 변화에 의해 약화되고 있음을 시사하기 때문이다. 그러므로 MACD-히스토그램의 분석에서는 기준선보다 위에 위치하는지 또는 아래에 위치하는지의 지표 위치보다는 오히려 지표 기울기가 훨씬 더 중요하다. 그러면 MACD-히스토그램을 이용한 매매 전략을 알아보자.

■ **지표 기울기의 변화** : MACD-히스토그램이 하락을 멈추고 상승 반전하면 매수하고, MACD-히스토그램이 상승을 멈추고 하락 반전하면 매도한다. 가장 일반적으로 사용되고 있는 가장 확실한 매매 신호이다. 지표의 기울기가 양일 때는 매수세력이 시장을 지배하고 있음을 나타내며, 기울기가 음일 때는 매도세력이 시장을 지배하고 있음을 나타낸다.

매도 신호는 MACD-히스토그램이 기준선보다 위에 위치하지만 변동 방향이 아래(음의 기울기)로 전환되었을 때, 즉 시장에서 매수세력이 약화되기 시작할 때이다. 역으로 매수 신호는 MACD-히스토그램이 기준선보다 아래에 위치하지만 변동 방향이 위(양의 기울기)로 전환되었을 때, 즉 시장에서 매도세력이 쇠퇴하기 시작했을 때이다.

■ **지표의 신고가/신저가** : 일정기간 지표값을 비교할 때 MACD-히스토그램이 신고가를 기록하면 매수세력이 더욱 강해지고 있어서 주가의 추가 상승을 예고하므로 매수 신호이다. 반대로 일정기간 지표값을 비교할 때 지표값이 신저가를 기록하면 매도세력이 더욱 강해져 주가의 추가 하락을 예고하므로 매도 신호이다. 이러한 신고가/신저가에 의한 매매 신호는 신고가/신저가 다음에 주가의 신고가/신저가가 나타나는 오실레이터의 일반적 성격을 그대로 이용하는 것이다.

■ **괴리 분석** : 괴리는 MACD-히스토그램에서는 드물게 나타나기는 하지만 주가 추세 전환에 대한 매우 강력한 신호이다. 강세괴리가 나타나면 매수 신호, 그리고 약세괴리가 나타나면 매도 신호로 해석한다. 괴리는 주가의 주요 고점 또는 저점에서 항상 나타나는 것은 아니지만, 일단 나타났을 때에는 주가의 추세 전환이 임박했다고 판단할 수 있다.
주가가 신저가를 기록했는데도 MACD-히스토그램의 두 번째 저점이 이전보다 얕고 상향 반전하면 강세괴리로, 강한 매수 신호이다. 반대로 주가는 신고가를 기록한 반면에 MACD-히스토그램의 두 번째의 고점이 이전보다 낮은 채 하향 반전하면 약세괴리가 발생한 것이며, 매도 신호이다.

만약 강세괴리가 발생했음에도 불구하고 주가가 다시 신저가로 하락할 때는 단순히 잘못된 신호로 판단하고 말 것이 아니라, MACD-히스토그램을 관찰해볼 필요가 있다.

만약 이때 MACD-히스토그램이 더 높은 세 번째 바닥을 형성하면 이것은 특히 강력한 매수 신호가 된다. 그리고 역의 경우에는 매우 강력한 매도 신호가 된다. 즉 MACD-히스토그램이 이전보다 높은 세 번째 바닥에서 상승할 때에는 매수하고, 이전보다 낮은 세 번째 고점에서 하락할 때에는 매도한다. 이러한 현상을 각각 삼중 강세괴리 Triple bullish divergence 와 삼중 약세괴리 Triple bearish divergence 라고 부른다.

〈그림 15-6〉을 통해 MACD-히스토그램으로 본 매매 전략을 알아보자. 자화전자의 일간 차트인데, A국면인 2021년 3월 초에서 중순까지 주가는 지속적으로 하락하는 반면 지표값은 저점을 높여가고 있다. 따라서 3월 중순 이후에 강세괴리에 의한 매수 신호가 발생한 것으로 판단할 수 있다.

그림 15-6 MACD-**히스토그램으로 본 매매 전략**(자화전자 일간 차트)

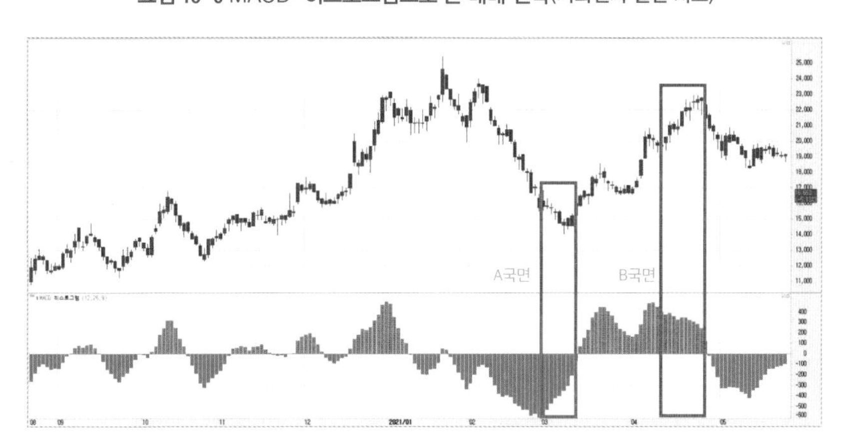

B국면인 4월 중순에는 주가는 지속적으로 상승하는데 지표값은 하락하는 약세괴리가 발생한 것으로 매도 신호로 판단할 수 있다.

05 | RMI[Relative Momentum Index, 상대모멘텀지수]에 대하여

RMI의 의미

RMI은 과매수/과매도 분석, 괴리 분석, 차트 분석 등을 사용하여 해석하지만 불규칙하게 움직이는 경향[Erratic behavior]이 있어서 어느 정도는 주관적 분석을 피할 수 없다. 경우에 따라서는 잘못된 매매 신호를 인식하게 되는 문제점이 있다. 이러한 문제점을 해결하기 위해 로저 알트만[Roger Altman]은 RSI(상대강도지수)에 모멘텀 개념을 넣어서 보다 해석하기 쉬운 지표로 전환했는데, 이것이 RMI(상대모멘텀지수)이다.

계산식

RMI는 RSI를 계산하는 방식과 매우 유사하다. 그러나 차이점은 RSI가 수가 상승분과 하락분을 구할 때 오늘 종가와 어제 종가를 비교하는데 비해, RMI는 오늘 종가와 n일 이전 종가를 비교한다는 것이다.

앞에서 모멘텀을 계산할 때 오늘 종가와 n일 이전 종가를 비교했었다. 일반적으로 파라미터는 n=5를 사용한다. RMI 계산에서 이러한 차이점은 처음부터 RMI가 RSI보다 평활한 형태의 곡선이라는 점을 암시한다.

- 오늘의 종가 〉 n일 이전 종가
  - 주가 상승분 = 오늘의 종가 − n일 이전 종가
  - 주가 하락분 = 0
- 오늘의 종가 〈 n일 이전 종가
  - 주가 상승분 = 0
  - 주가 하락분 = n일 이전 종가 − 오늘의 종가
- 오늘의 종가 = n일 이전 종가
  - 주가 상승분 = 주가 하락분 = 0
- $$\text{상대모멘텀} = \frac{\text{주가 상승분의 14일 단순이동평균}}{\text{주가 하락분의 14일 단순이동평균}}$$
- $$\text{상대모멘텀지수(RMI)} = 100 - \frac{100}{1 + \text{상대모멘텀}}$$

RMI의 해석과 매매 전략

RMI는 해석 방법에 따라 다음과 같이 네 가지 유형의 매매 신호를 제공한다. 다른 오실레이터의 경우와 마찬가지로 괴리 분석과 과매수/과매도 분석이 중요하다.

- **과매수/과매도**Tops & Bottoms : RMI가 (과매수선, 100)의 범위에 있으면 과매수Overbought 상태이며 여기서 과매수선을 하향 돌파하면 매도 신호이다. 한편 RMI가 (0, 과매도선)의 범위에 있으면 과매도Oversold 상태이며 여기서 RMI가 과매도선을 상향 돌파할 때는 매수 신호가 발생된다.

  RMI의 변동 범위는 (0, 100)이다. 이 변동 범위 내에서 RMI가 고점을 형성하고 하락 전환하는 것은 주가 고점을 확인시켜주고, 반대로 RMI가 하락에서 상승 전환하는 것은 주가 바닥을 확인시켜준다. 이렇게 RMI는 일정한 범위에서 변동하지만 주가의 과열 또는 침체의 수준은 시장 상황과 때에 따라 변하기 마련이다.

이것은 마치 같은 기온이라 하더라도 여름철과 겨울철에 의미가 다른 것처럼 과열 또는 침체의 수준을 일률적으로 정의한다는 것은 불가능하다. 따라서 RMI가 항상 0과 100을 정확하게 왕복 운동하지는 않는다. RMI는 0과 100 범위의 상단 또는 하단에 집중해서 변동하는 국면이 있을 수 있고, 또 중심선인 50 부근에서 밀집 변동하는 국면도 있다.

과열과 침체를 구분하는 보조선인 과매수선과 과매도선은 RMI의 고점 수준과 저점 수준을 가로지르는 성격을 가져야 한다. 그러므로 과매수선과 과매도선은 주가의 과열과 침체를 적절히 표시할 수 있도록 상황에 따라서 신축적으로 조정될 필요가 있다.

일반적으로 사용하는 과매도선과 과매수선은 각각 30과 70이다. 그러나 강세장에서는 각각 40 및 80 그리고 약세장에서는 20 및 60으로 조정하는 기술적 분석가도 많다. 참고로 오실레이터 분석에서 이러한 보조선은 과거 4~6개월 동안 오실레이터가 각각의 보조선을 5% 이상 벗어나지 않는 수준에서 결정하는 것이 바람직하다. 따라서 이 기준에 부합하도록 과거 데이터를 정기적으로 검정하고 3개월에 한 번 정도는 수정하는 것이 좋다.

RMI에서 과매수/과매도를 이용한 매매는 과매수선과 과매도선을 이용한 것이다. RMI가 과매수선 위로 상승하면 매수세력이 강하기는 하지만 시장은 과열되어 이미 매도 영역에 진입했음을 나타낸다. 반대로

RMI가 과매도선 아래로 하락하면 아직 매도세력이 강하고 시장이 침체되었지만 매수 영역으로 진입했음을 의미한다. 따라서 RMI가 과매수선을 하향 돌파하면 매도 신호, 그리고 과매도선을 상향 돌파하면 매수 신호로 파악한다.

■ **괴리분석** : 앞에서 여러 차례 언급했지만, 괴리 분석이란 주가와 오실레이터 간에 괴리(방향성의 차이)가 발생했을 때 주가 전환점Turning point을 예측하는 것이다. 강세괴리가 발생하면 매수 신호로 파악하고, 약세괴리가 발생하면 매도 신호로 파악한다.

RMI와 주가 간 괴리는 가장 강력한 매매 신호라고 말할 수 있다. 이러한 괴리는 주가의 정점 또는 바닥에서 나타나는 경향이 크고, 주가 추세성이 약해져 반전의 가능성이 큰 상황임을 의미한다. 강세괴리는 매수 신호이다.

이것은 주가가 신저가로 하락했음에도 불구하고 RMI가 과거 주가 바닥 시점보다 높은 저점을 형성할 때이다. 이때 RMI가 두 번째 바닥에서 상승 전환하면 좋은 매수 타이밍이다. 특히 주목할 매수 신호는 RMI의 첫 저점이 과매도선 아래에서 형성되고, 두 번째 저점은 과매도선 위에서 형성되는 경우이다.

반대로 약세괴리는 매도 신호이다. 주가는 신고가로 상승했지만 RMI가 이전의 주가 고점보다 낮은 고점을 형성했을 때이다. 이때는 RMI가 두 번째 고점에서 하락 전환하는 즉시 매도하는 것이 좋다. 마찬가지로 특히 강한 매도 신호는 RMI의 첫 고점이 과매수선 위에서 형성되고 두 번째 고점은 과매수선 아래에서 형성되는 경우이다.

■ **차트 분석** : RMI는 다른 지표보다 전통적 차트 분석 기법이 어울리는 지표이다. 예를 들어 추세선, 지지 및 저항, 삼봉 패턴 등 다양한 차트 기법들을 RMI의 차트에 적용할 수 있다.

RMI의 패턴 분석은 RSI가 주가보다 며칠 전에 특정 패턴을 완성하는 경우가 많기 때문에 주가가 어떻게 변동할 것인지에 대한 유용한 정보를 제공한다. 또 RMI의 추세선은 주가의 추세선보다 보통 1~2일 먼저 붕괴되는 경향이 있다. 따라서 RMI가 자신의 하락 추세선을 상향 돌파했을 때에는 주가가 추세선을 상향 돌파하는 즉시 매수한다.

반대로 RMI가 자신의 상승 추세선을 하향 돌파했을 때에는 주가가 추세선을 하향 돌파하는 즉시 매도한다. 이것은 RMI의 추세 분석이 실제로 주가 추세 분석을 통해 다시 확인되는 상황이기 때문에 중요하다.

■ **실패진동**Failure swings : 과매도 영역에서 RMI가 실패진동을 보이다가 실패진동의 고점들을 상향 돌파하면 실패진동이 완료된 것으로 판단하고 매수 신호로 이해한다. 반대로 과매수 영역에서 RMI가 실패진동을 보이는 경우에는 RMI가 실패진동의 저점을 뚫고 내려오면 실패진동이 완료된 것으로 보고 매도 신호로 이해한다.

실패진동이란 오실레이터가 과매수/과매도 영역에 도달한 다음에 보이기 쉬운 지표의 상하 반복 운동을 말한다. 실패진동은 주가가 강한 추세성을 가지고 상당 기간 지속되는 경우에 주로 나타나는데, 단순히 과매수/과매도 분석에 따라 매매할 경우에는 거짓 신호를 적용하거나 적절한 매매 시점을 놓치는 경우가 발생한다.

그림 15-7 RMI로 본 매매 전략(S-Oil 일간 차트)

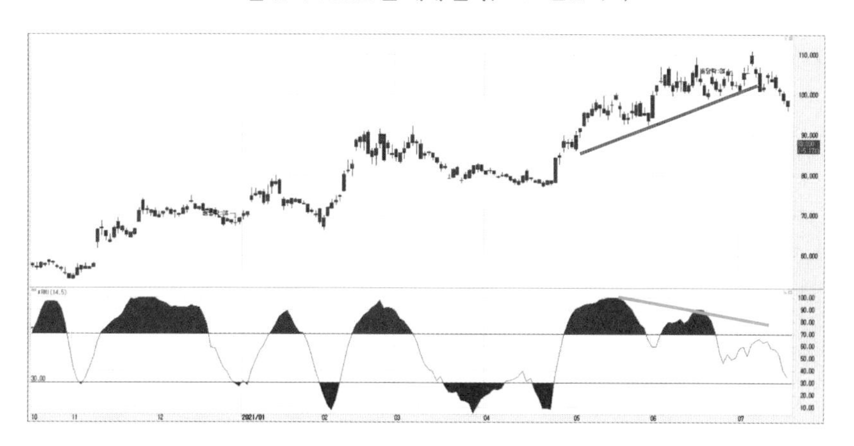

〈그림 15-7〉을 통해 RMI로 본 매매 전략을 알아보자. S-Oil의 일간 차트로 본 RMI의 움직임이다. 과매수 국면에서의 매도 전략과 과매도 국면에서 매수 전략을 적절히 사용하면 수익을 낼 수 있음을 알 수 있다. 2021년 5월에서 7월까지 상승 국면에 약세괴리가 발생했다. 전형적인 매도 신호이다. 7월 초의 고점 형성 이후 주가는 본격적인 조정을 보이고 있다.

제 16 장

엘더가 개발한 강도지수Force Index와 엘더레이Elder-Ray

장기로 보면 주식시장의 소식은 좋은 것이다.
20세기를 보면 미국은 두 번의 세계 전쟁,
여러 번의 값비싼 군사적 충돌, 디플레이션,
수십 차례의 경기 후퇴와 금융 재앙, 석유 파동,
전염병, 대통령의 사임 등이 있었다. 그러나
다우지수는 66에서 11,497로 올랐다.

워런 버핏

코스피 3000 시대가 열렸다. 2000을 처음 넘은 게 2007년 7월이니까 13년 6개월 만에 첫 자리가 바뀐 것이다. 코스피 1000은 중화학공업이 우리 경제의 주역일 때 올라갈 수 있는 최고 지수였다. 1980년대 초부터 중화학공업이 우리 경제에서 차지하는 역할이 커졌지만 기업들이 부가가치를 많이 만들어내지 못해 주가에 별 영향을 주지 못했다. 본격적인 역할은 1985년 3저 호황부터 시작됐다. 전자, 자동차, 화학 등 중화학공업 제품의 수출이 늘면서 해당 기업들이 시장에서 관심을 모았고 그 힘으로 코스피가 150에서 1000까지 상승할 수 있었다. 문제는 그다음에 발생했다. 당시 우리 기업의 글로벌 경쟁력이 낮아 주가는 1000을 유지하지 못하고 재차 하락한 후 오랜 시간 약세에서 벗어나지 못했다.

코스피 2000은 외환위기 이후 구조조정을 통해 우리 기업의 이익 구조가 바뀐 덕분에 넘을 수 있었다. 외환위기 이전 우리 기업은 중간 정도 품질의 제품을 싼값에 만들어 세계 시장에 내다 파는 걸 영업 전략으로 삼고 있었다. 사정이 이렇다 보니 기업은 매출액을 중심으로 움직일 수밖에 없었다. 제품의 부가가치가 낮은 만큼 매출을 늘려 외형을 키워야만 경쟁에서 유리한 고지를 차지할 수 있기 때문이다. 외환위기를 계기로 이런 기업 운용 행태가 사라지고 고부가가치 제품을 만드는 쪽으로 돌아서면서 기업이 중시하는 지표도 매출에서 이익으로 바뀌었다.

코스피 3000 돌파는 우리 경제 구조가 IT(정보기술), 바이오 등 부가가치가 높은 경박단소輕薄短小형 산업으로 바뀐 데 따른 반응이다. 전 세계적으로 기업을 평가하는 흐름과 맞는 형태인데 앞으로 주가는 이 산업들이 얼마나 많은 이익을 만들어내느냐에 따라 결정될 것이다.

과거 코스피 1000과 2000 돌파는 경기가 호황에서 불황으로 변하기 직전 유동성에 의해 이뤄졌다. 1000 때는 주가가 고점에 도달하기 1년 전부터 경제가 꺾여 내려왔고, 2000 때는 미국 지방은행 중 상당수가 서브프라임 모기지(비우량 주택담보대출) 때문에 속속 문을 닫았다. 사정이 이렇다 보니 마디 숫자(앞자리가 바뀌는 숫자)를 넘은 이후 주가가 급격히 하락하는 상황이 벌어질 수밖에 없었다. 이번은 앞의 두 경우보다 사정이 양호하다. 경기 회복 초기에 3000 돌파가 이뤄졌기 때문인데 경기와 기업실적 회복 정도에 따라 주가가 상당 기간 안정적으로 움직일 가능성이 있다.

이번 장에서는 엘더가 개발한 강도지수와 엘더레이Elder-Ray를 살펴볼 것이다. 강도지수는 알렉산더 엘더Alexander Elder가 개발한 오실레이터로 주가 상승 배경인 매수세력과 주가 하락 배경인 매도세력의 크기를 측정한다. 엘더레이(X-Ray와 유사하게 이름이 지어졌음)는 1989년 엘더에 의해 개발된 새로운 기술적 지표이다. 의사들이 X-Ray를 사용하여 우리 몸속 뼈의 구조를 관찰하듯이 투자자들은 엘더레이를 이용하여 시장의 저변에 흐르는 매수세력과 매도세력을 관찰할 수 있다.

01 | 엘더의 강도지수Force Index에 대하여

강도지수의 의미와 계산식

강도지수는 알렉산더 엘더가 개발한 오실레이터로 주가 상승 배경인 매수세력과 주가 하락 배경인 매도세력의 크기를 측정한다. 이 지표는 주가 변화의 방향, 크기, 거래량 등 주요 시장 정보를 종합적으로 결합한 지표로 개념상 중요한 의미를 가진다.

주가 변동은 변동 방향, 변동폭, 거래량이라는 세 가지 요소로 정의된다. 만약 오늘 종가가 어제 종가보다 높으면 주가 변동의 힘은 양(+) 값이 되고 반대로 더 낮으면 음(-) 값이 된다. 이때 변동폭이 크고 거래량이 많을수록 주가 변동의 힘은 더 커진다. 강도지수의 계산 수식은 다음과 같다.

오늘의 강도지수 = 오늘 거래량 × (오늘 종가 - 어제 종가)

평활하지 않은 강도지수는 기준선인 제로라인을 중심으로 상하에 막대그래프로 그린다. 시장이 어제보다 높게 끝났다면 강도지수는 양(+) 값이 되어 기준선 위에 그려지고, 어제보다 낮게 끝났다면 음(-) 값이 되어 기준선 아래에 그려진다. 그러나 평활하지 않은 강도지수는 변동이 매우 심하다. 그러므로 강도지수는 처음 엘더가 정의한 대로 사용할 수도 있지만 이동평균으로 평활하면 지표의 유용성이 더 커진다(HTS 시스템에서 과거엔 막대그래프가 대세였는데 최근엔 이동평균을 이용한 지표들이 대부분이다).

이때 단기 이동평균으로 평활한 강도지수는 단기 매매에 적합하고, 장기 이동평균으로 평활한 강도지수는 매매 세력의 중요한 변화를 보여준다는 장점이 있다.

강도지수의 2일 지수이동평균은 최소의 평활 수준으로 시장 진입 시점을 찾는 데 유용하다. 주가의 13일 지수이동평균 방향을 따르는 매매에서는 강도지수의 2일 지수이동평균이 양(+)의 값일 때 매수하고, 음(-)의 값일 때 매도하는 것이 유리하다. 이것은 다시 말해서 주가 추세(지수이동평균)가 상승하는 동안은 강도지수의 2일 지수이동평균에서 매수 신호만 취하고, 주가 추세(지수이동평균)가 하락하는 동안은 매도 신호만 취한다는 것이다.

한편 강도지수의 13일 지수이동평균은 보다 장기적으로 매매 세력의 변화를 추적한다. 13일 지수이동평균이 기준선을 상향 돌파할 때는 매수세력이 시장을 지배하기 시작하고, 기준선을 하향 돌파할 때는 매도세력이 지배하기 시작한다는 의미이다.

또 주가와 강도지수의 13일 지수이동평균 간 괴리는 중요한 주가의 전환점을 나타낸다. 강도지수가 신고가로 상승하는 것은 매수세력이 강하기 때문에 주가의 상승 추세가 더 지속될 것임을 나타낸다.

반면 강도지수가 신저가로 하락하는 것은 매도세력이 강하여 하락 추세가 더 지속될 것임을 나타낸다. 만약 주가 변동이 거래량에 의해 지지받지 못하면 강도지수의 기울기는 작아지므로 추세 전환이 임박했음을 경고하게 된다. 또 거래량이 많은데도 불구하고 주가 변동이 작을 경우에도 마찬가지로 강도지수의 기울기는 작아지고 추세 전환이 가까워졌음을 나타낸다.

강도지수의 해석과 매매 전략

■ **단기 강도지수** : 이미 언급했듯이 강도지수의 2일 지수이동평균은 단기 매매 세력의 변화를 나타내며 변동이 매우 심하다. 따라서 다른 추세지표와 병행해서 사용할 것을 권한다.

- 추세지표에 의해 주가 상승 추세가 확인되었을 때 강도지수의 2일 지수이동평균이 하락 반전하면 매수 시점이 된다. 반대로 추세지표로 주가의 하락 추세를 확인했을 때 강도지수의 2일 지수이동평균이 상승 반전할 때는 매도 시점이 된다. 이것은 추세의 방향에 부응해서 매매 신호를 파악해야 함을 말한다.
  아무리 급격한 상승 추세일지라도 항상 조정이 있기 마련이다. 강도지수의 2일 지수이동평균이 음(-)의 값으로 전환될 때를 기다렸다가 매수하는 것은 단기 주가 바닥에서 매수하는 것이 된다. 반대로 추세지표가 하락 추세를 나타낼 때 매도는 강도지수의 2일 지수이동평균이 양(+)의 값으로 전환될 때까지 기다려야 한다. 이것은 하락 추세에서의 기술적 반등이기 때문에 좋은 매도 기회이다.

- 강도지수의 2일 지수이동평균이 한 달 동안의 신저가로 하락하면 이것은 매도세력이 강해서 주가는 더 하락할 가능성이 크다. 반대로 강도지수의 2일 지수이동평균이 한 달 동안의 신고가로 상승했을 때는 매수세력이 강하여 주가는 더 상승할 가능성이 크다는 것을 나타낸다.

- 강도지수의 2일 지수이동평균과 주가 간 강세괴리는 강한 매수 신호를 나타내고, 약세괴리는 강한 매도 신호를 나타낸다. 이미 알고 있듯이 강세괴리는 주가가 신저가로 하락했는데도 강도지수는 이전보다 더 얕은 바닥을 만들 때 생긴다. 그리고 약세괴리는 주가가 신고가로 상승했는데도 강도지수는 이전보다 낮은 고점을 형성할 때 발생한다.

■ **중기 강도지수** : 강도지수의 13일 지수이동평균은 매매세력의 장기 변화를 나타낸다. 강도지수의 13일 지수이동평균이 기준선 위에 있을 때에는 매수세력이 시장을 지배하고, 반대로 기준선 아래에 있을 때에는 매도세력이 시장을 지배하고 있다. 이 지표가 기준선 부근에서 오르락내

리락할 경우에는 추세가 없는 시장이므로 추세를 따르는 매매 방법은 사용하지 않는 것이 좋다.

- 강도지수의 13일 지수이동평균이 하락해서 기준선 아래로 떨어지면 매도 신호로 파악하고, 강도지수의 13일 지수이동평균이 상승해서 기준선을 상향 돌파하면 매수 신호로 파악한다.
  상승 추세가 시작될 때 주가는 대량 거래를 수반하면서 급격히 상승한다. 강도지수의 13일 지수이동평균이 신고가에 도달하는 것은 주가의 상승 추세를 확인시켜주는 것이다. 그다음 상승 추세가 일정기간 지속된 후에 주가 상승이 느려지고 거래량은 감소한다. 그러면 강도지수의 13일 지수이동평균은 더 낮은 고점을 형성하기 시작하고 결국 기준선 아래로 떨어지게 된다. 이것은 상승 추세가 끝났음을 의미한다.
  하락 추세가 시작될 때도 마찬가지의 논리가 적용된다. 주가는 보통 대량 거래를 수반하면서 하락한다. 강도지수의 13일 지수이동평균이 신저가로 하락했을 때에는 하락 추세를 확인시켜준다. 이후 하락이 오래 진행되면 주가 하락이 느려지거나 거래량이 감소하게 되고 강도지수의 13일 지수이동평균은 더 높은 바닥을 형성하여 마침내 기준선 위로 상승하게 된다. 이것은 하락 추세가 끝난 것이다.

- 강도지수의 13일 지수이동평균과 주가 간 강세괴리는 강한 매수 신호를 나타내고, 약세괴리는 강한 매도 신호를 나타낸다. 주가 상승 추세에서 주가와 지표의 약세괴리는 강력한 매도 신호이다. 만약 주가는 신고가에 도달했지만 지표가 이전보다 낮은 고점을 만들었다면 이것은 매수세력이 약해지고, 매도세력이 곧 시장을 지배할 것임을 경고하는 것이다.
  반대로 주가 하락 추세에서 강도지수의 13일 지수이동평균이 신저점을 나타내는 것은 주가의 하락 추세가 지속될 것임을 나타낸다. 만약 주가는 신저가로 하락했으나 지표는 이전보다 높은 저점을 만들었다면 이것은 매도세력이 힘을 잃어가고 있음을 나타낸다. 이러한 강세괴리는 강력한 매수 신호이다.

다음 〈그림 16-1〉은 강도지수로 본 매매 전략 사례이다. KB금융의 일간 차트인데 2020년 11월에 주가는 오르고 있는데, 강도지수는 약세괴리가 발생했다. 이후 주가는 조정을 보였다.

그림 16-1 강도지수로 본 매매 전략(KB금융 일간 차트)

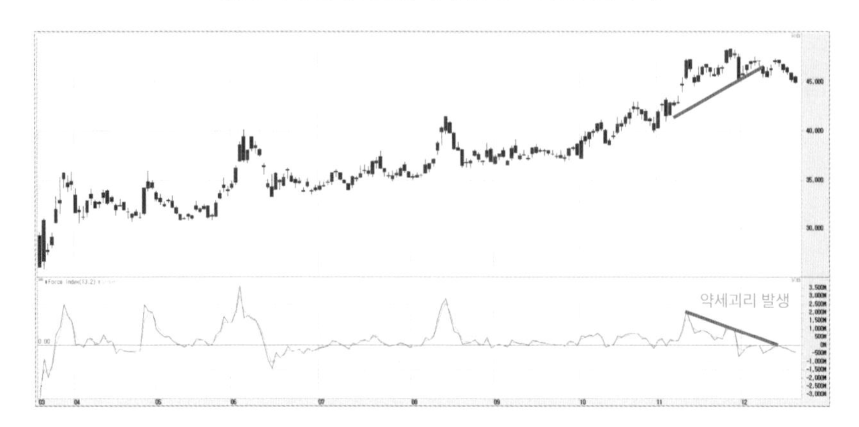

강도지수는 그림에서 볼 수 있듯이 중앙선(기준선)을 중심으로 매수와 매도 신호가 반복적으로 나타나고 있다. 중앙선 돌파 시 매수의 관점이 유효해 보인다.

02 | 엘더의 엘더레이Elder-Ray에 대하여

엘더레이의 의미

엘더레이는 1989년 알렉산더 엘너에 의해 개발된 X-Ray와 유사하게 이름이 지어진 새로운 기술적 지표이다. 의사들이 X-Ray를 사용하여 우리 몸속 뼈의 구조를 관찰하듯이 투자자들은 엘더레이를 이용하여 시장의 저변에 흐르는 매수세력과 매도세력을 관찰할 수 있다.

성공적인 투자자가 되기 위해서는 결코 미래를 예측하려고 해서는 안 된다. 단지 시장을 지배하고 있는 세력이 매수자들인지 아니면 매도자인지를 파악하여, 그 지배적인 그룹과 같은 편에서 매매에 임해야 한다. 엘더레이는 매수자 혹은 매도자가 언제 강해지고, 또 언제 약해지는지를 관찰하는 데 도움을 줄 것이다.

엘더레이의 구성과 계산식

엘더레이는 추세지표와 오실레이터의 가장 뛰어난 면을 결합한 것이다. 즉 이것은 추세지표인 지수이동평균을 포함하고 있을 뿐만 아니라 불파워Bull power와 베어파워Bear power 같은 오실레이터도 가지고 있다.

엘더레이를 만들기 위해서는 컴퓨터 화면을 수평으로 3개 부분으로 나누어야 한다. 주가와 주가의 지수이동평균을 위쪽의 화면에, 불파워는 중간에, 베어파워는 아래쪽 화면에 그린다.

엘더레이는 다음과 같은 4단계를 거쳐 구성된다.

- 주가 차트를 위쪽 화면에 그린다.
- 같은 화면에 종가에 대한 지수이동평균을 그린다(13일 지수이동평균이면 좋은 선택이다).
- 불파워를 계산하여 가운데 화면에 막대그래프로 그린다(국내 HTS 시스템에서는 이동평균 형태로 제공됨).

불파워 = 고가 − 지수이동평균

특정일의 불파워는 그날의 고가에서 지수이동평균을 차감한 것이다. 일반적으로 당일의 고가는 지수이동평균보다 위쪽에 있기 때문에 불파워는 양의 값을 갖게 되므로 기준선(중앙선)의 위쪽에 그려지게 된다. 급격한 하락 기간 중에는 당일의 고가가 지수이동평균보다 아래쪽에 위치하게 되는데, 이때에는 불파워가 음의 값으로 전환되므로 기준선 아래쪽에 놓이게 된다.

- 베어파워를 계산하여 아래쪽 화면에 막대그래프로 그린다(국내 HTS 시스템에서는 이동평균 형태로 제공됨).

베어파워 = 저가 - 지수이동평균

특정일의 베어파워는 그날의 저가에서 지수이동평균을 차감한 것이다. 일반적으로 당일의 저가는 지수이동평균보다 아래쪽에 있기 때문에 베어파워는 음의 값을 갖게 되므로 기준선의 아래쪽에 그려지게 된다.
급격한 상승 기간 중에는 당일의 저가가 지수이동평균보다 위쪽에 위치하게 되는데, 이때에는 베어파워가 양의 값으로 전환되므로 기준선 위쪽에 놓이게 된다.

투자자의 심리

엘더레이는 주가, 이동평균, 고가, 저가와 같은 여러 가지의 정보를 결합한 것이다. 따라서 엘더레이를 이해하기 위해서는 먼저 이들 정보가 의미하는 것을 명확히 이해해야만 한다.

- **가격** : 개별 가격은 가치에 대한 금전적인 합의이다. 매수자들은 가격이 상승할 것으로 기대하기 때문에 매수하고, 매도자들은 가격이 하락할 것으로 기대하기 때문에 매도한다. 마음을 결정하지 못한 투자자들은

옆에서 지켜보고 있지만 그들의 존재는 매수자들과 매도자들에게 무언의 압력을 가한다.

예를 들어 매수를 원하는 한 사람의 매수자와 매도를 원하는 한 사람의 매도자가 있을 때 한 건의 거래가 성립한다. 그런데 이들은 모두 마음을 정하지 못한 투자자들이 들어와서 그 기회를 먼저 채 가지는 않을까 하는 두려움으로 인해 고무된다. 모든 거래에서의 가격은 그 가치에 대한 가장 최근의 합의를 반영하고 있다.

■ **이동평균** : 이동평균은 그 계산 기간 동안의 가치에 대한 평균적인 합의이다. 10일 이동평균은 지난 10일 동안의 가치에 대한 평균적인 합의를 나타내고, 20일 이동평균은 지난 20일 동안의 평균적인 합의를 나타낸다.

지수이동평균은 단순이동평균보다 신뢰성이 더 높다. 이동평균에서 가장 중요한 정보는 그것의 기울기이다. 기울기가 상승할 때에는 매수 측이 더 강해지고 있음을 나타내고, 기울기가 하락할 때에는 매도 측이 더 강해지고 있음을 나타낸다. 따라서 이동평균 기울기의 방향에 따라 매매해야 한다.

■ **고가** : 특정 기간에서의 고가는 그 기간 중에서 매수세력이 가장 강할 때 나타난다. 매수자들은 주가가 상승할 때 이익을 얻는다. 그들은 더 이상 주가를 끌어올릴 수 없을 때까지 매수를 계속한다. 하루 중의 고가는 그 날의 매수세력이 가장 강할 때 나타나고, 주간 고가는 그 주 동안의 매수세력이 최대치일 때 나타난다.

- **저가** : 특정 기간에서의 저가는 그 기간 동안에 매도세력이 가장 강할 때 나타난다. 매도자들은 주가가 하락할 때 이익을 얻는다. 그들은 더 이상 주가를 하락시킬 수 없을 때까지 매도를 계속한다. 하루 중의 저가는 그 날의 매도세력이 가장 강할 때 나타나고, 주간 저가는 그 주 동안의 매도세력이 최대치일 때 나타난다.

  엘더레이는 최대치의 매수세력 및 매도세력과 가치의 평균적인 합의를 비교한다. 즉 각 기간의 고가 및 저가와 지수이동평균과의 차이를 측정하는 것이다.

- **불파워** : 불파워는 매수자들이 주가를 가치에 대한 평균적인 합의 이상으로 끌어올릴 수 있는 능력을 나타낸다. 이것은 고가에서 지수이동평균까지의 거리로 측정된다. 불파워는 보통 양의 값을 가지게 되는데, 매수자들의 세력이 강해지면 상승하게 되고, 그들의 세력이 약해지면 하락하게 된다. 불파워가 음의 값으로 전환되었다면 이것은 매수자들이 그들의 힘을 완전히 상실했음을 나타낸다.

- **베어파워** : 베어파워는 매도자들이 주가를 가치에 대한 평균적인 합의로 끌어낼 수 있는 능력을 나타낸다. 이것은 저가에서 지수이동평균까지의 거리로 측정된다.

  베어파워는 보통 음의 값을 가지는데, 매도자들의 세력이 강해지면 하락하게 되고 그들의 세력이 약해지면 상승하게 된다. 만약 베어파워가 양의 값으로 전환되었다면 이것은 강력한 매수자가 매도자의 멱살을 잡고 공중으로 번쩍 쳐든 양상이다.

엘더레이 해석과 매매 전략

엘더레이는 그 하나만으로도 훌륭히 매매 신호를 제공하지만 다른 방법과 같이 사용하는 것도 유리하다. 만약 엘더레이만을 사용한다면 지수이동평균의 기울기가 추세를 나타낸다는 사실을 명심하고 오로지 그것의 방향에 부합하는 매매만을 행해야 한다. 불파워와 베어파워는 추세를 따르는 매매를 함에 있어서 매수 혹은 매도 시점을 찾는 데 사용해야 한다.

매수를 위한 필수적인 두 가지 조건은 다음과 같다.

- 추세는 상승 추세일 것(지수이동평균 혹은 주간 추세지표로 확인)
- 베어파워는 음의 값을 가지지만 상승하고 있을 것

필수적인 것은 아니지만 요구되는 조건으로는 다음의 사항도 있다.

- 불파워의 가장 최근 정점이 이전의 정점보다 높을 것
- 베어파워가 강세괴리로부터 상승하고 있을 것

베어파워가 양의 값을 가질 때에는 매도해서는 안 된다. 이것은 급격한 상승 추세에서 저가가 지수이동평균보다 위로 상승했을 때 일어난다. 이처럼 매도자들이 공중으로 추켜들어진 상태에서 높은 값을 지불하고 매수하는 것은 어리석은 짓이다.

가장 좋은 매수 시점은 베어파워가 중앙선 아래에 위치하지만 상승하고 있을 때이다. 가장 강력한 매수 신호는 베어파워와 주가 간의 강세괴리를 보일 때이다. 만약 주가가 신저가로 하락했지만 베어파워는 이전보다 높은

곳에서 바닥을 형성했다면, 주가는 관성에 의해 계속 하락하고 있지만 매도자들의 세력은 약해지고 있음을 나타낸다.

또한 베어파워가 두 번째 바닥에서 상승하기 시작했을 때 보다 강력한 매수 신호를 나타낸다. 베어파워는 보유 주식을 늘리는 시점을 결정할 때에도 유용하게 이용된다. 상승 추세가 계속되는 한 베어파워가 그 중앙선 아래로 하락했다가 다시 상승할 때마다 보유 주식을 증가해도 무방하다.

만약 지표를 이용하여 매수했다면 매도 시점을 결정할 때에도 그것을 이용해야 한다. 불파워의 모든 상승 및 하락에 대하여 현혹될 필요는 없다. 이러한 현상은 일상적인 과정에 불과하다. 불파워의 정점과 바닥의 형태를 추적함으로써 매수자들의 힘의 크기를 관찰할 수 있다. 주가의 모든 신고점이 불파워의 신고점에 의해 확인되는 한 그 상승 추세는 안전하다. 매수자들이 힘을 잃기 시작했을 때 매도해야 한다.

매도를 위한 필수적인 두 가지 조건은 다음과 같다.

- **추세는 하락 추세일 것(지수이동평균 혹은 주간 추세지표로 확인)**
- **불파워는 양의 값을 가지지만 하락하고 있을 것**

필수적인 것은 아니지만 요구되는 조건으로는 다음의 것이 있다.

- **베어파워의 가장 최근 바닥이 이전의 바닥보다 깊을 것**
- **불파워가 약세괴리로부터 하락하고 있을 것**

불파워가 이미 음의 값을 가진 상태에서는 매도해서는 안 된다. 이것은 급격한 하락 추세에서 고가가 지수이동평균보다 아래로 하락했을 때 일어난다. 이처럼 주가가 상당히 하락한 상태에서 더 이상의 추가 하락을 기대하면서 매도하는 것은 어리석은 짓이다.

가장 좋은 매도 시점은 불파워가 중앙선 위에 위치하지만 하락하고 있을 때이다. 가장 강력한 매도 신호는 불파워와 주가 간에 약세괴리를 보일 때 주어진다. 만약 주가는 신고가로 상승했지만 불파워는 이전보다 낮은 곳에서 고점을 기록했다면, 주가는 관성에 의해 계속 상승하고 있지만 매수자들의 세력은 이전보다 약해졌음을 나타낸다. 불파워가 두 번째 정점에서 하락 전환되었을 때 보다 강력한 매도 신호를 나타낸다.

〈그림 16-2〉를 통해 엘더레이로 본 매매 전략을 알아보자. 녹십자랩셀의 일간 차트인데, 2021년 1월 주가는 상승함에도 불파워와 베어파워 모두 약세괴리가 나타났다. 강한 매도 신호로 판단할 수 있으며 이후 급격한 조정이 이어졌다.

그림 16-2 엘더레이로 본 매매 전략(녹십자랩셀 일간 차트)

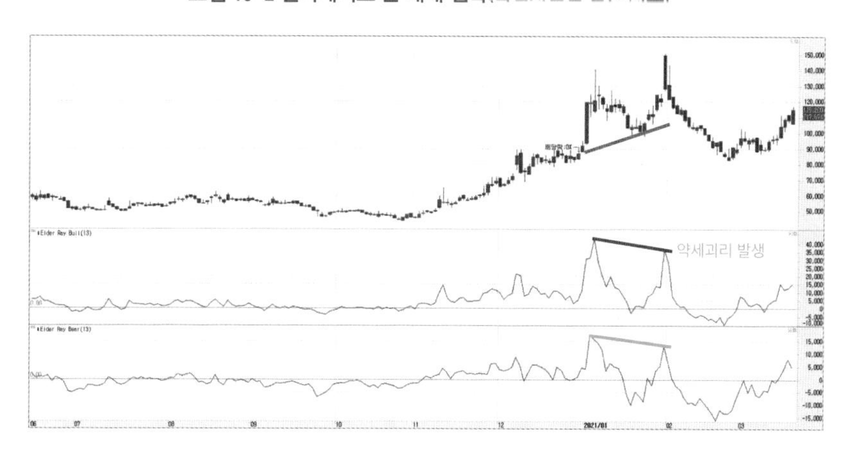

제 17 장

시장지표인 NH-NL과 TRIN

다른 사람에 대해 많이 아는 사람은 박학하지만
자기 자신을 아는 사람은 더 총명하다.
다른 사람을 통제하는 사람은 강력하지만
자신을 통제하는 사람은 훨씬 더 강력하다.

노자

"나는 어머니가 전화를 걸어와 어떤 펀드에 투자하는 것이 좋으냐고 물어왔을 때, 투자할 만한 펀드가 없다고 대답했다. 이 말에 어머니는 몹시 격분하여 비꼬는 듯한 말투로 힐난했다. '그렇지만 얘야, 주식시장은 지난 15년간 8배나 올랐다는구나.' 나는 어머니께 이렇게 말씀드렸다. '어머니, 저도 그건 알지만 주식은 오른 후가 아니라 오르기 전에 사는 거예요'라고 말이다(짐 로저스)." 주식은 분명히 오르기 전에 사서 하락하기 전에 팔아야 한다. 그런데 그게 잘 안 된다. 오히려 고점 매수, 저점 매도가 친숙한 이유는 무엇일까? 그것은 대부분의 투자자가 비슷한 생각, 비슷한 행동을 한 결과이다. 그래서 역발상 투자Contrarian investing가 필요한 것인지도 모르겠다.

짐 로저스는 신문에 '경제 침체의 징후가 보인다', '금리가 이미 어려움에 처한 경제의 목을 조르고 있다', '주식시장, 파국에 이르다'라는 기사가 가득 찰 때 많은 투자자는 이런 기사에 부화뇌동하여 주식을 팔아 치우지만, 몇몇 투자자는 기사와 반대되는 투자 전략을 구사하여 수익을 올린다고 했다. 결국 극단적인 상황은 투자심리를 공포로 자극하여 더욱 극단적인 상황을 만든다.

짐 로저스는 다음과 같이 말한다. "1980년대 초 유가가 배럴당 40달러에서 1980년대 중반 10달러대로 떨어지자 텍사스 부동산 시장도 동반하락하여 부동산을 팔기조차 어려웠다. 당시 부도난 부동산을 넘겨받은 성업공사가 이들 부동산을 반값으로 처분하고 있었기 때문에, 텍사스에는 빌딩을 지을 필요는커녕 향후 20~30년간 사용하고도 남을 부동산이 확보되어 있는 것처럼 보였다. 그러나 그 시기가 매수 적기였다는 것이 후에 판명되었다." 언제나 바닥은 이렇게 형성되고, 덧없이 지나간다. 월스트리트의 격언에 "거리가 피로 질퍽거릴 때 사라"는 말은 거의 틀린 적이 없었다. 사실 장기적인 고점과 저점은 모두 극단으로 치닫는다는 점에서 유사하다. 활황 장세는 탐욕의 끝에서 마무리하고, 침체 장세는 두려움으로 시작하여 공포로 마무리한다는 것을 기억할 필요가 있다.

한편으로 주가가 조정을 보일 때 선부른 판단으로 저점을 확신하는 것도 위험하다. "주가가 하락하고 있는 종목을 최저가로 잡으려고 하는 것은 마치 수직 강하하는 칼을 잡으려는 것과 같다. 그 칼이 땅에 꽂혀서 잠시 흔들리다 고정될 때까지 잡지 말고 기다리는 것이 좋다. 급속하게 떨어지는 주식을 잡으려 할 때는 필연적으로 칼날 쪽을 잡게 되므로 고통스러운 경악만을 가져다줄 뿐이다(피터 린치)."

하루아침에 바닥이 형성되는 것은 아니다. 그리고 최저가에 주식을 사려는 것은 위험한 발상인 동시에 후회를 동반할 가능성이 크다. 결국 현명한 투자자라면 조정기 때 시장에서 한발 물러서서 지금이 어떤 상황인지를 차분히 판단하고, 시장이 어느 정도 안정될 때를 기다리는 것이 필요하다. 극단적으로 공포감에 떨어서도 안 되고, 조급하게 서둘러서도 안 된다. 그래서 주식투자가 어려운 것이다.

이번 장에서는 시장지표에 대해서 알아보기로 한다. 시장지표는 원래 오실레이터에 속하는 지표들이지만 특별히 시장 전체를 대상으로 하는 분석에만 적용된다는 특징이 있다. 시장지표도 종류가 다양하지만, NH-NL과 TRIN에 대해 살펴보도록 하자.

01 | NH-NL(New High-New Low index)에 대하여

NH-NL의 의미

NH-NL은 시장 내 선도주들의 개수를 추적하는 지표이다. 그러므로 NH-NL은 개별 종목에는 적용할 수 없고, 전체 시장에 대한 분석지표임에 유의할 필요가 있다.

NH-NL은 특정일 연중 신고가 또는 신저가를 기록한 종목수를 측정하여 전체 시장의 강약을 파악한다. 그러나 연중 신고가와 신저가를 판단할 때 '연중'의 의미를 생각해볼 필요가 있다. 매년 연초 개장일을 시작일로 하여 계산하는 경우도 있지만, 현 시점에서 보아 과거 달력상의 1년(52주) 기간을 연중으로 간주하고 NH-NL을 계산하는 방법이 더 바람직하다.

NH-NL을 사용하는 개념적 배경은 신고가 종목은 강세 시장의 선도주이고, 신저가 종목은 약세시장의 선도주라는 것이다. NH-NL이 지수와 동일한 방향으로 변동할 때는 지수의 추세를 확인해주는 것이지만, 지수의 움직임과 이 지표가 괴리를 보일 때에는 지수가 정점 또는 바닥에 도달했음을 의미한다.

계산식

NH-NL은 다음과 같이 매일 신고가 종목수에서 신저가 종목수를 차감하여 구한다.

오늘의 NH − NL = 오늘의 연중 신저가 기록 종목수
− 오늘의 연중 신저가 기록 종목수

NH-NL 차트는 기준선인 제로라인 상하에 나타난다. 따라서 신고가 종목수가 신저가 종목수보다 많은 날에는 양(+)의 값이 되어 기준선보다 위에 그려진다. 그리고 신저가 종목이 많을 경우에는 음(-)의 값을 가지기 때문에 기준선 아래쪽에 그려진다. 물론 신고가 종목수와 신저가 종목수가 같을 경우에는 0이 된다.

지표의 해석과 매매 전략

NH-NL은 시장에서 가장 강한 종목과 가장 약한 종목을 파악하여 시장의 경향을 찾고자 한다. 즉 강세 선도주와 약세 선도주 간에 힘의 균형을 측정함으로써 전체 시장에 선행하여 시장 강약을 측정하는 것이다.

NH-NL이 기준선 위로 상승하면 매수 선도세력이 매도 선도세력보다 강한 것이다. 반대로 기준선 아래로 하락하면 매도 선도세력이 상대적으로 더 강하다. 시장이 신고가를 기록하고 NH-NL도 신고가를 기록하면 매수 선도세력이 강해져 앞으로 상당 기간 지수 상승이 계속될 것임을 의미한다.

지수는 상승하는데 NH-NL이 감소한다면 이것은 현 상승 추세가 지속되기 어렵다는 것을 의미한다. NH-NL이 하락해서 신저가를 기록하면 이것은 지수 하락 추세가 지속될 것임을 나타낸다. 그러나 시장은 하락하지만 NH-NL은 상승 전환했다면 하락 추세가 끝날 가능성이 크다.

그림 17-1 KOSPI와 NH-NL

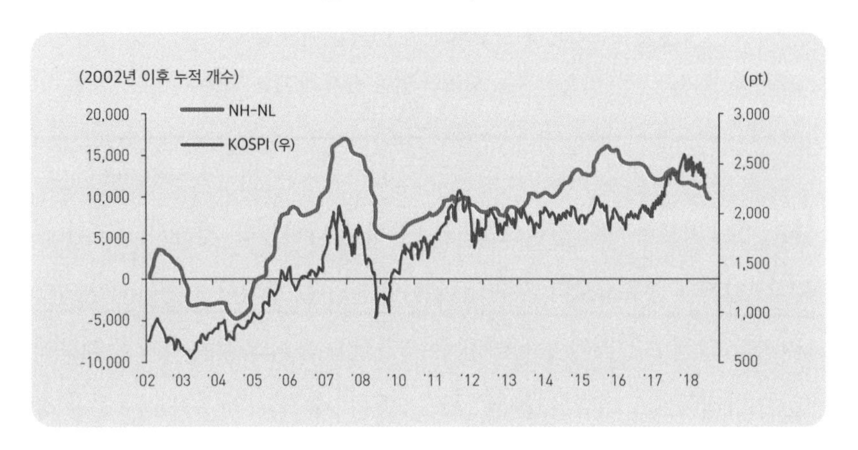

NH-NL에 의한 매매 판단은 세 가지 측면에서 접근한다. NH-NL과 주가 간의 괴리, 지표 방향, 지표 위치이다. NH-NL의 해석 방법으로 나열된 순서대로 중요도가 크다.

■ **괴리 분석** : 괴리에 대한 일반적인 해석대로 강세괴리는 매수 신호로, 약세괴리는 매도 신호로 파악한다. 지수 고점이 NH-NL의 신고가에 의해 확인되는 한 상승 추세가 계속되는 것으로 보아도 무방하다. 또 NH-NL의 신저가에 뒤이어 지수 저점이 나타날 경우에는 매도자들이 시장을 지배하고 있기 때문에 하락 추세가 유지될 것으로 생각할 수 있다. NH-NL과 지수 간 괴리는 확실한 매매 신호를 제공한다.

약세괴리는 시장이 신고가로 상승한 동안 NH-NL은 이전보다 낮은 고점을 형성할 때 발생하는 것으로 전체 시장이 상승하고 있음에도 불구하고 매수 선도세력은 차츰 약화되고 있음을 나타낸다. 이러한 약세괴리는 상승 추세의 마감을 의미하므로 매도 신호이다. 반면 강세괴리는 시장이 신저가로 하락한 동안 NH-NL은 이전보다 높은 저점을 형성할 때 발생하는 것으로 전체 시장이 하락하고 있음에도 불구하고 매도 선도세력이 약화되고 있음을 나타낸다. 따라서 매수 신호이다.

한 가지 더 언급할 것은 주식시장 바닥에서의 강세괴리는 천장에서의 약세괴리보다 더 빨리 진행되는 경향이 있기 때문에 괴리 분석을 통한 매수는 빠르게, 그리고 매도는 천천히 할 필요가 있다.

■ **지표 방향** : 지수가 보합 또는 상승할 때 NH-NL이 하락하면 매도 신호, 지수가 보합 또는 하락할 때 NH-NL이 상승하면 매수 신호로 파악한다. 시장이 상승하면서 NH-NL이 상승하면 상승 추세를 확인시켜준다. 마찬가지로 시장과 NH-NL이 동시에 하락하면 하락 추세를 확인시켜준다. NH-NL이 상승할 때에는 주식을 계속 보유하고 추가 매수도 무방하다. 시장이 보합 혹은 상승하는 동안에 NH-NL이 하락한다면 단기적으로는 보유 주식을 처분하여 이익을 실현할 시점이다.

NH-NL이 하락할 때에는 매도 선도세력이 강해지고 있음을 나타내므로 매도를 준비한다. 그리고 시장은 하락하지만 NH-NL이 상승한다면 하락 추세가 끝날 가능성이 크기 때문에 매수를 준비해야 할 시점이다. 한편 NH-NL이 보합세를 탈피하여 상승하면 매수 신호이며, 하락하면 매도 신호이다.

■ **지표 위치** : NH-NL이 기준선 위에 있을 때는 매수 선도세력이 매도 선도세력보다 강하다. 따라서 이 경우에는 매수세력 측에 서서 매매하는 것이 유리하다. 반대로 NH-NL이 기준선 아래에 있을 때는 매도 선도세

력이 더 강하므로 매도세력 측에 서서 매매하는 것이 유리하다.

NH-NL은 강세장에서는 수개월 동안 기준선 위에 머물 수 있고, 또 약세장에서는 수개월 동안 기준선 아래에서 머물 수 있다. NH-NL이 수개월 동안 기준선 아래에 머물다가 기준선 위로 상승할 때는 강세장이 시작될 가능성이 크다. 따라서 이때는 오실레이터를 이용하여 정확한 매수 시점을 포착하려고 노력해야 한다. 반대로 NH-NL이 수개월 동안 기준선 위에 머물다가 기준선 아래로 하락하면 시장은 약세장으로 변화할 가능성이 크다. 따라서 이때는 오실레이터를 이용하여 정확한 매도 시점을 포착하기 위해서 노력해야 한다.

02 | TRIN[Traders' Index]에 대하여

TRIN의 의미

TRIN은 리처드 암즈[Richard Arms]에 의해 개발된 지표로 일명 암스지표[Arms' index]라고도 한다. TRIN은 시장에 선행하는 시장지표 중 하나이다. TRIN은 시장 지배세력의 장세 낙관도를 측정함으로써 중요한 상승 또는 하락 시점을 미리 알려준다. 극단적 낙관론은 시장의 정점에서, 그리고 극단적 비관론은 시장 바닥에서 형성되기 때문이다.

계산식

TRIN을 계산하는 방법은 매우 간단하다. 다음의 공식은 TRIN의 계산식이다. 그렇지만 일간 TRIN을 차트로 그려보면 등락이 매우 심하다. 그러므로 일간 TRIN의 경우에는 지수이동평균으로 평활화된 결과를 사용하는 경우가 많다.

$$\text{오늘의 TRIN} = \frac{\text{오늘의 상승 주식수/오늘의 하락 주식수}}{\text{오늘의 주식 거래량 합계/오늘의 하락 주식 거래량 합계}}$$

TRIN은 상승 종목수와 하락 종목수의 비율과 상승 종목 거래량과 하락 종목 거래량의 비율을 상호 비교한 것이다. 예를 들어 상승 종목이 500개이고 상승 거래량이 1,000만 주, 그리고 하락 종목이 500종목이고 하락 거래량이 1,000만 주일 때 TRIN은 1이다. 또 500종목이 상승하고 거래량이 1,500만 주이고 50종목이 하락하고 거래량이 150만 주일 때에도 TRIN은 변함없이 1이다.

결국 TRIN에서는 상승 종목들과 하락 종목들의 평균 거래량이 같으면 항상 1이 된다. 그리고 상승 종목수와 하락 종목수가 같으면 상대적으로 적은 거래량이 상승 종목의 주가 상승을 초래할수록(상대적으로 많은 거래량이 하락 종목의 주가 하락을 초래할수록) TRIN의 값은 커진다.

이와 같이 TRIN은 상승 종목의 거래량이 종목수에 비해 비정상적으로 많을 때 하락하고, 하락 종목의 거래량이 종목수에 비해 비정상적으로 많을 때 상승한다. 상승 추세 말기로 가면 상승 종목의 거래량은 종목수에 비해 상대적으로 급증하는 경우가 많다. 그러므로 낮은 TRIN은 매수자들이 너무 낙관적이고 지수 상승이 지나쳐서 시장은 정점에 가까왔음을 나타낸다. 반대로 시장이 하락할 때 하락 종목의 거래량이 종목수에 비해 상대적으로 급증한다. 이것은 주가가 바닥에 접근할수록 그 정도가 심화된다.

따라서 높은 TRIN은 매도자들이 너무 비관적으로 하락 종목의 주식을 지나치게 매도하여 시장이 바닥에 가까왔음을 나타낸다. 횡보 장세에서 TRIN은 보통 (0.75, 0.85) 범위에서 움직인다. 일반적으로 주식은 주가가 상승할 때가 하락할 때보다 더 많은 거래량을 수반하기 때문에 TRIN에서의 상승 종목 거래량은 하락 종목 거래량보다 많은 경우가 보통이다. 따라서 TRIN은 1보다 작은 것이 보통이다.

이와 같이 TRIN은 주가 움직임과 지표값 변동이 서로 반대방향이기 때문에 이를 차트화할 때는 TRIN 값에 음수를 취하여 형태를 그리고, 수치는 본래의 양수인 지표값을 그대로 표시한다. 그리고 과열 및 침체 국면을 나타내는 두 개의 수평 보조선을 그린다. 차트에서 TRIN이 과매수선 위로 상승했을 때 시장은 과열 국면이고 정점에 가까워졌음을 나타낸다.

반대로 TRIN이 과매도선 아래로 하락했을 때 시장은 침체 국면이고 바닥에 가까워졌음을 나타낸다. 보조선의 위치는 시장이 강세장, 약세장 또는 횡보 장세인지에 따라 결정된다. 과매수선의 경우 강세장에서는 0.65 또는 0.7, 약세장에서는 0.7 또는 0.75에 그리는 것이 보통이다.

과매도선의 경우에는 강세장에서 0.9 또는 0.95, 약세장에서는 1.0 또는 1.1에 그린다. 이러한 보조선 위치는 기술적 분석가 각자의 실증연구에 의해 적절하게 적용될 수 있다.

〈그림 17-2〉는 S&P500 라지 캡Large Cap지수와 TRIN의 움직임을 나타낸

그림 17-2 S&P500 라지 캡Large Cap지수와 TRIN

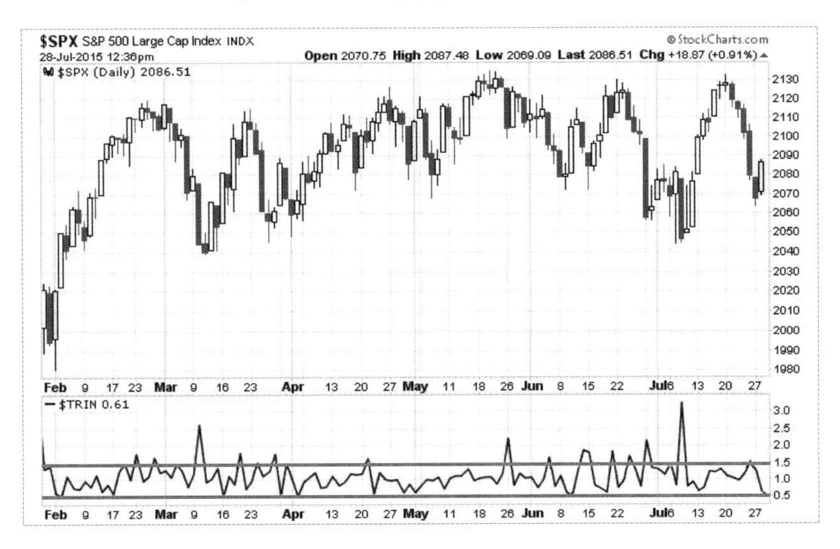

것이다. TRIN의 움직임을 통해 과매도 구간과 과매수 구간에서 향후 주가 움직임을 예상해볼 수 있다.

지표의 해석과 매매 전략

TRIN은 주식시장에서 반복되는 과열과 침체를 진단하여 전환점을 포착할 수 있게 한다. 개인투자자들은 감성적이고 단기적인 투자 성향이 강하다. 추세는 흔히 기대한 정도보다 더 진행하는 것이 보통인데, 이것은 군중이 이성적으로 행동하기보다는 감정적 성향이 강하기 때문이다.

상승 기간 동안 매수세력은 지나친 기대를 가지고 폭발적으로 주식을 매수하기 때문에 상승 종목의 거래량은 해당 종목수에 비해 폭등한다. TRIN이 과매수선을 상회할 때 일반 군중의 낙관론은 최고에 달한다. 반대로 하락 기간 동안 매도세력은 주식을 싸게 내다 팔아 하락 종목의 거래량이 종목수에 비해 급증한다. TRIN이 과매도선 아래로 하락할 때는 매도가 너무 지나쳐 상승 전환이 다가오는 것이다.

TRIN은 동일한 값일지라도 시장 상황에 따라 다르게 해석해야 하기 때문에 기계적인 매매 시스템으로 사용할 수 없다. TRIN에서의 과열 및 침체 수준은 약세장에서 값이 낮은 반면, 강세장에서는 높아진다.

예를 들어 0.6의 TRIN은 강세 초기에서는 매우 강력한 매수 신호를 나타내므로 보유 주식을 늘리는 기회로 이해한다. 그러나 TRIN이 0.6일지라도 약세장에서의 반등 시에는 매도 신호가 된다. 이것이 과매수선과 과매도선이 3개월마다 한 번씩 수정되어야 하는 이유이다.

- **과매수/과매도** : TRIN이 과매도선을 상향 돌파하면 매수 신호로, 과매수선을 하향 돌파하면 매도 신호로 해석한다. TRIN이 과매도선을 상향 돌파할 때, 즉 과매도 영역Oversold zone을 벗어날 때 매수한다. TRIN이 과매도선을 상향 돌파했다는 것은 매도세력이 그만큼 약해졌음을 의미하기 때문이다. 반대로 TRIN이 과매수선을 하향 돌파할 때, 즉 과매수 영역Overbought zone을 벗어날 때 매도한다. TRIN이 과매수선을 하향 돌파했다는 것은 매수세력이 약해졌음을 의미한다.

- **NH-NL과의 종합** : TRIN은 NH-NL과 결합하여 해석하면 매우 유용하다. 만약 NH-NL이 신저가에 도달할 때 TRIN이 과매도선 아래에 있으면, 이것은 매도 선도세력이 강하여 하락 추세가 지속될 것임을 나타낸다.
  반대로 NH-NL이 신고가에 도달할 때 TRIN이 과매수선 위에 있으면 매수 선도세력이 강한 것이므로 상승 추세가 유지될 것으로 예상할 수 있다. 이와 같이 TRIN을 NH-NL과 결합하여 해석하면 보다 확신을 가지고 적극적으로 매매에 임할 수 있다.

■ **괴리 분석** : 시장지수와 TRIN이 괴리를 보이면 강한 매매 신호로 이해한다. 강세괴리일 때는 매수 신호, 약세괴리일 때는 매도 신호이다.
TRIN은 시장지수와 괴리를 보일 때 가장 강력한 매매 신호를 제공한다. TRIN과 지수 간의 약세괴리는 강력한 매도 신호이다. 시장은 신고가로 상승했으나 TRIN은 이전 상승 시 고점보다 더 낮은 고점을 보일 때는 약세괴리로 매수세력이 힘을 잃고 있음을 의미한다.
매수세력이 이전만큼 적극적으로 주식을 매수하지 않는다면 상승 추세는 흔들리게 된다. 반대로 TRIN과 지수 간 강세괴리는 강력한 매수 신호이다. 시장은 신저가로 하락했으나 TRIN은 이전 하락에서보다 더 높은 저점을 보일 때는 강세괴리로, 매도자들이 소극적으로 바뀌고 있음을 의미한다.

제 18 장

P&F 차트Point and Figure chart란 무엇인가

금리가 떨어지면 '언제'라든가 '그러나'라는 말은
잊고 무조건 주식시장에 뛰어들어야 한다.

앙드레 코스톨라니

21세기 인류사에 막대한 영향을 미친 발명품 중 하나는 가상화폐일 것이다. 비트코인을 만든 사토시 나카모토가 2008년 9쪽짜리 논문 〈비트코인: 개인 간 화폐거래 시스템〉을 발표한 후 세계는 '머니게임'의 큰 장이 열렸다. 실체도 근거도 없는 코인에 수많은 사람이 가진 돈을 쓸어 모아 앞다퉈 투자하고 있다. 왜 오르는지, 왜 떨어지는지도 모르면서 누구는 일확천금을 얻고 누구는 벼락거지가 되기도 한다. 광풍의 실체는 보이지 않는다.

나카모토는 논문에서 "개인 간 거래를 할 때 왜 당사자가 아닌 제3의 기관에 의존해야 하는가?"라는 도발적인 질문을 던졌다. 자본주의 경제에서 발생하는 대부분의 거래는 중간에 누군가 끼여 있다. 당사자를 믿지 못하기 때문이기도 하고 거래의 효율성을 높이기 위해서인 경우도 있다. 돈을 주고 물건을 살 때는 화폐를 발행한 정부와 중앙은행이 제3자 역할을 맡는다. 정부가 종잇조각에 불과한 지폐에 '지급 보증'이라는 신뢰를 불어넣고 개인은 이를 믿고 거래한다.

하지만 나카모토는 거래를 매개하는 제3자의 역할을 하는 측면도 있지만 비효율을 야기한다고 봤다. 대표적인 비효율은 정부가 화폐 발행량을 늘려 물가 상승(인플레이션)을 일으키는 것이다. 인플레이션이 발생하면 내가 갖고 있는 돈의 값은 떨어진다. 정부와 중앙은행은 돈을 찍어내 이익을 보지만 돈값이 떨어지면 일반인이 그 비용을 부담한다. 그는 어떤 기관도 중간에 끼지 않고 사람들이 직접 거래할 수 있는 시스템을 만들면 정부와 정치권의 화폐가치 훼손으로부터 보호할 수 있을 것으로 봤다.

나카모토는 자본주의 거래 시스템의 근본적인 혁신을 말했지만 대중은 비트코인에만 열광했다. 비트코인은 '디지털 자산'으로 포장돼 거래되며 '황금알을 낳는 거위'가 됐다. 각국 정부가 화폐를 무한정 풀면서 돈값은 떨어졌고, 비트코인에 거품이 끼면서 1달러도 안 됐던 코인 값이 한때 7만 달러 근처까지 치솟았다. 비트코인 거래를 중개하는 거래소도 우후죽순처럼 생겨났다. 제3자를 끼지 않고 개인 간 거래를 활성화하기 위해 고안된 블록체인 시스템으로부터 나온 결과물인 비트코인이 정작 제3자인 거래소에 의해 왕성하게 거래되는 모순적인 상황이 벌어졌다. 상황은 여기서 끝나지 않았다. 비트코인 거품을 목격한 사람들이 앞다퉈 비슷한 가상화폐를 만들고 팔았다.

나카모토는 비트코인을 통해 "현대 자본주의 거래 시스템이 이대로는 지속 가능하지 않다"라는 메시지를 던졌다. 하지만 어느 순간 메시지는 사라지고 돈만 남았다. 세상은 나카모토가 제시한 것과 정반대로 흘러가고 있다. 현재 거래되는 가상화폐는 1만 개에 달하고 이들의 가치는 수천조 원이다. 탐욕과 좌절이 뒤섞인 이 시장은 이젠 '돈 놓고 돈 먹기'가 난무하는 정글이 되고 말았다.

이번 장에서는 P&F 차트Point and Figure chart에 대해서 알아볼 것이다. P&F 차트는 시간은 고려하지 않고 일정한 규칙에 의해 주가의 움직임만을 표시한 도표이다. P&F 차트는 미국식 바 차트Bar chart보다 역사가 더 길다. P&F 차트가 처음 만들어지기 시작한 것은 현재 우리가 작성하는 모양과는 약간 다르지만 1880년대 초부터였다.

01 | P&F 차트에 대하여

P&F 차트의 의미

P&F 차트는 시간은 고려하지 않고 일정한 규칙에 의해 주가의 움직임만을 표시한 차트이다. 즉 모눈종이의 미리 정해진 칸Box 크기에 따라 주가의 변동을 기록한다. P&F 차트는 바 차트보다 신축성 있게 작성할 수 있을 뿐만 아니라 매매 시점을 확실하게 나타낸다.

또한 캔들 차트와 마찬가지로 추세나 패턴 분석뿐만 아니라 엘리어트 파동 이론, 분기 현상 등을 분석하는 데도 이용할 수 있다. 따라서 기술적 분석을 할 때 바 차트를 기본적인 분석 수단으로 사용하고 P&F 차트를 보완적으로 이용하는 것이 좋다.

P&F 차트는 미국식 바 차트보다도 역사가 더 길다. P&F 차트가 처음 만들어지기 시작한 것은 현재 우리가 작성하는 모양과는 약간 다르지만 1880년대 초부터였다. 찰스 다우는 1901년 7월 20일자 〈월스트리트저널〉에서 이 차트의 이름을 'Book method'라고 불렀는데 그 이전에는 특별한 명칭 없이 'Tape reading'이라고만 불렸다. 그 후 빅터 빌러즈Victor de Villiers가 1933년에 그의 저서인 《The Point And Figure Method》에서 'Point and Figure'라는 이름을 붙이면서 그 이후 정식적인 명칭으로 사용되기 시작했다.

〈월스트리트저널〉에서 일일 주가의 고가, 저가, 종가를 발표하기 시작한 것이 1896년부터이다. 이때 이후를 미국식 바 차트가 널리 알려지기 시작한 것으로 본다면, P&F 차트는 바 차트보다 15년 이상 앞서 작성되기 시작했다. Point And Figure의 Figure라는 이름은 처음에는 이 차트를 만드는 데 X

나 O 대신에 실제로 주가를 적어 넣었던 데서 유래되었다.

P&F 차트의 특징

P&F 차트와 바 차트의 특징을 비교해보면 다음과 같이 몇 가지로 나누어 볼 수 있다.

첫째, P&F 차트의 가장 독특한 특징은 오직 주가가 움직이는 방향성만을 중시하며, 시간의 흐름을 무시한다는 점이다. 바 차트에서는 한 줄이 지나갈 때마다 하루 또는 한 시간 같은 일정한 시간이 흘렀음을 의미한다. 그러나 P&F 차트에서는 시간이 흐른 것과 한 줄이 지나가는 것은 서로 일치하지 않는다. 바 차트가 수직축에 가격을 표시하고 수평축에 시간을 표시하는 데 비해 P&F 차트는 수직축에 가격만을 표시한다.

둘째, P&F 차트에서는 사소한 시장 가격의 움직임은 무시한다. 즉 기준에 미달되는 주가의 변화는 무시한다. P&F 차트를 그리기 이전에 미리 설정해둔 수준 이상으로 시장 가격이 움직일 때만 차트 위에 표시하며, 그렇지 않은 미미한 움직임은 차트에 나타내지 않는다는 원칙을 따른다. 따라서 사소한 움직임은 차트에 나타내지 않는다.

셋째, P&F 차트는 거래량을 따로 기록하지는 않는다. 그러나 바 차트는 거래량과 주가를 같이 표시한다.

넷째, P&F 차트는 그리는 사람에 따라 차트의 모양이 바뀔 수 있다. 한 칸의 크기에 따라, 또한 최소 반전Minimum reversal을 어떻게 정하느냐에 따라 각각 다른 모습의 차트가 그려진다.

P&F 차트의 장단점

모든 기술적 지표가 그러하듯이 P&F 차트도 장점과 단점이 존재한다. 이러한 장단점을 보완하기 위해서는 바 차트와 함께 분석하는 것이 좋다.

먼저 장점으로는 필요에 따라서 칸Box과 전환에 필요한 크기Reversal size를 조정함으로써 주가 움직임의 특징을 다른 여러 종류의 지수나 종목에 이용할 수 있다는 것이다. 좁은 공간에 장기간의 기록이 가능하여 주가의 장기적인 추세 파악에 유리하며, 무엇보다 차트를 작성하고 해석하는 것이 간단하다. 바 차트보다 매매 신호가 확실하며, 바 차트에서는 볼 수 없는 매수와 매도 신호를 보여준다. 또한 목표치 계산이 가능하다.

반면 단점으로는 거래량이 표시되지 않기 때문에 시장에서 일어나는 중요한 정보를 놓치게 된다. 때문에 거래량이 중요한 시장에서는 이 차트에 의한 분석은 한계가 있을 수밖에 없다. 앞에서 지적한 것과 같이 시간을 고려하지 않고, 기준에 미달되는 가격 변화는 기록하지 않기 때문에 과거의 주가 흐름을 정확히 알 수 없다. 작성 방법에 따라 차트의 모양이 달라지므로 분석할 때 주의해야 한다.

02 | P&F 차트의 작성

P&F 차트는 다음과 같은 방법으로 작성한다.

첫째, 한 칸의 크기를 정하는 것이 중요하다. P&F 차트를 그리기 위해서는 먼저 한 칸의 크기를 얼마로 할 것인지를 정해야 한다. 한 칸을 얼마로 해야 한다는 규칙은 없는데, 합리적으로 생각하여 분석자마다 편리한 대로 그리면 된다. 한 칸의 가격폭은 시장 가격의 일정비율로 결정하는데 일반적으로 시장 가격의 2~3% 수준에서 정한다. 고가주일 경우에는 크게 하고, 저가주일 경우에는 작게 한다. 또한 장기 그래프에서는 크게 하고, 단기 그래프에서는 작게 한다.

둘째, P&F 차트는 X와 O로 구성되어 있다. 주가가 상승할 때에는 X로, 주가가 하락할 때에는 O로 구분하여 표시한다. 주가가 상승해서 X 표시될 경우 이전의 고점보다 상승하면서 한 칸의 범위를 넘어서야만 새로운 X가 표시된다. 주가가 하락해서 O가 표시될 경우 이전의 저점보다 하락하면서 한 칸의 범위를 넘어서야만 새로운 O가 표시된다.

셋째, 최소 반전에 유의해야 한다. 주가가 상승에서 하락으로 바뀔 때에는 X에서 O로 바꾸어 그다음 열Column의 한 칸 아래에 표시한다. 그리고 주가가 하락에서 상승으로 바뀔 때에는 O에서 X로 바꾸어 그다음 열의 한 칸 위에 표시한다. 이와 같이 P&F 차트의 열을 바꾸기 위한 최소한의 가격 움직임을 최소 반전이라고 한다. 아울러 열을 바꿀 필요가 있을 때에는 미리 정해진 전환의 범위Reversal criteria에 따라야 한다. 즉 전환의 범위가 한 칸 전환일 경우에는 한 칸 이상의 가격 변화가 있어야 하고, 두 칸 전환일 경우에는 두 칸 이상의 가격 변화가 있어야 하며, 세 칸 전환일 경우에는 세 칸 이상의 가격 변화가 있어야 한다.

넷째, P&F 차트는 한 칸이 나타내는 가격의 폭과 열을 바꾸는 데 필요한 전환의 범위에 따라 모양이 많이 달라진다. 또한 전환의 범위에 따라 주가 변화에 따른 차트의 민감도가 달라진다. 즉 전환의 범위를 좁게 잡을 경우 민감도는 커지고, 전환의 범위를 넓게 잡을 경우 민감도는 작아진다. 단기 주가 변화를 나타내기 위해서는 전환의 범위를 좁게 하고, 장기 주가 변화를 나타내기 위해서는 전환의 범위를 넓게 할 필요가 있다.

다섯째, 시간을 나타내기 위해서 해당되는 칸에 연도나 월, 일을 표시하기도 한다. 이러한 표시는 참고를 위한 것일 뿐 차트의 해석과는 아무 관련이 없다.

03 | P&F 차트 분석 방법과 매매 전략

P&F 차트는 거래량, 이동평균, 시간 등을 고려하지 않고 주가만을 분석 대상으로 한다. 이와 같은 P&F 차트에서도 바 차트와 같이 패턴 분석을 할 수 있다. P&F 차트의 패턴은 기본적인 형태가 바 차트의 패턴과 비슷하다.

그러나 차트의 작성 방법이 다르기 때문에 P&F 차트에서는 볼 수 없는 패턴들이 있다. 깃발형, 페넌트형, 갭 등이 그러한 것이다. 각 패턴들에서 나타나는 지렛대 받침Fulcrum의 모양이 있는데, 이 모양은 상승이나 하락이 한동안 진행된 후 어떤 가격대에서 매매가 집중적으로 일어나면서 만들어진다. 매매가 집중적으로 일어났던 가격대Congestion area는 바닥에서는 매집 과정, 고점에서는 분배 과정이 나타낸다. 또한 이 모양이 변해서 이중 또는 삼중바닥이나 천장의 모양을 만들기도 한다. 이 모양은 주가가 집중적으로 매매가 일어났던 가격대를 돌파함으로써 완성된다.

매수 신호

P&F 차트에서도 패턴 분석 및 추세 분석을 이용한 매매 방법과 마찬가지로 지지선과 저항선을 이용하여 매매 시기를 알 수 있다.

■ **추세 상승형**Upward trend : 일반적으로 자주 볼 수 있는 기본적인 상승 패턴이다(그림 18-1 참고). 주가가 등락을 거듭하면서 저점이 서서히 높아지는 형태이다. 고점은 과거의 최고 수준을 상회한다. 이때 X가 과거의 고점 수준을 한 칸 이상 상회하는 순간이 최적의 매수 시점이다.

그림 18-1 추세 상승형

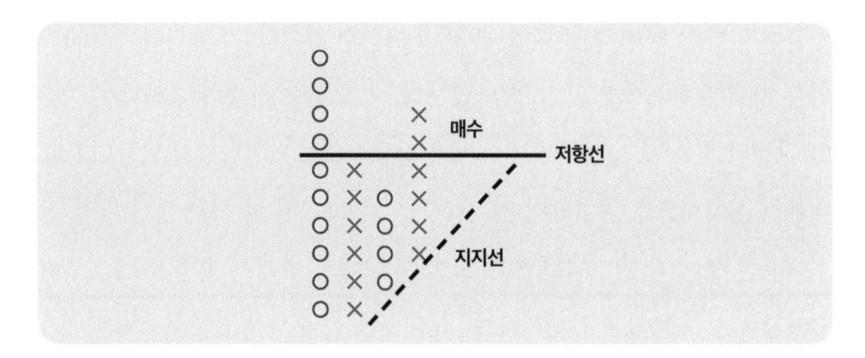

■ **삼중 천장형**Tripple top : 일반적으로 나타나는 기본적인 패턴으로 상승 국면을 확인하는 데 용이하다. 저점은 상승하지 않고 대체로 수평을 유지하거나 상하로 움직인다. 고점은 수평을 이루던 이전의 두 고점을 상회함으로써 나타나는 패턴이다(그림 18-2 참고).

이 패턴은 강력한 저항선으로 작용하던 이전의 두 고점이 돌파됨으로써 완성된다. 최적의 매수 시점은 마지막 X가 직전의 두 고점 수준을 돌파하는 순간이다.

그림 18-2 삼중 천장형

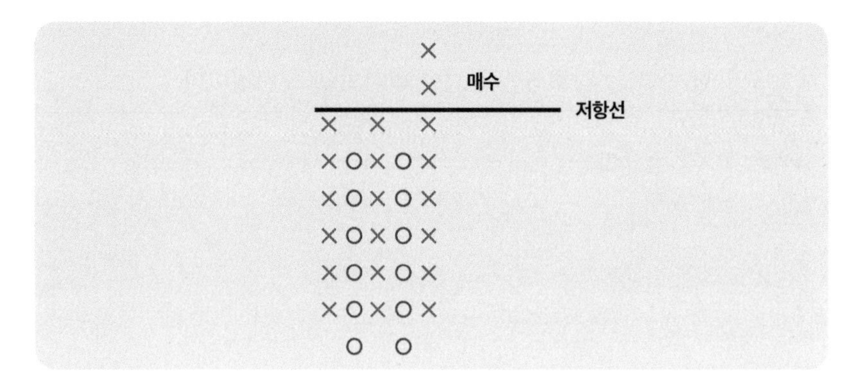

■ **상승 삼각형**Ascending triangle : 주가의 변동폭이 서서히 줄어들면서 나타나는 패턴이다. 주가의 등락폭이 줄어들면서 고점들은 일정한 수준을 유지하는 반면에 저점들은 차츰 상승하게 된다(그림 18-3 참고).

일반적인 경우 이러한 패턴이 나타나면 저점에서 점차 상승하도록 작용해왔던 매수세력이 마침내 매도세력을 압도하게 된다. 그로 인해 주가는 다시 상승 추세로 움직인다. 최적의 매수 시점은 주가가 저항선을 돌파하는 순간이다.

그림 18-3 상승 삼각형

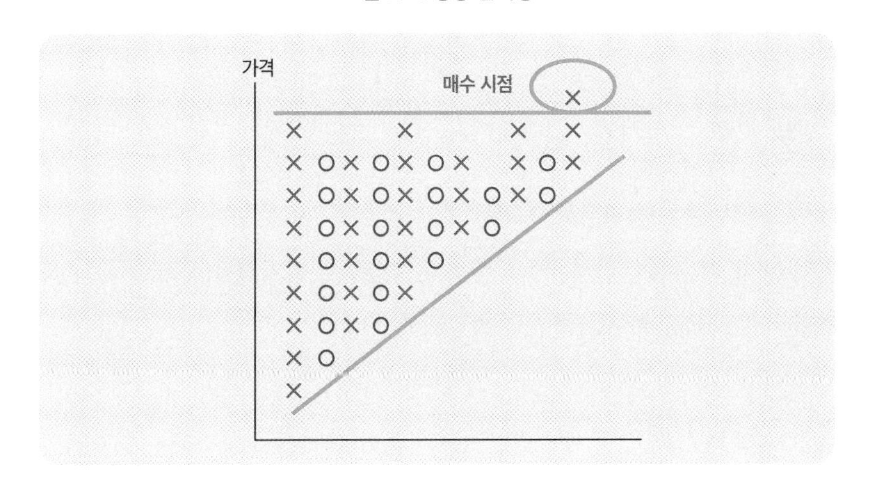

■ **상승 반전형**Upside break-out : 하락 국면에서 추세 반전이 나타나는 패턴이다(그림 18-4 참고). 잠재되어 있던 매수세력이 일시에 매수에 나서면서 주가는 급격하게 상승 추세로 반전하게 되는데, 이때의 상승세는 매우 강력하여 단기간에 큰 반등이 나타나게 된다.

그림 18-4 상승 반전형

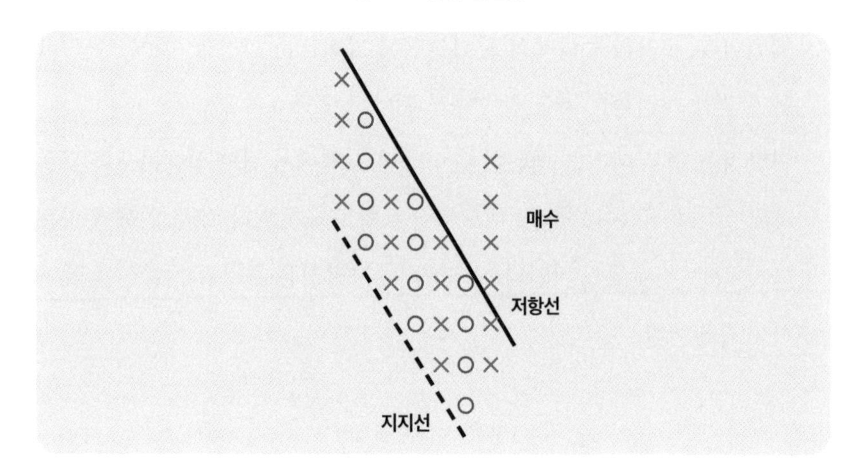

매도 신호

매도 패턴들은 지지선을 아래로 하향 돌파한 O에서 매도 신호가 나타나는데 이때 매도해야 한다. 특히 삼중 바닥형에서 지지선을 하락할 때는 하락폭이 크기 때문에 적극적으로 매도해야 한다.

- **추세적 하락형**Downward trend : 일반적으로 하락 국면에서 나타나는 대표적인 패턴이다. 주가가 등락을 거듭하면서 고점이 서서히 낮아지는 형태이며, 저점은 과거의 최저 수준을 하회하는 모습이다(그림 18-5 참고).
  따라서 향후 추가적인 조정이 예상된다. 이 패턴의 최적 매도 시점은 지지선 역할을 하던 기존의 저점 수준을 하회하는 순간이다.

그림 18-5 추세적 하락형

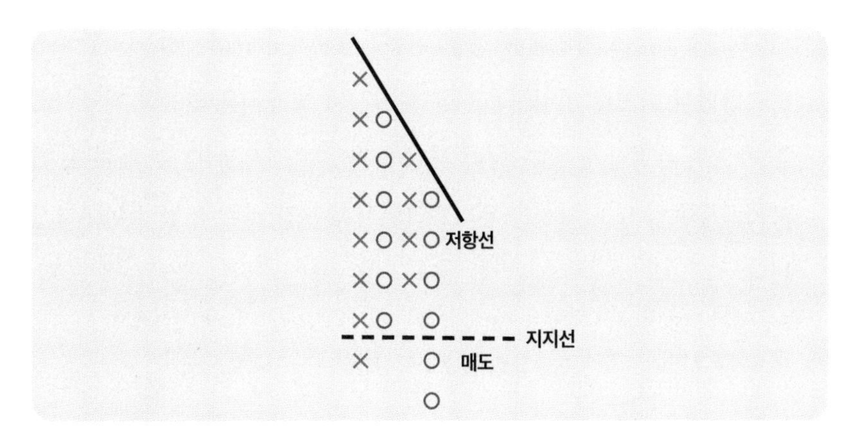

■ **삼중 바닥형**Tripple bottom : 흔히 나타나는 패턴으로 고점이 낮아지는 것이 아니라 수평을 이루며 같은 수준을 유지하거나, 혹은 가끔 상승하기도 한다. 매도세력의 개입으로 주가의 저점은 지속적으로 낮아지고, 기존의 저점을 연결한 지지선을 뚫고 하향 돌파함으로써 패턴이 완성된다(그림 18-6 참고). 최적 매도 시기는 마지막 O이 지지선 이하에서 형성되는 순간이다.

그림 18-6 삼중 바닥형

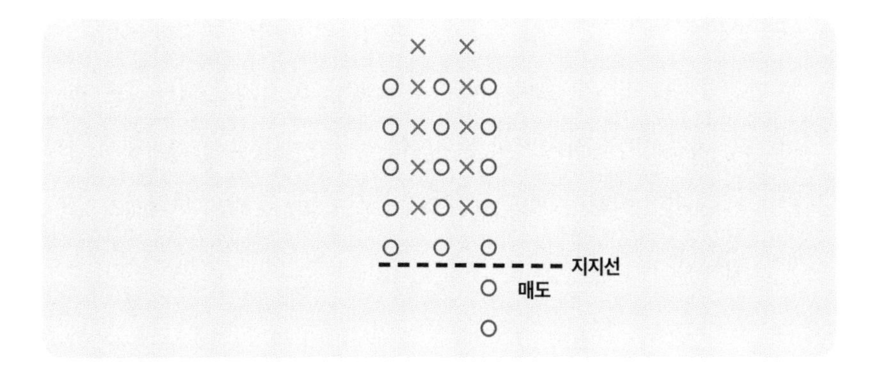

■ **하락 삼각형**Descending triangle : 주가의 등락폭이 완화되면서 나타나는 패턴이다(그림 18-7 참고). 저점은 일정한 수준을 유지하나 고점들이 지속적으로 하락하면서 마침내 저점들을 이은 지지선과 고점들을 연결한 저항선이 한 곳으로 수렴하게 된다. 이때 패턴이 완성된 것으로 볼 수 있으며, 매도세력들이 주요 지지선을 무너뜨리면서 당분간 하락 조정이 이어지게 된다.

그림 18-7 하락 삼각형

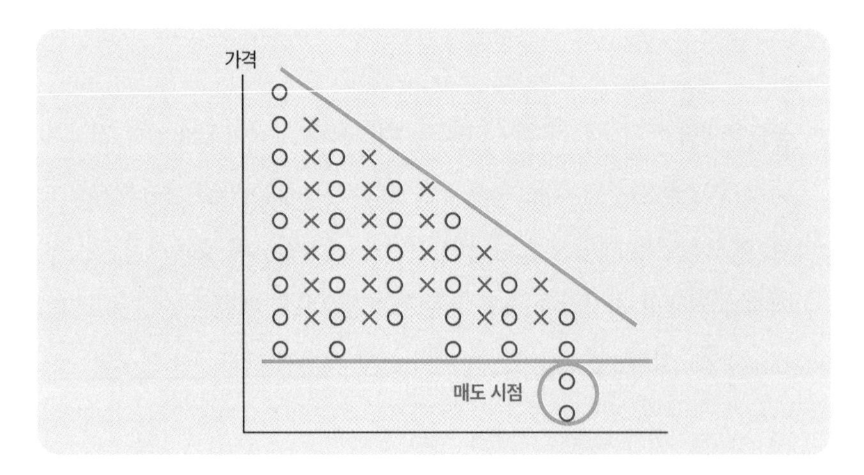

■ **하락 반전형**Downside break-out : 상승 추세를 유지하던 패턴이 급격한 하락 추세로 반전될 때 나타나는 패턴이다(그림 18-8 참고). 장기간 상승 흐름이 이어진 후 대기하던 매도세력이 한꺼번에 시장에 매물을 쏟아내면서 나타나는 패턴이다. 이때의 매도세력은 대규모이므로 주가의 하락폭도 급격하게 나타난다.

그림 18-8 하락 반전형

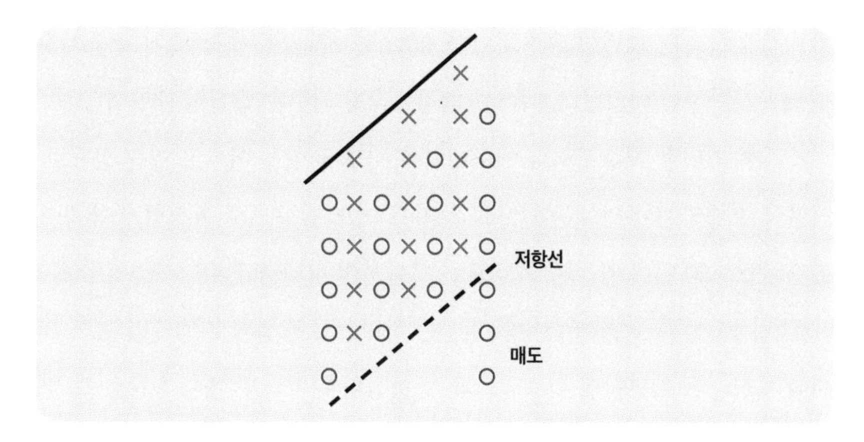

이상으로 P&F 차트의 패턴 분석을 통한 매매 시점을 간단히 살펴보았다. 이러한 매매 신호를 나타내는 패턴 중에서 가장 자주 나타나는 모양은 단순형으로서 바닥이 점점 높아지는 상승 추세형이다. 그다음으로 단순형으로서 고점이 점점 낮아지는 추세적 하락형이다.

그림 18-9 P&F 차트로 본 매매 전략(유니퀘스트 일간 차트)

〈그림 18-9〉는 유니퀘스트의 일간 P&F 차트이다. 2015년 3월에서 6월까지는 대칭삼각형 패턴이 완성되었다. 2016년 9월 중순에서 12월 중순까지도 대칭삼각형이 나타났다. 이러한 대칭삼각형 패턴은 중립형 패턴이다.

중립형 패턴은 매수세력과 매도세력이 서로 균형을 이루고 있는 상태로, 패턴이 진행되는 동안에는 앞으로 주가가 어느 방향으로 움직일지 예측이 불가능하다. 패턴이 완성된 후 비로소 방향성이 나타나게 된다.

〈그림 18-9〉를 보면 2015년의 경우는 하락으로 방향이 결정되었고, 2016년에는 상승으로 방향이 결정되었다. 방향성이 나타난 후에는 한동안 그 방향으로 주가가 움직였다. 2015년 8월에는 매도 신호, 2016년 8월에는 매수 신호가 나타났다.

04 | 목표치 계산

주가의 목표치를 계산하는 데 바 차트에서는 주가 움직임의 수직거리를 이용하였다. 그러나 P&F 차트에서는 수직거리뿐만 아니라 수평거리도 목표치를 계산하는 데 이용할 수 있다. P&F 차트에서는 저항선이나 지지선이 뚜렷이 형성되어 있고, 만약 지지선이나 저항선 돌파가 확실하다면 주가의 상승 예상치와 하락 예상치가 계산될 수 있다.

이러한 목표치를 계산하는 데에는 일반적으로 수평계산법Horizontal count method과 수직계산법Vertical count method이 있는데, 일반적으로 목표치 계산이라고 한다. 수평계산법은 1회 동안의 목표치 산정에 유효하다. 수직계산법은 주가의 상승 시 최고 수준, 하락 시 최저 수준의 목표치를 예측하는 분석법이다.

수평계산법

매매가 집중적으로 일어났던 가격대는 중요한 지지와 저항의 역할을 한다. 그런데 이러한 가격대를 주가가 이탈할 때에는 그 이탈의 효과는 매매가 집중적으로 일어났던 기간에 비례한다는 것이 수평계산의 기본적인 생각이다.

수평계산법은 주가가 횡보 국면을 보이면서 머문 길이(경과 시간)에 비례하여 상승하거나 혹은 하락한다는 원리를 이용한 계산법이다. 이 경우 매수 시점은 횡보 국면의 저항선을 상향 돌파하는 시점이며, 매도 시점은 지지선을 하향 돌파하는 시점이 된다. 매수 시에는 지지선이 상향하는지를, 매도 시에는 저항선이 하향하는지를 확인하는 것이 좋다.

수평계산법의 상승 가능 목표치 계산은 다음과 같다.

$$P = P1 + (W \times B) \times 3$$

P : 상승 가능 목표 가격
P1 : 횡보 기간 중 가장 낮은 주가
W : 횡보 기간의 가로 칸 숫자(횡보 국면의 길이)
B : 한 칸의 가격

마찬가지 원리로 주가가 하락할 때의 목표치는 다음과 같다.

$$P = P1 - (W \times B) \times 3$$

P : 하락 가능 목표 가격
P1: 횡보 기간 중 가장 높은 주가
W : 횡보 기간의 가로 칸 숫자(횡보 국면의 길이)
B : 한 칸의 가격

예를 들어 평행인 국면에서 이러한 흐름이 무너지면 이탈할 때까지 행의 수를 계산한다. 예를 들어 6행이라면 1칸의 가격폭이 1,000원이고, 3칸의 가격 변화가 일어날 때 표시하는 3칸 전환 차트라면 6행×1,000원×3칸이므로 18,000원이다. 이전 평행 국면에서의 최고치 저점이 20,000원이라면 목표치는 20,000원에 18,000원을 더한 38,000원이 된다.

수직계산법

수직계산법은 추세가 전환된 후 최초의 상승폭이 앞으로의 주가 상승의 목표치를 나타낸다는 생각을 전제로 한 방법이다. 이 방법은 새로운 추세가 시작된 첫 번째 열의 칸 수를 계산한(상승 추세에서는 첫 번째 열 X의 수, 하락 추세에서는 첫 번째 열 O의 수) 후, 여기에 한 칸의 가격폭과 전환의 범위를 곱해서 나온 숫자들에서 바닥의 경우는 더해주고 상투의 경우는 빼주면 그것이 목표치가 된다.

수직계산법의 상승 가능 목표치 계산은 다음과 같다.

$$P = P1 + (S \times B) \times 3$$

P : 상승 가능 목표 가격
P1: 횡보 기간 중 가장 낮은 주가
S : 최초 상승 움직임의 칸 수
B : 한 칸의 가격

수직계산법의 하락 가능 목표치 계산도 같은 방법으로 구한다.

$$P = P1 - (S \times B) \times 3$$

P : 하락 가능 목표 가격
P1: 횡보 기간 중 가장 높은 주가
S : 최초 하락 움직임의 칸 수
B : 한 칸의 가격

수직계산법에 의한 목표치를 계산해보자. 횡보 국면의 직전 고점을 돌파하고 최초로 15칸이 상승했다고 가정해보자. 15×3=45(칸)로 저점 대비 상승할 것으로 예상해볼 수 있다. 한 칸에 100원이라고 하면 총 45×100원=4,500원이 상승할 것으로 예상된다. 예를 들어 최저점이 9,310원이라면 예상되는 상승 목표가는 13,810원(9,310원+4,500원)이 되는 것이다.

이러한 목표치 계산 방법 중에서 수직계산법이 수평계산법보다 간단하고 신뢰성이 높다. 그러나 주의해야 할 것은 이러한 방법에 의해 계산된 목표치는 대략적인 것을 나타낼 뿐 언제나 정확하게 들어맞지 않는다는 점이다. 주가 움직임의 범위와 이러한 움직임이 미치는 영향이 1:1의 비율로 똑같다는 생각은 현실성이 약하다. 일반적으로 상승 추세에서는 목표치를 초과해서 오르는 경우가 많고, 하락 추세에서는 목표치를 초과해서 떨어지는 경우가 많다.

제 19 장

동양에서 시작된 차트
Ⅰ. 삼선전환도

비싼 것보다는 싼 것을 꾸준히 매입하기 위해서는
다른 투자자들보다 통찰력에서 앞서야 한다.
그러면 다른 투자자들이 찾을 수 없거나, 찾지
않을 것에서 최고의 투자 대상을 발견할 수 있다.

하워드 막스

각국의 주가지수는 어떻게 만들어지게 된 것일까. 주가지수 산출 방법에는 크게 다우존스식과 시가총액식의 두 가지로 분류된다. 다우존스식 주가지수는 세계에서 가장 오래된 주가지수 산출 방식으로 1884년 미국의 다우존스사에서 발표했다. 처음에는 철도주를 중심으로 1개 종목을 대상으로 단순 산술평균 방식으로 산출했는데, 그동안 종목수가 증가된 것은 물론 계산 방식도 변경되었다. 이 방식에 의한 주가평균으로 가장 대표적인 것은 미국의 다우공업주 30종 평균과 일본의 일경주가평균이 있다.

우리나라에서는 증권거래소가 이 다우평균을 지수화하여 1964년부터 발표하기 시작했는데, 이것이 우리나라 최초의 주가지수다. 그 후 지난 1983년 거래소가 지수산출 방식을 시가총액식으로 전환했다. 다우평균지수의 산출은 채용 종목의 주가 합계를 종목수로 나누어 구하는데 채용 종목 중 유·무상증자나 액면분할 등으로 주가에 단층이 발생하는 경우 연속성을 유지하기 위해 종목수를 수정해준다.

다우지수는 단순히 채용 종목의 가격만을 평균하므로 순수한 주가 동향 파악이 용이하고 계산이 간단하다는 장점이 있다. 반면에 일부 우량주만을 채용하므로 채용되지 않는 종목들의 주가가 시장을 선도하는 경우 시장 전체의 균형적인 시황 판단이 어렵다는 단점을 갖고 있다. 또 증시 변화에 대응한 채용 종목의 선정이 용이하지 않으며 주가 변동이 큰 종목의 주가 영향을 크게 받아 저주가 종목의 영향이 과소평가되는 것도 단점으로 지적되고 있다.

시가총액식 주가지수는 1923년 스탠더드앤드푸어S&P사가 상장주식수를 가중한 '파세 방식'의 지수를 개발하여 발표하기 시작한 것으로 1950년대에 대형 컴퓨터 개발에 힘입어 현재 대부분의 국가에서 채택하고 있다. 1954년에 서독의 코메르츠은행이, 1962년부터는 영국의 파이낸셜타임스, 1964년에는 캐나다의 토론토 증권거래소, 그리고 1969년에는 동경증권거래소가 각각 시가총액식 주가지수를 발표하기 시작했다.

우리나라의 종합주가지수는 기준이 되는 시점의 시가총액과 비교하려는 시점의 시가총액을 대비하여 지수화한 것이다. 이 방식에 의한 주가지수는 상장주식수를 가중치로 함으로써 시장 전체 주가 수준을 비교적 고르게 반영한다. 그리고 전 종목을 대상으로 함으로써 소액 고가주의 영향을 덜 받는 장점을 갖고 있다. 반면에 상장주식수에 의해 가중평균되므로 자본금이 큰 대형주의 주가 변동이 지나치게 지수에 많은 영향을 미치게 되고, 계산 작업량이 방대하여 산출 과정 전부를 전산에 의존할 수밖에 없다는 단점을 갖고 있다. 더불어 편중 시세가 장기화될 경우 정상적 주가 흐름을 왜곡할 가능성이 있을 뿐만 아니라, 업종 특성상 소규모 종목의 적절한 지수 반영이 미흡하다는 것이 단점으로 지적된다.

이번 장에서는 삼선전환도에서 대하여 알아본다. 삼선전환도는 주가가 상승에서 하락으로 전환하거나 또는 하락에서 상승으로 전환하는 시점을 보다 빨리 파악하기 위해 사용하는 지표이다. 단기적 관점보다는 중장기적 관점에서 매수 혹은 매도 신호를 분명하게 나타내주는 특징이 있다.

01 | 삼선전환도의 의미

삼선전환도는 주가가 상승에서 하락으로 전환하거나 또는 하락에서 상승으로 전환하는 시점을 보다 빨리 파악하기 위해 사용하는 지표이다. 단기적 관점보다는 중장기적 관점에서 매수 혹은 매도 신호를 분명하게 나타내주는 특징이 있다.

삼선전환도는 추세가 상당 시간 지속되는 경우에는 유용하다. 그러나 주가 흐름이 불안정하여 추세의 진행 기간이 짧아 등락이 반복되거나 주가 변동폭이 큰 경우 유용성이 크게 떨어지고 활용성이 크지 않다.

이 차트 형태는 주가 흐름이 큰 상승 흐름을 탄 시장 주도주나 인기 종목에 적용이 용이하며, 주가 변동폭이 길면 길수록 강한 상승이나 하락의 장세를 나타낸다. 그리고 양선이나 음선의 한쪽 방향이 계속되면 그 방향으로의 추세가 계속되는 원리를 가지고 있다. 따라서 삼선전환도는 상승 신호가 계속되다가 하락 음선이 발생하면 단기 매도 신호로 인식하고, 반대로 하락 신호가 계속되다가 상승 양선이 발생하면 매수 신호로 인지하는 데 특별한 분석 기법이 필요하지 않은 게 특징이다.

한 일본인 트레이더는 삼선전환도를 '임의적인 규칙이 아니라 시장에 의해 반전이 결정되는 보다 세련된 형태의 P&F 차트'라고 묘사하였다. 말하자면 시장의 힘과 역동성에 의해 만들어지는 차트라는 뜻이다.

삼선전환도는 길이가 각기 다른 일련의 파란색과 빨간색(흑백) 블록들을 연결해 놓은 모양이다. 이 각각의 블록은 선이라고 부른다. 신고가가 탄생하면 새로운 빨간색선이 추가되고 신저가를 기록하면 새로운 파란색선이 그려진다. 신고가나 신저가가 발생하지 않으면 아무것도 그려 넣지 않는다.

강력한 매수(매도)로 인해 세 개의 빨간색선(파란색선)이 연속으로 나타났다면 이 세 개 빨간색선의 저가(세 파란색선의 고가)가 깨져야 반대 색깔의 선을 그릴 수 있다.

삼선전환도라는 말은 이전의 세 선을 상향(하향) 돌파해야만 새로운 반대 색깔의 선을 그릴 수 있기 때문에 붙여진 것이다. 앞에서도 설명했지만 일본의 기술적 분석에서 숫자 3의 중요성을 다시 한번 확인할 수 있다.

삼선전환도의 주요 장점은 임의로 설정된 반전 기준이 없다는 것이다. 반전 신호는 시장의 움직임에서 비롯된다. 〈그림 19-1〉은 1996년 이후 KOSPI의 삼선전환도(월간 차트) 움직임이다. 장기적으로 매수와 매도의 적절한 타이밍을 찾아볼 수 있다.

그림 19-1 1996년 이후 KOSPI의 삼선전환도(월간 차트)

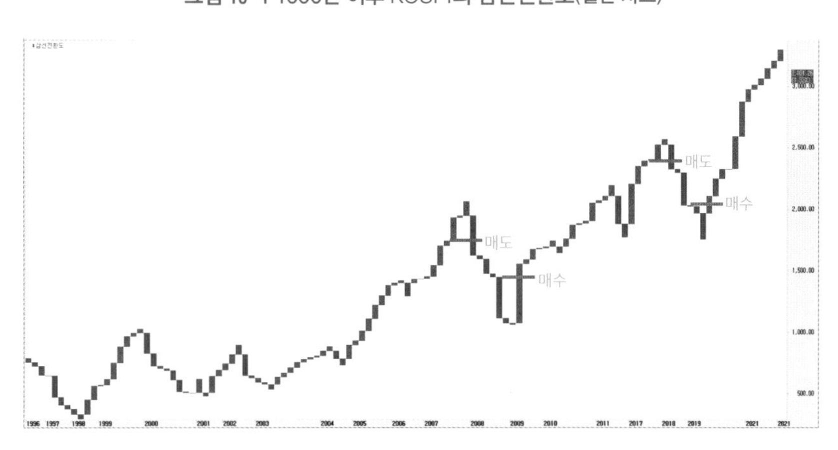

02 | 삼선전환도 작성하기

삼선전환도는 시간의 흐름을 무시하고 주가가 새로운 고점을 형성하거나 저점을 형성할 때만 캔들을 그린다. 삼선전환도는 종가를 기준으로 작성되는데 차트가 시작되는 가격을 기준 가격이라고 부른다.

첫 번째 선(실제로는 사격형 모양) 그리기

당일 가격과 기준 가격을 비교하여 다음의 규칙을 따른다.

규칙 1. 당일 가격이 기준 가격보다 높다면 기준 가격에서 신고가를 연결하는 빨간색선을 그린다.

그림 19-2 규칙 1과 규칙 2

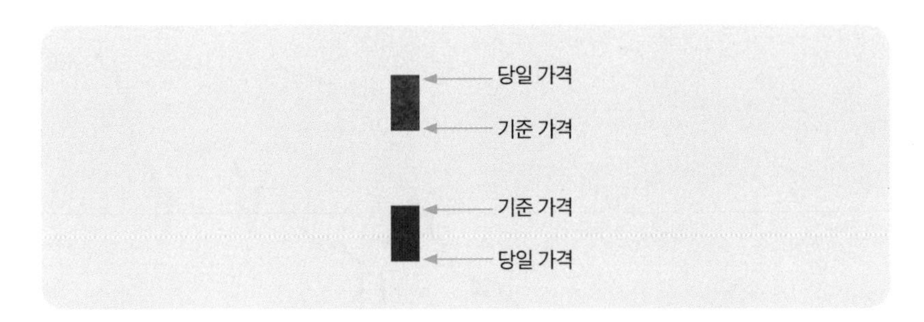

규칙 2. 당일 가격이 기준 가격보다 낮다면 기준 가격에서 신저가를 연결하는 선을 그린다.

규칙 3. 당일 가격이 기준 가격과 비교하여 변동이 없다면 선을 그리지 않는다.

두 번째 선 그리기

당일 가격과 첫 번째 선의 고가와 저가를 비교한다. 당일 가격이 첫 번째 선의 범위를 벗어날 때에만 두 번째 선을 그린다.

규칙 4. 당일 가격이 첫 번째 선의 최고점보다 높게 올라가면 선의 가로 폭만큼 오른쪽으로 이동한 다음 전고점에서 신고가까지 연결하는 새로운 빨간색선을 그린다.

그림 19-3 규칙 4

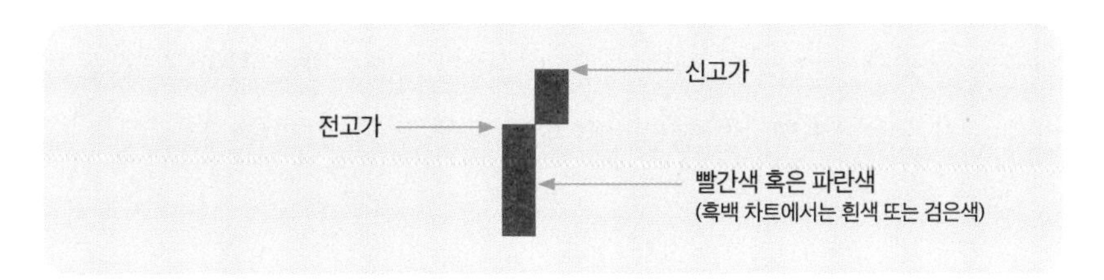

규칙 5. 당일 가격이 첫 번째 선의 저가보다 낮으면 선의 가로 폭만큼 오른쪽으로 이동한 다음 전저가에서 신저가를 연결하는 선을 그린다.

그림 19-4 규칙 5

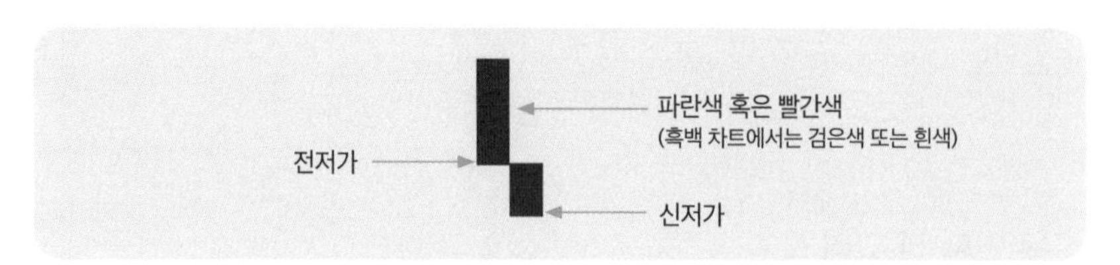

규칙 6. 당일 가격이 첫 번째 선의 범위 내에서 움직였다면 아무것도 그리지 않는다. 가격이 전고가를 초과하거나 전저가 아래로 떨어져야 새로운 선을 추가할 수 있다. 가격이 전고가나 전저가와 같은 경우에는 새로운 선을 그려 넣지 않는다.

세 번째와 그 이후 선 그리기

당일 가격과 이전 두 선의 최고가와 최저가를 비교한다. 여기서 중요한 개념은 두 번째 선을 그릴 때와 똑같은 방식이 적용된다는 점이다. 즉 신고가나 신저가를 기록해야만 빨간색선 또는 파란색선을 그릴 수 있다.

규칙 7. 전고가를 초과하는 신고가까지 가격이 올라가면 선의 가로 폭만큼 오른쪽으로 이동해서 신고가까지 위로 연결하는 새로운 빨간색선을 그린다.

그림 19-5 규칙 7

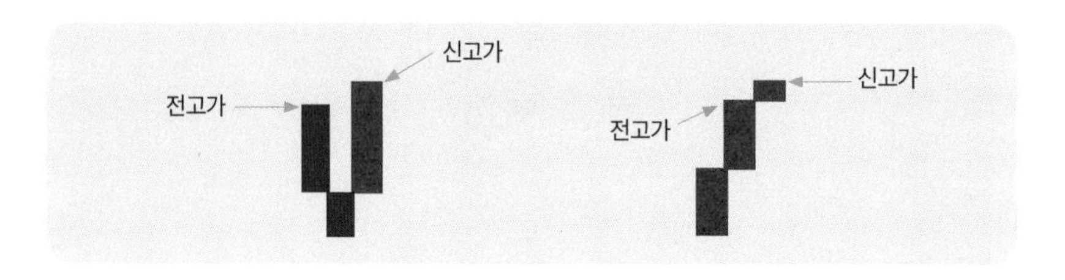

규칙 8. 당일 가격이 지금까지의 저가보다 낮다면(즉 신저가를 기록하면) 선의 가로 폭만큼 오른쪽으로 이동하여 신저가까지 아래로 연결하는 새로운 파란색선을 그린다.

그림 19-6 규칙 8

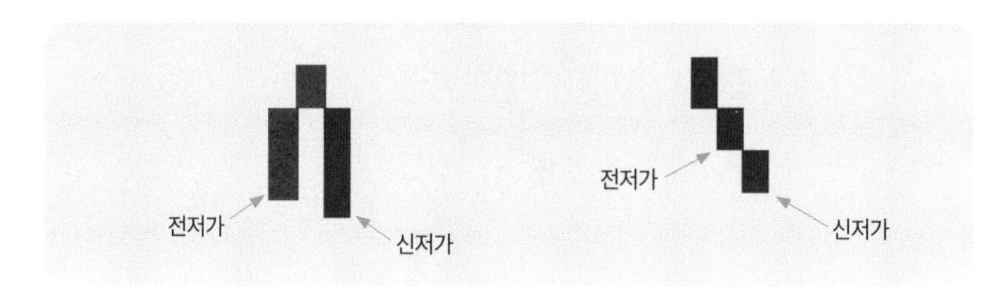

규칙 9. 가격이 처음 두 선의 가격 범위 내에서 움직였다면 아무것도 그리지 않는다.

세 개의 빨간색선 또는 파란색선이 연속으로 나타난 후 선 그리기

세 개의 빨간색선 또는 파란색선이 연속으로 나타나면 추세를 확인할 수 있다.

세 개의 연속된 빨간색선은 상승 추세를, 세 개의 연속된 파란색선은 하락 추세를 나타낸다. 당일 가격이 연속된 세 빨간색선의 저점보다 낮거나 연속된 세 파란색선의 고점보다 높아야 반전 신호가 된다는 사실에서 삼선전환도라는 이름이 붙여졌다.

규칙 10. 세 개의 연속된 빨간색선이 형성된 경우에는 1틱일지라도 신고가를 기록할 경우 빨간색선은 추가할 수 있다. 하지만 파란색선은 이전의 연속된 세 빨간색선의 최저점을 깨야만 그릴 수 있다. 이를 '하락 반전선' 이라고 부른다. 하락 반전선은 가장 높은 빨간색선의 바닥부터 신저가까지 파란색으로 선을 그린 것이다.

그림 19-7 규칙 10

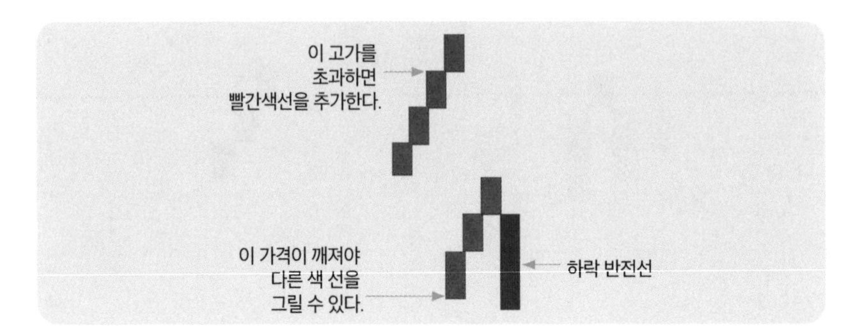

규칙 11. 세 개의 연속된 파란색선이 형성된 경우에는 1틱에 불과하더라도 신저가를 기록할 경우 새로운 파란색선을 그릴 수 있다. 그러나 빨간색선은 이전의 연속된 세 파란색선의 최고가를 넘어설 때에만 그릴 수 있다. 이를 상승 반전선이라 부르며, 마지막 파란색선의 상단부터 신고가까지 빨간색으로 선을 그린 것이다.

그림 19-8 규칙 11

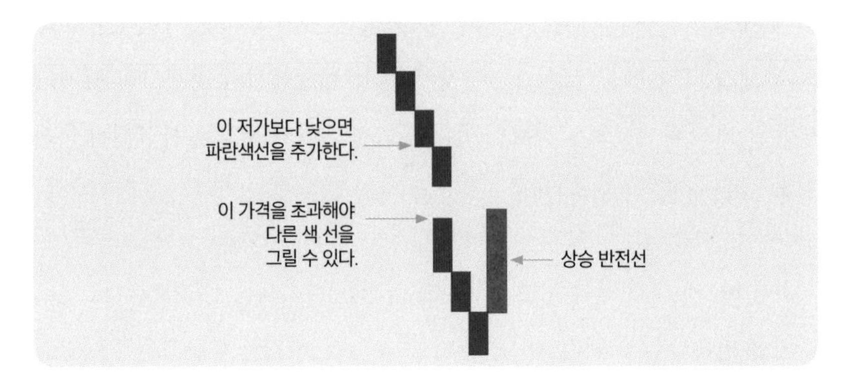

03 | 삼선전환도를 활용한 매매 전략

매수와 매도 신호로서의 빨간색선과 파란색선

빨간색선과 파란색선이 번갈아 나타나면 추세가 없다는 뜻이다. 그러나 빨간색선 또는 파란색선이 세 개 연속으로 추가되면 추세가 형성되었다는 신호다. 가격이 세 개의 연속된 빨간색선 아래로 떨어지거나 세 개의 연속된 파란색선보다 높아질 때 기본적인 추세 반전 신호가 나타난다(그림 19-9 참고).

삼선전환도를 활용하는 가장 기본적인 방법은 빨간색선에 매수하고 파란색선에 매도하는 것이다. 빨간색선(파란색선)이 세 개 연속으로 나타난 경

그림 19-9 삼선전환도와 추세

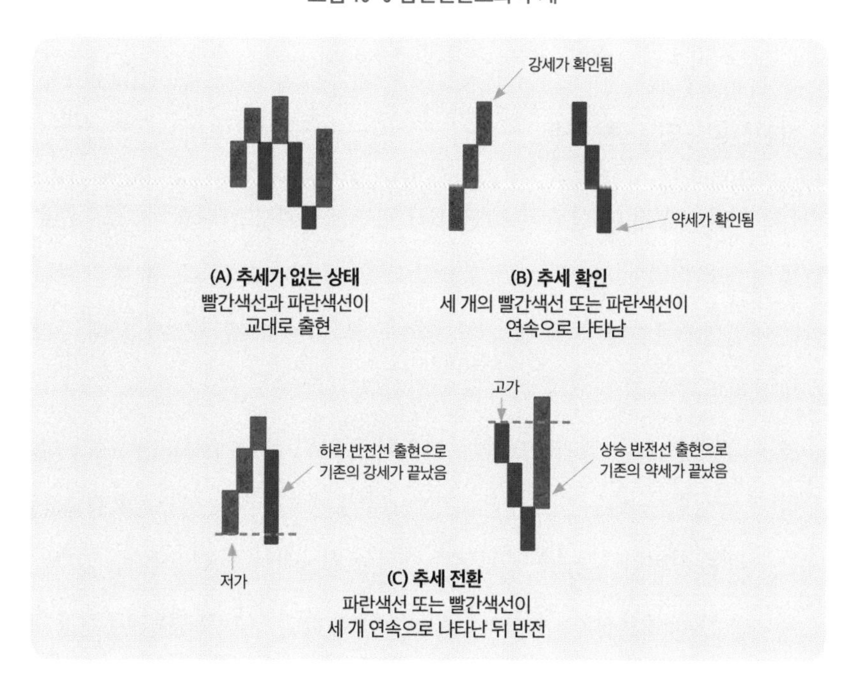

우에는 이 세 선의 최저가(최고가) 아래(위)로 가격이 하락(상승)해야 파란색 선(빨간색선)이 추가된다는 사실을 명심해야 한다.

삼선전환도에서는 새로운 추세가 이미 시작되고 나서야 반전 신호가 나타나는 경우가 종종 발생한다. 그러나 단기적인 하락 반전이나 상승 반전을 노리기보다는 더 큰 추세를 놓치지 않고 대비하는 것이 좀 더 안전하다고 생각하는 트레이더들은 이러한 시차를 편안하게 받아들인다. 이것이 바로 삼선전환도가 추구하는 목적이다.

삼선전환도에서 반전선을 확인하려면 종가를 확인해야 한다. 그러나 종가를 통해 반전선을 확인하고 나면 시장은 이미 매수 또는 매도 적기에서 한참 멀어져 있을 수도 있다. 이 문제를 해결할 수 있는 방법은 장중에 나타나는 반전 신호를 가벼운 매수 또는 매도 기회로 활용하는 것이다. 그 이후에 반전선이 확인되면 원할 경우 포지션을 확대한다.

삼선전환도와 캔들 차트

삼선전환도를 통해 상승 추세인지 하락 추세인지를 판단할 수 있으므로 캔들 차트와 더불어 부수적으로 활용할 수 있다. 삼선전환도는 추세를 판단하는 나침반으로 이용하고 캔들 차트상에 나타나는 매매 신호를 토대로 그 추세에 따라 구체적인 거래 전략을 수립한다.

예를 들어 세 개의 연속적인 빨간색선이 있다면 상승 추세다. 이 경우 강세의 캔들 신호는 매수 신호가 되고, 상승 추세 중 나타나는 약세의 캔들 신호는 쇼트를 커버하라는, 즉 공매도한 주식을 되사라는 신호로 볼 수 있다.

캔들 차트는 목표가를 제시해주는 경우가 드물기 때문에 상승 또는 하락 반전선은 캔들 차트 신호에 따라 실시한 거래를 청산하라는 신호로 이용할 수 있다.

다른 종류의 전환 차트

일본에서는 반전을 결정하는 선의 수를 바꿈으로써 삼선전환도의 민감도를 조절하기도 한다. 삼선전환도에서는 직전 세 개의 빨간색선 또는 파란색선을 돌파해야 반전이 성립된다.

이선전환도에서는 두 개의 빨간색선 또는 파란색선이 반전 기준이라는 것만 다를 뿐 나머지는 똑같은 원리가 적용된다. 그래서 이선전환도라고 부른다(그림 19-10 참고).

단기 투자자들은 대체로 이선이나 삼선전환도와 같이 짧은 반전 기준을 사용한다. 반면 장기 투자자들은 오선 또는 심지어 십선전환도를 사용하기도 한다. 일본에서 가장 보편적으로 사용되는 전환도는 삼선이다.

그림 19-10 이선전환도와 사선전환도

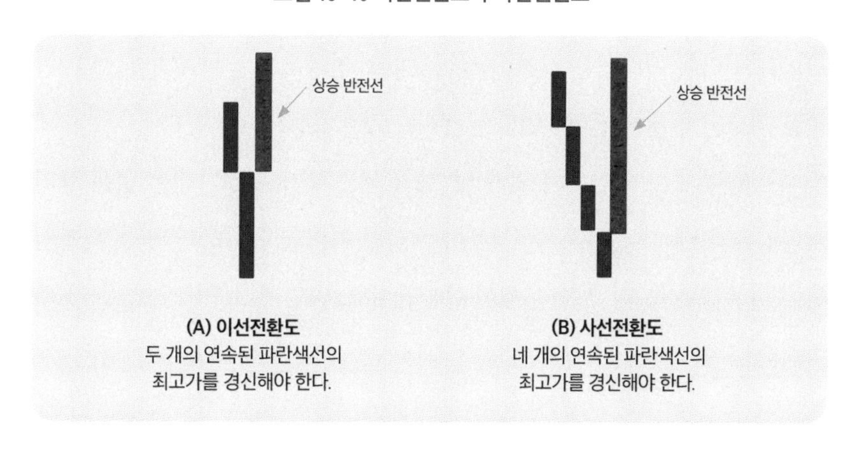

삼선이나 오선전환도와 비교했을 때 이선전환도에서 매수 신호와 매도 신호가 나타나는 주기가 증가하는 것을 알 수 있다. 반전선을 형성하기 위해 넘어서야 할 선의 수가 적을수록 차트의 민감도가 커지기 때문이다. 따라서 이선전환도는 삼선전환도보다 더 민감하고 변동성이 크다. 오선전환도는 삼선전환도보다 덜 민감하고 반전 횟수도 적다.

초과해야 하는 선의 숫자는 이동평균의 기간에 비교될 수 있다. 삼선이나 오선전환도는 중기 이동평균에 해당하고, 십선전환도는 장기 이동평균과 같다. 어떤 반전주기의 전환도가 가장 효과적인지는 시행착오를 통해서 발견해야 한다. 자신에게 가장 잘 맞는 이동평균을 찾는 것과 유사하다.

추세 전환에 대한 추가 확인 작업

반전선에 나타났지만 추세 전환에 대한 추가적인 확인 작업을 거치는 트레이더들도 있다. 이들은 반전선이 나타난 후에도 새로운 추세를 확인해주는 선이 출현하기를 기다렸다가 최종적으로 확인을 마친다(그림 19-11 참고).

추가 확인을 기다리면 리스크와 수익이 상쇄된다. 다시 말해 추세 전환을 확인하기 위해 기다리는 시간이 길어질수록 정확도는 높아지지만, 그 시간만큼 새로운 추세가 진행되었다는 뜻이므로 수익성은 낮아진다.

새로운 추세를 확인하기 위해 몇 개의 선을 추가로 기다리는 것은 장기 이동평균과 단기 이동평균을 사용하는 것의 차이와 유사하다. 단기 이동평균을 사용하면 좀 더 일찍 추세에 합류할 수 있지만 휩소Whipsaw(속임수)가 증가한다.

그림 19-11 추세 확인 작업

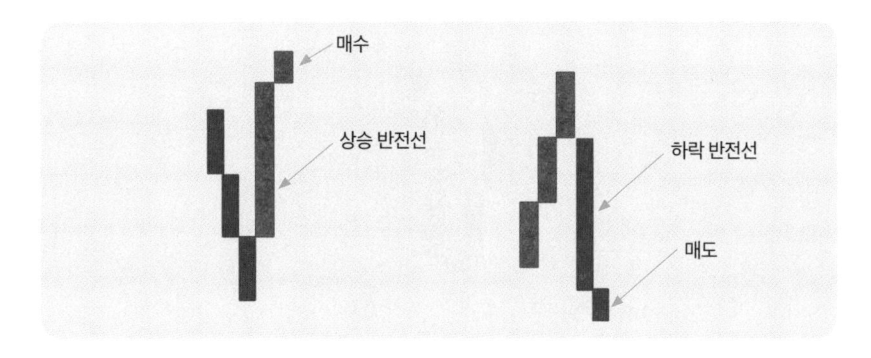

검정 구두, 흑백의 정장 그리고 목

짧은 파란색선을 '검은 구두'라고 부른다. 그 이유는 과거 흑백 차트에서 그 모양이 검은색 구두처럼 생겼기 때문이다. 상승 반전선(세 개의 파란색선을 초과하는 빨간색선)은 '흰색 정장'에 비유되기도 한다. 이 역시 흑백 차트에서 나온 말이다. 상승 반전선(즉 흰색 정장) 직후에 나타나는 짧은 빨간색선은 '목'이라고 불리는데 그 이유는 마치 흰색 정장에서 뻗어나온 목처럼 보이기 때문이다(그림 19-12 참고). 삼선전환도와 관련해서 일본에는 "검정 구두를 신고 흰색 정장에서 목이 나올 때 사라"는 말이 있다. 그 이유는 다음과 같다.

- 짧은 파란색선(구두)은 가격 하락 움직임이 둔화되면서 매도 압력이 약화되고 있음을 보여준다.
- 상승 반전선은 강세 반전 신호다.
- 목은 매수 신호다. 목의 짧은 빨간색선은 상승세(직전에 상승 반전선이 나타났음을 기억)를 이어가던 시장이 잠시 휴식을 취하고 있는 것으로 볼 수 있다. 짧은 빨간색선은 또한 매도세력이 아직 쇼트를 커버하지 못했을 가능성이 있다는 뜻이다.

그림 19-12 검정 구두, 흰색 정장, 목

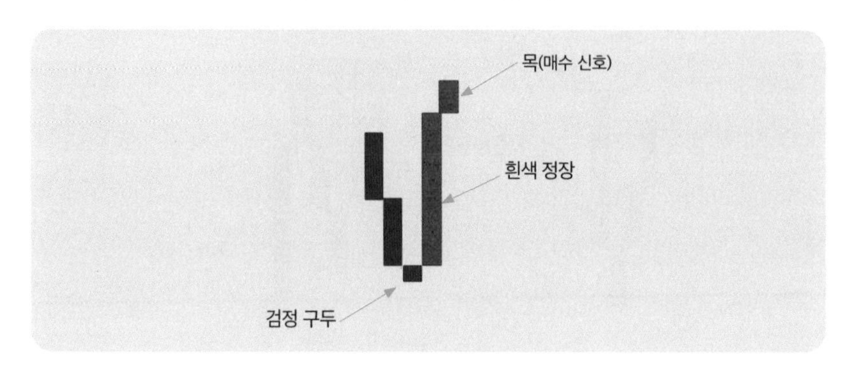

따라서 이들이 쇼트커버링에 들어갈 경우 가격은 더 올라갈 수 있음을 의미한다. 목은 또한 상승 반전선 이후에 나타난 두 번째 빨간색선이므로 상승 반전을 확인해주는 추가 신호가 된다. 앞서 언급했듯이 두 번째 빨간색선을 확실한 매수 신호로 보고 이를 기다리는 트레이더들도 있다.

그림 19-13 목, 검은색 정장, 검정 구두

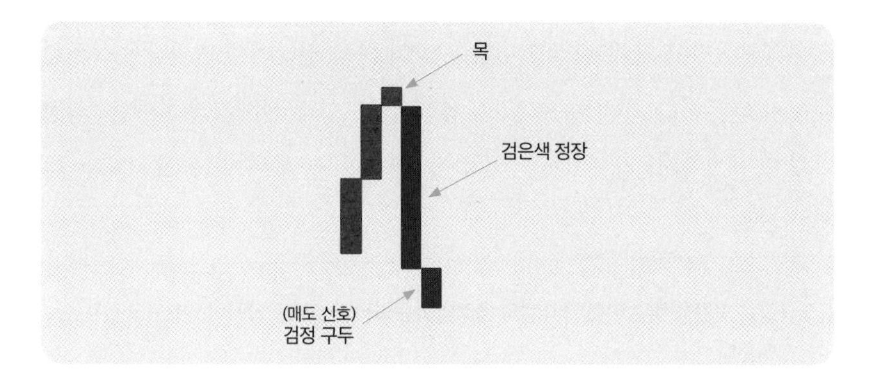

〈그림 19-13〉의 목, 검은색 정장, 검정 구두의 예를 보자. 하락 반전선을 검은색 정장이라고 부르기도 하는데 검은색 정장 다음에 나타난 짧은 파란

색선은 매도 신호다. “목이 나온 다음 검은색 정장 아래로 검정 구두가 나오면 팔아라”는 말이 있다. 이 말의 의미를 구체적으로 풀이하면 다음과 같다.

- 랠리의 꼭대기에서 나타난 짧은 몸통(즉 목)은 매수 압력이 약해지고 있거나 매도 압력이 매수세력의 상승을 저지할 만큼 강하다는 뜻이다.
- 하락 반전선(검은색 정장)은 매도세력이 시장을 장악했음을 보여주는 반전 신호다.
- 짧은 파란색선(구두)은 약세장이지만 과매도 상태는 아니라는 뜻이다. 또한 상승장(하락 반전선이 출현하기 전에 빨간색선들이 연속해서 나타났을 때)에서 매수했던 트레이더들이 아직 롱포지션을 청산하지 못했음을 암시한다. 하락 반전선 다음에 나타난 검정 구두는 두 번째 파란색선을 확실한 반전 신호로 간주하는 트레이더들에게 하락 반전을 확인시켜 주는 신호가 된다.

연속 기록 경신형과 삼선전환도

캔들 차트에서와 마찬가지로 연속 기록 경신형은 삼선전환도나 카기 차트에서 매우 유용하다. 8개 내지 10개의 연속적인 또는 연속에 가까운 빨간색선들이 나타나면 시장이 과열된 것으로 본다. 하락 추세 중 8개에서 10개의 파란색선이 나타나면 반등을 예상할 수 있다.

서구 패턴과 삼선전환도

지지선, 저항선, 이중천장, 추세선 등 캔들이나 바 차트에 적용되는 기법들은 삼선전환도에도 역시 적용된다. 형성된 지지선과 저항 구간은 캔들 차트에서와 마찬가지로 삼선전환도에서도 추세선과 저항 영역을 쉽게 찾아낼 수 있음을 보여준다. 이중천장 또는 집게형 천장은 짝을 이룬 굴뚝이라고 부르기도 한다.

04 | 삼선전환도의 단점 보완을 위한 활용 방법

삼선전환도의 한계점을 보완하기 위해 주가가 상승할 때 최고가에서 10% 이상 하락하면 삼선전환도의 하락 전환이 나타나지 않아도 매도한다. 반대로 하락 시 최저점에서 10% 이상 상승하면 상승 전환이 나타나지 않아도 매수하는 방법으로 10%로 정하여 매매에 활용할 수 있다.

다만 이 방법을 사용할 경우 일시적인 단기 급등락의 휩소에 빠지지 않기 위하여 주가 흐름의 습성을 고려하여 신중하게 매매를 할 필요가 있다. 또한 일반적으로 이러한 10% 목적 매매 활용법은 큰 폭의 상승이나 큰 폭의 하락 국면이 발생할 때 적중률이 높다. 그리고 주가 속성에 따라 3% 목적, 7% 목적 등을 활용하여 매매에 적용할 수 있다.

제20장

동양에서 시작된 차트 II. 스윙 차트Swing chart

돈은 바닷물과 같다.
먹으면 먹을수록 목이 마르다.

쇼펜하우어

〈빅쇼트〉는 2008년 세계 경제를 금융위기로 몰아간 일명 '서브프라임 모기지 사태' 당시의 실화를 바탕으로 한 소설을 각색한 영화이다. 2016년 개봉 당시 국내에서는 관심을 끌지 못했지만 미국과 유럽에서는 큰 흥행과 함께 제88회 아카데미상 각색상을 받기도 했다. 국내에서 개봉할 당시 리서치센터에서 같이 근무하는 후배와 함께 금융인이라면 꼭 챙겨 봐야 한다는 의무감에 사로잡혀 감상했던 기억이 있다.

'쇼트'는 주가 하락을 예상해 주식을 빌려 미리 매도하는 것을 의미하는 주식 용어이다. 주가가 떨어진 뒤 싼 가격에 되사서 갚아 차익을 내는 기법이다. 쉽게 말해 가격 하락에 베팅하는 것이다. 시세가 오를 거라고 판단해 매수하는 '롱'과는 반대이다. 영화 제목 〈빅쇼트〉는 말 그대로 하락장에 '크게' 베팅한다는 뜻이다.

영화는 2005년 금융위기가 벌어지기 전 견고할 것만 같았던 미국 주택시장이 붕괴될 거라는 마이클의 예측으로 시작한다. 마이클이 쇼트한다는 소식은 자레드 베넷(라이언 고슬링 분)의 귀에도 들어간다. 자레드는 마크 바움(스티브 카렐 분)의 헤지펀드사를 찾아 주택시장 폭락에 '투자'할 것을 권유한다. 수천 개의 주택담보대출(주담대)로 구성된 부채담보부증권[CDO]을 나무블록 '젠가'에 비유해 설명한다. 부실 대출로 이뤄진 CDO는 하나의 나무 조각만 꺼내도 와르르 무너질 수 있는 젠가와 같았다.

마크와 동료들은 자레드의 말에 반신반의하며 실제로 주택시장 거품이 있는지 찾아보기로 한다. 이들이 방문한 100여 채가 넘는 주택단지에 사는 사람은 고작 네 명. 90일 이상 연체된 대출은 알고 보니 반려견의 이름으로 돼 있었다. 주택담보대출을 받은 저신용자를 찾아간 스트립클럽은 더 충격적이었다. 마크가 "집값이 오르지 않으면 월 상환금이 200~300%까지 오를 수 있어"라고 말하자 스트리퍼는 놀라서 "모든 대출이 다 오른다는 말이야?"라고 반문한다. 알고 보니 스트리퍼는 주택 하나당 여러 개의 대출을 끼고 무려 여섯 채를 갖고 있었다.

거품은 터지기 마련이다. 2004년부터 미국 기준금리가 올라가며 부동산 거품은 서서히 가라앉기 시작한다. 기준금리가 올라가니 서브프라임 주택담보대출 금리도 올라갔다. 변동금리로 돈을 빌린 저소득층 차입자들은 내야 할 이자가 크게 늘자 원리금도 제대로 갚지 못하는 상황에 빠지게 된다.

영화 중간에 깜짝 등장한 2017년 노벨경제학상 수상자인 리처드 탈러 교수는 부동산 시장 호황을 '뜨거운 손 오류'에 비유한다. 뜨거운 손 오류는 농구 경기에서 선수가 연달아 공을 넣으면 또 넣을 거란 확신이 생기는 심리적 현상을 말한다. 탈러 교수는 부동산 호황도 마찬가지라고 설명한다. 호황이 계속되면 가격이 계속 오르기 때문에 아무도 떨어질 거라고 생각하지 않는다는 것이다. 시장은 경고 신호를 보내고 있었지만 여전히 사람들은 '뜨거운 손 오류'에 빠져 있었다.

결국 시장의 징후를 파악한 이들의 말이 맞아떨어졌다. 경기가 침체되자 미국은 경기 부양책으로 양적완화에 나섰다. 양적완화란 중앙은행이 통화를 시중에 직접 공급해 경기를 부양하는 통화정책을 말한다. 화폐 공급이 늘어나면 재화와 서비스의 수요도 증가해 경기 부양 효과를 낸다. 코로나19로 증시가 급락한 국면에서 다시 이 영화가 주목받았다. 역사는 반복된다는 사실을 투자자들도 잘 알기 때문이며, 이때의 사건을 통해 교훈을 얻고자 했기 때문이다.

이번 장에서는 스윙 차트에 대해 알아볼 것이다. 스윙 차트는 일명 '등락폭 차트'라고도 불리며, 시장 가격의 등락을 직선의 굴절로 표시한다.

01 | 스윙 차트의 의미

스윙 차트는 일명 '등락폭 차트'라고도 불리며, 시장 가격의 등락을 직선의 굴절로 표시하는 방법이다. 스윙 차트는 특히 일본의 주식시장에서 주가의 흐름을 예측하는 수단으로 널리 사용되고 있으며, 스윙 차트에 관한 연구도 일본에서 활발하게 진행되고 있다.

스윙 차트의 원리는 P&F 차트의 원리와 거의 유사하다. 다시 말해, 시간의 흐름은 모두 무시하고 오로지 시장 가격이 움직이는 방향만을 중시한다. 그런데 스윙 차트는 P&F 차트의 특징을 그대로 가지고 있을 뿐더러, P&F 차트보다 작성하기도 간단하다. 또 시장 가격의 움직임을 비교적 정확하게 알아볼 수 있다는 성질을 가지고 있다.

P&F 차트를 그리기 위해서는 X표와 O표를 일일이 이어서 그려야 하지만, 스윙 차트는 간단하게 직선만으로 그릴 수 있다. 또, P&F 차트에서는 한 칸Box의 범위에 못 미치는 시장 가격의 움직임은 그릴 수 없지만, 스윙 차트에서는 비록 조그마한 움직임이라도 모두 차트에 나타낼 수 있으므로 지지선이나 추세선의 수준을 알아보기에 편리하다.

스윙 차트를 그리는 방법은 P&F 차트를 그리는 방법과 거의 같다. 단지 차이점이라면 첫 번째로 P&F 차트에서는 시장 가격의 상승은 X표로 나타내고, 시장 가격의 하락은 O표로 나타내지만, 스윙 차트에서는 단순히 직선을 이어서 나타낸다. 두 번째로 P&F 차트에서는 한 칸의 크기를 미리 정해야 하지만, 스윙 차트에서는 한 칸의 크기를 정해둘 필요가 없다.

스윙 차트를 그리기 위해서는 P&F 차트와 마찬가지로 최소 반전 기준을 설정해야 한다. 최소 반전은 P&F 차트에서는 반드시 절대적인 시장 가격의 움직임 폭(예를 들면 30포인트 등)으로 정해진다. 스윙 차트에서는 절대적인 시장 가격의 움직임 폭으로 최소 반전을 정할 수도 있고, 또 시장 가격 움직임의 비율(예를 들면 1%의 시장 가격 변동)로도 정할 수 있다.

〈그림 20-1〉의 두 그림은 똑같은 시장 가격의 움직임을 P&F 차트와 스윙 차트로 각각 나타낸 것이다. 그림에서 쉽게 발견할 수 있는 것처럼 스윙 차트는 P&F 차트를 단순화하여 X표와 O표로 표시되는 각각의 칸을 하나의

그림 20-1 P&F **차트와 스윙 차트**(KOSDAQ**지수 일간 차트**)

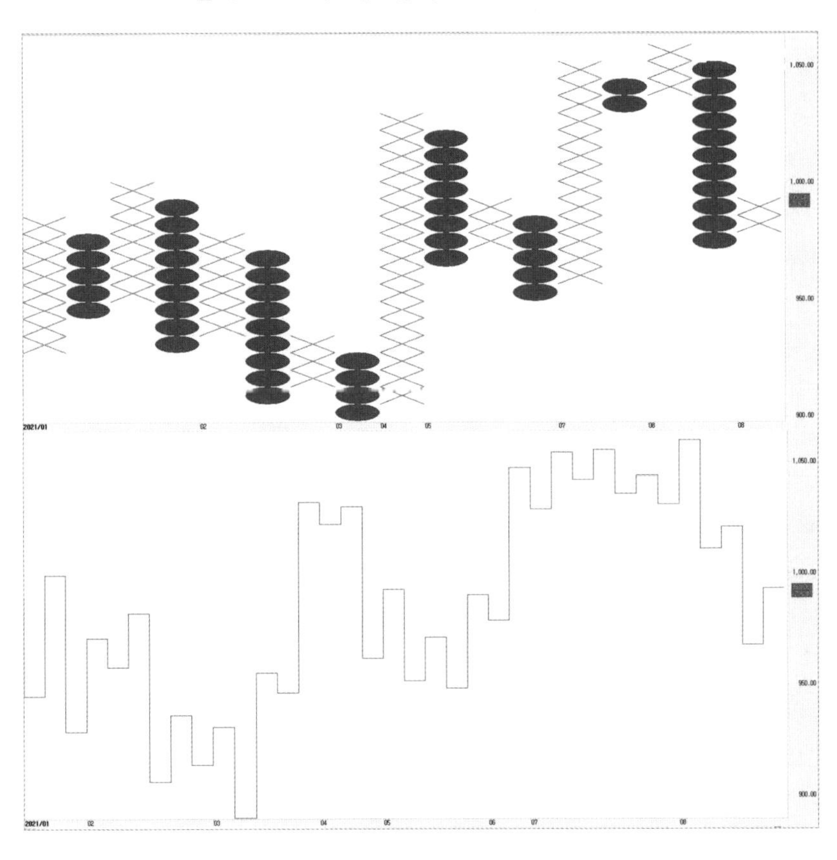

직선으로 연결한 것이다. 모양이 비슷하기는 하지만 실제의 이용 방법에서는 P&F 차트와 스윙 차트는 서로 차이점이 있다.

02 | 스윙 차트의 작성법

스윙 차트를 그리는 방법은 P&F 차트와 유사하므로 자세한 작성 방법은 앞에서 설명한 P&F 차트를 그리는 방법을 참고하면 된다.

- 최소 반전의 폭, 즉 시장 가격이 이전의 움직임과 반대방향으로 최소한 어느 정도의 폭으로 움직여야만 줄을 바꿀 것인지를 정한다.
- 시장 가격의 움직임을 살펴서 시장 가격이 이전의 움직임과 같은 방향으로 움직이면 같은 줄에 계속 선을 이어서 그려나간다.
- 시장 가격이 이전의 움직임과는 반대방향으로 최소 반전폭 이상 움직이면, 줄을 한 줄 오른쪽으로 옮겨서 선을 새롭게 그으면 된다.

스윙 차트의 작성은 먼저 최소 반전폭을 설정한다. 스윙 차트, 즉 P&F 차트 1칸의 크기처럼 어느 정도 주가 변동이 생겼을 때 줄을 바꿀 것인지를 정한 후 주가의 움직임이 이전의 방향과 같은 추세이면 계속해서 줄을 이어 긋는다. 그리고 만약 이전의 방향과 다른 추세를 보이면 정해진 최소 반전폭만큼이나 그 이상으로 움직일 때는 오른쪽으로 한 줄을 옮겨서 새로 선을 그어 나간다.

03 스윙 차트의 패턴

1단형

스윙 차트의 패턴 중에서도 가장 간단한 패턴이다. 1단형이란 시장 가격의 움직임이 직전에 형성되었던 저점이나 고점을 뚫고 움직이는 형태를 말한다. 이 패턴이 나타나면 거래 전략은 자명하다. 앞에서 설명한 것을 다시 반복하자면 저점이 돌파되면 매도하고, 고점이 돌파되면 매수하면 된다.

그런데 똑같은 1단형이라도 스윙 차트의 중심점을 건드리고 지나갔느냐의 여부가 패턴의 신뢰도를 결정하는 데 중요한 척도가 된다. 여기서 중심점Center point이란, 직선의 저점과 고점을 이등분하는 점을 말한다(그림 20-2 참고). 스윙 차트에서는 독특하게 중심점이란 개념을 사용하고 있으며, 중심점을 판단의 중요한 요소로 간주하고 있다. 단순하게 말해서 중심점은 매입세력과 매도세력이 균형을 이루는 점을 말한다고 볼 수 있다. 즉 시장 가격이 하락할 경우, 중심점 이하의 아래쪽은 매도세력이 매수세력을 압도하는 상

그림 20-2 스윙 차트의 중심점

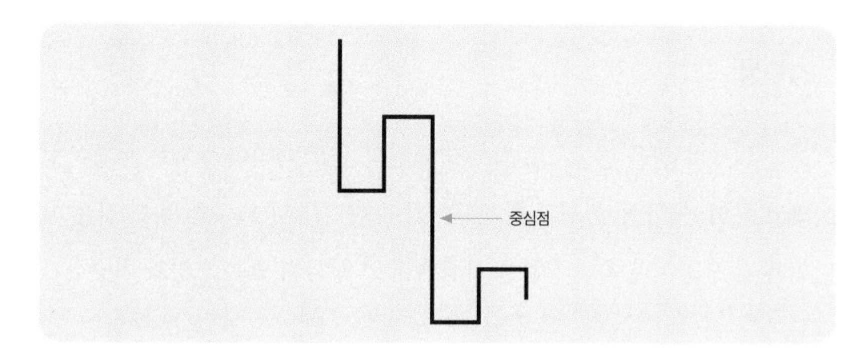

태를 나타낸다. 그리고 반대로 가격의 상승 추세에서는 중심점 이상의 위쪽은 매수세력이 매도세력보다 우세한 상태를 나타내고 있다.

따라서 만약의 경우 상승 1단형에서 시장 가격이 중심점을 건드리지 않고 상승했다면, 이것은 매수세력이 여전히 강력하게 작용하고 있다는 증거이므로 강력한 매수 신호로 해석될 수 있다(그림 20-3 참고). 또한 하락 1단형에서도 시장 가격이 중심점을 건드리지 않고 그냥 하락했다면, 이것은 매도의 강력한 신호로 해석되어야 할 것이다.

그림 20-3 1단형

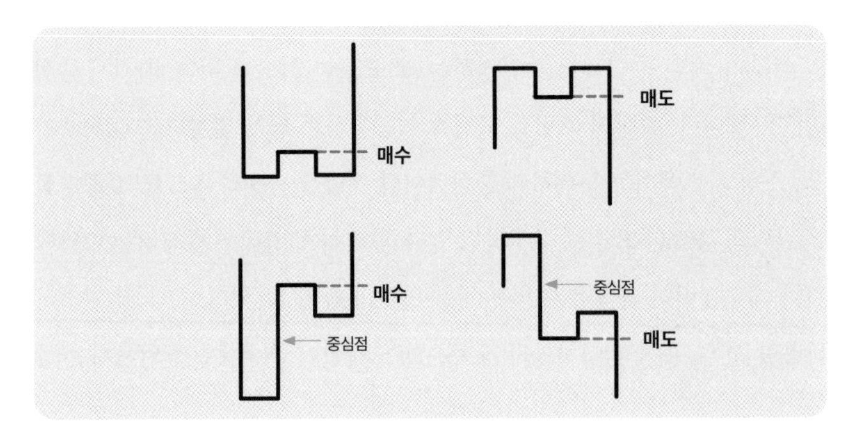

창문형

어떤 일정한 선을 중심으로 좌우가 대칭의 꼴로 나타나는 패턴을 창문형이라고 하며, 사이의 빈 공간을 창문이라고 한다(그림 20-4 참고). 그것은 패턴의 생긴 모양이 양쪽의 창틀을 사이에 두고 창문이 있는 모양과 비슷하기 때문이다. 우리가 창문을 열기 위해서는 창문을 위로 밀어 올려야 하며, 또

그림 20-4 창문형

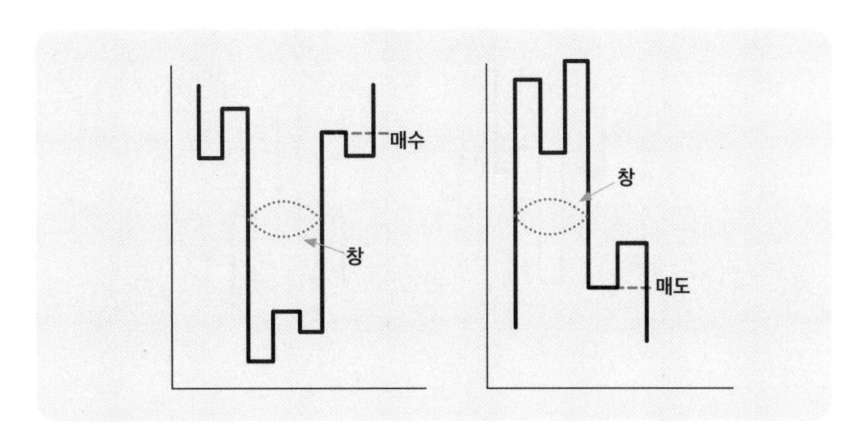

열린 창문을 닫으려면 창문을 아래로 밀어내려야 한다.

마찬가지의 원칙이 스윙 차트의 창문형 패턴에서도 적용되는데, 만약 주가가 창문을 여는 형태로 형성되면 강력한 매수 신호로 간주되어야 한다. 반대로 가격이 창문을 닫는 형태로 움직이면 강력한 매도 신호로 간주되어야 한다. 이 창문형 패턴은 바 차트나 P&F 차트에서 나타나는 이중천장형이나 이중바닥형과 같은 패턴으로 장기적인 추세 전환의 중요한 신호이다.

헤드앤드숄더형Head and Shoulder

이 패턴은 바 차트나 P&F 차트에 나타나는 헤드앤드숄더 패턴과 마찬가지로 양쪽 어깨와 가운데 머리 부분으로 구성되는 추세 전환의 중요한 패턴이다(그림 20-5 참고). 패턴을 해석하는 방법이나 목표주가를 구하는 방법 등은 바 차트의 경우와 동일하다.

그림 20-5 헤드앤드숄더형

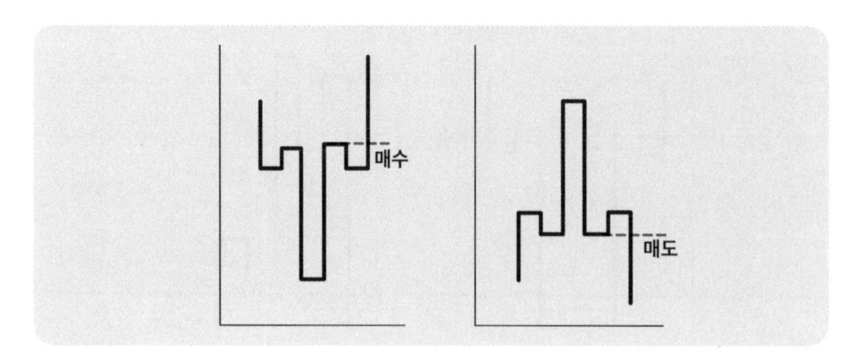

다섯 고개형

상승 다섯 고개형은 〈그림 20-6〉에서처럼 하락 추세의 막바지에 시장 가격이 바깥쪽 (1), (2) (3)의 저점과 안쪽 (4), (5)의 고점을 형성하면서 등락을 반복하다가 점차 상승하는 꼴이다. 이때의 매수 신호는 가격이 (5)의 고점 수준을 상회할 경우에 나타나게 된다.

하락 다섯 고개형은 상승형과는 반대로 상승 추세의 막바지에 나타나며 (1), (2), (3)의 고점과 (4), (5)의 저점이 등락을 반복하면서 점차 하락하는 꼴이다. 이때의 매도 신호는 시장 가격이 (5)의 저점 수준을 뚫고 하락할 경우에 나타나게 된다.

다섯 고개형에서도 중심점이 어느 쪽에 위치하는지가 패턴의 신뢰도에 중요한 역할을 한다. 예를 들어 상승 다섯 고개형에서는 저점 (3)의 위치가 저점 (2)와 고점 (5)의 중심점보다 위쪽에 형성되는 것이 보다 강력한 매입 신호로 간주된다. 또, 하락 다섯 고개형에서는 저점 (3)이 중심점의 아래쪽에 형성되는 것이 더 신뢰성이 높은 패턴으로 인식된다.

그림 20-6 다섯 고개형

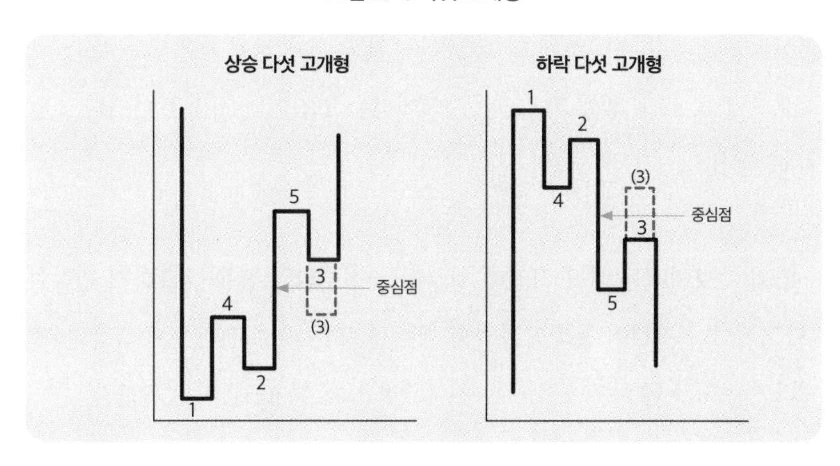

04 | 스윙 차트를 이용한 매매 전략

스윙 차트를 이용하여 실제로 매매를 수행할 경우 적용되는 매매 전략은 추세 분석법이 추구하는 매매 전략과 일치한다. 즉 시장 가격의 추세를 살펴보면서 추세가 강세일 때에는 매수하고, 추세가 약세일 때에는 매도하는 Buy on strength, Sell on weakness 전략이다.

스윙 차트의 기본 원리는 시장 가격의 등락Swing(진동)만을 중시하여 차트에 표시함으로써 추세의 흐름을 읽으려는 것이다. 이때 추세의 변화는 직선의 굴곡을 통해 알아볼 수 있다. 추세가 바뀌면 스윙 차트에서는 새로운 줄이 시작되고, 바로 직전의 시장 가격은 차트상에 저점이나 고점의 형태로 남게 된다.

반대로 스윙 차트에서 저점이나 고점이 나타났다는 것은 일단 추세의 흐름이 바뀌었음을 의미하게 된다. 왜냐하면 추세가 진행되고 있는 도중, 즉 직선이 한 줄로만 계속 그어지는 상태에서는 고점이나 저점은 나타나지 않기 때문이다.

스윙 차트에서는 바로 직전에 형성된 저점이나 고점을 중요하게 생각하며, 고점이나 저점이 돌파되는지의 여부로 모든 매매 전략을 수립한다. 그렇다면 먼저 스윙 차트에서 저점이나 고점은 왜 형성되는지 살펴보자.

결론부터 이야기하면, 바로 그 지점에 강력한 지지선이나 저항선이 존재하기 때문이다. 시장 가격이 지지선이나 저항선 부근에 접근하면, 기존의 추세를 지속하여 지지선이나 저항선을 돌파하려는 세력과 이에 맞서서 기존의 추세와는 반대방향으로 움직이려는 세력이 치열한 공방을 벌이게 된다.

이때 기존 추세가 강력하다면 이에 맞서서 시장 가격의 방향을 돌리려는 세력을 압도하게 되므로 지지선이나 저항선은 무너지게 된다. 따라서 스윙 차트에서는 계속되는 직선이 이어져 나타나게 된다. 그러므로 기존의 추세가 강력하다면 스윙 차트에서는 저점이나 고점은 형성되지 않는다.

그러나 이와는 반대로, 기존 추세에 맞서서 시장 가격의 방향을 반대로 하려는 세력이 더 강력하다면 시장 가격의 추세는 지지선이나 저항선의 수준에서 멈추고, 이제까지의 시장 가격 움직임과는 반대방향의 새로운 추세가 나타나게 된다. 이 움직임을 스윙 차트로 나타내면 이제까지의 시장 가격 움직임과는 반대방향의 새로운 직선이 그어지게 되며, 그 결과 스윙 차트에는 새로운 저점이나 고점이 형성되는 것이다.

따라서 저점이나 고점은 바로 그 수준에서 더 이상의 계속적인 추세 진전을 완강하게 가로막는 강력한 지지세력이나 저항세력이 금융시장 내에 틀림없이 존재한다는 것을 입증하는 증거가 된다.

스윙 차트를 이용한 기본적인 매매 전략은 주가가 직전에 나타났던 저점 이하로 하락하면 매도하고, 주가가 직전에 나타났던 고점 이상으로 상승하면 매수하는 것이다. 따라서 스윙 차트를 이용하는 투자자들은 전해오는 투자 격언, 즉 "시장의 저항이 가장 작을 때를 골라서 거래에 나서라"를 실천하고 있는 셈이다.

그런데 직전의 저점이나 고점이 돌파되었다고 해서 성급하게 바로 거래에 나서는 것은 올바른 태도가 아니다. 주가가 소폭의 반전 움직임만을 나타내고는 이제까지의 방향으로 다시 돌아가버릴 가능성도 있기 때문이다. 그러므로 매매의 기준을 세워서 그 기준에 부합해야만 비로소 거래에 들어간다는 태도가 바람직하다.

이 기준으로는 일정한 폭이나 비율을 정해서 주가의 저점이나 고점을 뚫고 움직이더라도, 그 폭 이상으로 시장 가격이 움직여야만 진정한 추세 전환으로 인식하는 방법이 있을 수 있다. 또는 일정한 시간을 정하여 시장 가격이 저점이나 고점을 돌파한 이후, 미리 정해진 시간 뒤에도 계속 저점이나 고점을 돌파한 상태로 머물러 있다면 진정한 추세 전환으로 인식하는 방법도 있다.

그림 20-7 스윙 차트를 이용한 매매 전략

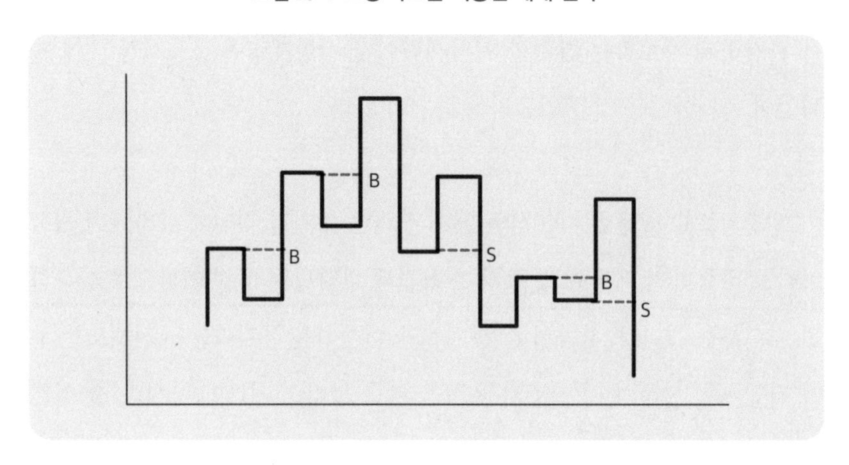

〈그림 20-7〉은 스윙 차트를 이용한 매매 전략을 나타낸 것이다. 그림에서 B는 매수 신호를 의미하며, S는 매도 신호를 의미한다. 스윙 차트에서 알아볼 수 있는 것처럼 직전의 저점이나 고점이 돌파될 때 나타나는 매매 신호를 기계적으로 따르더라도 매우 효과적임을 알 수 있다.

그림 20-8 스윙 차트로 본 현대차 매매 전략(일간 차트)

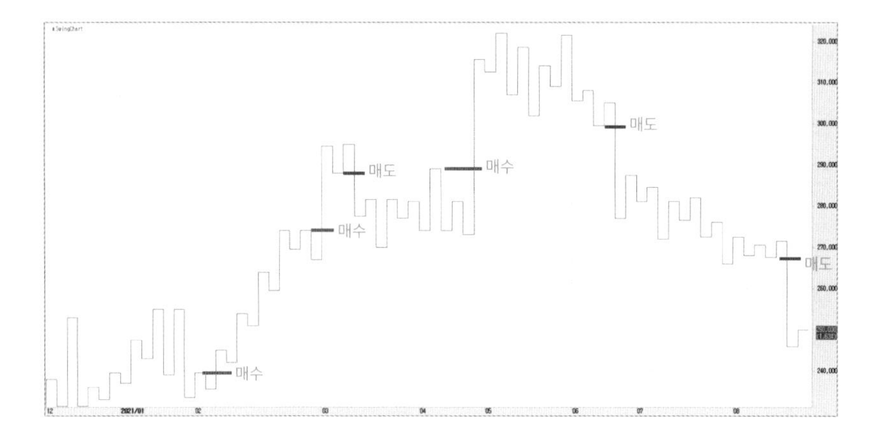

〈그림 20-8〉은 스윙 차트로 본 현대차의 일간 차트이다. 2021년 1~8월까지의 구간 중 매수와 매도 타이밍을 표시한 것이다. 스윙 차트는 P&F 차트와 유사하지만 그림에서 볼 수 있는 것처럼 매매 타이밍이 더 정확하고, 매매 시점을 용이하게 파악할 수 있다는 장점이 있다.

제21장

동양에서 시작된 차트 III. 카기 차트Kagi chart와 렌코 차트Renko chart

세상에는 두 가지 종류의 돈이 있다. 사람이 일해서 버는 돈과 돈이 일해서 버는 돈이다. 제대로만 이용한다면 휴가도 없이 일하는 게 바로 돈이다.

제임스 베리

국가 간 혹은 개인 간 경제 양극화가 갈수록 심화되고 있다. 명품 매장에는 아침부터 긴 줄이 늘어서 있다는 뉴스를 보며 얼마 전에 들었던 소비심리가 크게 위축되고 있다는 뉴스가 의심스러울 지경이다. 경제 양극화에 따른 소비 양극화는 백화점에서도 나타난다. 백화점 매출은 대부분 줄었으나 명품 매출은 지난해 같은 기간에 비해 20%가량 증가했다고 한다.

사스(중증급성호흡기증후군) 사태와 후쿠시마 원전 사고 당시에도 이런 현상이 있었다고 한다. 미국 펜실베이니아대학 연구에 따르면 9·11 테러 직후 미국 경제가 침체에 빠졌으나 보석·시계·스포츠카 등 명품 소비는 조기에 반등한 것으로 나타났다. 9·11 테러로 겪게 된 심리적 트라우마로 인해 알코올 소비량뿐 아니라 충동 소비도 급격히 늘었다.

이런 현상은 '테러 관리 이론'으로 설명할 수 있다. 테러가 나에게도 일어날 수 있다는 위협을 자각할 때 스스로를 관리하게 된다는 것이다. 예기치 않은 죽음의 위협을 받을 때 자신을 보호하려는 방어심리가 작동한다. 나의 존재감을 확인하고 싶어지고 자존감을 높이고 싶어진다. 그중 하나가 소비이다. 내가 갖고 있는 것들, 즉 소유와 부는 자존감을 향상하는 효과적인 방법이다.

통제감은 개인의 신체적, 정신적 건강에 영향을 미친다. 자신이 할 수 있는 일이 아무것도 없다는 생각으로 통제력을 상실하면 무기력감이나 우울감을 느끼게 된다. 여기서 벗어나려고 자신이 주변을 통제할 수 있다는 것을 확인하고 싶어 한다. 주변 상황이나 사람들을 자신이 통제해서 변화시킬 수 있다는 자신감은 정신 건강상 긍정적인 요소이다. 개인이 인식한 통제감이 높을수록 더 건강하며 더 행복해질 수 있다.

낮은 수준의 통제감은 불안 같은 부정적인 심리적 결과를 초래한다. 그래서 통제감을 상실하면 이를 보상하려 한다. '보상 통제 이론'에 따르면, 개인은 외부 자원을 획득함으로써 통제감을 높일 수 있다. 즉 자신감이 결여되면 일정한 행동을 통해 본인의 통제력을 확인하고 인식하려 한다. 그중 하나가 소비 행동이다. 물건을 구매함으로써 통제감을 느끼게 된다. 특정 제품의 소비는 개인의 통제감을 회복하는 데 도움이 된다. 과거 향수를 불러일으키는 상품이라든지, 자신의 힘을 과시할 수 있는 상징적인 제품을 더 많이 소비하게 되는 것은 바로 이 때문이다. 명품 소비가 급증한 것도 자신의 힘을, 그리고 자신의 존재를 스스로 확인하려는 인간의 연약한 심리가 작용한 것은 아닌가 싶다.

이번 장에서는 일본에서 시작된 차트인 카기 차트와 렌코 차트에 대해서 알아볼 것이다.

01 | 카기 차트Kagi chart에 대하여

카기 차트의 의미

카기 차트의 기원은 일본 주식시장이 탄생했던 1870년대까지 거슬러 올라간다. 카기 차트라는 이름은 '카기'에서 유래했는데 이는 머리 부분이 알파벳 L자 모양을 한 구식 열쇠를 의미하는 일본어이다. 그래서 카기 차트를 키 차트라고 부르는 일본인도 있다. 카기 차트는 가격 변동폭 차트, 훅 차트, 델타 차트, 스트링 차트라는 이름으로도 불린다.

카기 차트에 대해 "캔들 차트가 바 차트보다 우수하듯이 키 차트(카기 차트) 역시 P&F 차트보다 우수하다"라고 언급한 일본의 기술적 분석 관련 서적도 있다. 한 가지 확실한 것은 카기 차트가 다른 어떤 차트도 제공할 수 없는 새롭고 다양한 분석법들을 제시해준다는 사실이다.

카기 차트의 기본 전제는 카기라인의 굵기와 방향은 시장의 움직임에 의해 좌우된다는 것이다. 주가가 직전 카기라인과 일치하는 방향으로 계속 움직이면 그 라인은 확장된다. 그러나 주가가 미리 설정된 기준에 의해 반전한다면 한 칸 이동해서 반대방향으로 새로운 카기라인을 추가한다.

카기 차트에서 흥미로운 점은 전고가나 전저가가 경신되면 카기라인의 굵기가 달라진다는 것이다. 굵은 카기라인을 양선, 가는 카기라인을 음선, 짧은 가로선은 굴절선이라고 부른다.

〈그림 21-1〉은 미국 기업 나이키의 카기 차트이다. 일간 차트로 카기 차트를 통한 매수와 매도의 매매 타이밍을 알 수 있다.

그림 21-1 카기 차트로 본 매매 타이밍(나이키 일간 차트)

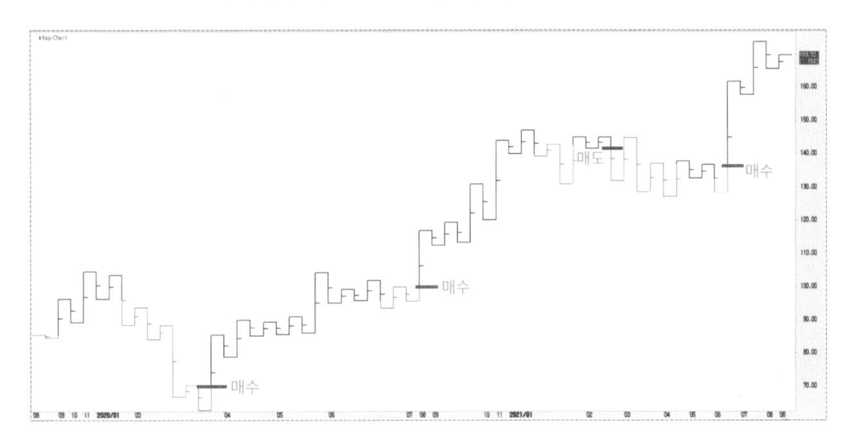

카기 차트의 작성

카기 차트는 대부분 종가를 사용한다. 카기 차트를 작성하기에 앞서 먼저 반전 기준을 설정해야 한다. 반전 기준이란 한 칸 옆으로 이동해서 새로운 반전선을 그리기 위해 필요한 가격의 최소 변동폭을 말한다.

예를 들어 반전 기준이 30,000원이고 양선이라면 당일 종가가 최소한 30,000원 이상 하락해야 하락 반전선을 그릴 수 있다. 반전 기준을 충족하거나 초과해야 반전선을 그릴 수 있는 것이다.

- 당일 가격이 기준 가격보다 반전 기준만큼 또는 그 이상 높다면 시가부터 당일 종가, 즉 신고가까지 연결하는 굵은 (양)선을 그린다.
- 당일 가격이 기준 가격보다 반전 기준만큼 또는 그 이상 낮다면 시가부터 당일 가격까지 연결하는 가는 (음)선을 추가한다.
- 당일 종가와 기준 가격의 차이가 반전 기준에 미치지 못하면 선을 추가하지 않는다.

- 가격이 직전 선과 동일한 방향으로 계속 움직이면 변동폭이 아무리 작아도 선은 같은 방향으로 움직인다.
- 가격이 방향을 전환한 상태에서 반전 기준 이상의 가격 변동이 발생했다면(일반적으로 이런 변화는 여러 거래일에 걸쳐 이뤄진다) 한 칸 옆으로 이동하며, 짧은 가로선(굴절선)을 그린 다음 바뀐 방향에 맞춰 새로운 가격까지 연결하는 수직선을 그린다(굴절선의 굵기는 직전 선의 굵기를 따라간다. 그림 21-2 참고).

그림 21-2

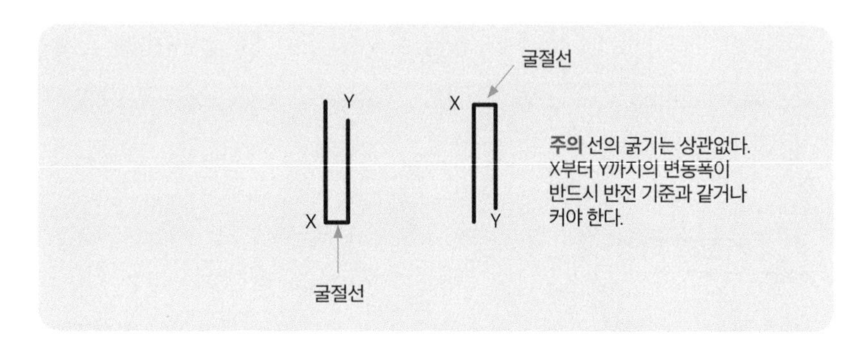

- 카기 차트의 가는 선이 전고점을 초과하면 전고점이 초과되는 시점에서 선이 굵어진다. 이때 직전 고점을 '어깨'라고 한다(그림 21-3 참고).

그림 21-3

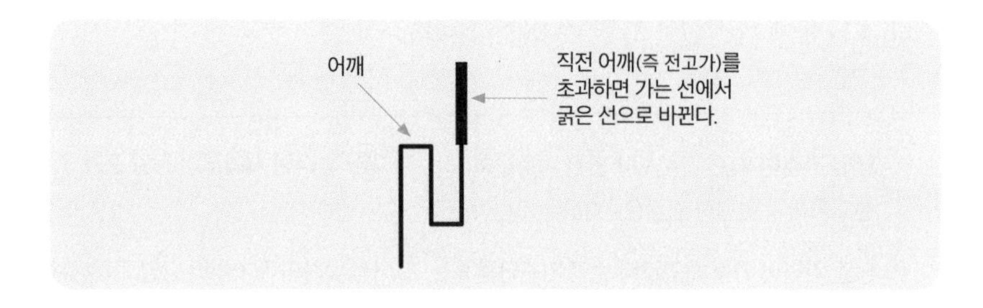

- 굵은 카기라인이 전저점을 하향 돌파하면 전저점을 통과하는 지점에서 선이 가늘게 바뀐다. 이때 직전 저점을 '허리'라고 부른다(그림 21-4 참고).

그림 21-4

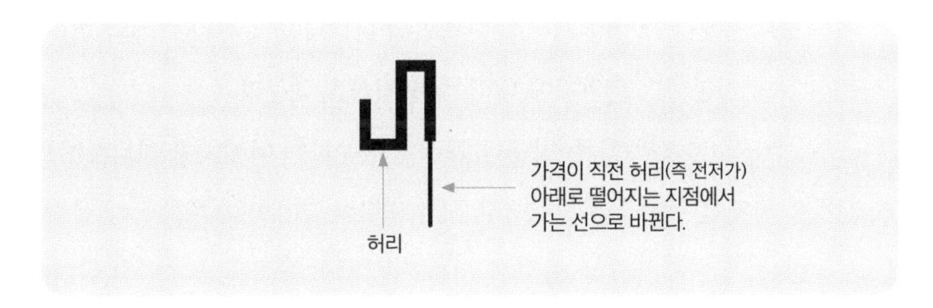

카기 차트를 이용한 매매 전략

■ **양에 사고 음에 팔아라** : 카기 차트를 활용하는 방법은 다양하지만 가장 기본적인 방법은 카기라인이 가는 선에서 굵은 선으로 바뀔 때 매수하고, 반대로 굵은 선에서 가는 선으로 바뀔 때 매도하는 것이다.

가격이 전고점을 돌파할 때 카기라인이 굵어진다(즉 양선이 된다)는 사실을 기억해야 한다. 가격이 전저점을 뚫고 내려가면 카기라인은 가는 선, 즉 음선으로 바뀐다. 앞에서 본 〈그림 21-1〉은 기본적인 카기 차트의 매수, 매도 신호를 보여준다. 양선이 출현하면 매수 신호가 나타나고, 음선으로 바뀌면 매도 신호가 발생한다.

횡보 구간에서는 불필요하게 잦은 매매 신호로 인한 손실을 입을 수도 있다. 그 이유는 삼선전환도나 렌코 차트와 마찬가지로 카기 차트 역시 추세를 나타내는 도구이고, 따라서 추세가 없는 시장에서는 잦은 시장 진출입을 유발할 수 있기 때문이다. 이 문제를 피할 수 있는 몇 가지 방법이 있는데 민감도를 조정하는 것도 한 방법이다.

■ **어깨와 허리** : 어깨는 전고점을 말하고 허리는 전저점을 말한다. 고가가 계속 높아지거나 저가가 계속 낮아지면서 나타나는 일련의 어깨와 허리는 시장의 기본적인 분위기에 대해 많은 것을 말해준다.

〈그림 21-5〉 (A)에서 볼 수 있듯이 일련의 상승하는 어깨(S)와 허리(W)는 시장의 활력을 보여주는 신호이고, 매수세력이 고가와 저가의 동시 상승 사이클을 계속 유지할 수 있다면 이러한 시장의 활력은 유지될 것이다. 〈그림 21-5〉 (B)에서 계속 낮아지는 어깨(S)와 계속 하락하는 허리(W)는 매도세력이 주도권을 장악했음을 보여준다.

그림 21-5 어깨와 허리

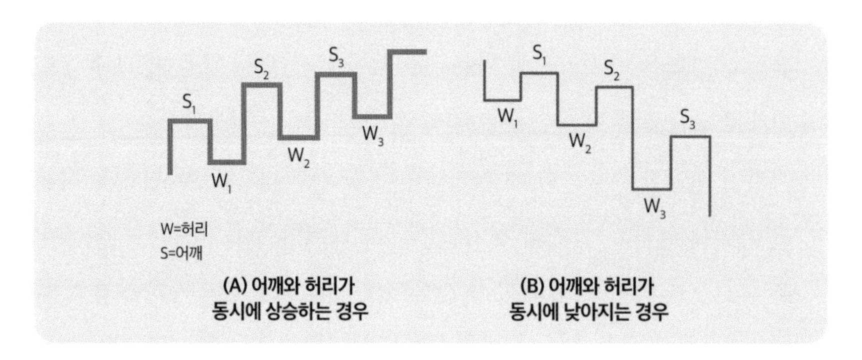

■ **멀티 레벨 브레이크** : 카기 차트에서 추가적인 확인을 위해서 두 개 이상의 전고점이나 전저점이 돌파될 때까지 기다린다. 〈그림 21-6〉과 같이 각각의 전고점이나 전저점을 레벨로 표시한다. 모든 기법이 추가 확인을 위해서는 여분의 시간이 필요하고, 확인 작업에 더 많은 시간이 소요되기

그림 21-6 투 레벨 브레이크와 스리 레벨 브레이크

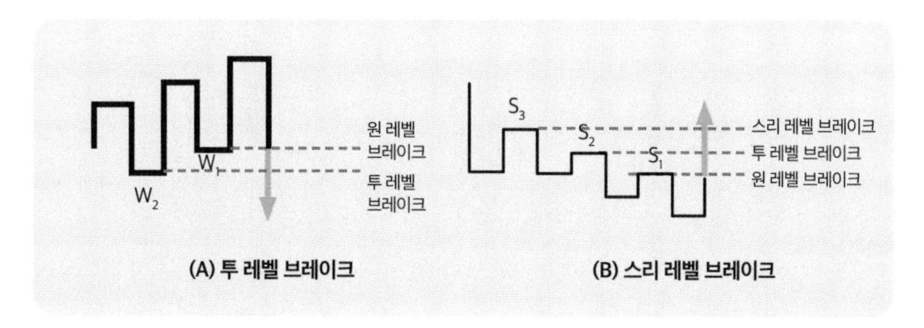

때문에 추세가 일단 확인되고 나면 잠재수익은 감소한다. 그러나 추가 확인을 거쳤다는 것은 추세 반전이 그만큼 확실하다는 것을 의미한다.

- **양과 음의 길이** : 양봉이나 음봉의 길이가 시장을 장악한 세력이 황소인지 곰인지를 반영하듯이 카기라인도 마찬가지 역할을 한다. 개별 카기라인에서 음(가는 선) 부분과 양(굵은 선) 부분을 비교함으로써 황소와 곰 중 누가 주도권을 쥐고 있는지 알 수 있다.

다음 〈그림 21-7〉과 같이 음과 양의 길이를 실제로 보면 시각적으로 잘 드러난다. 음과 양이 차지하는 부분의 길이가 같으면 시장이 균형 상태에 있음을 나타내는 도지라고 볼 수 있다. 양의 부분이 더 길다면 매수세력이 시장을 지배하고 있다는 뜻이다. 음이 부분이 더 길다면 매도세력이 주도권을 갖고 있다는 의미이다.

그림 21-7 한 개의 카기라인에서 음과 양의 길이 비교

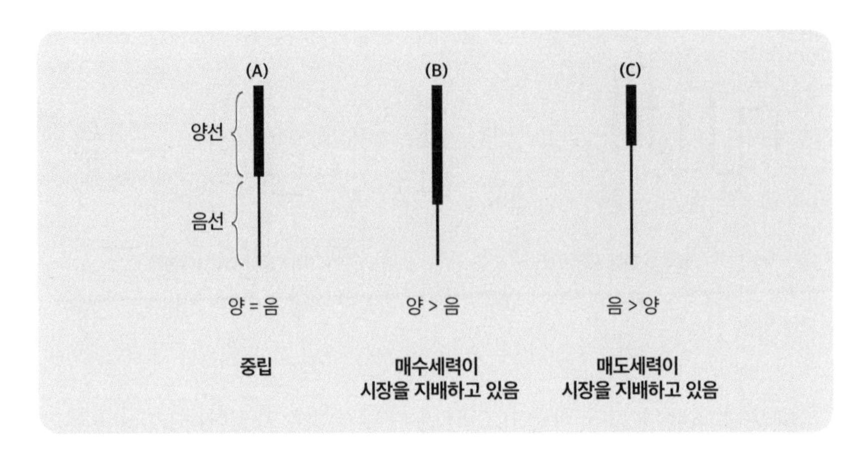

■ **조정이 직전 카기라인 내에서 멈춘 경우** : 조정이 카기라인 내에서 멈췄다면 시장이 건재하다는 척도가 될 수 있다. 구체적으로 설명하자면 카기 차트에서 긴 카기라인의 중간 지점이 중요하다. 〈그림 21-8〉 (A)를 보면 한 차례 랠리 이후 조정이 이어지는데, 조정이 긴 직전 카기라인의 중간에 미치지 못하고 끝나버리는 경우가 있다. 이는 강세를 뜻한다.

이는 매도세력이 매수세력의 영역으로 깊숙이 침범하기 전에 매수세력이 이를 차단했음을 의미한다. 이 경우 가격이 직전 어깨를 돌파한다면 매수세력이 시장을 완전히 장악했다는 뜻이므로 매수 신호가 된다.

하락 추세 중에 시작된 랠리가 긴 직전 라인의 중간 지점을 돌파하지 못했다면 이것은 부정적인 신호다. 왜냐하면 매수세력이 직전 라인의 중간 이상으로 가격을 끌어올릴 만큼 공격적이지 않았다는 뜻이기 때문이다. 〈그림 21-8〉 (B)가 이러한 경우이다. 가격이 전저점을 뚫고 내려간다면 매도세력이 시장을 장악했음을 의미하기 때문에 매도 신호로 볼 수 있다.

그림 21-8 카기라인의 중간 지점

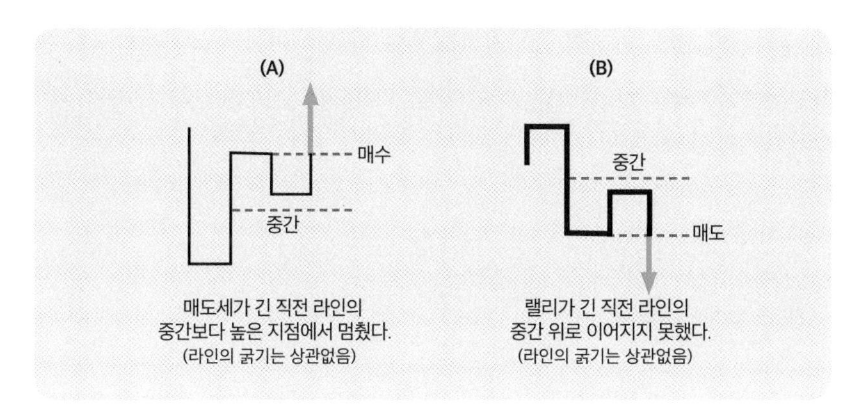

02 | 렌코 차트Renko chart에 대하여

렌코 차트의 의미

렌코 차트는 네리 차트, 트레이닝 차트, 지그재그 차트 등의 이름으로도 불린다. 렌코 차트와 삼선전환도 모두 블록 모양의 라인을 이용하기 때문에 비슷해 보인다. 렌코 차트를 구성하는 개별 블록들을 '벽돌(렌코라는 말은 벽돌이란 뜻의 일본어 '렌가'에서 유래했을 가능성도 있다)'이라고 부르기도 한다.

삼선전환도에서는 가격이 주요 추세와 일치하는 방향으로 움직이면 그 움직임의 폭이 아무리 작아도 새로운 라인이 추가된다. 예를 들어 오늘 종가가 한 틱만 올랐더라도 이전 선이 빨간색선이었다면 새로운 빨간색선이 추가된다. 그러나 렌코 차트에서는 정해진 기준을 초과할 때만 직전 움직임과 일치하는 방향으로 선이 추가된다. 예를 들어 렌코 차트에 현재 빨간색 벽돌이 있다면 미리 정해진 기준만큼 가격이 올라가야 새로운 빨간색 벽돌이 추가된다. 렌코 차트와 삼선전환도의 또 다른 차이점은 삼선전환도의 선들은 크기가 서로 다른 반면, 렌코 차트의 벽돌은 크기가 모두 동일하다는 점이다.

렌코 차트의 작성

렌코 차트는 종가를 이용하여 작성된다. 렌코 차트 작성의 첫 번째 단계는 최소 가격 변동폭을 설정하는 것이다. 최소 가격 변동폭은 하나의 벽돌이 추가되기 위해 가격이 움직여야 하는 최소 변동폭을 말하며, 이것은 벽돌의 높이를 결정하기도 한다. 따라서 5포인트 렌코 차트라면 5포인트 높이의 벽돌이 사용된다.

렌코 차트에서 중요한 점은 동일한 크기의 빨간색 벽돌은 상승을 나타내고, 동일한 크기의 파란색 벽돌은 하락을 의미한다는 것이다. 따라서 아무리 변동폭이 커도 렌코 차트상에는 똑같은 크기의 벽돌들로 표시된다. 예를 들어 5포인트 렌코 차트에서 20포인트 랠리는 5포인트 높이의 벽돌 네 개로 표시된다.

- **종가가 기준 가격보다 높을 경우** : 가격이 기준 가격 대비 최소 변동폭만큼(또는 그 이상) 올랐다면 하나(또는 여러 개)의 빨간색 벽돌을 추가한다. 기준 가격이 100이고 5포인트 렌코 차트를 사용하는 경우라면 가격이 최소한 105까지 올라야 빨간색 벽돌 하나가 추가된다.

■ **종가가 기준 가격보다 낮을 경우** : 기준 가격 대비 최소 변동폭(이 경우는 5포인트) 또는 그 이상 하락했을 때에만 파란색 벽돌을 하나 추가한다. 따라서 기준 가격이 100이라면 최소한 95 이하로 가격이 하락해야 파란색 벽돌을 하나 추가할 수 있다(그림 21-9 참고).

첫 번째 파란색 벽돌은 기준 가격에서 시작하고 이후 계속 아래로 쌓여간다. 하락폭이 최소 변동폭보다는 크지만 두 배에 미치지 못할 경우에는 벽돌을 하나만 추가한다. 예를 들어 가격이 기준 가격인 100에서 92로 떨어졌다면 100에서 95까지의 하락폭에 대해 5포인트의 파란색 벽돌이 한 개만 추가된다. 그러나 하락폭이 13포인트라면 두 개의 벽돌이 추가된다. 15포인트 하락했다면 세 개의 독립된 벽돌이 오른쪽 방향으로 한 칸씩 이동하면서 추가된다.

그림 21-9

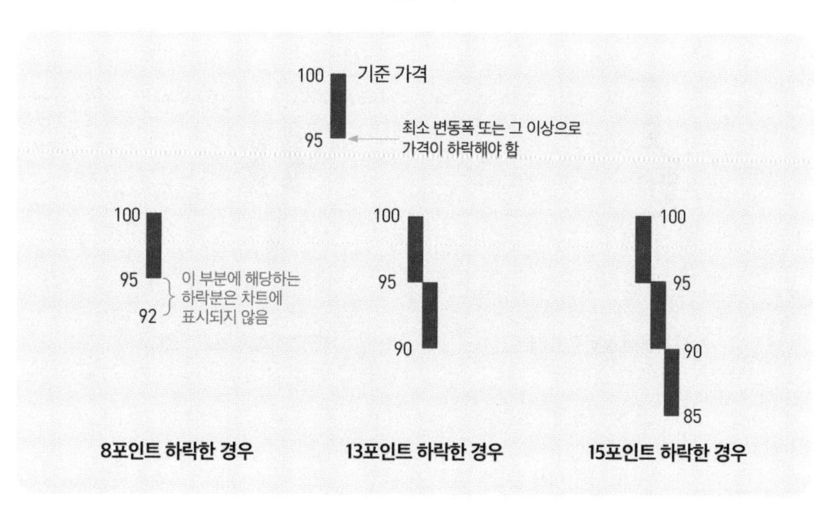

■ 가격 변동폭이 최소 변동폭(이 경우 5포인트)에 미치지 못하면 벽돌을 추

가하지 않는다. 예를 들어 5포인트 차트에서 기준 가격이 100이라면 가격이 105 이상 또는 95 이하로 움직이지 않으면 벽돌이 추가될 수 없다.

■ 당일 종가가 직전 벽돌(벽돌의 색깔은 상관없음)의 고가와 비교하여 최소 변동폭 이상 높다면 오른쪽에 동일한 높이의 빨간색 벽돌을 적절한 수만큼 추가한다. 벽돌이 시작되는 지점은 직전 벽돌의 고가이다. 따라서 가장 최근에 추가된 벽돌의 고가가 100이고 5포인트 렌코 차트를 이용한다면 가격이 105 이상으로 올라가야 빨간색 벽돌이 한 개 추가될 수 있다. 이 추가된 빨간색 벽돌은 100부터 105까지를 연결한다. 가격이 113까지 상승하면 두 개의 빨간색 벽돌이 오른쪽으로 한 칸씩 이동하면서 위로 추가된다(그림 21-10 참고).

그림 21-10

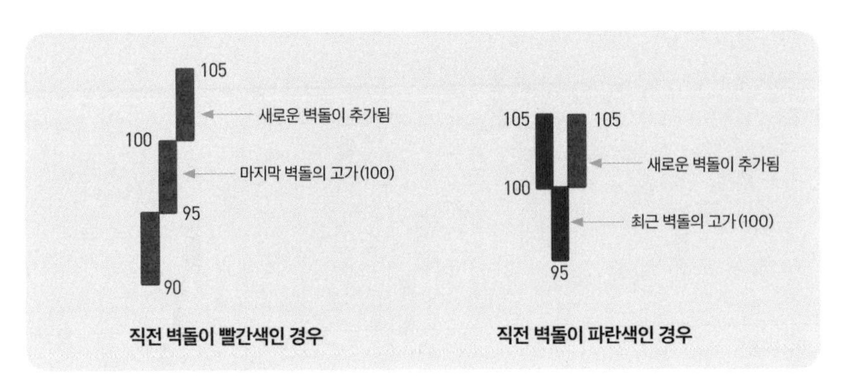

■ 당일 종가가 마지막 벽돌(색깔은 상관없음)의 저가 대비 최소 변동폭 이상으로 하락했다면 오른쪽으로 한 칸씩 이동하면서 적절한 수의 파란색 벽돌을 아래로 추가한다. 마지막 벽돌의 저가가 95라면 최소한 90 이하

로 가격이 하락해야 파란색 벽돌이 한 개 추가될 수 있다. 이 벽돌은 직전 벽돌의 저가인 95에서 90까지를 나타낸다(그림 21-11 참고).

그림 21-11

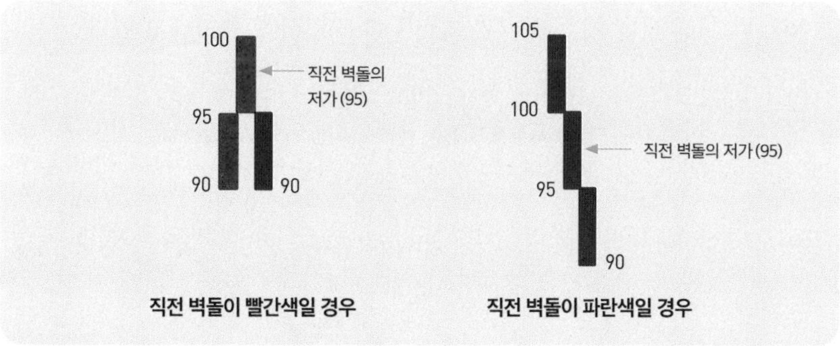

직전 벽돌이 빨간색일 경우

직전 벽돌이 파란색일 경우

■ 가격이 마지막 벽돌의 고가보다 낮거나 그 저가보다 높으면 벽돌이 추가되지 않는다.

렌코 차트를 이용한 매매 전략

삼선전환도와 카기 차트에 적용할 수 있는 거래 기법이 다양한 것과는 달리 렌코 차트는 다소 제한적이다. 렌코 차트에서는 강세형 빨간색 벽돌이나 약세형 파란색 벽돌이 유일한 추세 반전 신호이다. 빨간색 벽돌이 나타나면 매수 신호다.

렌코 차트는 추세추적 기법이기 때문에 시장이 박스권에 머무를 때에는 휩소(속임수)가 발생할 수 있다. 그러나 렌코 차트와 같은 추세추적 기법에서 기대할 수 있는 이점은 추세가 진행되는 대부분의 기간 동안 추세에 합류할 수 있다는 것이다. 이러한 장점은 각기 나타나는 매매 신호를 통해 확인된다.

〈그림 21-12〉는 렌코 차트를 통해서 본 스타벅스의 매매 타이밍이다. 렌코 차트를 통해 보면 매수와 매도 타이밍이 뚜렷하게 드러나고 있다.

그림 21-12 렌코 차트를 이용한 매매 타이밍(스타벅스 일간 차트)

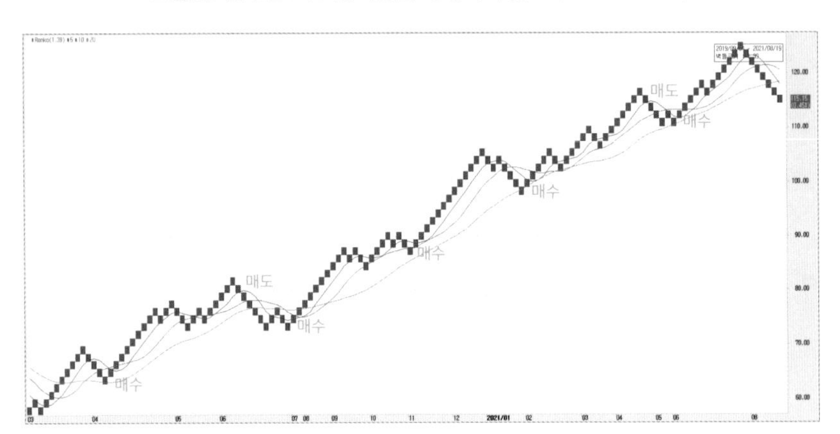

추세가 진행 중인 시장에서는 렌코 차트를 통해 얻을 수 있는 장점을 볼 수 있다. 즉 빨간색 벽돌 하나가 나타나면 매수 신호이고, 파란색 벽돌 하나가 나타나면 매도 신호이다. 그러나 시장이 박스권에 접어들면서 신호가 혼재되어 발생한다. 즉 박스권에서는 활용도가 낮다는 의미다.

제 22 장

기술적 분석은 어떠한 길을 걸어왔나

시장은 행동하는 사람으로,
마치 사람처럼 행동한다.

버나드 바루크

언제부터인가 영화, 음악 등 문화 전반은 물론 다양한 분야에서 세계적인 전문가들이 배출되고 있다. 머지않아 노벨상을 수상하는 과학자들도 나오지 않을까 생각된다. 문득 노벨상 수상자에게 돌아가는 상금 규모가 궁금해진다. 수상자에게는 1,000만 스웨덴 크로나[SEK]가 지급된다고 한다. 우리나라 돈으로 환산하면 약 13억 원이다.

노벨상 상금은 알프레드 노벨이 1895년에 기부한 3,100만 크로나를 기반으로 하고 있다. 1901년 최초 지급 시에는 15만 크로나였고, 이후 비슷한 수준에서 유지되다가 1950년 무렵부터 계속 늘어나기 시작해 2021년의 노벨상 상금은 1901년 최초 상금 대비 약 67배 많은 금액이다. 상금 규모가 많이 커졌다. 다만 지금의 화폐가치와 과거의 화폐가치를 단순 비교할 수는 없다. 물가가 그동안 크게 올랐기 때문이다. 예를 들어 물가가 10% 상승했다고 하면 이전에는 100원으로 살 수 있었던 물건을 지금은 110원을 줘야 살 수 있다. 따라서 현재의 화폐 액면가치에서 물가 상승분을 제외한 실질가치로 서로를 비교해야 보다 정확한 평가가 될 것이다.

노벨위원회는 친절하게도 홈페이지에 그해 연도 상금 액수와 이 상금액에서 물가 상승분을 제거한 '실질 상금액'이 최초 상금액 대비 어느 정도 수준인지를 평가한 표를 공개하고 있다. 이 표에 의하면 2020년에 지급한 900만 크로나의 실질가치는 1901년에 최초 지급한 15만 크로나의 가치와 거의 비슷하다(103%). 즉 2020년에 받은 900만 크로나와 120년 전 받은 15만 크로나로 살 수 있는 것이 거의 동일하다는 것이다.

노벨상위원회는 이처럼 상금 액수에 대해서도 물가 상승을 감안한 실질가치를 고려하여 그 수준을 결정하고 있음을 보여주고 있다. 이는 노벨상의 권위를 더욱 높여주는 요인 중 하나가 아닌가 생각된다.

하지만 노벨상위원회가 공개한 '상금의 실질가치'는 큰 의미가 없을 수도 있다. 스웨덴 물가를 기준으로 그 가치를 계산했기 때문이다. 노벨상 수상자는 전 세계에 걸쳐 있어 환율과 세금이 국가별로 큰 차이가 나고, 이자율과 물가 수준도 각각 다르다. 그런데 수상자들이 상금을 사용하는 방법이 흥미롭다. 학술연구기관(마리 퀴리)이나 사회단체 등에 기부하는 사람이 있는가 하면 가족에게 넘긴 사람(알베르트 아인슈타인)도 있고, 사치품 구입(폴 너스, 프랑코 모딜리아니)에 사용한 사람 등 다양하다. 재산은 결국 절대적 수치보다는 이를 어떻게 사용하느냐에 따라 그 효용이 결정되는 것이라고 생각된다.

이번 장에서는 동서양 기술적 분석의 역사에 대해서 살펴보기로 한다. 기술적 분석의 역사를 살펴보는 동안 각각의 기술적 기법들이 어떤 의미를 갖고 순차적으로 발전해왔는지를 이해하게 될 것이다.

01 | 기술적 분석의 시작

대부분의 투자자는 기본적(펀더멘털) 분석이 기술적 분석보다 먼저 생겨났다고 생각한다. 당연하다고 생각할 수 있고, 한편으로는 타당한 추측이 될 수 있다. 이런 논리적 추정은 차트를 만드는 데 사용되는 주가가 기본적(펀더멘털) 가치만으로 결정된다는 것을 은연중에 전제하고 있다. 하나의 상품이 어느 정도의 가치가 있는지는 사려는 쪽이 얼마를 지불할 의향이 있는지, 그리고 팔려는 쪽이 어느 정도를 받아야 물건을 양도할 의향이 있는지에 따라 결정된다. 즉 주가가 형성되는 과정에서는 항상 매수와 매도라는 두 가지 상반된 의견이 있고, 이러한 모든 의견이 주가에 반영되어 주가는 차트를 만들어간다. 기술적 분석에서는 차트를 활용하지만, 그 본질은 인간의 행위에 있다. 인간의 행위는 주가에서 가치만큼이나 큰 비중을 차지한다.

역사에 기록된 첫 번째 기술적 분석

역사의 기록으로 남아 있는 첫 번째 정서적인 투자 교환 행위는《구약성서》'창세기'에서 찾을 수 있다. 새로운 땅으로 가면서 아브라함은 아름다운 아내 사라를 누이라고 속인다. 사라를 아브라함의 누이로 알고 있던 왕은 사라와 결혼하기 위해 그녀를 데려온다. 성경에 따르면 하나님은 왕에게 네가 죄를 지었으니 사라를 남편이자 선지자인 아브라함에게 돌려보내라고 명령한다. 아비멜렉 왕은 목숨을 부지하기 위해 아브라함에게 자신의 실수에 대해 용서를 구한다.

'창세기'에 따르면 아브라함은 아비멜렉의 제안을 받아들였는데, 이는 펀더멘털 가치보다는 기술적 판단과 분석에 의한 것이다. 이 구절들을 요약하면 아비멜렉은 아브라함에게 재산, 양, 소, 하인, 은 1,000개를 조건 없이 주었고, 아브라함은 그 대가로 하나님에게 용서를 구하는 기도를 했다. 아비멜렉의 제안을 아브라함이 받아들인 것이다.

이 교환은 기본적(펀더멘털) 가치를 토대로 한 것일까? 결코 아니다. 배우자의 사랑에 가격을 매길 수는 없다. 더구나 아비멜렉은 자신이 보기에 아브라함이 즉시 수용할 만한 보상을 제시해야만 했다. 보상 협상을 잘못해서 아브라함의 기분이 상하기라도 하면 자칫 자기 목숨이 날아갈 판이었으니 신중하게 했을 것이다. 아비멜렉은 하나님의 진노가 자신에게 향해 있다고 믿었기 때문에 정서적인 관점에서 보상 협상이 이뤄졌다. 역사에 기록된 첫 번째 투자는 사랑이라는 내재가치를 고려한 것이 아니라, 정서적인 의중이 많은 부분을 차지하는 기술적 관점에서 이루어졌다.

바빌론의 차트

고대의 기술적 분석을 엿볼 수 있는 또 다른 예는 7세기 바빌론에서 찾을 수 있다. 바빌론에서는 7가지 상품의 가격을 기록한 역사적 자료가 발견되었다. 상품의 교환비율을 기록한 이 '차트들'은 장래의 가격을 예측하는 데 도움이 되었다. 이처럼 가격 추세로 수요의 힘과 공급의 힘을 분석한다는 개념은 오래전부터 활용되었던 것이다.

초기 유럽 시장 : 커피하우스에서 시작된 거래소

유럽에서 커피하우스는 1650년대부터 1700년 사이에 유럽 여기저기에 생기기 시작했다. 유럽 최초의 커피하우스는 1650년 영국에서 생겼는데, 곧 커피하우스는 전염병처럼 나라 전역에 전파되어 없어서는 안 될 만남의 장소로 자리를 굳히게 되었다. 1700년에는 런던에만 2,000개가 넘은 커피하우스가 영업했다고 한다. 1690년대 조나단 마일즈Jonathan Miles의 런던 커피하우스에서 주식이 교환되기 시작했다. 당시에 거래 가능한 주식은 약 100개 기업의 주식이었다. 부두에서 유입되는 해외의 소식은 조너선의 커피하우스로 전달되었다. 소식과 소식글을 둘러싸고 떠도는 풍문들은 특정한 주식의 주가에 영향을 미쳤다. 조나단의 커피하우스Jonathan Coffee House에서는 모두가 볼 수 있도록 주가를 커피하우스 뒤쪽에 표시해 놓았다.

조나단 커피하우스가 주식거래소를 대체하게 된 것은 아직 미성숙했던 당시의 주식시장이 갖는 근본적인 한계에 그 원인이 있다. 당시 사람들에게는 주식 그 자체와 주가가 오르내리는 현상 모두가 생소한 것이었다. 대부분의 사람은 주식으로 무엇을 할 수 있는지, 자신이 지불하는 돈은 어디로 가게 되며, 주식 가격은 왜 오르고 내리는지를 이해하지 못했다. 그럼에도 불구하고 주식 거래는 큰돈을 벌 수 있는 기회로 여겨졌고, 많은 사람이 아무런 지식과 이해 없이 무작정 주식에 투자하는 경우가 많았다.

1698년 위그노의 유명한 브로커이자 가게의 단골손님이던 존 캐스팅John Casting이 〈거래의 과정과 기타 사항The Course of the Exchange and Other Thin〉에 주가와 환율을 기록하기 시작했다. 이런 기록들은 다시 선박을 통해 해외로 퍼져나갔다. 화재를 겪은 조나단의 커피하우스는 1748년 재건되어 런던증권거래소London Stock Exchange가 되었다(그림 22-1). 오늘날 세계 화물 운송과 상선 거래의

그림 22-1 오늘날의 런던증권거래소 전경

허브인 발틱해운거래소Baltic Exchange는 1744년 문을 연 '버지니아 앤드 발틱 커피하우스Virginia and Baltic Coffee House'를 그 모태로 하고 있다.

동양의 기술적 분석가

동양에서 기술적 분석가에 대한 오래된 기록은 매우 드물다. 대표적으로 혼마 무네히사本間宗久가 있다. 가격을 기록하고 분석한 무네히사의 방식은 오늘날 캔들 차트의 형태로 남아 있다. 무네히사는 독특한 차트의 방식을 사용해 쌀을 거래해 돈을 쓸어 모았다. 이 시기 무네히사 말고도 주목할 만한 기술적 분석가로 우시다 겐자부로牛田權三郎가 있다. 1755년 발간된 겐자부로의 《삼원금천비록三猿金泉秘錄》은 무네히사의 《혼마비전本間秘傳》과 더불어 일본 주식시장의 양대 경전으로 불린다.

무네히사는 투자에서 가장 중요한 것은 시장의 심리를 측정하는 것이라고 주장했다. 이러한 철학에 따라 무네히사는 강세장(양)과 약세장(음)의 발달, 그리고 양이든 음이든 극단으로 치달을 때 나타나는 시장의 반전을 설명했다. 이 외에 거래량과 날씨 패턴도 고려했다. 무네히사는 한창때 1년 동안 현재 가치로 100억 달러가 넘는 수익을 올리기도 했다. 알려진 바에 따르면 무네히사의 자산은 1,000억 달러가 넘었다.

02 | 미국 증시에서 기술적 분석의 시작

미국에서 기술적 분석의 흐름

기술적 분석은 최근에 발달된 것이 아니다. 그 발달은 19세기 후반 미국에서부터 시작되었는데, 당시에 분석 방법을 투자 분석의 최초 형태라고 보고 있다. 기업공시제도가 확립되어 있지 못했던 초창기에는 기업 정보나 수급에 관련된 정보를 얻기가 매우 어려웠으며, 기업 정보에 접할 수 있게 되면서부터 이른바 기본적 분석이 가능해졌다. 다시 말하면 재무제표나 수급 보고서 등의 시장 정보들을 입수하기 힘들었던 일반투자자들에게는 기술적 분석만이 유일한 분석 수단이었다.

기술적 분석의 시초로서는 1880년대에 소개된 다우 이론Dow-Theory에서 시작된다. 이 다우 이론의 원형은 다우존스사Dow-Jones & Co의 설립자인 찰스 다우C. H. Dow가 1880년대에 〈월스트리트저널〉에 소개한 일련의 연재물에서 찾을

그림 22-2 1889년 〈월스트리트저널〉 창간호

THE WALL STREET JOURNAL.

VOL. 1—NO. 1. NEW YORK, MONDAY, JULY 8, 1889. PRICE TWO CENTS.

THE WALL STREET JOURNAL

PUBLISHED daily, except Sundays and Stock Exchange holidays, at 3.15 P.M.

SUBSCRIPTION Price, [illegible] per annum. Delivered by carrier without charge, to subscribers of our regular news service. Reduced rates to bankers and brokers taking a number of copies for mailing. Postage charged on copies ordered for mailing abroad. All subscriptions payable in advance.

ADVERTISEMENTS [illegible] cents per line. Special rates to advertisers taking space for one, three, six or twelve months. [illegible]

Average Movement of Prices.

The bull market of 1885 began July [illegible], with the average price of 12 active stocks [illegible].

The rise culminated May [illegible], 1887, with the same twelve stocks selling at [illegible].

Prices gradually declined for about a year, reaching the most extreme low point April [illegible], 1888, the 12 stocks selling at [illegible]. The movement since then, counting from one turning point to another, follows:

Last low point	Apr. [illegible], 1888,	[illegible]
Rallied to	May [illegible], "	[illegible]
Declined to	June [illegible], "	[illegible]
Rallied to	Aug. [illegible], "	[illegible]
Declined to	Aug. [illegible], "	[illegible]
Rallied to	Oct. [illegible], "	[illegible]
Declined to	Dec. [illegible], "	[illegible]
Rallied to	Feb. [illegible], 1889,	[illegible]
Declined to	Mar. [illegible], "	[illegible]
Rallied to	June [illegible], "	[illegible]
Closed Sat. night	July 6, "	[illegible]

The Market To-Day.

There is some reason for believing that operators identified with the bear party sent early orders to London to depress [illegible]

Clearings Last Week.

Boston special—The Post's table of clearings shows gross exchanges of [illegible] cities for the week ending July [illegible], 1889, [illegible], against [illegible] last year, an inc. of [illegible]. Outside of New York the inc. is [illegible]. New York inc. [illegible]. Boston [illegible], Philadelphia [illegible], St. Louis [illegible], San Francisco [illegible], Cincinnati [illegible], Kansas City [illegible], New Orleans [illegible], St. Paul [illegible], Omaha [illegible], Minneapolis [illegible], Detroit [illegible], Denver [illegible], Peoria [illegible], Indianapolis [illegible], Ft. Worth [illegible], Wichita [illegible]. Chicago dec. [illegible], Milwaukee [illegible], Duluth [illegible] and Topeka [illegible].

For the month of June exchanges of [illegible] cities show an increase of [illegible]. Outside of New York increase [illegible]. New York increase [illegible], Boston [illegible], Philadelphia [illegible], Chicago [illegible], St. Louis [illegible], San Francisco [illegible], Kansas City [illegible], St. Paul [illegible], Omaha [illegible], Denver [illegible], Peoria [illegible], Ft. Worth [illegible], Topeka [illegible]. Duluth decrease [illegible].

For 6 months gross exchanges of [illegible] cities show an increase of [illegible]. Outside of New York increase [illegible]. New York increase [illegible], Boston [illegible], Philadelphia [illegible], Chicago [illegible], St. Louis [illegible], San Francisco [illegible], Kansas City [illegible], Omaha [illegible], Denver [illegible], Peoria [illegible], Duluth [illegible], Ft. Worth [illegible], Topeka [illegible].

Bankers Exerting Their Power.

Chicago special—It is stated on excellent authority that [illegible]

GILDER, FARR & CO.

Bankers and Brokers

31 & 33 BROAD STREET,

NEW YORK.

Stocks and Bonds Bought and Sold on Commission.

[illegible]

OFFICE OF THE [illegible] MINING & SMELTING COMPANY,

No. [illegible] Wall St.

NEW YORK, July [illegible], 1889.

The [illegible] regular monthly dividend of twenty cents per share has this day been declared on the stock of this Company [illegible] shares payable at the office of the Company on and after the [illegible] day of July to stockholders of record. Transfer books will close Wednesday, July [illegible]

수 있다. 다우 이론은 초기에 찰스 다우C. H. Dow가 경기 동향의 예측을 위해 증권시장의 평균지수를 분석하면서 시작되었다. 이러한 배경은 결국 개별 주식의 가격 역시 주식시장 전체의 동향에 의해 결정된다는 가정과 함께 시장 전체의 동향을 파악하게 되면 개별 주식 움직임의 예측이 가능하다는 데서 기인한 것이다. 또한 다우 이론은 하나의 지수 속에서 그 추세를 파악하고자 의도된 이론이 아니라, 두 개의 지수를 서로 비교함으로써 분석 가능한 확인과 이탈 현상에 의한 시장 예측 기법으로 많이 사용되었다.

현재 대부분의 기술적 분석 이론이 추세추종적Trend following인 것들로서 주요 추세를 인식하는 데 역점을 두고 있다는 측면에서 오늘날에도 다우 이론의 중요성은 간과될 수 없다. 이후 다우의 이론적 배경하에서 엘리어트R. N. Elliott가 소개한 엘리어트 파동 이론이 1920년대에 소개되었으며, 1930년대에는 윌리엄 갠William D. Gann에 의해서 주식시장의 예측을 위한 독특한 기하각도 이론Geometric Angles Theory이 소개되기 시작했다. 그리고 에드워드 듀이Edward R. Dewey, 《주식 추세의 기술적 분석Technical Analysis of Stock Trend》 5판을 중심으로 1930~1940년대에 걸쳐 순환 이론Cycle Theory이 시장에 소개되면서부터 본격적

그림 22-3 대공황 시절 은행 앞에 줄을 길게 선 미국 시민들

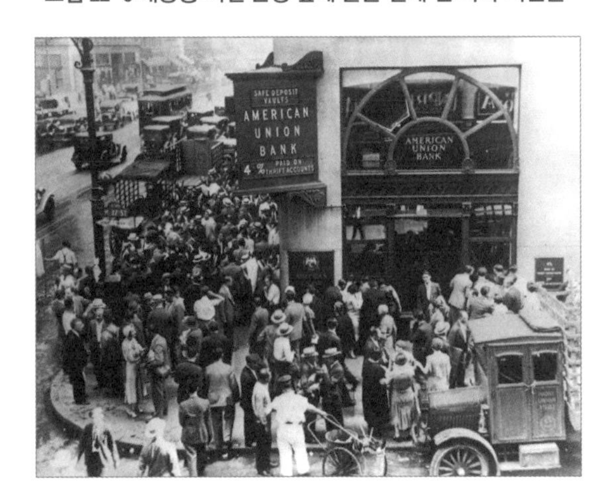

으로 차트 분석 기법이 알려진 것이다.

주식시장의 분석 방법은 크게 기본적 분석 방법과 기술적 분석 방법 두 가지가 있다. 중요한 사실은 기본적 분석보다 기술적 분석 기법이 선행되어 사용되었다는 사실이다. 초기에 미국의 주식시장은 기업 공시제도가 제대로 확립되지 않았다. 그 당시의 모든 금융시장이 마찬가지였겠지만 전반적으로 전화나 통신 시설이 미약하여 기업의 정보가 제대로 전달되지 않거나 늦게 시장에 반영되는 일이 허다했다. 결국 트레이더들은 가격의 시가, 고가, 저가, 종가, 거래량 등의 정보만으로 매매할 수밖에 없었던 상황이었다. 초기에 이러한 가격 정보만을 가지고 차트를 만들기 시작한 것이 바로 추세 분석의 기본 초석이 되었으며, 차트 분석의 시작이었다. 이외에도 1978년 트렌드 리서치Trend Research, Inc.의 웰스 와이더 주니어Wells Wider Jr.가 저서 《기술적 트레이딩 시스템의 새로운 개념New Concepts in Technical Trading Systems》에서 RSI를 소개하면서 현대적인 기술적 기법의 고전으로 평가받고 있다. 요즘은 아담 이론

이라는 새로운 개념의 트레이딩 시스템을 소개하고 있다.

시스템 트레이딩의 시작

시스템 트레이딩도 기술적 분석으로 볼 수 있다. 이것의 원류는 아주 오래되었다. 제2차 세계대전에서 독일군의 폭격 지점을 예측하기 위해 미군이 예전에 폭격 지점들을 지수평균화하면서 사용했던 이동평균 방법이 전쟁 이후 던키안Donchian에 의해서 2중 또는 3중의 이동평균 교차 시스템Double or Triple Moving Average Crossover System을 개발하면서 처음으로 사용되었다. 이러한 던키안류의 시스템은 그 후 전설적인 트레이더인 리처드 데니스Richard Dennis의 전속 프로그래머였던 에크하르트William Eckhardt에 의해 컴퓨터를 이용한 트레이딩 시스템으로 전환됨으로써 비로소 현대적인 시스템 트레이딩의 면모를 갖추게 되었다.

이러한 던키안의 시스템은 지금까지도 모든 이동평균을 사용하는 대부분 시스템의 초석이 되기도 하며, 현재 가장 많이 쓰이고 있는 기술적 기법 중 하나이다. 시스템 트레이딩의 본격적인 시작은 바로 컴퓨터가 만들어낸 것이지만, 현재 대부분의 시스템이 기술적 지표에 의해 만들어지고 있는 만큼 기술적 분석의 역사를 그대로 간과할 수는 없다.

지금까지의 거의 모든 시스템도 기술적 분석의 기본 지료이기도 한 베이스 데이터에 의존하고 있다. 베이스 데이터란 어떠한 통계적 이론에 의해 매수, 매도를 결정하는 기준들의 결과를 도출하기 위한 데이터로 시가, 고가, 저가, 종가, 거래량의 데이터를 말한다. 이 자료만 있다면 시스템을 개발할 수 있는 기본적인 자료가 수집된 것이나 마찬가지이다.

리처드 던키안Richard Donchian과 리처드 데니스Richard Dennis

던키안의 추세추종 매매는 이후 리처드 데니스에게 직접적인 영향을 주었다. 리처드 데니스는 25세에 콩선물 거래로 백만장자가 된 것으로도 유명하지만, 그가 시장의 전설이 된 진정한 이유는 '터틀 트레이딩'을 만든 장본인이기 때문이다. 리처드 데니스는 그의 고등학교 친구이자 동료인 윌리엄 에크하르트와 자주 성공적인 트레이더는 훈련을 통해서 만들어질 수 있는 것인지 아니면, 타고난 천성을 통해서만 성공적인 트레이더가 될 수 있는지 토론했다고 한다. 데니스는 훈련으로 만들어질 수 있다고 보았으며, 에크하르트는 타고나야 된다고 생각했다. 어쩌면 이들의 논쟁은 "세상이 운명적으로 결정되어 있는가? 아니면 자신의 의지로 운명이 개척되는가?" 또는 "사람은 본성을 타고나는가? 아니면 살아가면서 만들어지는가?" 이런 주제의 토론과 유사하다.

그들은 이 결론을 내기 위해서 한 가지 실험을 하게 되었는데, 그것은 1983년과 1984년 동안 2기에 걸쳐서 트레이딩을 전혀 모르는 수련생들을 모집하고 그들을 단 2주간 교육시켜 실전에 투입했다. 1988년 터틀이 해체되기까지 그들은 경이적인 수익률을 발생시켰다. 터틀이 해체된 이후 터틀 중 일부는 터틀 전략을 시스템화하여 매매하기도 하고, 일부는 현재 터틀의 매매 원칙을 시스템으로 만들어 판매하거나 교육을 통해서 돈을 벌기도 한다. 이 내용으로만 본다면 데니스의 승리로 결과가 끝난 것으로 보인다. 또, 트레이더는 교육과 훈련을 통해서 만들어질 수 있다고 여기는 것이 대부분의 사람에게 희망을 주기에 받아들이기 쉬운 결론일 것 같다. 하지만 모든 터틀들이 수익을 낸 것은 아니기에 데니스의 완벽한 승리라고 장담할 수는 없을 것 같다.

에드 세이코타Ed Seykota

리처드 던키안의 5~20일 이동평균선 교차 전략에 관한 주간 분석지의 글을 보고 시스템 트레이딩의 영감을 얻은 또 한 사람이 있었는데 16년 동안 250,000%의 경이적인 수익률을 올린 에드 세이코타다. 그는 MIT에서 전자공학을 전공한 이후에 1970년대 초기에 증권회사에 취직하여 선물시장에서 컴퓨터 매매 시스템을 개발했는데, 증권회사에서 나와 고객의 자산을 운용하면서 1972년 5,000달러로 시작한 그의 고객 계좌가 1988년에는 1,500만 달러가 되었다고 한다. 그는 자신의 성공을 컴퓨터를 활용한 시스템 테스트와 매매에 있었다고 말했지만, 다른 한편으로는 이런 말도 남겼다.

> "성공의 가장 큰 비밀은 성공에는 그리 커다란 비밀이 없다는 데 있다. 아니 설령 커다란 비밀이 있다고 하더라도 내게는 해당하지 않는 말이다. 트레이딩에서 성공하기 위해 무언가 비법을 찾아 헤매는 것이야말로 중요한 핵심을 간과하는 것이다."

시스템 트레이딩으로 성공한 사람들의 공통점이 있는데, 하나는 추세추종형 매매를 했다는 것이고, 다른 하나는 기계적인 거래를 했다는 점이다. 미국에서는 시스템 트레이딩에 적합한 선물 상품이 많고 기계적인 거래로 큰 수익을 낸 투자자들이 꽤 있어서 그런지 범용적인 시스템 트레이딩 툴 또한 일찍부터 발전해왔다. 처음 미국시장을 주도했던 범용적인 시스템 트레이딩 도구는 메타스톡이었다.

이 툴은 엑셀에서 사용하는 함수와 유사한 함수를 이용하는 형태로 전략을 작성할 수 있는 프로그램이었는데, 이후 오메가 리서치사에서 만든 트레이드스테이션이라는 프로그램이 자연어에 가까운 랭귀지를 제공하면서 선물시장의 시스템 트레이딩 툴을 석권하게 되었다. 우리나라에서는 최근부터 거래되기 시작한 FX에서는 메타트레이더라는 툴이 자리 잡고 있다.

우리나라의 시스템 트레이딩 역사가 미국보다 30~40년 뒤지긴 했지만, 시장이 워낙 늦게 출발했다는 것을 생각한다면 시스템 트레이딩이 그리 뒤처져 있다고 생각하지 않는다. 시스템 트레이딩 툴 또한 예스트레이더, 사이보스트레이더와 같은 훌륭한 국산 툴들이 많이 있다.

지금 우리가 해야 할 것은 그들이 먼저 간 길들을 살펴보며 시행착오 없이 걸어가는 것이다. 이미 수많은 시스템 트레이딩 매매 전략이 시장에 알려져 있고, 많은 시스템 전략 개발 방법과 운용 노하우가 알려져 있다. 그들의 성공과 실패를 교훈 삼는다면 험난한 시장에서 생존의 가능성, 나아가 성공의 가능성은 더 커질 것이다.

03 | 초기 기술적 분석의 대가들

찰스 다우 : 다우존스지수를 탄생시키다

찰스 다우는 두 가지 중요한 이유로 월스트리트에서 가장 주목받는 전설적인 인물이 되었다. 그는 최초의 시장지표인 다우존스평균Dow Jones Average을 개발했을 뿐 아니라, 금융의 바이블 〈월스트리저널〉을 창간했다. 그는 또한 기술적 분석의 아버지이기도 했다. 아이러니하게도 다우의 업적은 별로 알려지지 않은 채, 1902년 51세를 일기로 브루클린의 작은 아파트에서 조용히 사망했다. 그는 오랜 시간이 지난 뒤에야 오늘날 사람들이 주식시장을

그림 22-4 1932년 이후 현재까지 다우운송지수 장기 차트에 대한 기술적 분석의 예

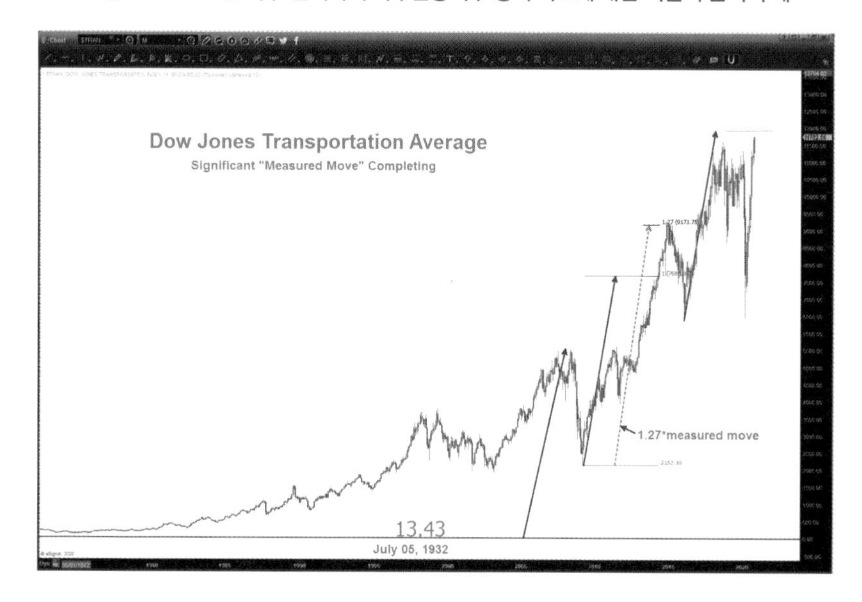

바라보는 방식을 혁명적으로 바꿨다고 인정받았다.

다우는 1870년대 경제 전문기자로 활동했는데, 당시 주식은 주요한 투자처가 아니었다. 주식에 대해 알려진 정보도 거의 없었고, 그나마 돌아다니는 정보도 믿을 만한 것이 못 되었다. 주가 원장도 기록되기 전이었다. 투자 대상인 기업에 대한 정보는 대부분 주가를 조작하기 위해 그 정보를 이용하는 사정을 잘 알고 있는 자들이 독점하고 있었다.

다우는 뉴욕주식거래소 회원의 지위를 활용해 이런 사정을 바꾸어 놓았다. 〈커스토머스 애프터눈 레터Customer's Afternoon Letter〉라는 일종의 뉴스레터를 발행한 것이다. 이 획기적인 소식지에는 주가 원장, 기업의 재정 정보 그리고 11개 주식을 바탕으로 만들어진 최초의 주가지수가 실렸다. 당시 지수 개념은 가히 혁명적이었다. 지수 덕분에 투자자들은 개별주식의 움직임을

일일이 추적할 필요 없이 시장의 움직임을 따르기만 하면 되었다. 대형주 몇 개의 움직임만 알면 대부분의 주식이 어떻게 움직일지 대체로 알 수 있었다. 주식이 어떻게 움직이는지 알면 전체적인 경제의 움직임을 예측할 수 있다. 이런 맥락에서 다우 이론이 탄생했다. 이것이 근대 기술적 분석의 초석으로 간주된다.

이런 혁신을 거쳐 다우는 1889년 7월 8일 통계학자인 에드워드 존스Edward Jones와 함께 경제신문인 〈월스트리트저널〉을 창간했다. 그리고 1894년 다우는 9개 철도 회사들을 바탕으로 다우존스 운송지수를 만들었다(그림 22-4 참조). 1896년 5월 26일 다우는 12개 산업 주식을 바탕으로 다우존스 산업평균을 만들었는데, 이 지수는 이후 널리 사용되었다.

지금은 누구든지 그의 이론과 적용법을 설명할 수 있지만, 그는 살아생전에 '다우 이론'을 전파해본 적이 없었다. (〈월스트리트저널〉이 탄생하기 전인) 1884년 처음으로 주식시장평균을 계산하기 시작했을 때, 그는 주식시장을 측정하는 포괄적 '숫자'를 나타내는 지수 외에는 확립한 사항도 별로 없었다. 나중에 그는 직관적인 의견을 첨부했다. 오늘날 알고 있는 다우 이론은 그가 사망한 지 20년 뒤 윌리엄 해밀턴 같은 기술적 분석가가 다우의 〈월스트리트저널〉 사설을 발췌해서 이름 붙인 것이다. 윌리엄 해밀턴은 〈월스트리트저널〉을 물려받은 후계자로 다우 이론에 크게 기여하였고, 로버트 레아는 다우와 해밀턴의 원리를 시스템으로 발전시켰다.

윌리엄 해밀턴William P. Hamilton : 기술적 분석을 최초로 현실에 적용하다

윌리엄 해밀턴이 언론인으로서 다우 이론의 발전에 인생을 바치겠다고 결심한 것은 결코 우연이 아니었다. 그는 주식시장의 움직임에는 분명한 이유가 있으며, 다우 이론을 이용해 그 이유를 상당히 정확하게 예측할 수 있을 거라고 생각했다. 그는 언젠가 이렇게 말했다. "주식시장은 한 나라의 경제, 나아가 세계의 경제를 측정하는 바로미터이며, 다우 이론은 그 바로미터를 어떻게 읽어야 하는지 그 방법을 알려준다."

1900년대 초부터 1929년 세상을 떠날 때까지 해밀턴은 다우 이론을 연구하고 설명하면서 그가 주장한 것처럼 미래 세대가 이어갈 수 있는 다우 이론의 토대를 만들었고, 기술적 분석이 번창할 수 있는 밑바탕을 만들었다.

해밀턴은 그가 발전시킨 다우 이론을 토대로 인상적인 예측 기록을 세웠다. 해밀턴은 1900년에서 1921년 사이에 1907년 일어난 패닉과 제1차 세계대전에 앞선 긴 침체기, 그리고 1917년의 약세장을 비롯해 총 여섯 번의 강세장과 약세장을 예측하는 데 적중했다.

해밀턴의 가장 유명했던 예측은 주가 폭락 직전인 1929년 10월 21일 '조류의 반전A Turn in the Tide'이라는 제목으로 〈배런스〉에 실었던 논설이다. 그는 논설에서 투자자들에게 심각한 약세장을 경고했다.

1922년 해밀턴은 저서 《주식시장 바로미터The Stock Market Barometer》에서 다우 이론을 상세하게 설명했다. 이 책은 원래 신문사의 간행 사업으로 시작됐지만, 다우 이론가들을 위해 278쪽의 두툼한 이론서로 세상에 나왔다. 성공적이고 많은 토론을 불러일으켰던 이 책은 사람들에게 의혹의 대상으로 남아 있던 다우 이론을 세상 밖으로 끌어냈다.

현대 기술적 분석가들이 주가 차트에 지지선과 저항선을 그리면서 주가의 바닥과 천장을 가늠하는 똑같은 방식으로 차트에 선을 그렸던 최초의 인물이었다. 그는 주가가 좁은 범위 내에서 오르내리면서 지지선과 저항선

안에 갇혀 있을 때는 주식의 매집이나 분산이 진행된다는 점 말고는 별다른 변화가 없다고 파악했다. 그러나 이때 매집과 분산 중 어느 것이 일어나는지 분명하지 않으며, 매수와 매도가 비교적 균형을 이룬 상태라고 해석했다.

그는 주식시장이 강세장으로 접어드는 신호는 산업지수와 철도지수 두 평균이 각각의 저항선을 돌파하고 전고점 위로 올라서는 것이라고 보았다. 또 두 평균지수가 전고점 밑으로 하락하는 것을 약세장이 오는 신호로 봤고, 시장이 과매수 단계를 넘어 포화된 것으로 이해했다.

로버트 레아 Robert Rhea : 이론을 실천으로 승화시키다

로버트 레아는 아직까지 불완전한 상태였던 다우 이론을 새로운 내용과 정의로 다듬어 주식시장에 대한 체계적인 지침으로 만들었다. 즉 이론을 실천으로 끌어올린 것이다. 그는 찰스 다우의 추상적인 개념과 이 개념을 응용했던 윌리엄 해밀턴의 방법을 '투기에 써먹고자 하는 사람들이 활용할 수 있는 사용법'으로 전환했다. 1939년 세상을 떠나면서 그는 다우 이론을 쉽게 쓸 수 있는 이론으로 후대에 전함으로써 다우가 남긴 유산을 독실한 그의 후계자들이 어어갈 수 있게 했다.

1932년 펴낸 《다우 이론》은 레아의 가장 유명한 저서로, 출간 후 6년 동안 9만 1,000부라는 기록적인 판매 부수를 기록했다. 레아는 다우 이론을 활용하기 쉽다고 말한 적이 없다. 다만 깊은 이해와 약간의 인내력이 꼭 필요하다고 말했다.

윌리엄 갠William D. Gann : 별빛에 이끌려 '갠' 각을 긋다

윌리엄 갠은 주식시장 연구를 시작하기에 앞서 마음을 모아 차분하게 명상에 잠기는 마음 상태를 갖춰야 했다. 이런 상태에 도달하기 위해 그는 점성술을 이용해 하늘의 별을 쳐다봤다. 갠의 이론은 시장의 큰 추세와 작은 추세를 찾아내고, 변곡점을 집어내서 최적의 매수 시점과 매도 시점을 식별하는 일에 주안점을 두었다.

그가 세운 이론 체계의 토대는 '시간은 변하지만 사람들은 변하지 않는다'는 인식에 기초한 과거의 재현이다. 그는 "시대와 조건은 변한다. 우리는 이 변화에 발맞춰 변할 줄 알아야 한다. 하지만 인간 본성은 변하지 않는다. 이 때문에 역사는 되풀이된다. 마찬가지로 해를 거듭하고 시대가 여러 번 바뀐다 해도, 일정한 조건만 갖추어지면 주식도 똑같은 형태를 반복하는 것이다"라고 말했다.

기술적 분석에 갠이 기여한 공헌 중에서 가장 중요한 것은 '갠팬Gann Fan'이라는 개념이다. 갠팬은 추세를 찾아내고 '지지선과 저항선'을 가늠하기 위

그림 22-5 갠팬을 이용한 기술적 분석의 예

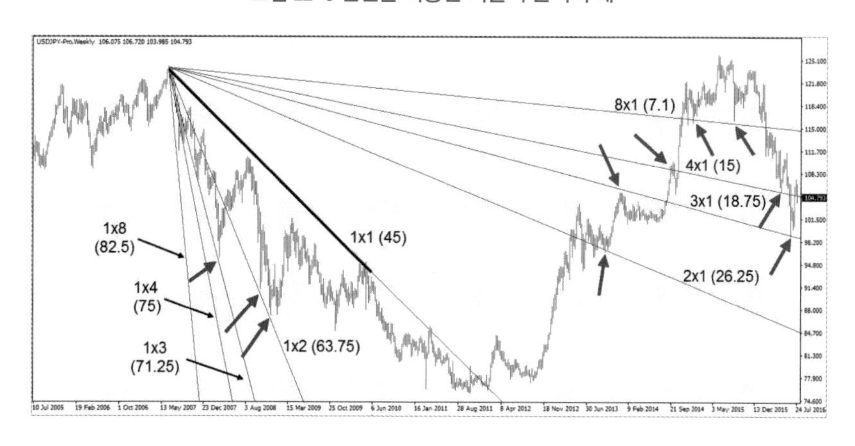

해 주가 차트 위에 도해된다. 여러 각을 한데 합쳐 놓으면 부채꼴 모양이 되어서 팬Fan이라고 부른다. 대량 거래를 하는 거래 물량이 큰 트레이더들 중에서 갠팬을 주시하지 않는 사람은 거의 없다. 왜냐하면 갠팬의 중요성을 믿고, 동시에 갠팬을 매매에 활용하는 트레이더들이 많기 때문이다. 갠팬은 시장의 움직임에서 가격 못지않게 시간이 중요하다는 이론에 바탕을 두고 있다.

랄프 넬슨 엘리어트R. N. Elliott : 파동 이론을 남기다

엘리어트는 '파동 원리Wave Principle'를 남긴 인물로, 월스트리트의 변두리를 넘나들었지만 살아생전에는 거의 알려지지 않았던 사람이다. 하지만 그가 죽고 거의 20년이 지난 뒤 현대적인 홍보성 뉴스테러들이 간간이 살포되는 와중에 그의 저서가 부활했다. 이 뉴스레터들은 그의 이론을 잃어버린 성배와도 같은 원리적 투자 철학으로 수용하면서, 자신들이 이 진귀한 보물을 발굴해 세상에 전하니 귀담아들으라고 주장했다.

엘리어트의 저서에는 흥미로운 것들이 많지만, 전문적인 자산운용가들이 보기에는 도저히 수긍할 수 없는 허튼소리들도 꽤 많다. 그럼에도 불구하고 그의 파동 원리는 1980년대 일정 시기에 가히 기막힐 정도로 잘 들어맞는 것처럼 보여서, 뉴스레터 작가들과 주식 브로커들 그리고 경제평론가들 사이에서 신뢰를 얻게 됐다. 이렇게 새로이 세상의 이목을 얻은 덕분에 영원히 사라질 뻔했던 엘리어트의 저서는 월스트리트의 역사 서적 목록에 오르게 됐다. 아울러 그의 이론에 구체적인 계산을 곁들이는 사람들이 1984~1988년 사이에 인기몰이를 하면서 기술적 분석의 새로운 학파로 등

단했다.

전형적인 엘리어트 파동은 복잡해서 그림으로 도해하지 않고는 설명하기 어렵다. 게다가 주가 차트에 그의 파동을 적용하는 방법들마다 각각 미세한 차이가 있고, 규칙과 다른 예외도 많다. 매우 일반적으로 엘리어트는 "순환의 움직임은 두 가지의 힘, 즉 응집하는Building up 힘과 흩어지는Tearing down 힘에 의해 규정된다"고 보았다. 즉 각각의 단위 순환은 서로 다른 8개의 파동으로 구성되는데, 상승 방향의 5개 충격파와 하락 방향의 3개 조정파가 그것이다(그림 22-6 참조).

엘리어트 파동 원리의 신봉자들은 이 원리가 주식시장의 전 역사를 일관되게 설명하는 유일한 이론이라고 믿는다. 이들은 앞으로 진보와 주식시장의 성장이 계속될 것이라고 예견하면서, 1857~1929년까지의 주가 상승과 1929~1949년까지의 조정, 1949~1972년까지의 대폭적인 상승이 이 이론에 딱딱 들어맞는다고 주장한다.

엘리어트 파동 이론에 따른 예측을 오랜 기간 안정적으로 적용할 수 있는

그림 22-6 엘리어트 파동 이론의 기본 파동과 세부 파동

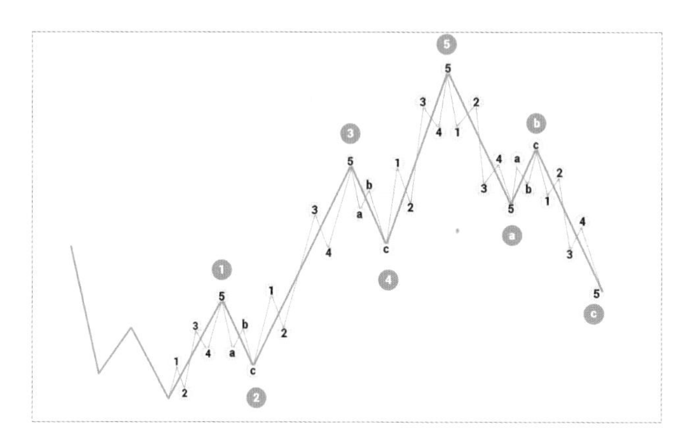

그림 22-7 엘리어트 파동 이론에 의한 분석의 사례

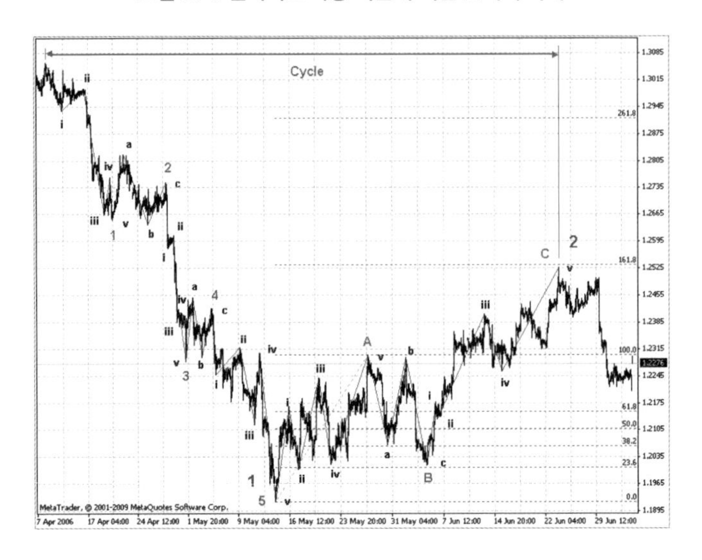

지수는 S&P500처럼 그 지수 산출 방식이 종목별 시가총액을 가중평균한 지수들이다. 여기서 문제는 그런 지수들이 시계열 역사가 파동 이론의 팬들이 거론하는 아주 장기적인 시야를 적용할 만큼 길지 않다는 것이다. 〈그림 22-7〉은 엘리어트 파동 이론에 의한 분석의 사례이다. 이 자료를 보면 '왜 엘리어트 파동 이론에 의한 분석은 분석하는 사람에 따라 자의적이 될 수 있는지'를 알 수 있다.

에드슨 굴드Edson Gould : 시점 선택의 대가

에드슨 굴드는 주식시장에서 큰 영향력을 행사한다는 생각을 늘 가당치 않다고 비웃었던 기술적 분석가였다. 그러나 그의 예측만큼은 그때까지 나왔던 예측 중에서 가장 정확했다. 그는 미래를 들여다보는 그만의 투시경이라도 있는 것처럼, 큰 강세장의 도래와 약세장의 바닥권 탈피를 여러 번 족집게처럼 예측했다. 그의 예측은 깊이 있는 연구와 시간을 두고 검증된 참신한 이론에 바탕을 두고 있었다. 이러한 예측 덕분에 그는 투자 세계에서 전설로 떠올랐다.

굴드는 주식이 지금의 주가대로 시장에서 거래되는 이유는 "주식의 실제 가치에 대한 체계적인 평가와는 전혀 상관없으며, 주식가치에 대한 투자자 대중의 생각 때문이다"라고 결론지었다. 그가 활용했던 도구는 여러 가지였는데, 그중에는 시장의 심리를 읽기 위해 개발한 '투자심리척도Senti-Meter'가 있었다. 이 지표는 다우존스산업평균을 주당 배당액 연간 총계를 30개 기업 평균값으로 나눈 비율이다. 즉 지수를 하나의 종목으로 치면 주가를 연간 주당 배당액으로 나눈 값으로, '1달러의 배당을 받는 대가로 투자자들이 주식에 지불하겠다는 가격'인 셈이다.

이 지표에 대해 굴드는 이렇게 설명했다. "투자자들의 신뢰감이 높을수록 주식에 더 높은 가격을 지불할 것이다. 반면, 투자자들의 불안감이 커질수록 더 낮은 가격을 지불할 것이다." 굴드는 "기본적으로 주식시장은 사람의 감정에 의해 좌우되는데, 이런 인간 본연의 감정은 수천 년 동안 변하지 않았다"라고 확고하게 믿었다.

한편 1979년 11월 다우존스가 850선 밑으로 짓눌려 있던 분위기에서 그가 내놓은 첫 예측은 전례가 없을 정도로 대폭적인 초강세장을 앞두고 있다는 판단이었다. '황소의 징후The Sign of the Bull'라는 제목의 특별 리포트를 낸 그는 당시로서는 낙관적이다 못해 황당무계하게 비쳤던 목표 지수를 제시했다. 즉 10년 내에 다우존스산업평균이 3,000까지 간다는 예측이었다. 참 기묘하게도 그가 예측했던 시점으로부터 10년 8개월이 지나 다우존스는 2,999.75

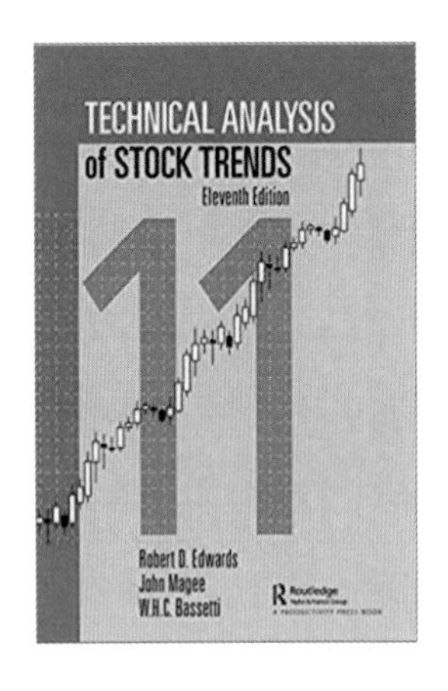

그림 22-8 기술적 분석의 성서로 불리는 매기의 책 《주가 추세의 기술적 분석》 11판

까지 치솟으며 고점을 형성했다.

굴드는 주식시장의 전 역사를 두고 타의 추종을 불허했던 시점 선택의 대가였으며, 아무도 시장의 시점을 맞힐 수 없다는 규칙에 예외가 있음을 입증했다.

존 매기John Magee : 차트 말고는 모든 것을 집어 던지다

존 매기의 책 《주가 추세의 기술적 분석Technical Analysis of Stock Trends》을 일컬어 기술적 분석의 결정판이라고 부르는 이들도 있다(그림 22-8 참조). 매기는 심지어 기술적 분석을 한 발 더 밀고 나가서, 권장할 만한 방법은 아니지만 다른 것 필요 없이 종목번호만 알면 주식 매매가 가능하다고까지 말했다. 즉 그 회사나 산업, 생산 제품이 무엇인지, 자본과 부채 또는 시가총액은 어떠한지도 트레이더가 알 필요 없다는 주의였다.

그는 광적일 정도로 기본적 분석 정보들이 자기의식에 젖어 들지 않도록 차단했다. 기술적 분석가의 가장 기본적인 도구인 차트를 분석하는 일에는 청정한 마음이 중요했기 때문이다.

매기가 정의하는 기술적 분석은 "특정 주식이나 평균지수의 실제 역사(가격 변동, 거래량 등)를 보통 그래프로 기록하고, 그처럼 그림으로 도해된 역사로부터 실현될 가능성이 큰 미래의 추세를 추론하는 과학이다"였다. 차트는 온갖 주가 유형을 보여줌으로써 기술적 분석가가 알아야 할 모든 것을 제공한다는 생각이다. 매기는 기술적 분석가들 가운데 대가였고, 차트 기법으로 개별 주가를 예측하는 방법을 독특한 스타일로 세상에 선보였다.

04 | 펀더멘털의 부상, 기술적 분석을 가로막다

1932년 벤저민 그레이엄Benjamin Graham과 데이비드 도드David Dodd의 걸작《증권 분석Security Analysis》이 발간되기 2년 전, 리처드 W. 샤바커Richard W. Schabacker(다우의 후기 이론들을 새로운 방향으로 이끌면서 기술적 분석에서 뚜렷한 족적을 남겼음)는 그레이엄과 도드가 펀더멘털을 구체적으로 설명한 것과 같은 방식으로 기술적 분석을 집약적으로 설명했다. 이 불멸의 저서에서 샤바커는 펀더멘털 분석과 대조해가며 기술적 접근법을 정의하고 옹호했다.

이 책은 주가 추세의 이면에 있는 다양한 개념을 소개하고, 지지와 저항의 개념을 정립하고, 다양한 주가와 거래량 패턴을 소개했다. 이 책을 참고로, 그리고 개인적 친분이 바탕이 되어 샤바커의 가까운 친척인 에드워즈와 MIT 엔지니어인 매기는 1948년《주가 추세의 기술적 분석》을 펴냈다.

다시 말하지만 기업 정보의 파급, 거래소를 통한 시장 조작이 만연했던 주식 거래 역사의 초기에는 기술적 분석이 널리 쓰였다. 이 시기에는 조작 때문에 주식의 펀더멘털 가치를 판단하기 어려웠다. 많은 투자자가 내부 정보를 아는 사람들을 지켜보다가 그대로 따라 하는 게 상책이라고 믿었다.

초기의 기술적 분석가들도 이런 문제점을 알고 있었다. 사실 시장 조작이 있었기 때문에 장기, 중기, 단기 추세의 움직임들을 구별해야 했다. 단기적으로는 주가 조작이 가능할 수도 있지만 중기, 장기 추세는 주가 조작을 하기에는 너무 광범위하다. 이 때문에 기술적 분석을 이용한 초기 거래자들은 장기 추세라는 큰 그림에서만 투자하고 자문했다.

거래량 역시 기술적 분석가에게 중요했다. 일시적으로 주가를 조작할 수는 있지만 거래량 데이터를 조작할 수는 없다. 기술적 분석가들은 거래량을 분석함으로써 주가 움직임의 허와 실을 더욱 쉽게 감지할 수 있었다.

1914년 〈더 매거진 오브 월스트리트〉에서 와이코프는 거래량 추종(당시에는 'Sales Back'이라고 불렀다)의 중요성을 말하면서 펀더멘털만으로 거래량을 분석하는 것은 올바른 투자 결정을 하는 데 충분하지 않다고 지적했다.

그림 22-9 미국증권거래위원회(SEC)

1930년 중반 기술적 분석은 전환점을 맞는다. 1934년 SEC[Securities and Exchange Commission](미국증권거래위원회)가 발족했는데, SEC는 주식 거래업을 법률로 규제하고 제재할 권리가 있었다. 시장을 조작하려는 어떠한 시도도 신속하고 엄중한 처벌을 피할 수 없게 된 것이다. 이러한 개혁 조치들로 공개적으로 거래되는 기업과 시장에 필요한 규제를 취할 수 있게 되었다.

개혁 조치가 취해진 무렵인 1934년 콜롬비아대학에 재직하고 있던 그레이엄과 도드는 오늘날 펀더멘털 분석의 바이블로 꼽히는 《증권분석》을 펴냈다. 이들은 해당 기업을 철저히 분석하면 적절한 수익과 투자의 안정성이 보장된다고 장담했다. 그리고 펀더멘털 분석을 통해 기업의 내재가치, 즉 진정한 값어치를 판단할 수 있다고 주장했다.

그레이엄과 도드는 시장의 중·단기 움직임의 중요성을 깎아내리며 주식의 매수와 매도 타이밍에 따라 투자하지 말고 장기적인 투자 관점에서 보유하라고 주장했다. 이 책의 출판 시기는 매우 적절했다. 얼마 전의 개혁 조치로 기업을 평가하기 위한 무대가 완벽하게 마련되었기 때문이다. 물론 시장 개혁의 초기 단계에는 시장의 비효율성이 커서 얼마든지 이를 이용할 수 있다.

역시 이 무렵에 활동한 예일대학의 앨프레드 콜스[Alfred Cowles]는 시장의 예언가들에게 반기를 들고 나섰다. 콜스의 주요 표적이 된 사람은 다우 이론을 연구한 해밀턴이었다. 콜스는 상아탑에서 세상을 내려다보면서 당시에 사용되던 시장 예측 방식을 형편없다며 깎아내렸다. 그는 그런 일은 고매한 경제학자들에게 맡겨야 된다고 믿었다. 아울러 당시 시장 분석가들의 '최선의 추측'에 좀 더 학문적인 접근이 필요하다고 지적했다.

한마디로 말하자면 콜스는 시장을 존중하지 않았다. 그러나 후일 그의 생각은 바뀌었고, 이는 효율적 시장 이론을 발전시키는 토대가 되었다. 효율적 시장 이론이란 주가는 언제나 정확하며 누구도 주가를 예측할 수 없다는 것이다.

콜스는 기존 관념을 의심하는 것에서 시작했다. 해밀턴이 사망한 뒤에도 그의 사상은 여전히 살아 있었고 대중에게 높이 평가받고 있었기 때문에 콜스의 완벽한 표적이 되었다. 1932년 콜스는 〈주식시장, 예언가들은 예측할 수 있는가?Can Stock Market Forecasters Forecast?〉라는 제목의 논문을 발표했다. 이 논문에서 콜스는 해밀턴이 내린 255번의 시장 예측을 재구성해서 그의 예측대로라면 어떤 주식에 투자했을 것이며 어떤 주식을 골랐을 것인지 추정했다.

콜스는 해밀턴의 가상 포트폴리오를 자신이 만든 주가지수와 비교했다. 그 결과 해밀턴의 추정 수익은 시장지수에 전액 투자했을 때보다 낮은 것으로 나타났다. 콜스의 작업은 꽤 근거가 있었고 지수화와 효율적 시장 개념의 기초가 되었지만, 그의 비판은 기술적 분석에 회복할 수 없는 치명상을 입혔다. 학계는 기술적 분석 이론을 공격하면서 펀더멘털 접근법을 띄우기에 급급했다.

2007년 랠프 아캄포라Ralph Acampora는 〈테크니컬리 스피킹Technically Speaking〉과의 인터뷰에서 몰리 실링Molly Schilling에게 다음과 같이 말했다.

> "이런 일이 있었어요. 1977년 12월 MTA를 대표해 매사추세츠주 스프링필드에 갔어요. 존 매기라는 사람에게 해마다 주는 상을 수여했죠. 아마 매기가 세 번째 아니면 네 번째 수상자였을 겁니다. 지금은 매기를 모르는 사람이 없죠. 유명한 책을 썼으니까요. 그 책은 1948에 출간됐죠. 이 연도는 매우 중요합니다. 기술적 분석의 바이블은 1948년에 세상에 나왔어요. 아무튼 매기를 만났을 때 그 사람은 단단히 화가 나 있었어요. 제가 말했죠. '무슨 일이시죠, 매기

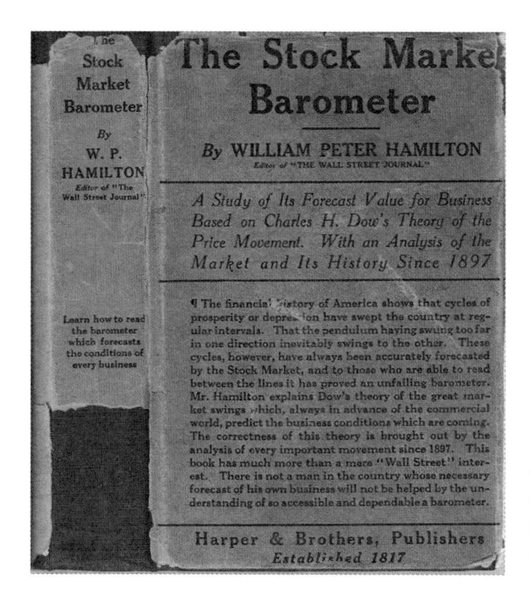

그림 22-10 1925년에 인쇄된 해밀턴의 저서(초판 1922년) **인터넷 경매사이트에 올라와 있는 것을 소개한다.**

씨?' 그가 대답하더군요. '그 사람들은 수급의 법칙을 전혀 이해하지 못해요.' 내가 물었죠. '누구 말씀인가요?' 그는 이렇게 대답했어요. 'SEC(미국증권거래위원회)요.' 아마 1949년일 겁니다. SEC는 매기를 뉴욕시에 사기 혐의로 고소했죠. 매기가 펀더멘털이 아닌 다른 방식으로 주식 매매를 권하는 책을 발간했다는 이유에서요. 하지만 SEC는 매기를 기소하지는 못했어요. 매기는 증권사 소속이 아니라서 규제 대상이 아니었던 거죠."

"1949년 SEC는 이런 규정을 내놓았습니다. 월스트리트의 연구는 모두… 그대로 인용하죠. '건전한 펀더멘털에 근거를 두어야 한다.' 당시에는 MTA가 없었기 때문에 매기를 변호해줄 단체가 없었어요. 아무튼 그날 이후로 SEC는 이렇게 밝혔지요. 리서치는 오로지 펀더멘털이라고. 그 여파로 대학들은 학생들에게 죄다 펀더멘털만 가르치기 시작했어요. 그게 이 땅의 법이었죠. 펀더멘털만 하라."

05 | 효율적 시장에서의 증시 분석

이러한 여파로 결국 펀더멘털이 거의 유일한 투자 접근법이 되었고, 이러한 경향은 오늘날까지 이어지고 있다. 그레이엄이 주목한 '가치'를 독특하게 해석하기 위한 투자 연구에 해마다 수십억 달러가 쓰이고 있다. 콜스의 사상은 큰 명성을 얻었으며 그의 수많은 동료는 "시장은 어느 누구도 그를 뛰어넘을 수 없다"고 믿었고, 시장지수에만 투자해야 한다고 주장했다. 위대한 그레이엄조차도 그가 사망한 해인 1976년 도널드슨 앤드 러프킨 Donaldson & Lufkin 세미나에서 이렇게 말했다.

> "나는 이제 더 이상 옹호하지 않습니다. 우월한 가치 기회들을 발견하기 위해 주식을 세밀하게 분석하는 기술을 말이죠. 우리들의 교과서인 그레이엄과 도드의 책이 발간된 40년 전에는 이것이 통했습니다. 하지만 그때 이후로 상황이 달라졌어요. 예전에는 훈련만 잘 받으면 애널리스트들은 정밀한 연구를 통해 저평가된 주식을 고를 수 있었습니다. 하지만 어마어마한 연구를 해야 한다는 것을 고려하면 노력하고 비용을 들인 만큼 제대로 된 종목을 고를 수 있을지는 모르겠어요. 이 점에 국한해서 나는 효율적 시장 학파와 의견을 같이합니다."

현재의 시장 규제는 시장 환경을 1930년 이전으로 놀려놓았다. 2000년 10월 SEC는 공정공시제도 Fair-disclosure (기업이 중요 정보를 주식시장을 통해서만 공시하도록 하는 제도) 법안을 통과시켰다. 이 법규들은 가치 있는 내부 정보가 일반투자자들에게 부당하게 또는 불법적으로 퍼지는 것을 막기 위한 것이다. 그런데 바로 이런 법규들을 위반하는 것이 두려워 기업들은 정보를 과도하게 감추게 되었다. 그 결과 유포되는 정보가 줄어들었다.

AIMRC(CFA협회의 전신)가 발간한 보고서에는 "기업들은 펀더멘털이 악화되면(공정공시제도 규정) 뒤로 숨을 수 있다"라고 말한다. 한 CFA 관계자는 이렇게 말했다. "과거에 기업의 경영진은 주가에 영향을 미칠 수 있는 추세를 보여주는 신호들을 발표하는 데 거리낌이 없었다." 다른 회원은 이렇게 밝혔다. "이제는(어떤 사전 신호도 없는) 철저한 깜짝 발표 때문에 단기 변동성이 더 커졌다." 또 다른 회원은 이렇게 말했다. "정보를 알리는 것을 주저하다 보니 깜짝 개정공지가 많아졌고, 그 결과 투자자들은 시장을 위험한 곳으로 인식하게 되어 작은 뉴스에도 민감하게 반등하게 되었다."

같은 보고서에서 CFA협회의 수석부회장이자 CFA인 퍼트리샤 D. 월터스Patricia D.Walters는 이렇게 말했다.

> "분명히 많은 회원이 이렇게 느끼고 있다. 너무 많은 기업이 지나치게 몸을 사리고 있고, 새로운 법규에 대해 일대일이든 소집단이든 누구와도 의사소통을 해서는 안 된다는 뜻으로 잘못 해석하고 있다. 우리는 그 법규의 의도나 그 법규가 말하려는 바가 그런 것은 아니라고 믿는다. 공정공시제도는 대중에게 공개되지 않은 중요한 정보를 선별적으로 공개하거나 사적으로 알려주는 것을 금지할 뿐이다. CFA협회가 포트폴리오 매니저들을 대상으로 조사한 결과, 이 법규가 제정된 이후 상장기업에 의해 공개된 중요한 정보의 양이 감소했다."

06 | 그렇다면 기술적 분석은 무의미한 것일까 : 다우지수의 반격

먼저 다우와 해밀턴 시대의 시장과 오늘날 시장의 차이를 이해해야 한다. 다우 시대에는 시장을 구성하는 기업들에 대한 규제가 약했다. 따라서 정보는 소수가 독점하고 대중은 이를 접할 수 없었다. 오늘날에는 시장이 과도하게 규제되어 처벌받는 게 두려워 정보를 철저히 감춘다.

주식 거래가 법률로 규제되기 이전, 시장에는 이해할 수 없는 기이한 런Run(같은 방향으로 주가가 연속적으로 변하는 것)과 무질서한 움직임이 많았다. 오늘날에는 규제가 엄격하고 정보가 퍼지는 범위가 아주 좁아서 플래시 크래시Flash crash(주식시장의 갑작스러운 폭락)처럼 시장이 불규칙하게 움직일 위험이 상존한다.

그레이엄에 따르면 다우 시대에는 시장이 비효율적이어서 가치투자 기회가 많았다. 하지만 오늘날 시장은 효율적이어서 적정가치가 반영되지 않은 주식에 투자할 기회가 줄어들었다. 현재의 시장이 돌발적인 움직임을 보일 리스크가 있다는 것을 부인할 사람은 없을 것이다. 가치투자의 기회가 거의 없다는 그레이엄의 견해를 수용한다면 현재의 시장은 기술적인 리스크 관리 접근법을 시장에 적용하기에 이상적인 환경이다. 그런데 기술적 분석이 해밀턴에게 통하지 않았다는 콜스의 주장은 어떻게 된 것일까?

수십 년이 걸렸지만 결국 예일대학은 올바른 방향을 잡았다. 1998년 뉴욕대학 스턴 비지니스 스쿨의 스티븐 J. 브라운Stephen J. Brown과 예일경영대학의 윌리엄 N. 괴츠만William N. Goetzmann, 알록 쿠마르Alok Kumar는 해밀턴의 연구를 평가한 콜스에 대해 심층적으로 연구했고 이렇게 결론 내렸다. "해밀턴의 타이밍 능력을 반박하는 증거들을 검토해보면 정반대 결과가 도출된다. 해밀턴의 응용 다우 이론은 긍정적인 리스크 조정 수익을 내는 것으로 보인다."

연구진은 또한 몇 가지 흥미로운 점들을 지적했다.

첫째, 콜스가 만든 지수는 해밀턴이 포트폴리오에서 선택한 주식과는 다른 종목들로 구성했다. 만약 콜스가 자신의 포트폴리오에 선택한 것과 같은 종목에 해밀턴이 투자하도록 했다면 연수익은 10.73~10.75%로 본질적으로 차이가 없었을 것이다.

콜스의 해밀턴 연구에 대한 두 번째 쟁점을 살펴보자. 전액 투자 포트폴리오를 액티브 운용 포트폴리오Actively managed portfolio(매니저가 벤치마크지수의 실적을 능가하려는 목적으로 구성하는 포트폴리오)와 비교할 때 리스크 요인을 무시한다는 것이다. 콜스에 의하면 해밀턴은 전체 투자 시간의 55%만 롱포지션(매수 포지션)을 취하고 29%는 시장에 참여하지 않고 관망했으며, 쇼트포지션(매도 포지션)을 취한 기간은 16%였다. 따라서 두 포트폴리오의 리스크는 같지 않다. 브라운, 괴츠만, 쿠마르는 "위험 조정 후 수익률의 관점에서 보면 해밀턴의 포트폴리오는 샤프지수Sharp Ratio(펀드 한 단위의 위험자산에 투자해서 얻은 초과 수익을 나타내는 지표)가 더 높고(0.456:0.559) 젠센지수Jensen's Measure(특정 펀드의 기대 수익률의 차이를 나타내는 지표)는 4.04%, 연간 400베이시스포인트Basis Point(국제 금융시장에서 금리나 수익률을 나타내는 기본 단위로 100분의 1%, 즉 0.01%를 의미한다) 이상이다. 이처럼 젠센지수가 높은 것은 S&P500지수의 베타가 0.326이기 때문이다"라고 주장했다. S&P500과 관련해서 다시 말하면 해밀턴의 포트폴리오는 수익에 비해 리스크가 상당히 낮다.

연구진이 제시한 이러한 쟁점에 덧붙여 이 연구는 강력한 상승장이 한창일 때 수행되고 마무리되었다는 점을 기억해야 한다. 이 점이 콜스의 전액 투자 포트폴리오에 매우 유리하게 작용했다. 연구진은 1926년 초강세장이 도래하기 전까지는 해밀턴의 확실한 우세였다고 지적했다.

해밀턴의 포트폴리오에서는 이처럼 성공적인 베어콜과 리스크가 1929~1947년 같은 장기 약세장에서 어땠을까 궁금해진다. 연구진은 "해밀턴은 베어콜 스프레드Bear call spread(행사가격이 높은 콜 옵션을 매입하고 행사가격이 낮은 콜 옵션을 매도해 약세장에서 가격 하락에 따른 수익을 얻는 거래)로 어마어마한 성공을 거두었을 것이다"라고 말했다.

07 | 오늘날도 지속되고 있는 기술적 분석에 관한 연구들

투자 전략으로써 기술적 분석은 깊은 역사가 있다. 기본 원칙은 2세기 전으로까지 거슬러 올라갈 수 있으며, 1900년대는 성공적인 모멘텀 투자자들로 가득 차 있었다. 그러나 기술적 분석은 오랜 기간 학계에서 오해받거나 무시당했다. 기술적 분석의 기본 철학인 "싸게 사서, 비싸게 팔아라 혹은 비싸게 사서, 더욱 비싸게 팔아라"는 직관력이 떨어지는 것처럼 보일 수 있다. 하지만 투자자들의 비합리적 행동에서 이득을 취하는 체계적인 방법으로 설명된다.

최근까지 기술적 분석과 이를 응용한 방법이 학계와 실무자들을 통해 다양한 자산군과 전 세계 지역에서 나타나고 있음을 상기할 필요가 있다.

1993년 예가디시와 티트만Jegadeesh and Titman은 〈매수 승자와 매도 패자의 수익: 주식시장의 효율성에 대한 의미Returns to Buying Winners and Selling Losers: Implications for Stock Market Efficiency〉라는 논문을 발표한다. 기존에 학계를 지배하던 합리적 가격 모형으로는 횡단면 모멘텀 효과를 설명할 수 없었는데, 이들은 이 논문을 통해 강력한 시장 이상 현상을 설명했다.

2015년 비퀴젠과 할러바흐Beekhuizen and Hallerbach는 이동평균뿐 아니라 MACD와의 관계도 보였다. 이동평균과 수익률을 연결함으로써, MACD는 평균회귀만큼이나 추세추종을 따른다는 것을 보였다.

2015년 자카무린Zakamulin은 이동평균Price-minus-moving-average, 이동평균 더블 크로스오버Moving-average-double-crossover, 이동평균과 방향 전환Moving-average-change-of-direction을 이용한 트레이딩 규칙에 대해 조사했다. 그리고 그들이 각각 다른 룩백Looback(되돌림) 기간을 갖는 모멘텀의 가중 이동평균의 계산으로 해석될 수 있음을 보였다.

이런 연구는 가격 기반 시스템의 접근 방식을 검증하는 데 도움이 되므로 매우 중요하다. 이동평균과 같은 방법은 수학적으로 시계열 모멘텀과 연결되어 있으므로, 같은 이론적 근거로 묶을 수 있다.

1990년대 후반과 2000년대 초반의 모멘텀에 대한 연구가 대부분 상대 모멘텀에 관한 것이었다면, 2008년 이후 연구는 위험 완화 및 분산투자를 위한 시계열 모멘텀에 대한 것이 많았다. 가장 유명한 초기 연구는 2006년 파버Faber에 의해 진행되었는데, 미국 주식, 해외 주식, 상품, US 리츠, US 미국채를 대상으로 이동평균을 사용하는 모멘텀 전략에 관한 것이었다. 결과적으로 '채권의 변동성을 가지면서도 주식의 수익률을 보이는' 포트폴리오가 구축된다고 주장했다.

2009년 길리엄, 클레어, 시턴, 토마스ap Gwilym, Clare, Seaton, and Thomas는 추세추종 전략이 글로벌 주식시장의 배분 용도로도 사용될 수 있음을 보여주었다. 그들은 파버의 연구와 비슷하게 10개월 이동평균을 사용했다. 이런 전략은 단순 보유 전략과 비슷한 수익률을 보이지만, 훨씬 낮은 변동성을 보였으며 샤프지수는 0.41에서 0.75로 상승했다.

2010년에는 허스트, 오이, 페데르센Hurst, Ooi, and Pedersen이 추세추종, 혹은 시계열 모멘텀이 선물 매매형Managed Futures 전략에서 유의미한 수익률의 요소임을 밝혔다. 추세추종 전략은 상승장 혹은 하락장 모두에서 수익을 창출하는 것으로 보인다.

제 23 장

기술적 분석에서의 시계열 분석

월스트리트는 롤스로이스를 타는 사람이
지하철을 타는 사람에게 충고를 얻을 수 있는
유일한 곳이다.

워런 버핏

증권사 애널리스트의 보고서를 불신하는 투자자들이 많던 시절이 있었다. 애널리스트의 보고서가 나오면 주식을 팔아야 하는 때가 임박했다고도 했다. 과연 그럴까. 증권사 애널리스트가 새로 매수 의견을 내거나 목표주가를 높이면 주가가 올라간다는 연구결과가 나왔다. 목표주가 상향에 따른 주가 상승폭은 목표주가와 발표 당일 주가 간 차이가 작을수록 컸다. 양철원 단국대 경영학부 교수는 이런 내용을 담은 논문 〈애널리스트 보고서의 정보력에 대한 연구〉를 최근 한국증권학회를 통해 발표했다.

애널리스트는 기업 정보를 투자자들에게 전달하는 중개자일 뿐만 아니라 자신만의 분석을 통해 정보와 의견을 제시하는 생산자로서의 역할도 수행한다. 애널리스트 보고서가 특정 종목 주가에 상당한 영향(정보 효과)을 미치는 경우도 적지 않다. 이 논문에서는 2009~2018년에 나온 약 5만 개의 애널리스트 보고서를 분석 대상으로 삼았다. 추천 의견 변경과 목표주가·이익전망치 변화율은 물론 텍스트에 담긴 어조(톤)까지 변수로 구성한 뒤 수익률과의 관계를 검증했다.

수익률은 보고서 발표 당일과 전후 이틀씩 총 5일간의 누적초과수익률(개별 주가 상승률에서 시장평균 상승률을 뺀 값)을 사용했다. 우선 애널리스트가 추천 의견을 매도에서 매수로 바꾸는 등 상향할 경우 0.98%의 누적초과수익률을 낸 것으로 나타났다. 하향 시 수익률은 -1.49%였다. 목표주가도 상향할 경우 0.84%, 하향 시 -0.31%의 수익률을 기록하는 등 시장이 유의미하게 반응하는 것으로 확인됐다. 반면 주당순이익[EPS] 등이익전망치 조정은 유의미한 수익률 변화를 이끌어내지 못했다.

목표주가 상향에 따른 수익률 상승 효과는 목표주가와 현재 주가의 차이(괴리율)가 작을수록 크다는 사실도 밝혀졌다. 목표주가 괴리율 변수와 수익률 간 유의미한 음(-)의 관계가 관찰됐다. 목표주가와 현재 주가 간 차이가 커질수록 투자자들이 목표주가의 신뢰성을 의심하기 때문으로 논문은 해석했다. 이렇게 괴리율이 낮은 상황에서 목표주가의 변화율이 클수록 수익률이 높아질 수 있었다.

이 논문에서는 "애널리스트 보고서를 볼 때 단순히 목표주가 변화율만 보지 말고 현재 주가와의 괴리율을 함께 따져 보면 보다 가치 있는 정보를 얻을 수 있다"라고 조언한다. 이 같은 애널리스트 보고서의 정보 효과는 해당 종목이 소규모 기업이고 커버하는 애널리스트 수가 적을수록 강하게 나타났다. 시장에서 생성되는 정보가 적으면 정보 비대칭 현상에 따라 애널리스트 보고서의 가치가 커지기 때문이다. 증권시장이 선진화되면서 애널리스트의 보고서도 점차 신뢰를 얻어가고 있다는 것으로 해석될 수 있다.

정보전달함수의 측면에서 볼 때 기본적 분석과 기술적 분석의 차이점은 두 가지로 명확해진다. 첫 번째 차이는 주가를 설명하는 요인에 있어서 기본적 분석은 펀더멘털을 사용하는 반면, 기술적 분석은 과거 주가 데이터를 사용한다는 것이다. 두 번째는 기술적 분석과는 달리 기본적 분석에서는 주가 설명변수인 주가 탄력성에 대한 설명이 거의 없다는 것이다. 이러한 차이점으로 인해 기술적 분석은 기본적 분석을 보완할 수 있다. 기술적 분석은 주가를 분석 대상 시계열로 사용하는 시계열 분석이라고 정의할 수 있다. 즉 차트를 이용하는 전통적인 기술적 분석이든 또는 데이터를 계량적으로 분석하는 기술적 분석이든 간에 기술적 분석은 주가에 대한 시계열 분석이라고 말할 수 있다. 이번 장에서는 시계열 분석과 기술적 분석에 대해 알아본다.

01 | 정보전달함수와 증권분석

우리가 알고 있는 증권 분석 방법에는 기술적 분석, 기본적 분석, 현대 투자 이론 등이 있다. 그렇지만 방법에 차이가 나는 이들 증권 분석이 공통적으로 추구하는 목표는 증권가격(주가)이 결정되는 요인들을 찾아내고, 증권가격의 요인들이 어떤 경로를 통해, 또 어떤 방식으로 증권가격에 영향을 주는지를 논리적으로 규명하는 것이다.

어떤 분석 방법을 쓰든지 주식시장에서 주가가 어떻게 결정되는지 명쾌하게 밝힐 수 있다면, 이를 기초로 해서 보다 효과적인 투자 의사결정이 가능하게 될 것이다. 여기서는 정보전달함수를 통해 기본적 분석과 기술적 분석을 비교함으로써 기술적 분석의 방법론적 특징을 살펴보기로 한다.

정보전달함수

증권분석에서 주가가 어떤 요인에 의해 결정되는 구조를 '주가의 정보전달함수Information Transmission Function, ITF'라고 말한다. 주가의 정보전달함수는 주가에 영향을 주는 중요한 요인(주가의 설명변수)이 무엇이며, 개별 요인의 영향은 어느 정도이며, 또 어떤 식으로 주가에 영향을 주는지를 수식으로 요약한 것이다. 이러한 주가의 정보전달함수는 경우에 따라 '가격결정 모형'으로 불리기도 한다. 주가의 정보전달함수를 수식으로 표현하면 다음과 같다.

주가 = 함수(요인 1, 요인 2, 요인 3,…)

이 식은 여러 가지 요인이 결합되어 어떤 함수 형태를 통해서 주가를 결정된다는 것을 말해준다. 증권 분석에서 정보전달함수가 이미 알려져 있다면 우리는 주식의 적정가격(또는 균형가격)을 계산할 수 있다. 그리고 이렇게 계산된 적정가격과 시장에서의 시세(시장 가격)를 상호 비교함으로써 시장에서 해당 증권이 과대평가되고 있는지, 또는 과소평가되고 있는지를 쉽게 판단할 수 있다. 만약 주가가 과대평가되었다면 그 주식을 팔고, 반대로 과소평가되었으면 그 주식을 사는 것이 적절한 투자가 된다.

주가 〉 함수(요인1, 요인2, 요인3, · · ·) ⇒ 과대평가된 주가

주가 〈 함수(요인1, 요인2, 요인3, · · ·) ⇒ 과소평가된 주가

또 정보전달함수를 이미 알고 있다면 여기에 포함되어 있는 요인들의 주가 탄력성(요인 변화에 의한 주가 변화 정도)을 측정함으로써 요인 변화에 수반되는 주가 변화를 사전적으로 예측할 수도 있다. 이때 어떤 요인의 주가 탄력성은 다음의 수식으로 나타낼 수 있다.

$$\text{주가 탄력성} = \frac{\text{주가의 변동}}{\text{해당 요인의 변동}}$$

기본적 분석과 기술적 분석

그러면 이제 정보전달함수의 측면에서 기본적 분석과 기술적 분석이 어떠한 개념적 차이가 있는지 알아보자.

기본적 분석의 정보전달함수

기본적 분석에서 정보전달함수에 들어가는 요인들이 펀더멘털들이다. 펀더멘털이 기업의 내재가치Intrinsic value를 결정하고, 기업의 내재가치가 증권시장에서는 주가로 반영된다는 것이다. 이러한 논리를 정보전달함수로 요약하면 다음과 같다.

$$\text{주가} = \text{함수}(\text{펀더멘털}_1,\ \text{펀더멘털}_2,\ \cdots)$$

펀더멘털에 대해 설명을 덧붙이자면 다음과 같다. 펀더멘털에는 미시적 펀더멘털Micro-fundamentals과 거시적 펀더멘털Macro-fundamentals이 있다. 미시적 펀더멘털에는 기업의 순익증가율, R&D비율, 주가수익비율PER 등 기업 내재적 가치에 영향을 주는 변수를 말한다. 거시적 펀더멘털은 경제 성장률, 수출증가율 등과 같은 경제변수로 기업 경영에 영향을 끼치는 변수들이다.

기술적 분석의 정보전달함수

기술적 분석에서는 주가를 결정하고 영향을 주는 요인은 바로 주가 자신이다. 기술적 분석의 바탕이 되는 기본 철학은 현재의 주가에는 투자자들의 행동을 통해서 투자자의 심리가 반영되는데, 그 투자심리를 결정하는 것은 바로 과거의 주가가 된다. 따라서 정보전달함수에서 오늘의 주가를 결정하는 요인은 과거의 주가 데이터들이다. 그리고 여기서는 현재와 과거 주가를 구분하여 인식한다. 그러므로 기본적 분석과는 달리 기술적 분석에서는 시간의 개념이 매우 중요해진다.

현재 주가 = 함수(한 개 시점 이전 주가, 두 개 시점 이전 주가,…)

위 식에서 시점 간의 간격은 하루, 한 주 또는 한 달이 될 수도 있다. 만약 우리가 하루의 시점 간 간격을 두고 분석한다면 일간 분석이 될 것이고, 한 주의 시점 간 간격을 두고 분석한다면 주간 분석이 될 것이다.

지금까지 살펴본 두 가지 다른 형태의 정보전달함수를 비교해보고 기본적 분석과 기술적 분석의 특징을 정리하면 다음과 같은 차이를 발견할 수 있다.

첫째, 주가의 설명 요인이 기본적 분석의 경우 펀더멘털인 반면, 기술적 분석에서는 과거 주가 데이터이다.

기술적 분석은 펀더멘털을 포함한 모든 정보가 과거의 주가에 반영되어 있다고 보기 때문에 과거 주가 흐름을 분석함으로써 장래의 주가를 가늠할 수 있다는 입장을 취한다. 기술적 분석에서는 주가 이외의 요인들이 시간이 지나면서 변하는 주가의 방향과 힘을 통해서 현재의 주가에 영향을 미치는 것이다. 이렇게 생각하면 기술적 분석은 주가의 내부동학Internal dynamics을 중시한다고 말할 수 있다.

앞에서 본 기본적 분석의 정보전달함수에는 시간이 포함되어 있지 않다. 이런 측면에서 기술적 분석은 정태 이론에 가깝다고 말할 수 있다. 따라서 기본적 분석에서는 펀더멘털이 향상되어 균형 주가가 상승하더라도 이것이 시장 주가의 상승으로 반영되는지에 대한 해답은 제공해주지 못한다. 이러한 이유 때문에 시간 개념이 내포된 매매 타이밍 또는 주가 예측 등 매매차익 목표를 달성하기 위해서는 기본적 분석보다는 오히려 기술적 분석이 현실성을 갖는다.

둘째, 기본적 분석에서는 펀더멘털의 주가 탄력성에 대한 설명이 제공되지 않는다. 반대로 기술적 분석은 목표치 계산 등 과거 주가 탄력성에 대한 나름대로의 분석 기법을 제공한다.

주가를 결정하는 펀더멘털로서 PER(주가수익비율)을 하나의 예로 생각해 보자. PER은 특정 회사의 수익에 대한 상대적 주가 수준이기 때문에 기본적 분석에서는 시장평균 또는 산업평균 PER을 기준으로 특정 회사의 주가가 얼마나 상승 또는 하락해야 적정한지를 판단할 수 있다.

그러나 이러한 판단은 어디까지나 다른 주식들과의 상대비교로써 상대 주가 수준을 평가할 수 있을 뿐, PER을 통해 주가를 결정할 수 있다고 생각할 수 없다. 왜냐하면 기본적 분석은 PER을 하나의 주가를 설명하는 요인으로 이해할 뿐이며, PER이 주가 결정 과정에서 가지는 주가 탄력성에 대해서는 전혀 언급할 수 없기 때문이다. 더구나 PER처럼 주가 수준을 고려하는 펀더멘털이 아닌 경우에는 PER에서와 같이 상대적 주가 수준을 판단하는 것도 불가능해진다. 예를 들어 특정 회사(A사)의 정보전달함수에서 설명

변수가 순익증가율 하나뿐이고, 또 시장에서 A사의 순익증가율이 금년 결산기에 두 배로 상승한 것으로 발표되었다고 가정하자. 기본적 분석에 의하면 A사의 순익증가율이 상승함으로써 균형가격이 주가보다 상승하므로 시장 주가가 상승할 것이라고 기대된다. 그러나 순익증가율이 두 배로 상승할 때, 언제 그리고 얼마만큼 시장에서 주가가 상승할지에 대해서 기본적 분석이 시사하는 바는 거의 없다고 보아도 과언이 아니다.

그러나 기술적 분석은 앞에서 학습한 대로 과거 주가에 기초해서 주가 목표치를 계산하는 등 과거의 주가에 대한 탄력성을 나름대로 분석하는 기법을 제공하고 있다.

셋째, 기본적 분석은 펀더멘털을 평가하기 위해 기업탐방 등 리서치 활동을 필요로 하거나 또는 리서치 결과를 이용해서 이루어질 수 있다. 그러나 기술적 분석은 과거 주가 데이터를 사용하여 분석하므로 매매가 목적인 트레이더에게 더 유용할 수 있다.

이상의 설명에서 알 수 있듯이 기술적 분석은 기본적 분석이 가지는 약점을 보완할 수 있다는 이론적 특징을 가지고 있다는 사실에 주목해야 한다. 주식에 있어서 종목 선정 또는 장기적 주가 전망을 위해서는 기본적 분석이 커다란 도움을 준다는 것은 주지의 사실이다. 그러나 기술적 분석은 매매 타이밍을 시기적으로 포착한다든지 또는 향후 주가의 목표치를 계산하는 등 기본적 분석과는 다른 성격의 목표를 가진다.

따라서 주가를 분석하는 입장에서 기본적 분석과 기술적 분석이 서로 다른 목표를 가지고 있으며, 효과적인 주식투자를 위해서는 양자가 상호보완적 관계를 유지해야 함을 명심해야 할 것이다. 일반적으로 기본적 분석에 의해 시장에서 저평가된 종목을 찾은 다음, 기술적 분석을 통해 이들 종목의 매매 시점을 결정하는 방법이 자주 사용되고 있다.

02 | 시계열 분석과 기술적 분석

앞에서 기술적 분석이 과거 주가 흐름과 시간을 중시함으로써 동태 분석적 성격을 가지고 있음을 알아보았다. 이와 같이 시점별로 얻은 과거 데이터 또는 수치를 이용하여 특성을 분석하는 방법을 시계열 분석Time series analysis이라고 한다. 시계열 분석은 계량적 분석 방법론의 일부로, 시간에 따른 데이터 변화를 분석하고 변화의 특징을 파악해서 미래를 예측하려는 분야이다. 여기에서는 기술적 분석을 위해 기본이 되는 시계열 분석에 대해 약간의 이해를 갖기로 한다.

원래 시계열Time Series, TS이란, 시간이 지나면서 변하는 현상을 시점 단위로 관측한 데이터들이다. 한편 시계열 데이터와는 반대적 의미로 횡단면 데이터Cross-section data가 있는데, 이것은 특정한 시점에서 다수 행동 주체에 대한 관측치를 모은 것이다. 예를 들어 주식시장에서 삼성전자의 일자별 종가를 모은다면 시계열 데이터가 되지만, 하루의 전 종목 종가를 모은다면 횡단면 데이터가 된다. 즉 시계열은 시간에 대응하여 관측된 데이터의 집합인데, 시계열을 수식으로 간단히 표현하면 다음과 같다.

시계열 = (시점 1의 관측치, 시점 2의 관측치, … , 현재 시점의 관측치)

우리가 실생활에서 접하는 많은 통계자료 중에서 상당 부분이 이와 같은 시계열이다. 예를 들어 분기 GNP, 월별 통화 공급량, 연간 인플레이션율, 경영학에서 분석하는 특정 제품의 월 생산량, 농업에서의 연도별 쌀 생산량, 기상학에서의 일별 최고 및 최저 온도, 정치학에서의 월별 정당 지지도 등 다양한 분야의 다양한 데이터를 우리는 시계열이란 용어로 특징지어 말할 수 있다. 물론 여기서 우리가 관심을 가지고 있는 주식시장 내 주가 또는 거래량도 대표적인 시계열이다.

시계열을 대상으로 시계열 분석을 수행할 때 사용하는 분석 기법 또는 논리 체계를 시계열 모형Time series model이라고 부른다. 시계열 모형은 과거로부터 현재에 이르기까지 시간에 따른 데이터 특성을 분석하고, 분석 결과를 이용해서 최종적으로 미래 데이터 값을 예측하는 것을 목표로 삼는다.

앞에서 살펴본 기술적 분석의 주가 정보전달함수를 상기해보자. 기술적 분석을 통해 과거 주가 데이터를 분석하여 변화의 특징을 찾고, 이를 통해 주가 방향성을 예측하든지 또는 적절한 매매 시점을 포착하려고 한다. 이러한 관점에서 보면 기술적 분석은 주가가 시계열이 되는 시계열 분석이라고 정의할 수 있다. 주가 차트를 이용하는 전통적 기술적 분석이든 또는 데이터를 계량적으로 분석하는 기술적 분석이든 간에 기술적 분석은 주가에 대한 시계열 분석이라는 정의에서 벗어날 수는 없다.

[정의] 기술적 분석Technical analysis = 주가 데이터에 대한 시계열 분석Time series analysis

그러면 시계열에 대해 좀 더 자세히 알아보자. 시계열은 형태에 따라 정상 시계열Stationary time series과 비정상 시계열Nonstationary time series로 구분된다. 〈그림 23-1〉에서 (A)는 정상 시계열인 반면, (B)와 (C)는 비정상 시계열이다. (B)는 데이터의 평균이 시간과 함께 변화하는 경우이며 (C)는 데이터의 분산Variance이 시간과 함께 변화하는 경우이다.

정상 시계열이란 〈그림 23-1〉의 (A)와 같이 일정한 평균 주위를 어느 정도의 규칙성을 가지고 주기적으로 변동하는 데이터이다. 시계열의 정상성은 확률 과정Stochastic process의 정상성이란 말로 표현하기도 한다. 대부분의 시계열 분석 또는 모형의 전개는 바로 이와 같은 시계열의 정상성을 전제로 하는 것이다. 시계열 분석에서 비정상 시계열은 가능한 한 정상 시계열로 변환시키고 나서 분석하는 것이 바람직하다.

앞에서 언급했듯이 시계열 분석을 하는 목적은 크게 다음의 두 가지로 요약할 수 있다.

첫째, 시계열을 분석해서 시점마다 데이터를 발생시키는 확률 구조 또는 확률 과정을 찾아내고 이것을 모형화하는 것이다.

예를 들어 경기지수는 추세적 성격이 강한 반면에, 채권수익률은 순환적 측면이 강하기 때문에 양자는 서로 성격이 다르다. 이렇듯 각각의 시계열마다 데이터 생성의 확률적 구조는 다를 수밖에 없으므로 당연히 시계열 모

그림 23-1 시계열의 형태

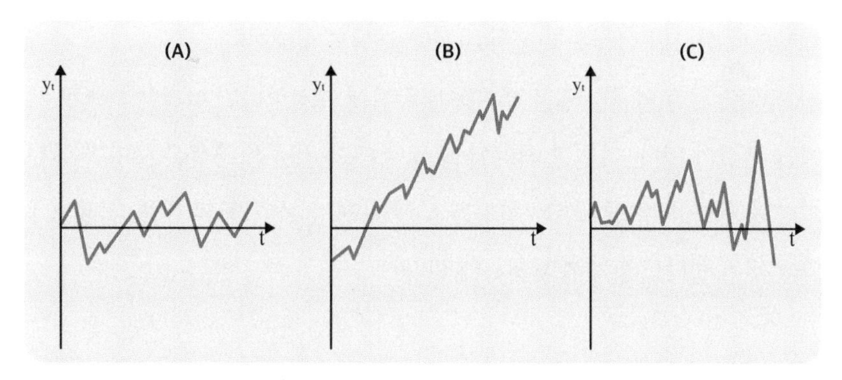

형의 내용도 달라진다. 주가수익률의 시계열 모형으로써 대표적인 것은 추세성을 전혀 가지지 않는 시계열인 랜덤워크Random-wark로 이해되는 경우가 많다.

둘째, 이러한 시계열 모형과 과거의 데이터를 이용해서 해당 시계열의 미래 데이터를 예측하고 통계적 검정Statistical test을 수행하는 것이다.

이상 두 가지 시계열 분석의 목적은 주가를 대상으로 한 기술적 분석에서도 그대로 적용할 수 있다. 과거의 질적인 기술적 분석은 시계열 분석에서 추구하는 이러한 엄밀한 목적을 거의 충족하지 못한다. 그러나 최근 기술적 분석의 동향은 시계열 분석의 체계를 답습함으로써 객관성과 논리적 정치성을 확보하는 쪽으로 변해가고 있다는 사실을 염두에 두어야 한다.

시계열 분석은 단변량Univariate을 사용하는 경우와 다변량Multivariate을 사용하는 경우로 구분된다. 단변량 시계열 분석은 하나의 시계열을 분석 대상으로 하는 반면, 다변량 시계열 분석은 복수 개의 시계열을 동시에 분석함으로써 시계열들 간의 연관관계까지 분석하는 것이다.

예를 들어 주가에 대한 시계열 분석(또는 기술적 분석)에서 주가만을 분석 대상으로 한다면 이것은 단변량 시계열 분석의 형태이다. 그러나 만약 주가에 거래량 등 여타 시계열을 추가해서 동시에 분석한다면 이것은 다변량 시계열 분석이 된다. 다변량 시계열 분석 형태의 기술적 분석은 주가가 아닌 여타 시계열이 주가에 주는 영향을 분석할 뿐만 아니라, 주가가 다른 시계열에 주는 영향도 동시에 분석하게 된다.

[정의] 가격 변동 분석은 기술적 분석이 주가에 대한 시계열 분석이라는 정의에 입각하여 단변량 시계열로써의 주가를 분석하는 하나의 방법이다.

또한 가격 변동 분석은 시계열 분석 방법 중 하나인 시계열 분해에 기초해서 주가를 분석한다.

03 | 시계열 분해

가격 변동 분석은 기술적 분석이 주가에 대한 시계열 분석이라는 정의에 기초해서 주가 변동을 구성하는 내부 요인들을 밝혀내고, 이 요인들을 가지고 주가 변화를 예측해보자는 것이다.

가격 변동 분석에서 사용하는 시계열 분석 방법은 시계열 분해Time series decomposition 이다. 주가라는 시계열을 분해함으로써 주가 변동을 설명하는 몇 가지 요인을 찾아낼 수 있다. 일반적으로 시계열 분해에서는 하나의 시계열이 추세 요인, 순환 요인, 계절 요인 그리고 불규칙 요인이라는 네 가지 형태의 변동 요인으로 분해된다.

- **추세 요인**Trend : 시계열이 시간 변화에 따라 중·장기적으로 변화하는 방향을 찾아낸 것이다.
- **순환 요인**Cycle : 해당 시계열의 추세 변동이 진행되는 가운데 추가적으로 주기적인 상승과 하락을 반복하는 변동 요인이다.
- **계절 요인**Seasonality : 월간 시계열의 경우에는 특정 월, 분기 시계열의 경우에는 특정 분기, 주간 시계열의 경우에는 특정 주의 특이한 변화를 보이는 변동 요인을 말한다.
- **불규칙 요인**Irregularity : 추세 요인, 순환 요인 그리고 계절 요인으로 설명할 수 없는 시계열 변동 부분으로 변화의 예측이 전혀 불가능하다.

시계열 분해는 하나의 시계열에서 네 가지의 변동 요인을 가능한 한 정확히 분리하는 것을 목표로 한다. 사실상 시계열 분해 방법을 엄밀하게 통계 이론적으로 평가하면 적지 않은 문제점이 나타나게 된다. 그럼에도 불구하고 많은 분석가가 시계열 분해를 널리 이용하고 있는데, 그 이유는 시계열 분해가 시계열의 변동 특성을 단순한 몇 가지 특징적 형태로 나타내어 시각적으로 명확하게 확인할 수 있도록 한다는 데 있다. 가격 변동 분석은 이러한 시계열 분석을 주가에 적용시킨 것이다.

시계열 분해에는 가법 모형Additive model과 승법 모형Multiplicative model이 있다.

가법 모형

시계열=추세 요인+순환 요인+계절 요인+불규칙 요인

승법 모형

시계열=추세 요인×순환 요인×계절 요인×불규칙 요인

위 두 식은 가법 모형과 승법 모형에 대한 수식이다. 그러나 가법 모형과 승법 모형은 결국 동일한 의미를 가지는데, 그 이유는 승법 모형에 대수[Logarithm]를 취하면 시계열 분해 모형은 승법 모형으로부터 가법 모형으로 변환되기 때문이다.

시계열 분해는 네 가지 변동 요인으로 분해되는 것이 일반적이다. 가격 변동 분석에서는 계절 요인을 제외하고 나머지 세 가지 요인으로 주가를 분해한다. 이것은 다른 시계열과 다르게 주가의 경우에는 계절 요인이 존재한다는 것이 실증적 분석을 통해서 확인되지 않기 때문이다.

우리나라 주식시장을 실증적으로 분석해보면 계절 효과는 청량음료 주식과 농약 관련 주식 등에서 계절 효과가 나타나고 있다. 그렇지만 시장 전체를 평균적으로 볼 때 계절 요인을 통계적으로 인정할 만한 수준이 되지 못한다. 그러므로 시장 이상현상[Anomaly]으로 잘 알려져 있는 정월 효과[January effect] 및 주말 효과[Weekend effect], 그리고 연말 장세 등 계절 요인이라고 볼 수 있는 현상은 가격 변동 분석에서는 무시하라고 분석하기도 한다.

가격 변동 분석 = 주가의 시계열 분석

① 추세 요인[Trend, T]

② 순환 요인[Cycle, C]

③ 불규칙 요인[Irregularity, I]

정리하면 가격 변동 분석은 시계열 분해를 분석 방법으로 채택하되 추세 요인, 순환 요인 그리고 불규칙 요인이라는 세 가지 변동 요인만을 분석 대상으로 한다.

계절 요인과 순환 요인의 구분은 일견 애매해 보이지만 두 가지 변동 요인은 개념상 분명히 다르다. 계절 요인은 연, 월, 주 등 일정한 시간 간격으로 계속 반복하여 나타나는 특이 현상인 반면에 순환 요인은 일정한 주기를 가지고 변동하면서도 계절적 특성은 전혀 포함하고 있지 않은 것이다.

기술적 분석은 주가 변동에서 추세 요인이 반드시 존재한다고 처음부터 가정하고 있다. 만약 기술적 분석에서 주가가 추세를 가지지 않는다고 생각한다면 기술적 분석의 출발인 다우 이론도 설 땅을 잃게 된다. 그러므로 주가에 추세가 존재하지 않는다고 가정하는 현대 투자 이론 또는 효율적 시장[Efficient market]을 신봉하는 사람에게 기술적 분석이란 가치가 없는 헛소리에 지나지 않는다.

우리는 주가에 추세 요인이 분명히 존재한다고 생각하고 기술적 분석을 학습하고 있는 것이다. 즉 주식시장에서 주가는 추세 요인에 순환 요인 그리고 설명이 되지 않는 불규칙 요인이 합해져서 나타나는 현상이다.

제 24 장

기술적 분석에서의 가격 변동 분석

주식투자는 부(富)와 파산(破産) 사이를
오가는 위험한 항해다.

앙드레 코스톨라니

주식시장에 개인투자자들에 의해 한 번씩 부는 투자 열풍과 그 열풍이 지나간 뒤 후유증은 심각하다. 주식투자 열풍 하면 중국을 빼놓을 수 없다. 2014년 중국 대륙에 주식 열풍이 불었다. 가난한 농민공(농촌 출신 도시 노동자)조차 시내 지하철 바닥에 앉아 주식 얘기를 했다. 농부들도 빚을 내 주식에 뛰어들었다. 개미 투자자가 9,000만 명으로 공산당원 8,700만 명을 앞질렀다고 한다. 이런 개미 군단이 시가총액을 세계 2위로 밀어 올렸다. 그러다 이듬해 여름 증시가 폭락하자 수십 명이 극단적 선택을 했다. 쪽박 찬 개미들은 "주가 치솟던 지난달엔 사람 먹는 음식을 개가 먹었는데, 이젠 사람이 개밥을 먹는다"고 말했다.

증시에선 탐욕과 공포에 사로잡히면 교훈을 얻지 못하게 된다. 미국은 1920년대 호황으로 투자 붐이 일었다. 1929년 9월 다우지수가 최고점을 찍었지만 전문 투자가인 로저 뱁슨은 '증시 붕괴가 임박했다'면서 '공황이 닥칠 것'이라고 경고했다. 그러나 '파국을 걱정하는 신경과민 환자' 취급만 받았다. 당시 주가가 몇 달 내리다 잠깐 반등하면 사람들은 '하락기가 끝났다'며 주식을 샀다. 결국 난다 긴다 하는 투자자도 대공황 중에 망했다. 오히려 주식을 전혀 모르는 희극배우 찰리 채플린은 증시 폭락 1년 전에 다 팔아치워 손해를 보지 않았다고 한다.

때로는 전문가가 더 앞을 못 본다. 1987년 10월 미국에 '블랙 먼데이'가 덮쳤다. 시카고상품거래소에서 한 트레이더는 주가 폭락을 확인하고는 은행 예금을 몽땅 인출해 회사를 떠났다. 다른 트레이더들도 앞다투어 거래소 좌석을 팔아치우는 바람에 자리 값마저 폭락했다. 하지만 그 폭락 증시는 오래가지 않았다. 10년 뒤인 1997년 10월 아시아에 금융 위기가 닥치자 미국 증시가 폭락하는 '블랙 먼데이'가 또 왔다. 그런데 다음 날 뉴욕 증권가에 일반인들이 장사진을 쳤다. 폭락한 틈을 타 주식을 사들이려고 몰려든 인파였다. 그로부터 미국 증시는 1년간 50% 이상 치솟았다. 그야말로 한 치 앞을 모르는 것이 증권시장이라고 생각된다.

이번 장에서는 기술적 분석에서의 가격 변동 분석에 대하여 알아본다. 가격 변동 분석은 추세 분석 방법으로써 이동평균 대신에 곡선적합화법을 사용한다. 직선 추세와 곡선 추세를 도출하며 각각의 추세를 중심으로 하는 90% 신뢰구간의 주가 변동대를 추출하는데 이것을 추세대라고 정의한다.

01 | 가격 변동 분석에 대하여

가격 변동 분석의 목적은 주가 시계열을 분해하고 결과를 통해 실제 주식의 매매 의사결정에 적극적으로 도움을 주는 것이다. 가격 변동 분석에서는 승법 모형의 시계열 분해법을 모든 주가 시계열에 동일하게 적용한다. 그 이유는 승법 모형이 속성상으로는 가법 모형과 같고, 한국의 주가 시계열의 장기적 형태가 대체로 지수 형태Exponential type의 추세를 가지고 있다고 판단되기 때문이다. 다시 말해 가격 변동 분석은 대수변환을 적용하는 승법 모형의 시계열 분해를 통해 분석 결과를 제공한다. 계절 요인을 고려하지 않는 가격 변동 분석을 수식으로 간단하게 표현하면 다음과 같다.

> **주가 = 추세 요인×순환 요인×불규칙 요인**
>
> **로그(주가) = 로그(추세 요인)×로그(순환 요인)×로그(불규칙 요인)**

그러므로 가격 변동 분석은 먼저 주가에서 추세 요인을 추출하고 나머지 부분에서 다시 순환 요인을 추출하는 순서로 이루어진다. 불규칙 요인은 추세 요인과 순환 요인을 추출하고 나면 자동적으로 구해지므로 따로 불규칙 요인에 대한 독립적인 분석을 할 필요는 없다. 여기서 분해된 추세 요인은 우리가 기술적 분석에서 말하는 추세의 일종으로 가격 변동 분석에서 말하는 추세이다.

가격 변동 분석의 적용 범위와 구성에 대해서 간단히 설명하면 다음과 같다. 먼저 적용 범위는 종합주가지수, 산업지수 그리고 모든 종목 주가이다. 종목에 대해서는 분석 기간만큼의 과거 데이터가 확보되는 종목의 가격 변동 분석을 실시한다. 또 사용하는 데이터 종류에 따라 일간, 주간 그리고 월간 모형으로 나누어진다. 그러므로 하나의 주가 데이터에 대해서 일간, 주간, 월간 가격 변동 분석이 각각 독립적으로 이루어지는 셈이다.

일간 모형에서는 일간 종가를 사용하며 분석기간은 1년이다. 주간 모형에서는 일간 종가를 평균한 주간 평균주가를 사용하는데 분석기간은 260주(5년)이다. 마지막으로 월간 모형은 일간 종가를 평균한 월간 평균주가를 사용하고, 분석기간은 120개월(10년)이다.

02 | 가격 변동 분석에서의 추세 분석과 이동평균 개념

추세 분석은 가격 변동 분석의 첫 단계로 주가 시계열로부터 추세 요인을 추출해내는 과정이다. 그러나 추세 분석이 비단 가격 변동 분석에 국한되는 것은 물론 아니다. 기술적 분석에서는 언제나 추세라는 개념을 사용해왔고, 단지 가격 변동 분석에서 사용하는 추세가 다른 추세의 개념과는 차이가 있을 뿐이다. 어떤 분석 방법을 따르든 간에 매일 불규칙적으로 변동하는 것처럼 보이는 주가 데이터로부터 추세를 정확히 파악하는 일은 주식의 매매 의사결정에 도움을 주는 가장 중요하고도 기본적 사항임에 틀림없다. 여기에서 기술적 분석의 추세 분석 방법을 다시 한번 정리하는 기회를 갖기로 한다.

추세 분석

추세는 주가의 중·장기적 진행 방향과 형태를 의미한다. 따라서 현재 주가가 어떤 추세상에 있는가를 판단하는 것은 해당 주식에 대한 매매의 기본 태도를 결정하는 중요한 요소가 된다. 일단 추세를 정확히 파악할 수 있으면 상승 추세를 일찍 포착하여 해당 주식을 매수하고, 상승 추세가 다시 하락 반전하지 않는 한 계속 주식을 보유함으로써 매매차익을 얻을 수 있다. 반대로 추세가 하락하는 상황이라면 해당 주식을 공매도Short stock selling하여 적극적으로 수익을 얻을 수 있다. 이때 만약 공매도가 불가능하다면 매도 후 관망이 적절한 투자 판단이 된다.

그러나 이렇게 명백한 것처럼 보이는 매매 전략을 실제로 실행하기 위해서는 추세가 적절하게 추출되는 경우에만 비로소 가능하다. 만일 추세를 도출할 수 없다든지 또는 도출한 추세가 적절하지 못하다면 여기에 기초한 어떠한 매매 전략도 신뢰할 수 없다. 결국 추세를 이용해서 합리적인 매매 전략을 구사하고 수익을 얻기 위해서는 미리 추세를 적절하게 파악하는 것이 무엇보다 중요하다.

주관적으로 또는 경험을 이용해서 주가 진행 방향에 부합하는 추세선을 그어서 추세를 파악하고 매매 의사를 결정한다. 한편 이렇게 직접 추세선을 긋는 대신 주가 이동평균을 구하고 이를 기초로 의사결정하는 그랜빌의 이동평균 분석도 있다. 이때 추세의 형태는 전자의 경우에는 보통 직선이고, 후자의 경우에는 곡선의 형태이다. 그러나 기술적 분석의 영역에서는 추세를 파악하는 데 매우 다양한 방법들이 존재한다. 그렇지만 추세에 대한 개념은 가격 변동 분석의 추세 요인에서부터 출발한다고 볼 수 있다. 다양한 추세 분석 방법을 크게 구분하면 다음과 같이 세 가지로 구분할 수 있다.

주관적 추세 분석

가장 일반적으로 사용되는 차티스트의 추세 분석법이다. 주관적으로 주가 차트에 저항선Resistance line, 지지선Support line, 추세대Channel line 등을 그려 넣고 주가의 추세를 분석하는 방법이다. 이러한 추세는 대부분 직선 형태이다.

데이터 평활법

데이터평활Data smoothing이란 변동이 심한 데이터를 일정한 방법을 사용해서 평탄한 형태로 바꾸는 데이터 변환을 말한다. 순수하지 못한 데이터를 정제한다는 의미에서 데이터 필터링Data filtering이라고 표현하기도 한다. 데이터를 평활화하는 데는 사용하는 필터Filter의 형태에 따라 다양한 방법이 있다. 기술적 분석에서 자주 사용하는 이동평균이 대표적인 평활화된 데이터라고 말할 수 있다. 이러한 방법에서는 곡선 형태의 추세가 구해진다.

곡선적합화법

곡선적합화법Curve-fitting method은 주가의 변화 추이를 가장 적절하게 표현하는 곡선을 시계열 분석으로 추정해내고, 이것을 추세로 사용하는 방법이다. 곡선적합화법으로는 다항추세 회귀Polynomial trend regression가 가장 대표적 예이다. 이 경우 추세는 곡선 또는 직선 형태이다.

이동평균에 대한 이해

추세 분석 방법들을 살펴보았다. 여기에서는 주관적 추세 분석과 데이터 평활법을 전통적 추세 분석법이라고 정의하고, 전통적 추세 분석에서 중심

역할을 담당하는 이동평균에 대해서 자세히 알아보기로 한다.

이동평균은 일정기간 동안의 주가를 평균한 것이다. 수학적으로 평균을 구하는 데는 여러 가지 방법이 있으며 어떤 계산법을 적용하는지에 따라서 이동평균 곡선은 그 형태가 달라진다. 동일한 이동평균의 종류를 사용하더라도 평활계수坪滑係數, Smoothing parameter의 크기에 따라 곡선의 평활도가 달라지고, 실제 사용에 있어서도 결과에 큰 차이를 보이게 된다.

이동평균의 데이터 평활 정도가 높으면 추세의 진면모를 잘 파악할 수 있는 반면에, 그만큼 후행성이 커진다. 반대로 데이터 평활 정도가 낮으면 후행성은 다소 줄어드는 대신 추세의 진면모를 잘 파악할 수 없다. 즉 이동평균을 통해 빨리 추세 전환을 확인한다는 것과 데이터 평활 정도는 서로 상충적 관계Trade-off에 있다고 말할 수 있다. 이동평균의 후행성은 이렇게 이동평균이 가지는 추세로써의 효력을 낮추는 반면에, 후행성을 이용한 매매 기법을 도출할 수 있다는 특징도 있다.

이동평균을 이용하는 고전적 매매 기법인 그랜빌J. E. Granville의 이동평균 매매 규칙Trading rule은 대부분 이동평균이 주가보다 후행한다는 특성을 체계적으로 응용한 것이다. 즉 이동평균을 이용한 고전적 매매 기법에서는 이러한 이동평균의 후행성을 어떻게 잘 이해하는지가 성공적인 매매를 위한 가장 중요한 관건이 된다. 그러므로 이동평균을 이용할 때에는 앞에서 언급한 상충관계 안에서 충분한 평활 정도를 가지면서도 가급적 후행성이 적은 이동평균을 찾아 사용하는 것이 중요한 요소이다.

이동평균의 종류와 개념에 대해서 자세히 알아보자. 자주 사용하는 이동평균 개념에는 단순이동평균, 선형이동평균, 지수이동평균, 중심이동평균

등이 있다. 중요한 것은 이들 이동평균을 우리가 주가 차트를 볼 때 자주 말하는 추세로 이해해야 한다는 것이다.

단순이동평균Simple Moving Average, SMA

단순이동평균은 우리나라 증권시장에서 가장 널리 사용하는 이동평균의 개념이다. 여기서는 단순하게 과거 일정기간 가격의 평균을 계산해서 오늘의 이동평균 값으로 사용한다. 단순이동평균은 계산에 적용되는 이동평균 기간에 따라 정도의 차이는 있지만 가격에 대한 후행성이 상당히 큰 편이다. 일반적으로 알고 있는 그랜빌의 이동평균을 이용한 매매 전략에서는 바로 이러한 단순이동평균을 사용한다. 단순이동평균을 계산하는 방법은 다음과 같다.

오늘의 n일 단순이동평균
= 오늘부터 과거 n일간 주가의 합계/n
= 어제의 n일 단순이동평균 + 1/n(어제 주가 – n일 전 주가)

과거 n일을 이동평균 기간으로 잡으면 이것이 바로 단순이동평균의 평활계수가 된다. 이동평균 기간이 길어지면 길어질수록 단순이동평균의 평활 정도는 더 커지고 추세의 진면목을 쉽게 파악할 수 있는 장점이 있다. 하지만 그 대신에 추세의 방향이 변했을 때 포착하는 시점이 점점 더 늦어지는 단점이 있다. 우리가 자주 사용하는 20일 이동평균은 가격이 일간이고 n이 20인 경우이다.

단순이동평균은 앞의 식에서 알 수 있듯이 현재와 과거의 가격 변동을 동일하게 평가함으로써 주가에 대한 정도(가중치)가 1/n로 동일하다. 예를 들어 20일 이동평균을 생각해보면 오늘 주가에 대한 가중치가 0.25이고 24일 전 주가에 대한 가중 또한 0.25라는 동일한 값을 적용한다.

이것은 오늘 시장에서 보인 주가로부터 추세가 영향을 받는 정도(가격 탄력성)가 과거로 거슬러 올라가 24일까지의 모든 시점에서 보인 주가로부터 영향을 받는 정도(가격 탄력성)와 동일하다는 뜻이 된다. 주가의 추세가 대체적인(또는 평균적인) 투자심리를 반영한다고 보면, 과연 인간이 주체가 되는 군중심리 또는 투자심리가 그렇게 좋은 기억력을 가지고 있는지 의심스럽다.

앞의 식에서는 단순이동평균을 계산하는 두 가지 방법을 동시에 보여주고 있다. 오늘을 포함한 과거 n일의 주가를 모두 합산한 다음 n으로 나눌 수도 있고, 또 어제 계산했던 이동평균을 이용해서 좀 더 간단하게 계산할 수도 있다. 한편 단순이동평균은 과거 시점별 주가에 대해서 동일한 가중치를 부여하기 때문에 동일한 기간(파라미터)을 적용한 이동평균 개념들 중에서 추세로써 후행성이 가장 크게 나타나는 이동평균 개념이라는 것을 염두에 두어야 한다.

선형이동평균Linear Moving Average, LMA

선형이동평균은 가중이동평균Weighted Moving Average, WMA의 일종이다. 단순이동평균이 최근의 주가 변동을 적절히 반영하지 못하는 약점을 보완하기 위해 평균을 계산할 때 적용되는 가중치가 과거로부터 최근(오늘)으로 오면서 직선(선형)으로 증가하도록 고안되었다. 그러므로 선형이동평균은 동일한 기간(파라미터)을 사용할 때 앞에서 살펴본 단순이동평균보다는 후행성이 줄어든다. 선형이동평균을 계산하는 방법은 다음과 같다.

$$\text{선형이동평균} = \frac{1 \times (n-1)\text{일 전 주가} + 2 \times (n-2)\text{일 전 주가} + \cdots \times \text{오늘의 주가}}{1 + 2 + \cdots + (n-1) + n}$$

지수이동평균Exponential Moving Average, EMA

지수이동평균은 단순이동평균의 후행성을 보완하기 위해 사용하는 이동평균 개념이다. 후행성이 가장 적고 자주 권장되는 이동평균의 개념이다. 또한 각종 기술적 지표를 계산하는 데 자주 사용되는 개념이므로 잘 이해하고 넘어갈 필요가 있다.

지수이동평균은 다른 이동평균에 비해서 매우 복잡한 것처럼 보이지만 실제로 계산할 때에는 전일 지수이동평균치와 평활 파라미터 그리고 당일 주가만으로 계산되기 때문에 생각보다 간단하다. 일간 지수이동평균의 계산 방법은 다음과 같은데 두 가지 식은 같은 내용이다.

오늘의 n일 지수이동평균

$= k \times (\text{오늘의 주가} - \text{어제의 n일 지수이동평균}) + \text{어제의 n일 지수이동평균}$

$= k \times \text{오늘 주가} + (1-k) \times \text{어제의 n일 지수이동평균}$

여기서 $0 < k < 1$: 평활 파라미터 $(= \frac{2}{n+1})$

n : 이동평균 파라미터(일수)

위 식은 지수이동평균을 계속 대입해서 반복적으로 풀면 일간 지수이동평균은 다음과 같은 식으로 변하게 된다.

> 오늘의 n일 지수평균
> = k × 오늘의 주가 + k(1−k) × 어제의 주가 + k(1−k)^2 × 그저께 주가
> +⋯+ k(1−k)$^{(n-1)}$ × (n−1)일 전 주가

수식에서 알 수 있듯이 오늘의 지수이동평균은 과거 n일간 모든 주가 데이터를 반영하는 수치이다. 그러나 주가 앞에 붙는 가중치들을 보면 알 수 있듯이 현재 시점에서 멀어질수록 가중치는 지속적으로 감소한다. 이렇게 가중치의 감소 정도를 변경하려면 계산할 때 평활계수 k를 조정하면 된다. k를 높이면 최근 가격의 반영도가 커지고, 반대로 k를 낮추면 최근 주가의 반영도가 떨어진다.

지수이동평균이 아닌 이동평균에서는 평활 파라미터로써 기간(n일)을 사용하고 있다. 그러나 지수이동평균을 사용할 때는 평활 파라미터가 기간이 아니라 0보다 크고 1보다 작은 수치 k이다. 일반적으로 인정되는 변환 방법은 $k=\frac{2}{n+1}$이다. 예를 들어 20일 지수이동평균을 계산할 때 k를 0.095(=2/21)로 사용한다.

중심이동평균Central Moving Average, CMA

중심이동평균은 후행성을 완전히 제거한 이동평균 개념이다. 앞에서 살펴본 세 가지 이동평균은 정도의 차이는 있지만 모두 추세로 후행성을 가진

다. 그러나 중심이동평균은 후행성이 전혀 없는 대신에 최근 $\frac{n-1}{2}$개의 결측치[Missing value, 缺測値]가 발생한다는 단점이 있다.

즉 중심이동평균에서는 현재 시점부터 과거 $\frac{n-1}{2}$ 시점까지 이동평균 값을 나타내 보일 수 없다는 것을 의미한다. 이런 이유에서 중심이동평균은 기술적 분석에서 어떤 판단을 도출하는 1차적인 근거로 사용되기보다는 오히려 다른 이동평균의 보조적 기능을 담당하는 이동평균 개념으로 활용되는 것이 일반적이다.

오늘의 n일 중심이동평균

$$= \frac{(\frac{2}{n-1})\text{일 전 주가} + \cdots + \text{오늘의 주가} + \cdots + (\frac{2}{n-1})\text{일 후 주가}}{n}$$

이동평균 필터의 형태

이제까지 살펴본 모든 이동평균의 개념은 데이터를 평활하는(데이터의 추이를 매끈하게 만드는) 나름대로의 방법에 의존하고 있다. 좀 더 자세히 설명하면 데이터 평활은 사용하는 필터의 형태에 따라 그 방법이 달라진다. 이때 필터는 주가를 이동평균으로 변환하는 화학적 촉매와 같은 역할을 한다. 실질적으로 이동평균은 어떤 필터에 주가를 곱해서 계산되는 것이다. 이러한 입장에서 보면 이동평균을 구할 때 사용하는 필터는 바로 앞에서 살펴본 과거 주가에 대한 가중치 형태라고 바꾸어 말할 수 있다.

이동평균^{MA}=필터^{Filter}×주가^{Price}

필터는 불규칙하게 변화하는 순수하지 못한 주가를 여과하여 순수한 부분(이동평균)만을 추출하는 기능을 담당한다. 이것은 우리가 가정에서 사용하는 정수기의 여과기와 같은 기능이다. 이렇게 데이터를 여과하는 작업은 불규칙 요인과 순환 요인을 주가에서 제거하는 일과 유사하다. 즉 이렇게 계산된 이동평균은 비록 불완전할지는 몰라도 주가에서 추세 요인만을 추출해낸 결과인 셈이다. 이렇게 데이터에 필터를 적용해서 여과하는 작업을 데이터 필터링이라고 표현한다.

어떤 종류의 필터를 사용하는지에 따라 서로 다른 네 가지의 이동평균이 도출된다. 단순이동평균은 가중치의 구조가 주가에 대해 일정하므로 필터의 형태는 수평을 보인다. 선형이동평균에서는 필터의 형태가 일차식의 직선 형태이므로 '선형'이란 표현을 사용한다. 또 지수이동평균은 필터의 형태가 지수함수의 형태이다. 이러한 네 가지 이동평균 필터를 그림으로 보이면 〈그림 24-1〉과 같다.

추세 분석에서 이동평균을 사용할 때는 다음 세 가지 사항을 먼저 결정해야 한다.

첫째, 이동평균 분석에서 사용할 가격 종류를 결정해야 한다.

여기서 가격 종류란 주가의 시간 단위$^{Time\ measure}$와 어떤 방법으로 측정된 주가를 사용하는지의 문제이다. 먼저 주가의 시간 단위 결정에는 추세 분

그림 24-1 이동평균 필터의 형태

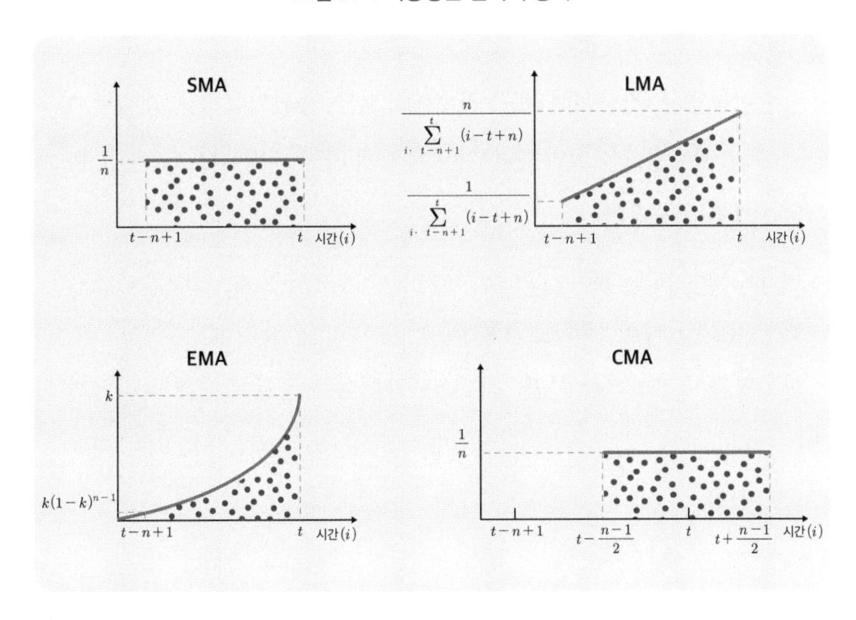

석을 하는 기간 목적에 맞춰서 일중 가격, 일간 가격, 주간 가격, 월간 가격 중에서 하나를 선택한다. 초단기적인 추세 분석을 위해서는 일중 가격, 선물 데이트레이딩 같은 단기 추세 분석에는 일간 가격, 그리고 중기적 추세 분석을 위해서는 주간 가격, 장기 추세 분석을 위해서는 월간 가격을 사용할 수 있다. 측정된 방법에 따른 가격의 종류에 있어서는 종가Close, 평균가격Average price, 거래량 가중평균주가Volume-weighted price, 대표가격Typical price 등이 있는데 분석 목적에 가장 적절하다고 판단되는 형태를 선정해야 한다. 여기서 대표가격은 종가가 가지는 일정기간 주가의 대표성에 대해 의심을 가지는 경우에 사용되는데, 보통 대표가격으로는 (고가+저가+종가)/3 또는 (고가+저가+2×종가)/4를 사용한다.

둘째, 어떤 종류의 이동평균을 사용할 것인지를 결정한다. 즉 이것은 어떤 필터를 선택할 것인지의 문제와 같다.

단순이동평균, 가중이동평균, 지수이동평균, 중심이동평균 중에서 이동평균이 가지는 성격을 고려하여 분석 목적에 가장 적합하다고 판단되는 개념을 선택하여 사용한다.

셋째, 이동평균의 파라미터를 결정한다.

이동평균 파라미터를 어떤 값으로 사용해야 하는지에 대해 미리 정해진 바는 없다. 그러나 실무적으로 파라미터를 결정하는 방법으로 다음 세 가지를 소개한다.

- 이동평균 계산에서 사용하는 데이터의 시간 단위보다 한 단계 더 높은 시간 단위에 해당하는 기간을 파라미터로 사용한다. 가장 일반적으로 사용하는 방법으로 일간 데이터의 경우 20일(1개월), 주간 데이터의 경우 60일(1분기)을 사용한다.
- 미리 사이클 분석을 하고 난 다음 여기서 나오는 사이클 주기Cycle period를 이동평균 파라미터로 사용하는 방법이다. 예를 들어 사이클 주기가 23일인 경우에는 23일 파라미터를 사용한다.
- 이동평균에 대해서 일정 매매 규칙을 정하고 여러 가지 숫자의 파라미터를 적용한 이동평균으로 매매 성과를 계산하고, 그중에서 가장 좋은 성과를 보이는 파라미터를 사용하는 방법이다. 어떤 사람들은 이러한 모의 매매를 역사적 성과 검증Historical performance simulation이라고 말하기도 한다.

03 추세 분석과 곡선적합화

이제까지 추세 분석의 개념과 이동평균을 이용한 전통적 추세 분석법에 대해서 알아보았다. 여기서는 가격 변동 분석이 사용하는 추세로써 곡선적합화의 개념과 가격 변동 분석에서 곡선적합화를 어떻게 사용하고 있는지에 대해서 자세히 알아보기로 한다.

곡선적합화에 의한 추세

가격 변동 분석은 추세 분석의 도구로써 이동평균이 아니라 곡선적합화법에서 나오는 적합화 곡선^Fitted curve^을 사용한다. 곡선적합화법에도 사실 다양한 방법이 있지만 다항추세 회귀가 곡선적합화법의 대표적 방법이 된다. 그러나 가격 변동 분석에서 직선 추세를 위해서는 곡선적합화법을 사용하는 반면에, 곡선 추세를 도출하는 데는 호드릭-프레스콧 필터^Hodrick-Prescot filter^를 사용한다.

먼저 다항추세 회귀에 대해서 알아보자. 다항추세 회귀는 주가가 시간 추이를 나타내는 변수들의 함수로 표현된다는 것이 기본적 아이디어이다. 그러므로 시간변수로 주가를 회귀 분석한다. 즉 주가 추세는 1차, 2차, 3차 등의 시간 추이의 선형 조합^Linear combination^으로 표현된다. 시간 추이는 시간을 나타내는 시계열로 1차 시간 추이는 [1, 2, 3…], 2차 시간 추이는 [12, 22, 32…]로 표현된다. 회귀식을 수식으로 표현하면 다음과 같다.

$$\text{t시점 주가} = b_0 + b_1 \times (\text{t시점 1차 시간 추이}) + b_2 \times (\text{t 시점 2차 시간 추이}) + \cdots + (\text{t시점 오차})$$

여기서 b_i: 제 i차 시간 추이의 회귀계수

위의 다항식을 회귀하면 각각의 시간 추이의 회귀계수를 계산할 수 있다. 다음에는 이 회귀계수들을 다음 식에 대입하여 주가 추세를 구한다. 수식에서 $\hat{p}_i$는 i차 시간 추이의 회귀계수를 의미한다.

$$\text{t시점 주가 추세} = \hat{b}_0 + \hat{b}_1 \times (\text{t시점 1차 시간 추이}) + \hat{b}_2 \times (\text{t시점 2차 시간 추이}) + \cdots$$

이런 주가 추세가 다항추세 회귀의 추세이다. 1차 시간 추세만을 사용하는 경우에 추세는 직선 형태가 된다. 그리고 2차 이상의 시간 추세를 사용하는 경우에는 곡선 추세가 나온다. 이와 같은 곡선적합화법의 추세는 추세가 주가의 추이를 가장 잘 대변하는 요약된 직선 또는 곡선이라는 의미에서 적합한 추세의 개념이다. 이동평균에서 문제되었던 주가에 대한 후행성의 문제는 더 이상 나타나지 않는다.

가격 변동 분석의 직선추세 도출은 다항추세 회귀의 가장 단순한 형태이다. 즉 가격 변동 분석에서는 1차 시간 추이만 사용한 다항추세 회귀를 통해 직선 추세를 도출하고 있다. 가격 변동 분석에서 이러한 직선 추세를 제공하는 목적은 주가 진행 방향을 가장 적절하게 표현하는 직선을 제공함으

그림 24-2 확률적 추세의 시간적 진행

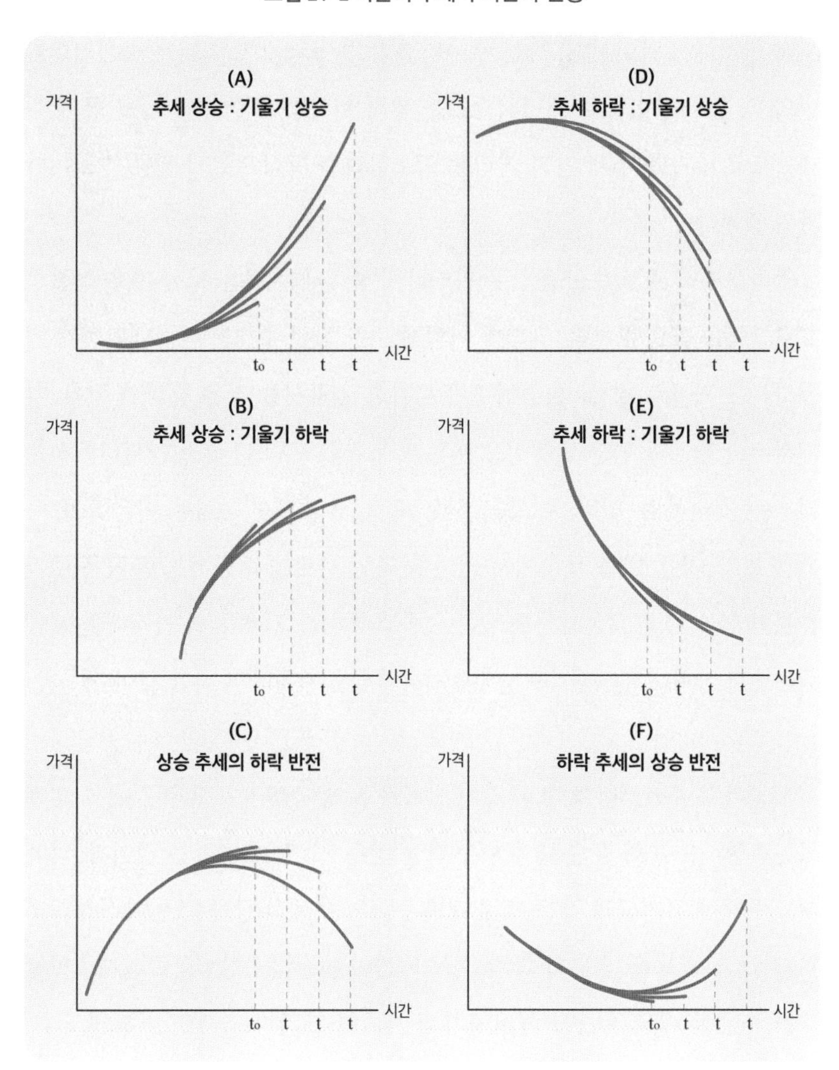

로써 분석자가 주관적 추세 분석을 실시할 때 직선 추세를 기준으로 합리적 추세 분석이 가능하도록 하기 위한 것이다.

이어서 가격 변동 분석의 곡선 추세를 도출하는 방법인 호드릭-프레스콧 필터에 대해서 알아본다. 곡선 추세인 호드릭-프레스콧 필터는 곡선적합화법의 한 가지 방법으로 개념적으로는 동적 계획법Dynamic programming을 통해 동태적으로 주가와 추세 간의 거리를 최소화하는 방식으로 추세를 만들어나가는 것이다.

주가로부터 호드릭-프레스콧 필터를 도출해내는 것은 사실 매우 복잡한 프로그램을 필요로 한다. 그러나 이렇게 구한 곡선 추세는 다이내믹하게 변동하는 주가를 가장 잘 설명해주는 평활화된 곡선을 찾은 결과가 된다. 앞에서 언급한 이동평균 후행성은 이렇게 구한 호드릭-프레스콧 필터에서는 더 이상 찾아볼 수 없다. 호드릭-프레스콧 필터에 대한 언급은 이 정도로 하기로 한다. 가격 변동 분석에서 이러한 곡선 추세를 제공하는 목적은 주가 진행 방향을 가장 적절하게 표현하는 곡선과 이를 기초로 한 가격대를 제공함으로써 가격대 분석을 통한 매매 의사결정을 지원하기 위한 것이다.

지금까지 곡선적합화의 두 가지 방법을 소개하였다. 중요한 것은 이렇게 곡선적합화를 통해 도출한 추세는 확률적 추세Stochastic trend라는 것이다. 앞에서 살펴본 이동평균과 같은 추세 개념은 매일 추세의 값을 다시 계산하더라도 전날 구해 놓은 추세의 과거 값이 변하지 않는다. 그러나 곡선적합화로 구한 추세는 새로운 가격 데이터가 추가되면 과거의 추세도 변하게 된다. 이러한 성격을 바로 확률적 추세라고 말한다.

그러므로 곡선적합화에 의한 추세는 〈그림 24-2〉와 같이 시간이 경과하면서 최근의 주가 진행에 곡선 전체가 적응해가게 된다. 바로 이러한 이유때문에 가격 변동 분석에서는 새로운 주가 데이터가 추가될 때마다 전체 곡선 추세를 다시 계산한다. 확률적 추세의 개념은 그 성격상 독자에게 다소 생소하겠지만, 시계열 분석 또는 계량 분석에서는 자주 사용되는 개념이다.

가격 변동 분석의 추세 분석에서는 직선 추세를 1차 시간 추이만 사용하는 다항추세 회귀법을 적용하고, 곡선 추세를 구하는 데는 호드릭-프레스콧 필터를 적용한다. 이와 같은 방법을 채용한 것은 주가 진행을 대변하는 가장 적절한 추세의 도출과 이를 이용한 매매 규칙의 이용이라는 가격 변동 분석의 추세 분석 목표에 이러한 방법들이 가장 효과적인 것으로 판단되기 때문이다.

추세대 분석

가격 변동 분석의 추세 분석에서는 보다 명확하게 매매 의사결정을 지원하기 위해 추세와 함께 추세대[Trend channel]를 동시에 분석한다. 추세대란 추세를 중심으로 주가 변동의 90% 신뢰구간을 통계적으로 구한 것이다. 이것은 과거의 경험상 주가가 추세대 상한을 넘는 영역에 위치하거나, 또는 주가가 추세대 하한 아래에서 머무를 확률이 각각 5%라는 의미가 된다. 추세대는 직선 추세와 곡선 추세에서 동일한 방법으로 도출된다.

[정의] 추세대는 주가 변동의 90%를 설명하는 주가 변동의 영역이다.

이러한 분석이 가능하기 위해서는 먼저 사전적으로 가격에서 추세를 제거한 나머지 변동 요인, 즉 순환 요인과 불규칙 요인을 포함한 추세 제거치

Detrended values가 통계적으로 정규분포Normal distribution에 따른다는 가정이 필요하다. 정규분포는 자연현상에서 가장 일반적으로 나타나는 분포이다. 실제로 추세 제거치가 정규분포에 따르는지에 대해서는 의문의 여지가 있지만 가격 변동 분석은 정규분포에 따른다고 가정하고 추세대를 도출한다. 추세는 직선 추세 또는 곡선 추세일 수 있다. 추세가 직선 추세이면 직선 추세대, 그리고 곡선 추세이면 곡선 추세대가 만들어질 것이다.

[가정] 추세 제거치(=주가−추세)는 정규분포에 따른다.

이상의 가정을 기초로 주가가 90% 확률로 내부에서 변동하는 추세대를 구한다. 정규분포상에서 상하 5%의 예외적 경우를 인정하므로, 추세대 안에서 주가는 추세 제거치의 표준정규분포Standardized normal distribution의 상하 임계치critical value 95% 내에 존재해야 한다. 즉 다음 식의 조건을 따르게 된다.

− (95% 임계치) 〈 추세 제거치 − 추세 제거치 평균 / 추세 제거치 표준편차 〈 + (95% 임계치)

추세 제거치는 가격에서 추세를 차감한 것이므로 이를 대입해서 추세대 내에서의 가격 변동 범위를 구하면 추세대의 상한과 하한을 계산하는 것이 된다.

추세 + (추세 제거치 평균) − (95% 임계치 × 추세 제거치 표준편차)
〈 주가 〈
추세 + (추세 제거치 평균) + (95% 임계치 × 추세 제거치 표준편차)

여기서 표준 정규분포의 95% 임계치는 1.645의 상수이다.

[추세대 상한] 직선 추세 또는 곡선 추세의 추세대 상한은 다음 식으로 계산된다.

추세대 상한 = 추세 + 추세 제거치 평균 + (95% 임계치 × 추세 제거치 표준편차)

[추세대 하한] 직선 추세 또는 곡선 추세의 추세대 하한은 다음 식으로 계산된다.

추세대 하한 = 추세 + 추세 제거치 평균 − (95% 임계치 × 추세 제거치 표준편차)

지금까지 가격 변동 분석에서 사용하는 추세대의 개념을 살펴보았다. 다음으로 가격 변동 분석 추세대를 포함해서 기술적 분석에서 다루는 모든 추세대 개념을 정리해본다. 몇 가지 추세대 개념을 비교하면서 이해해보자.

[추세대 I] 이동평균 채널Moving average channel

추세대 상한 = 1.05 × 주가 지수이동평균

추세대 하한 = 0.95 × 주가 지수이동평균

[추세대 II] 볼린저밴드Bollinger band

추세대 상한 = 주가 이동평균 + 2 × 주가 표준편차

추세대 하한 = 주가 이동평균 - 2 × 주가 표준편차

[추세대 III] 곡선적합화 밴드Curve-fitting band : 가격 변동 분석의 추세대

추세로써 어떤 개념을 사용하는지에 따라 추세대의 개념과 추세대 분석 방법이 달라지게 된다. 이와 같이 추세대 분석에는 대체로 세 가지 종류가 있는데 추세의 개념상으로는 이동평균 채널과 볼린저밴드는 별 차이를 보이지 않는다.

추세대 분석은 직선 추세이든 곡선 추세이든 추세가 적절히 도출되었을 때만 의미를 갖는다. 추세가 적합하지 않다면 추세대 분석도 별 의미가 없다. 이때 직선 추세보다는 곡선 추세 분석의 경우가 매매 의사결정에 있어서 직접적인 의미를 준다는 사실에 유의하여야 한다.

반면 직선 추세 및 직선 추세대는 실제 매매 의사결정에 있어서 실질적인 도움이 되지 못한다. 직선 추세는 주가 전개 방향을 참조하고 차트를 이용한 전통적 추세 분석에서 나름대로 주관적 추세를 작성할 때 중심 보조선으로 활용되는 정도이다. 그러므로 곡선 추세에 관심을 두고 이를 이용한 방법을 설명하면 다음과 같다.

첫째, 추세 기울기의 변화를 이용하여 매매한다

추세의 기울기가 (+)에서 (-) 또는 (-)에서 (+)로 변할 때 추세의 진행 방향이 하향 반전 또는 상향 반전한 경우이다. 이렇게 곡선 추세 기울기의 부호가 변화할 때에는 보통 중기적 매매 신호를 제공한다. 상향 반전되었을 때는 중기적 매수 신호, 하향 반전되었을 때는 중기적인 매도 신호로 파악한다. 이것은 대표적인 추세 순응 전략[Trend-following strategy]이 된다.

둘째, 추세대 이탈 여부를 판단하여 매매한다

주가가 추세대를 벗어날 확률은 10%이다. 만약 현재 가격이 추세대를 벗어나는 상황이라면 매매에 있어 비상한 관심을 기울여야 한다. 만약 주가가 상승해서 추세대 상한을 벗어났다가 다시 추세대 내부로 진입하면 이때는 단기 매도 신호로 파악한다. 반대로 가격이 추세대 하한을 벗어났다가 다시 추세대 내부로 진입하면 단기 매수 신호로 파악한다.

셋째, 추세대 내에서 주가 위치에 따라서 기술적으로 매매를 판단한다

추세의 기울기가 작을 때나 주가가 박스권에서 등락을 반복하는 경우에 유효한 매매 전략이다. 단기적 매매 판단 방법으로 주가가 추세대 내에서 하한 근처에 위치하면 매수 시점으로 파악한다. 반대로 주가가 추세대 내에서 상한 근처에 위치하면 단기적 매도 시점으로 파악한다. 이것은 전형적인 반대매매 전략[Contrary-opinion strategy]이다.